Friedrich II.,
König von Preußen,
und die deutsche Literatur
des 18. Jahrhunderts

Frédéric le Grand.

Friedrich II., König von Preußen, und die deutsche Literatur des 18. Jahrhunderts

Texte und Dokumente

HERAUSGEGEBEN VON
HORST STEINMETZ

PHILIPP RECLAM JUN. STUTTGART

Das Porträt auf Seite 2 zeigt Friedrich den Großen in einem Kupferstich von Jean-Joseph-François Tassaert nach einem Gemälde von Henriette-Félicité Tassaert.

Universal-Bibliothek Nr. 2211 [4]

Gesamtherstellung: Reclam, Ditzingen. Printed in Germany 1985
ISBN 3-15-002211-8

Inhalt

1

EWALD CHRISTIAN VON KLEIST

An den König

(1745)

Wie, wer für Ruhm erhitzt, Gefahr und Tod besiegt,
Der von der Feinde Schwarm nach seiner Scheitel fliegt,
Und Felsen übersteigt, wofür dem Auge grauet,
Von welchen er nachher, selbst schwindelnd, abwärts schauet:
So, und noch mehr, o Held! trotzt meine Phantasie,
Durch Dich entflammt, der Furcht und den Gefahren. Sie
Sieht nicht, wie himmelhoch Dein Geist empor gestiegen,
Und reißt mich dennoch fort, und denkt Dir nachzufliegen.
Glückselig, hätte sie, wie man das Sternenzelt
In enge Bilder zwingt, Monarch! Dich vorgestellt!
Glückselig, wenn Dein Geist aus ihren Zügen strahlet,
Wie sich der Himmel nur im Meere dunkel malet!

Doch auch die Ähnlichkeit ist schon für sie zu schwer,
O Vater Deines Volks! o Deiner Helden Herr!
Du bist dem weiten Ziel der Väter vorgegangen,
Und wie sie aufgehört, so hast Du angefangen.
So eilt ein junger Löw' aus *etc.*

2

GOTTHOLD EPHRAIM LESSING

Der Eintritt des Jahres 1753 in Berlin

(1753)

Wie zaudernd ungern sich die Jahre trennen mochten,
Die eine Götterhand
Durch Kränze mancher Art, mit Pracht und Scherz durchflochten,
Uns ineinander wand!

So träg, als hübe sich ein Adler in die Lüfte,
Den man vom Raube scheucht:
Noch schwebt er drüber her, und witternd fette Düfte,
Entflieht er minder leicht.

Welch langsam Phänomen durchstreicht des Äthers Wogen,
Dort wo Saturn[1] gebeut[2]?
Ist es? Es ist's, das Jahr, das reuend uns entflogen,
Es fliegt zur Ewigkeit.

Das reuend uns entflog, Dir, *Friedrich*, zuzusehen,
Kein Säkulum zu sein;
Mit Deinem ganzen Ruhm belastet fortzugehen,
Und sich der Last zu freun.

Noch oft soll manches Jahr so traurig von uns fliegen,
Noch oft, zu unserm Glück.
Vom Himmel bist Du, Herr, zu uns herabgestiegen;
Kehr spät! kehr spät zurück!

Laß Dich noch lange, Herr, den Namen *Vater* reizen,
Und den: *menschlicher Held*!
Dort wird der Himmel zwar nach seiner Zierde geizen;
Doch hier braucht Dich die Welt.

Noch seh' ich mich für Dich mit raschen Richteraugen
Nach einem Dichter um.
Dort einer! hier und da! Sie taugen viel, und taugen
Doch nichts für Deinen Ruhm.

Ist er nicht etwa schon, und singt noch wenig Ohren,
Weil er die Kräfte wiegt:
So werd' er dieses Jahr, der seltne Geist, geboren,
Der diesen Kranz erfliegt.

Wenn er der Mutter dann sich leicht vom Herzen windet,
O Muse, lach ihn an!
Damit er Feu'r und Witz dem Edelmut verbindet,
Poet und Biedermann.

Hört! oder täuschen mich beliebte Rasereien?
Nein, nein, ich hör' ihn schon.
Der Heere ziehend Lärm sind seine Melodeien,
Und *Friedrich* jeder Ton!

Der 24. Jänner[3] in Berlin

(1753)

Welch leichter Morgentraum ließ, auf den heil'gen Höhen,
Der Musen Fest um *Friedrichs* Bild
Mich bei Aurorens[4] Glanz mit frommem Schauer sehen,
Der noch, der noch die Seele füllt.

Ein Traum? nein, nein, kein Traum. Ich sah mit wachem
Sinne,
Die Musen tanzten darum her.
Wach ward ich nah dabei Cäsars und Solons inne,
Doch keinen, daß er neidisch wär'.

Ein süßer Silberton durchzitterte die Lüfte,
Bis in des Ohres krummen Gang;
Die Blumen brachen auf, und streuten Balsamdüfte;
Der Berg lag lauschend; Klio[5] sang:

»Heil dir! festlicher Tag, der unsern Freund geboren.
Ein König, Schwestern, unser Freund!
Heil dir! uns neues Reich, zum Schauplatz ihm erkoren,
Dem frommen Krieger, niemands Feind.

Laßt freudig um sein Bild, voll Majestät in Blicken,
Der Tänze Hieroglyphen[6] ziehn!
Einst, Schwestern, tanzen wir, mit trunkenerm Entzücken,
Einst, freut euch, tanzen wir um ihn!«

Einst tanzen wir um ihn? Prophetin banger Schrecken!
Nie werde dieses Wort erfüllt!
Nie mög' ein Morgenrot zu diesem Glück euch wecken!
Tanzt, Musen, ewig um sein Bild!

Der Eintritt des Jahres 1754 in Berlin

(1754)

Wem tönt dies kühnre Lied? dies Lied, zu wessen Lobe,
Hört es noch manche späte Welt?
Hier steh' ich, sinne nach, und glüh' und stampf' und tobe,
Und suche meiner Hymnen Held.

Wer wird es sein? Vielleicht im blut'gen Panzerkleide
Des Krieges fürchterlicher Gott?
Um ihn tönt durch das Feld gedungner Krieger Freude,
Und der Erwürgten lauter Tod.

Wie, oder ist's vielmehr in fabellosen[7] Zeiten
Ein neuer göttlicher Apoll,
Der, schwer entbehrt, mit schnell zurückberufnen Saiten
Den Himmel wieder füllen soll?

Wo nicht, so werde der der Vorwurf meiner Lieder,
Der sich als Themis'[8] Rächer wies,
Und dessen frommes Schwert der gift'gen Zanksucht Hyder[9]
Nur drei von tausend Köpfen ließ.

Doch ihn, Apoll und Mars, in *Friedrichen* vereinet,
Vereine, mein Gesang, auch du!
Wann einst ein junger Held bei seinem Grabe weinet,
So zähl ihm seine Taten zu!

Fang an von jenem Tag – Doch, welch ein neues Feuer
Reißt mich vom niedern Staub empor?
Auch Könige sind Staub! Seid ihnen treu; dem treuer,
Der sie zu besserm Staub erkor.

Wer wird, voll seines Geists, mir seinen Namen melden?
Sein Nam' ist ihm allein bewußt.
Er ist der Fürsten Fürst, er ist der Held der Helden;
Er füllt die Welt und meine Brust.

Er rief sie aus des Nichts nur ihm folgsamen Schlunde;
Er ruft sie noch, daß sie besteht.
Sie bebt, sie wankt, sooft ein Hauch aus seinem Munde
Den Fluch in ihre Sphären weht.

O dreimal Schrecklicher! – – doch voller Quell des Guten,
Du bist der Schreckliche nicht gern.
Den weiten Orient zerfleischen deine Ruten;
Uns, Vater, zeigst du sie von fern.

Wie, daß des Undanks Frost die trägen Lippen bindet,
Volk, dem er Heil, wie Flocken, gibt!
Ihm dank es, wenn ein Jahr in süßer Ruh verschwindet;
Ihm dank es, daß dich *Friedrich* liebt.

Der Eintritt des Jahres 1755 in Berlin

(1755)

Wunsch, der du in der Brust geheimer Lieblingssünden
Geheimes Werkzeug bist,
Das oft ein lauter Freund – – wer kann das Herz ergründen? – –
Ein stiller Mörder ist;

Durch Laster, Torheit, Wahn zu sehr, zu sehr entweihet,
Braucht keine Muse dich;
Die feile wär' es denn, die um den Pöbel freiet,
Und singt sich lächerlich.

Jüngst als Kalliope[10] den Hain und Aganippen[11]
Um ihren Helden mied,
Und zog auf Sanssouci, erklang von ihren Lippen
Ein *prophezeiend* Lied.

»Noch lange wird dies Land, mit den erfochtnen Staaten,
Im Schoß des Friedens ruhn;
Denn sein Beschützer trägt die Lorbeern großer Taten,
Um größere zu tun.

Er braucht den Sieg als Sieg, macht Kunst und Handel rege
Und zeichnet jedes Lauf. – –«
Sie schwieg, und plötzlich stieß, zur Linken an dem Wege,
Ein rascher Adler auf.

Dem segnete sie nach mit heiligem Entzücken
Und aufgehobner Hand,
Bis er, am Ziel des Flugs, vor ihren schärfern Blicken,
Dem Thron des Zeus, verschwand.

An Mäzen[12]

(1755)

Du, durch den einst Horaz lebte, dem Leben ohne Ruhe, ohne Bequemlichkeit, ohne Wein, ohne den Genuß einer Geliebten, kein Leben gewesen wäre; du, der du jetzt durch den Horaz lebst; denn ohne Ruhm in dem Gedächtnisse der Nachwelt leben, ist schlimmer, als ihr gar unbekannt zu sein;
du, o Mäzen, hast uns deinen Namen hinterlassen, den die Reichen und Mächtigen an sich reißen, und die hungrigen Skribenten verschenken; aber hast du uns auch von dir etwas mehr als den Namen gelassen?
Wer ist's in unsern eisern Tagen, hier in einem Lande, dessen Einwohner von innen noch immer die alten Barbaren sind, wer ist es, der einen Funken von deiner Menschenliebe, von deinem tugendhaften Ehrgeize, die Lieblinge der Musen zu schützen, in sich hege?
Wie habe ich mich nicht nach einem nur schwachen Abdrucke von dir umgesehen? Mit den Augen eines Bedürftigen umgesehen! Was für scharfsichtige Augen!
Endlich bin ich des Suchens müde geworden, und will über deine Afterkopien ein bitteres Lachen ausschütten.
Dort, der Regent, ernährt eine Menge schöner Geister, und braucht sie des Abends, wenn er sich von den Sorgen des Staats durch Schwänke erholen will, zu seinen lustigen Räten. Wieviel fehlt ihm, ein Mäzen zu sein!
Nimmermehr werde ich mich fähig fühlen, eine so niedrige

Rolle zu spielen; und wenn auch Ordensbänder zu gewinnen stünden.
Ein König mag immerhin über mich herrschen; er sei mächtiger, aber besser dünke er sich nicht. Er kann mir keine so starken Gnadengelder geben, daß ich sie für wert halten sollte, Niederträchtigkeiten darum zu begehen.
Corner[13] der Wollüstling hat sich in meine Lieder verliebt. Er hält mich für seinesgleichen. Er sucht meine Gesellschaft. Ich könnte täglich bei ihm schmausen, mich mit ihm umsonst betrinken, und umsonst auch die teuerste Dirne umfangen; wenn ich nur mein Leben nicht achtete, und ihn als einen zweiten Anakreon[14] preisen wollte. Ein Anakreon, daß es den Himmel erbarme! welcher das Podagra und die Gicht hat, und noch eine andre Krankheit[15], von der man zweifelt, ob sie Kolumbus aus Amerika gebracht hat.

3

JOHANN WILHELM LUDWIG GLEIM

Aus: *Preußische Kriegslieder von einem Grenadier*

(1757)

Schlachtgesang

bei Eröffnung des Feldzuges 1757

Auf! Brüder, *Friedrich*, unser Held,
Der Feind von fauler Frist,
Ruft uns nun wieder in das Feld,
Wo Ruhm zu holen ist.

Was soll, o Talpatsch und Pandur,[1]
Was soll die träge Rast?
Auf! und erfahre, daß du nur
Den Tod verspätet hast.

Aus deinem Schädel trinken wir
Bald deinen süßen Wein,
Du, Ungar! Unser Feldpanier
Soll solche Flasche sein.

Dein starkes Heer ist unser Spott,
Ist unsrer Waffen Spiel;
Denn was kann wider unsern Gott
Theresia und *Brühl*[2]?

Was helfen Waffen und Geschütz
Im ungerechten Krieg?
Gott donnerte bei Lowositz,[3]
Und unser war der Sieg.

Und böt' uns in der achten Schlacht
Franzos und Russe Trutz,
So lachten wir doch ihrer Macht:
Denn Gott ist unser Schutz.

Schlachtgesang

vor der Schlacht bei Prag, den 6. Mai 1757

Was kannst du? Talpatsch und Pandur,
Soldat und Offizier!
Was kannst du? fliehen kannst du nur;
Und siegen können wir.

Wir kommen; zittre! Deinen Tod
Verkündigt Roß und Mann!
Wir kommen, unser Kriegesgott,
Held Friedrich, ist voran!

Auch ist mit seiner Heldenschar,
Der Held *Schwerin*[4] nicht fern,
Wir sehen ihn; sein graues Haar
Glänzt uns als wie ein Stern!

Was hilft es, Feind, daß groß Geschütz
Steht um dich her gepflanzt?
Was hilft es, daß mit Kunst und Witz
Dein Lager steht umschanzt?

Gehorsam feurigem Verstand
Und alter Weisheit nun,
Stehn wir, die Waffen in der Hand,
Und wollen Taten tun.

Und wollen trotzen deiner Macht,
Auf hohem Felsensitz,
Und deinem Streich, uns zugedacht,
Und deinem Kriegeswitz.

Und deinem Stolz und deinem Spott;
Denn diesen bösen Krieg
Hast du geboren: drum ist Gott
Mit uns, und gibt uns Sieg!

Und läßt uns herrlichen Gesang
Anstimmen nach der Schlacht.
Schweig, Leier! Hört Trompetenklang!
Still, Brüder! gebet acht!

Siegeslied

nach der Schlacht bei Prag, den 6. Mai 1757

Viktoria! mit uns ist Gott,
Der stolze Feind liegt da!
Er liegt, gerecht ist unser Gott,
Er liegt, Viktoria!

Zwar unser Vater ist nicht mehr,
Jedoch er starb ein Held,
Und sieht nun unser Siegesheer
Vom hohen Sternenzelt.

Er ging voran, der edle Greis!
Voll Gott und Vaterland.
Sein alter Kopf war kaum so weiß,
Als tapfer seine Hand.

Mit jugendlicher Heldenkraft
Ergriff sie eine Fahn',
Hielt sie empor an ihrem Schaft,
Daß wir sie alle sahn;

Und sagte: »Kinder, Berg hinan,
Auf Schanzen und Geschütz!«
Wir folgten alle, Mann vor Mann,
Geschwinder wie der Blitz.

Ach! aber unser Vater fiel,
Die Fahne sank auf ihn.
Ha! welch glorreiches Lebensziel,
Glückseliger *Schwerin*!

Dein *Friederich* hat dich beweint,
Indem er uns gebot;
Wir aber stürzten in den Feind,
Zu rächen deinen Tod.

Du, *Heinrich*[5], warest ein Soldat,
  Du fochtest königlich!
Wir sahen alle, Tat vor Tat,
  Du junger Löw', auf dich!

Der Pommer und der Märker stritt
  Mit rechtem Christenmut:
Rot ward sein Schwert, auf jedem Schritt
  Floß dick Pandurenblut.

Aus sieben Schanzen jagten wir
  Die Mützen von dem Bär.
Da, *Friedrich*, ging Dein Grenadier
  Auf Leichen hoch einher.

Dacht', in dem mörderischen Kampf,
  Gott, Vaterland und Dich;
Sah, tief in schwarzem Rauch und Dampf,
  Dich, seinen *Friederich*.

Und zitterte, ward feuerrot,
  Im krieg'rischen Gesicht,
(Er zitterte vor Deinem Tod,
  Vor seinem aber nicht.)

Verachtete die Kugelsaat,
  Der Stücke Donnerton,
Stritt wütender, tat Heldentat,
  Bis Deine Feinde flohn.

Nun dankt er Gott für seine Macht,
  Und singt: Viktoria!
Und alles Blut aus dieser Schlacht
  Fließt nach *Theresia*.

Und weigert sie auf diesen Tag,
Den Frieden vorzuziehn;
So stürme, *Friedrich*, erst ihr Prag,
Und dann führ uns nach Wien.

Schlachtgesang

vor dem Treffen bei Kolin[6], den 18. Junius 1757

Seht, wie sie, die Geschlagene,
Noch trotzig Rache glühn!
Da stehn! nicht zittern, denken: Geh,
Geh, Preuße! doch nach Wien.

Auf hohen Felsen stehen sie,
In ihrem Adlernest,
Hohnlachend; Brüder, sehet sie,
Sie träumen Siegesfest.

Sie wollen, hunderttausend Mann,
Uns überwinden; ha!
Auf, *Friedrich*, auf! Mit uns hinan!
Mit uns, Viktoria!

Lied

nach der Schlacht bei Kolin, den 18. Junius 1757

Zurück, rief Vater *Friederich*,
Zurück, rief Er, zurück!
Nachdenkend dacht' Er schon bei sich:
Gott gibt dem Feinde Glück.

Wir aber stürmten noch das Nest,
Wir wollten noch hinan!
Wir kletterten, wir hielten fest
Uns aneinander an.

Und sagten dem, der oben stand:
Wie kommen wir herauf?
Und schlugen tapfer Hand in Hand,
Und halfen uns hinauf.

Da stürzte von Kartätschensaat
Getroffen, eine Schar
Von Helden, ohne Heldentat,
Die halb schon oben war!

Das sahe *Friedrich*. Himmel! Ach!
Wie blutete Sein Herz!
Wie stand, bei mitleidsvollem Ach,
Sein Auge himmelwärts!

Was für sanftmüt'ge Blicke gab
Sein Heldenangesicht!
Laßt, rief Er, Kinder, laßt doch ab!
Mit uns ist Gott heut nicht.

Da ließen wir den blöden Feind
In seinem Felsennest.
Nun jubelt er, o Menschenfreund!
Nun hat er Siegesfest.

Wie kann er aber? Brüder, sagt!
Er kann ja nicht, fürwahr!
Denn haben wir ihn nicht gejagt,
So weit zu jagen war?

Wir stritten, nicht mit Roß und Mann,
Mit Felsen stritten wir.[7]
Hier, Heldenbrüder, bind' er an.
Hier, Brüder, sieg' er! hier!

Du Feind! herab in grünes Feld,
Und weise freie Brust,
Und streit und sieg und stirb ein Held!
Hier ist zu sterben Lust!

Allein der Blöde wagt sich nicht,
Wir mögen lange stehn
Und auf ihn warten. *Friedrich* spricht:
Geht, Kinder! Laßt uns gehn.

4

JOHANN CHRISTOPH GOTTSCHED

Gespräch mit Friedrich II.

Vers de Sa Majesté le Roi de Prusse, adressés à Mr. Gottsched, Professeur à Leipsic. Avec la Traduction Allemande, suivie d'une Parodie, in 4⁰.[1]

(1758)

Dieses ist die Überschrift eines in Berlin gedruckten Bogens, der auch in den hiesigen Buchläden feil gewesen, und es vielleicht noch ist. Seitdem nun dies merkwürdige Stück nicht nur in vielen deutschen und holländischen Zeitungsblättern, sondern auch hier einzeln im Drucke erschienen; und nachdem solches bereits in Wien, Rom, Turin, Paris, London und

im Haag seit drei Monaten gelesen worden: so würde wohl unsre Verschwiegenheit und Geheimhaltung desselben allgemach lächerlich werden, womit wir es unsern Lesern zu verhöhlen suchen möchten.
Außerdem sind durch üble Nachrichten und Mißverständnisse verschiedene falsche Umstände ausgebreitet worden, die Hr. Prof. Gottsched zwar zum Teile in der »Leipziger gelehrten Zeitung« vom 5. Jänner dieses Jahres zu widerlegen gesuchet; dennoch aber dadurch nicht sattsam auszurotten vermocht. Diesem allem nochmals vorzubeugen, ist diesmal auch unsre Absicht. Endlich sind uns noch verschiedene Übersetzungen des königlichen Gedichtes ins Lateinische, Englische und Deutsche zugesandt worden, die wir unsern Lesern nicht vorenthalten wollen.
Zur vorläufigen Nachricht, und zu besserm Verstande des allen, müssen wir zuvörderst gewisse historische Umstände nicht ganz übergehen. *Se. Königl. Majestät in Preußen* waren den 15. Oktob. 1757, als am Sonnabende der Zahlwoche der Leipziger Michaelsmesse, um 11 Uhr vormittags kaum allhier eingetroffen, als Dieselben um 1 Uhr dem H. Prof. Gottsched Befehl erteilen ließen, Höchstdenenselben um 3 Uhr aufzuwarten. Nach 2 Uhren ward derselbe wiederholet, und dieser konnte also nicht umhin, untertänigst zu gehorsamen. Se. Königl. Majestät geruhten, Sich mit demselben von vielerlei Materien, die in die schönen Wissenschaften, sonderlich Philosophie, Historie, Poesie, Beredsamkeit, Sprachen und Übersetzungen einschlugen, aufs gnädigste zu unterhalten; und diese Unterredungen bis um halb 7 Uhr fortzusetzen.
Als, unter vielen andern Dingen, auch von der Fähigkeit der deutschen Sprache im Ausdrucke sanfter Leidenschaften und zärtlicher Empfindungen die Rede fiel; und gedachter Gelehrte versicherte: daß es derselben daran nicht fehle; wie denn sehr viele Schriften unserer besten Dichter solches sattsam erwiesen hätten: so schlugen Se. Maj. im *Rousseau* eine Ode auf, und äußerten die Meinung: daß es schwer sein

würde, dieselbe mit gleicher Schönheit und Kürze deutsch zu geben. Nichts war natürlicher, als daß sich derselbe erbieten mußte, einen Versuch mit einer Strophe zu machen, welche Se. Majestät für die beste halten würden: und er erhielt wirklich Befehl, es mit derjenigen zu versuchen, die wir im vorigen Monate dieses »Neuesten« gemeldet und mitgeteilet haben.

Diese nun übersandte Hr. Prof. G. Tages darauf, den 16. Okt. gegen Abend, an Se. Königl. Majestät; und erhielt eine Stunde darauf folgendes poetische Stück, von Dero eigenen allerhöchsten Hand geschrieben und versiegelt: worin Dieselben von einer Sache Dero Gedanken erkläreten, davon Sie Sich Tages vorher mündlich mit ihm zu unterreden geruhet hatten. Das königliche Sinngedicht lautete so:[2]

Le Ciel, en dispensant ses dons,
Ne les prodigue point d'une main libérale:
Il nous refuse plus que nous ne recevons,
Pour tout Peuple à peu près sa faveur est égale.
Les Français sont légers, les Anglais sont profonds:
Et s'il dénie à l'un, ce qu'il accorde à l'autre.
L'amour propre, en changeant en Roses ses Chardons,
Au talent du Voisin fait préferer le nôtre.
  Sparte possédait la Valeur;
Mars se plut d'y former de fameux Capitaines
  Tandis que la molle douceur
Des Arts et des Talents respirait dans Athènes.
  De Sparte nos vaillants Germains
  Ont recueilli l'antique gloire:
Combien des grands exploits ont place en leur histoire!
  Mais s'ils ont trouvé les chemins,
A travers les périls, au Temple de Mémoire:
  Les fleurs se fanent dans leurs mains,
  Dont ils couronnent la Victoire.

C'est à toi, le Cygne Saxon,
D'arracher ce Talent à la Nature avare:
D'adoucir par tes Soins d'une Langue barbare,
La dure âpreté de ses Sons.
Ajoute par les Chants, que ta Muse prépare,
Aux Lauriers des Vainqueurs, dont le Germain se pare,
Les plus beaux Lauriers d'Apollon.

Es war fast um 9 Uhr, als Hr. Prof. G. solches erhielt; mit dem Vermelden, daß Se. Königl. Majestät Montags früh um 7 Uhr von hier abgehen würden. Um sich also für die darin erwiesene Gnade einigermaßen erkenntlich zu zeigen, setzte selbiger flüchtig folgende wenige Zeilen auf, die er, auch noch denselben Abend, halb zehn Uhr übersandte:

An Se. Königliche Majestät

Den Cäsar dieser Zeit, im Siegen wie im Schreiben,
Ehrt längst das deutsche Musenchor;
Sein eigner Wert hebt Ihn empor,
Wie könnt' ihr Pindus[2a] Ihm die Lorbeern schuldig bleiben?
Monarch, den Deines Vaters Knecht*
Auch ungenannt durch manches Lied erhoben**:
Ist Dir kein deutscher Reim zu schlecht,
So wird er Dich gewiß bei später Nachwelt loben.
Doch, Helden pflanzen Lorbeerhaine;
Der Dichter blöde Hand bricht Zweige für ihr Haupt:
Dein siegreich Schwert ist längst umlaubt,
Und Dein Bewundrer bleibt

Leipzig, der Deine,
den 16. Oktobr. 1757 G.

* Der Verfasser ist schon unter des vorigen Königs von Preußen, Friedrich Wilhelms, Regierung aus Preußen nach Sachsen gekommen.[3]

** In des Verfassers Gedichten stehen verschiedene Oden und andere Stücke, die derselbe in fremden Namen Sr. Königl. Majestät zu Ehren verfertigen müs-

Wie nun hier an keine ausführliche Antwort zu denken Zeit und Gelegenheit war, also fällt auch der Umstand von sich selbst weg, den die Utrechter und Altonaer Zeitung aus übeln Nachrichten angegeben, als ob Herr Pr. G. hier die französische Parodie zur Antwort geschicket hätte. Er behielt sich's aber vor, seine Gegenmeinung von dem Flore der schönen Wissenschaften und Künste bei den Völkern in einem ausführlichern Gedichte mit der Zeit auszuführen. Wir werden selbiges hernach auch mitteilen.

So wenig nun Hr. Prof. G. in Sachsen und auf den umliegenden hohen Schulen Abschriften davon ausbreitete: so kam dennoch auf eine unschuldige Art eine Abschrift des königlichen Gedichtes nach Königsberg in Preußen; und zwar in die Hände des Herrn Tribunalsrats *von Werner*, der es sogleich ins Deutsche übersetzte, wie folget:

Der Himmel pfleget nicht mit gar zu milden Händen
Der Gaben Reichtum zu verschwenden:
Er hält noch mehr zurück, als er uns zugewandt;
Er teilet seine Gunst fast gleich für jedes Land,
Wenn um den Vorzug schon von ihnen wird gestritten.
In Frankreich spielt der Geist, er denket bei den Briten.
Und ist dem einen nicht, was andern zugedacht:
So müssen dennoch unsre Gaben,
Wenn Eigenlieb' aus Disteln Rosen macht,
Den Vorzug vor dem Nachbar haben.

War Sparta dort ein Sitz der Tapferkeit,
Wo Mars so manchen Held erzogen:
So hatte sich Athen der süßen Lust geweiht,
Die nur aus Wissenschaft und Künsten wird gesogen;
Nachdem ward Spartens alter Ruhm
Der braven Deutschen Eigentum:

sen. Imgleichen ist die Zueignungsschrift vor der Königl. Deutschen Gesellschaft zu Königsberg, vor Fléchiers übersetzten Reden,[4] von seiner Arbeit.

Wie mancher großen Tat gedenket die Geschichte!
Doch bahnten sie den Weg sich durch Gefahr und Streit
Zum Tempel der Unsterblichkeit;
Und machet keine Zeit ihr Heldenlob zunichte:
So schwindet doch, für einen Siegeskranz,
In ihrer Hand der Blumen feiner Glanz.

Nun magst du, Schwan der Sachsen, dich befleißen,
Der geizigen Natur die Gabe zu entreißen:
Daß eine Sprach', die rauh und widrig dröhnt,
Durch dein Bemühen sanfter tönt.
Durch Lieder, die schon deine Muse stimmt,
Laß, wenn der Deutsche Lorbern nimmt,
Die seinem Sieg zur Krone dienen,
Auch noch im schönsten Flor Apollens Lorber grünen.

Von beiden Stücken breitete die Neugier in dieser großen Residenzstadt Abschriften die Menge aus; ja ein andrer vornehmer königlicher Bedienter, der Herr Hofgerichtsrat Baron von *Bondely*, ein Franzos von Geburt, setzte folgende Parodie dagegen auf:

Le Ciel, en dispensant ses dons,
Fut prodigue pour Vous, Monarque incomparable!
Par les talents de Mars et par ceux d'Apollon
Aux Siècles à venir il Vous rend respectable.
Si d'un Français léger, d'un Anglais trop profond,
Le caractère outré leur attire du blâme,
Le Vôtre en équilibre est toujours sans passions,
Ne nous trace partout que Sens et Grandeur d'Âme.
C'est sous vos étendards, Monarque valeureux,
Que Mars forme à présent de fameux Capitaines,
Vos Germains aimés par Vos faits glorieux,
Ternissent tout l'éclat de la grandeur Romaine,
Les Arts et le Savoir dans Athènes nourris
Vont chercher au milieu de Vos braves cohortes

Un asyle assuré, et fiers de cette escorte,
Suivent tranquillement leur Protecteur chéri.
C'est ainsi, Prince unique en Vos exploits guerriers,
Qu'avec un livre en main Vous cueillez vos lauriers;
Laissant à ces témoins d'une immortelle gloire
Le Soin de méditer la plus parfaite Histoire.
Usez de ces talents! mais que bientôt Vos faits
Ceignent ce front sacré de l'olive de paix!
Donnez-la nous, grand Roi! surmontez tout obstacle
Et laissez-moi le soin de crier au Miracle.

Auch dieses Stück übersetzte obgedachter Herr Tribun.-R. von *Werner* folgendergestalt ins Deutsche:

Der Himmel schenkte seine Gaben,
O großer König! Dir mit überhäufter Gunst,
Den Mut des Mars, Apollons Kunst:
Die Nachwelt wird an Dir ein seltnes Muster haben.
Wenn Frankreichs Flüchtigkeit, der Briten tiefer Sinn
Sich bei verfehltem Maß dem Tadel ausgesetzet:
Reißt keine Leidenschaft Dein Gleichgewicht dahin;
Die Seele wird so groß wie Dein Verstand geschätzet,
Mars ziehet Helden auch noch itzt,
Er will sie selbst bei Deinen Fahnen üben,
Und Deine Deutschen, die Dich lieben,
Verdunkeln Rom, wenn sie Dein Mut erhitzt.
Die Künste, die Athens geliebte Kinder waren,
Versammlen sich zu Deinen tapfern Scharen:
Da finden sie Schirm, Zuflucht, Sicherheit,
Und folgen stolz dem Schutzherrn ihrer Zeit.
So kannst Du, Prinz! den man in Heldenstücken
Den einzigen und unvergleichlich preist,
Mit nie zerstreutem großem Geist,
Bei Büchern in der Hand des Sieges Lorbern pflücken.
Laß diese, die das Lob den Ewigkeiten weihn,
Um Dein Geschichtenbuch bemüht und eifrig sein:

Du aber brauche Deine Gaben.
Nur laß den Ölzweig bald, o Herr! durch Dein Bemühn
Um Dein gesalbtes Haupt die schönste Krone ziehn,
Und uns den milden Frieden laben.
Zwing allen Widerstand, und zeig hier Deine Stärke,
So preist Dein Diener Wunderwerke.

Alle diese Stücke nun wurden zu Königsberg so begierig gelesen und so eifrig gesuchet, daß man schlüssig ward, sie abdrucken zu lassen. Als aber kein gewöhnlicher Zensor es wagen wollte, solches mit seiner Unterschrift zu erlauben: so nahmen Se. Exzellenz der vorsitzende Staatsminister und wirklich geheime Rat *Freiherr von Lesgewang* es über sich, dero Unterschrift zu geben, und den Druck zu verstatten. Die dortige Königliche Deutsche Gesellschaft besorgte denselben, und teilte am Jahrfeste ihrer Stiftung, den 21. November, die Abdrücke davon unter die dabei befindliche vornehme Versammlung aus. Von daher nun hat sich dieser Bogen bis nach Berlin, und durch den berlinischen Nachdruck durch ganz Deutschland und weiter ausgebreitet. An allem diesem aber hatte Herr Prof. G. nicht den geringsten Anteil gehabt, ja es war alles ohne sein Wissen geschehen.
Als Abdrücke davon nach Holland gedrungen waren, wurden auch holländische Übersetzungen davon gemachet, wie man aus der Utrechter Zeitung wahrgenommen hat. Ja es fiel einer davon dem gelehrten englischen Prediger Herrn *Sowden* in Rotterdam in die Hände, der beide Gedichte ins Engländische übersetzte, und sie dem Herrn Pr. G. zuschickte. Es wird den Liebhabern der britischen Sprache nicht unangenehm sein, diese sehr geschickte Dolmetschung allhier zu lesen. [. . .][5]

Der oberwähnte Artikel aus der »Leipziger Gelehrten Zeitung« lautete so:

So groß die Ehrerbietung war, womit ich dies hohe Merkmal königlicher Gnade empfangen und verehret hatte: so wohl habe ich's begriffen, daß selbiges nur in der Stille von mir bewundert, nicht aber in aller Welt ausposaunet werden müßte. Diesen Gesinnungen zufolge habe ich in den drei letzten Monaten[6] des »Neuesten aus der Anmutigen Gelehrsamkeit« vom vorigen Jahre mit keiner Silbe davon Erwähnung getan. Ferner kann sich bis diese Stunde keine Seele in Leipzig rühmen, daß ich ihr eine Abschrift von dem königl. Sinngedichte gegeben hätte. Ebensowenig habe ich in Halle, Wittenberg, Jena, Göttingen, Erfurt oder Erlangen an einigen meiner Korrespondenten dergleichen mitgeteilet: wo ich besorgen können, daß vielleicht ein Abdruck davon veranstaltet werden dürfte. Selbst nach Berlin, wo ich mit niemanden in Briefwechsel stehe, ist keine Abschrift von mir selbst gekommen. Nur bloß in Dresden habe ich, der mir obliegenden Pflicht gemäß, einem meiner hohen Vorgesetzten dieses Zeichen meiner Ehrfurcht und eines untertänigen Vertrauens nicht versagen können; um denen, die über mich gebieten, die wahre Beschaffenheit einer Sache bekanntzumachen, von der soviel falsche Erzählungen und ungleiche Urteile ausgebreitet worden. Und zween oder dreien weitentlegenen Blutsfreunden habe ich, auf inständiges Bitten, in höchstem Vertrauen, dergleichen bewilliget; aber überall den Abdruck eifrigst verbeten. Um desto mehr hat es mich befremdet, daß unlängst auch in verschiednen Zeitungen, so wie itzo in Berlin, dies an sich vortreffliche und in seiner Art vollkommene Sinngedicht in öffentlichem Drucke erschienen. So lieb es mir ist, daß keine sächsische Druckerei diese Verwegenheit begangen, wo man mich selbst in Verdacht hätte ziehen können, daß ich es veranstaltet oder bewilliget hätte, und daß gerade an solchen Orten, wohin ich keinen Briefwechsel habe, dergleichen geschehen ist: so gern lasse ich es diejenigen verantworten, die es gewaget haben, ohne allerhöchste Erlaubnis sich dieser Kühnheit zu bedienen. Ich kann es aber bei dieser Gelegenheit auch nicht ungemeldet lassen, daß weder die Übersetzungen noch die sogenannte Parodie von meiner Feder sind. Ich habe es aus guten Nachrichten, daß die erste Se. Hochwohlgeb. Herrn Tribunalsrat von Werner zu Königsberg in Preußen, die französische Parodie aber, die ganz zum Lobe Sr. Königlichen Majestät von Preußen eingerichtet ist, den gleichfalls gelehrten Kavalier Herrn Hofgerichtsrat Baron von Bondely, ebenfalls in Königsberg, zu Verfassern haben: denen also alle Ehre gebühret, die sie von diesen glücklichen Bemühungen erwarten können.

J. C. G.

Alleruntertänigste Antwort
an Se. Königl. Majestät in Preußen,
den 27. Oktober 1757, persönlich überreichet
von Joh. Christoph Gottscheden.

Nachdem wir nun unsern Lesern von dem obigen zuverlässige Nachricht gegeben, so müssen wir in der anfänglichen Erzählung weiter fortfahren. Mittwochs, den 26. Oktober, langten *Se. Kön. Maj. von Preußen* unverhofft zu Mittage vor 12 Uhren aus Torgau wieder zu Leipzig an. Um 3 Uhr erhielt Herr Prof. G. abermal Befehl, Höchstdenenselben aufzuwarten. Er gehorsamte abermals: und als dieser Monarch sich wiederum fast eine Stunde lang mit demselben von ebendergleichen in die freien Künste und schönen Wissenschaften einschlagenden Dingen zu unterreden geruhet; ihm auch befohlen hatte, folgendes Tages um eben die Zeit wiederzukommen, und gewisse Stücke von der Arbeit seiner Ehegenossin[7] mitzubringen: bat sich derselbe die allergnäd. Erlaubnis aus, auch die Antwort auf Sr. Königlichen Maj. vortreffliches Sinngedicht Höchstdenenselben zu Füßen legen zu dörfen. Diese erhielt er nun auch auf die gnädigste Art.
Er erschien diesem zufolge den 27. gegen 5 Uhr, und über-

brachte teils das Anbefohlne, teils seine Antwort, die er Seiner Königlichen Maj. zu Füßen legen wollte. Dieselben ergriffen solche gnädigst, und geruhten, sie von einem Ende zum andern selbst, und zwar laut herzulesen. Wie nun dieses als ein besonderes Merkmal der Gnade dieses Monarchen auch gegen deutsche Sachen anzusehen war, so hatte der Verfasser Gelegenheit dabei, auf höchsten Befehl, eine und die andere Stelle des Gedichts mündlich zu erläutern.

Auch diesesmal geruheten Seine Königliche Maj. dero Unterredungen von allerlei gelehrten Sachen, sonderlich den berühmtesten französischen Tragödienschreibern, die Sie als ein Kenner und Meister beurteileten, bis gegen 8 Uhr fortzusetzen: ungeachtet Dero Kriegsheer eben den Tag bei Leipzig zusammengekommen war; womit sie 3 Tage hernach aufbrachen, und acht Tage darauf die bekannte Schlacht bei Roßbach[8] lieferten. Es ist bei dem allen nichts mehr zu bewundern gewesen als die ungemeine Lebhaftigkeit und Gegenwart des Geistes, womit Se. Königl. Majestät, bei so kritischen Umständen, die Verdienste der größten Weltweisen, Geschichtschreiber, Redner und Dichter; eines Aristotels, Descartes, Malebranche[9], Locke, Leibniz und Wolffs, eines Grafen Bünau[10], Kanzlers Bar[11] und Hofrat Mascovs[12], eines Cicerons, Mosheims[13], Reinbecks[14] und Quandts[15], eines Virgils, Horaz, Corneille, Racine, Crébillons[16], Rousseaus, Voltairens, Canitzens[17] und Pietschens[18], und das zwar mit der vollkommensten kritischen Einsicht, zu beurteilen imstande gewesen. Dero Gnade gegen den hiesigen Gelehrten aber ist so weit gegangen, daß Sie demselben auch einige Dero eigener Übersetzungen aus dem Horaz und von einigen Stellen aus Cicerons Reden, in französischen Versen, vorzulesen geruhet, die denselben in vollkommene Bewunderung gesetzet.

Im Anfange dieses Jahres haben Se. Königl. Majestät dem gedachten Gelehrten von Breslau aus eine sehr kostbare goldene Tabatière zum Merkmale Ihrer Gnade zugefertiget.

Der Völker Tapferkeit ist ihres Ruhmes Wiege,
Der Künste Flor folgt auf die Siege:
Dem Witz und jeder Wissenschaft
Erteilt der Überfluß und Reichtum erst die Kraft.
Als Griechenland der Trojer Reich zerstörte,
Sang noch kein Pindar, kein Homer;
Gab dem Euripides kein Schauplatz noch Gehör:
Als es den Perser schlug, der alles zittern lehrte,
War kein Korinth und kein Athen
An Schnitzkunst, Malerei, an Geist und Gaben schön.
Die Künste keimten erst nach langen Bürgerkriegen;
Nachdem Athen verjüngt aus seinem Schutt gestiegen.
Perikles[19] baut und pflanzt, und sein Geschmack wird fein;
Nun stellt sich Geist und Weisheit ein!

*

Der Tafeln Fläche scheint durch Farben sich zu heben;
Ja Marmor, Erzt und Gold hebt gleichsam an zu leben.
Der Leier zarter Ton ergetzt ein lüstern Ohr;
Ein Demosthen[20] fängt an die Herzen zu besiegen,
Die Bühne läutert sich zum Nutzen und Vergnügen:
Kurz, jede Kunst hob sich empor,
Indem der Heldenmut sich in Athen verlor.

*

Der Dinge Wechsel bringt den Menschen Lust und Plage:
Der Tag verdringt die Nacht, und diese weicht dem Tage.
Und dies erfuhr auch Griechenland,
Als durch den Krieg die Kunst verschwand.
Es sieht Athen an seinen Nordergrenzen,
Bei Philipps[21] Tapferkeit, die strengen Schwerter glänzen,
Davor die Freiheit bebt. Der Asiater Welt,
Ägyptens Wissenschaft, der Grajer[22] Witz verfällt.
Selbst Alexandern kann bei hundert edlen Siegen

Kein Pindar, kein Homer, nur Chörilus[23] vergnügen.
Er selber zwar liebt Geist und Witz;
Allein sein rauhes Land wird nicht der Musen Sitz.

*

Kein Römer hatte noch mit Künsten was zu schaffen,
  Als Rom schon stieg, durch Ackerbau und Waffen.
Sagunt[24], Karthago fällt, o Mars, auf dein Geheiß!
  Mit wohlverdienten Lorberkronen
Belohnt ein Scipio[25] zuerst der Musen Fleiß;
  Und bessert an Terenzens Kiele
  Menanders sanfte Saitenspiele.
Hierauf weicht Hellas zwar den strengen Legionen:
  Doch der Besiegten Witz und Kunst
  Erwirbt sich ihrer Sieger Gunst
Und mildert allgemach durch feiner Geister Werke
Roms bäurischen Geschmack und der Quiriten[26] Stärke.
  Lucrez[27] besingt, nach Art des Epikur,
  Wie dort Empedokles, die Werke der Natur:
Pacuv[28] und Accius[29] erhöhn die Trauerbühne,
Wie Plautus die, so dort Philemons[30] Vorrecht schiene;
Und ein Catull[31] hebt an, auf neu gestimmten Saiten,
Die Kunst Anakreons[32] im Singen zu bestreiten.

*

  Nunmehr wird Rom der Musen Sitz!
August, der Ruh im Schoß, liebt Wissenschaft und Witz:
  Gibt allen Herrschern ein Exempel,
Und sein Palast wird selbst Apollons Tempel.
  Virgil besingt Äneens Waffen,
Horaz sucht dem Latein des Pindars Schwung zu schaffen.
Ovids geläutert Rohr, das ganz nach Paphos[33] klingt,
Reizt auch die Grazien mit seinen zarten Tönen:

Wenn Seneca sich Melpomenen[34]
Auf Trauerbühnen weiht, Tibull[35] in Herzen dringt,
Straft Juvenal[36] die frechen Sitten,
Besingt Lucan Pharsalens blutigs Feld,[37]
Wo Cäsars Stahl die Freiheit Roms beschnitten;
Indem das Recht verliert, die Bosheit recht behält.
Drauf weicht der Künste Flor der Kaiser Tyrannei;
Den Rest erstickt zuletzt der Goten Barbarei.

*

Mit gleichem Schicksal hat der Deutschen wildes Schwert
Der Römer weites Reich bezwungen;
Ganz Welschland, Gallien, Iberien verheert,
Und ist bis Afrika gedrungen.
Der Heruler[38] bemächtigt sich
Der stolzen Monarchie, die alles fast verschlungen.
Der Goten Wut folgt bald hernach,
Und rächet zwar der Römer Schmach:
Doch wird durch sie der Überrest der Künste
In Welschland ganz erstickt, und keinem zum Gewinste.

*

Die Völker, so anitzt, erhabner *Friedrich!*,
Dein Heldenschwert und deinen Zepter ehren;
Wo sich der Oderstrom in seinen fetten Röhren
Bis in den kalten Belt ergießt;
Wo Peene, Spree und Havel fließt;
Die kühnen Wandaler, der Sueven tapfre Heere,[39]
Bemeistern sich des Rheins, ziehn bis zum Mittelmeere,
Ins Land, wo Tagus[40] fleußt, wo Herkuls Säulen[41] stehn.
Ins heiße Lybien zu gehn.
Der Longobarden Heer, Burgunder, Alemannen
Erkühnen sich, ein Volk ins Sklavenjoch zu spannen,

Das aller Völker Geißel war,
Und täglich neuen Krieg gebar.
Der Frank hat Gallien, der Sachs die blauen Briten
Mit seiner kecken Faust bestritten.
Bis gar der Kaiserschmuck, den Welschland längst entwöhnt,
Karls deutsche Stirn in Rom gekrönt.

*

Seitdem ist Deutschlands Witz gestiegen!
Der große Sieger hilft die Barbarei besiegen;
Liebt auch der rauhen Dichter Rohr;
Schreibt selbst der Sprache Regeln vor;
Gibt Monaten und Winden deutsche Namen
Und reizt die Folgezeit, dem Muster nachzuahmen.
Nur schade, daß der Teilungsgeist
Dem Reiche seine Kraft, der Kunst den Wuchs entreißt.

*

Mit ungleich besserm Glück und edler Musenliebe
Erweckten Deutschlands Volk zu gleichem Dichtertriebe
Der erst' und zweite Friederich.
Die Fürsten selbst ermannen sich:
Die Faust, die sonst nur Lanz' und Schild geführet,
Wird itzt durch Buch und Kiel gezieret.
Selbst Markgraf Otto mit dem Pfeil[42],
Aus Brandenburgs Geschlecht, hat an dem Pindus teil.

*

Auf eben dieser Heldenbahn
Ging, durch sein Beispiel auch, in aufgeklärtern Zeiten,
Sein rauhes Volk zum Helikon[43] zu leiten,
Der erste Maximilian[44].
Ein Opitz folgt in etwas spätern Jahren,

Als Geist und Wissenschaft in Deutschland reifer waren.
Und dieser Morgenröte Schein
Würd' itzo längst in heitre Mittagsstunden,
O Vaterland! erwachsen sein,
Wenn nicht durch langen Krieg dies schöne Licht verschwunden.

*

Betrübte Zeit, von dreißig langen Jahren!
Darin Germanien des Mavors[45] wilde Wut
Und aller Künste Fall erfahren.
Alekto[46] sprüht der schwarzen Fackeln Glut
In alle Grenzen aus, die deutsche Namen führen.
Die Flammen lodern schnell empor:
Wie kann der blöden Musen Chor,
Wo alles dampft und raucht, die muntern Saiten rühren?
Apollo liebet Ruh und Stille,
Und seiner Schwestern Wunsch ist nicht Bellonens[47] Wille.
In Flemmings[48] Leier wich ihr Ton durch Astrakan,
Weit über unsers Weltteils Grenzen,
Durchs kaspische Gestad zum fernen Ispahan,[49]
Wo itzo Stahl und Glut in Bürgerkriegen glänzen.
Sie flohn mit Opitzen ins nahe Preußenland:
Allwo, da dieser starb, ein Dach[50] die Leier fand:
Der sie am Pregelstrom so reizend ließ erklingen,
Daß noch die Hügel um den Hain,
Wo Albertinen[51] sich die Musensöhne weihn,
Von seinen edlen Tönen singen.

*

Und wen befremdet wohl der Laute starker Klang?
Da sie vom Friedrich Wilhelm sang;
Dem Helden, dessen Ohr des Dichters Stärke fühlte,
Wenn er, wie Flaccus[52], sang und spielte:

Die er ihm durch ein Feld und einen grünen Wald,
Darum er sehnlich bat, recht königlich vergalt;[53]
Der Deinem Ahnherrn auch die Krone prophezeite,
Als dessen Wiege dort sein Königsberg erfreute.

*

Aus dieses Meisters Zucht sind nun die drei entsprossen,
Die nachmals Friedrichs Huld, der Kenner Gunst genossen.
  Mein Canitz erst, den Preußenland erzeugt,
  Wiewohl die Mark ihn aufgesäugt:
  Dann Besser[54] auch, aus Kurland zwar entsprungen,
Dem aber Dach am Pregel vorgesungen,
  Als Königsberg ihm manches Jahr
Mit süßer Musenkost, gleich Müttern, dienstbar war
  Und seine jungen Lippen tränkte,
  Bis ihn das Glück an Friedrichs Hofstatt lenkte.
  Zuletzt kam Pietsch, der für sein Heldenrohr
  Eugens und Karls erhabnes Lied erkor;
Jedoch viel eifriger von Preußens neuer Krone,
Von Friedrichs Majestät und seinem großen Sohne
  Den deutschen Helikon belehrt,
In Liedern, die dereinst der Enkel Beifall ehrt.

*

  Herr! diese sind's, die Preußens Witz erhoben,
Die ganz Germanien und dessen Nachbarn loben!
  Verlangst Du mehr, was Deine Zeiten schmückt,
Was Deine Länder Dir in reichem Maße zollen?
  Schau um Dich her; Du wirst nichts bessers wollen,
Als was Apollons Gunst Dir reichlich zugeschickt.

*

Von Derschau[55], Preußens Sohn, ist stark im Trauerspiele:
Orest und Pylades von seinem Dichterkiele
Ist reich an Geist, Geschmack und Richtigkeit.
Bock[56] singt manch Heldenlied auf Deine große Taten,
Und Stöckels[57] Muse sind sie Deiner wert geraten.
Wo bleibt, was Pantke[58] von Dir singt?
Wo Tralles[59], dessen Ton durch die Sudeten dringt?
Und Lindner[60], der den Bober oft gezwungen,
Entzückt zu stehn, wenn er ihm vorgesungen?
Was zeigt nicht Halberstadt durch seines Lichtwers[61] Werke
In weisen Fabeln schon für Stärke?
Die bald im Rechte der Vernunft
Ihn noch weit höher wird erheben:
Nachdem der zarte Gleim[62] in der Verliebten Zunft
Den Ton Anakreons so reizend angegeben.

*

O König! siehst Du nun, wie Deiner Staaten Grenzen
Durch feinen Witz und Geist so stark als andre glänzen;
Wie, da sich Dein Berlin zu allen Künsten neigt,
Dein weites Land sich auch an Musen fruchtbar zeigt?
Ein holder Wink von Dir wird sie noch mehr verstärken:
Sie streben schon, mit ungemeinen Werken,
Auch Dein erhabnes Lob der Ewigkeit zu weihn.
Laß Deine Blicke nur noch ferner kräftig sein;
Wie sie bereits in Königsberg gewesen,
Von dessen Pindus wir schon Meisterstücke lesen:
So fallen unter Dir die goldnen Zeiten ein.
Die rauhste Sprache wird sich bald gelinder zeigen,
Wird Friedrichs Ohr sich nur zu ihren Tönen neigen.

Überreicht in Leipzig,
den 26. Okt. 1757. Gottsched.

5

KARL WILHELM RAMLER

Ode an die Stadt Berlin

den 24. Jänner[1] 1759

Ich sahe sie! (Mir zittern die Gebeine)
Ich sah, glückseliges Berlin,
Die Göttin deines Stroms vor deinem Tannenhaine
Mit ihren Schwänen ziehn.

Vergönne mir, Najade[2], nachzulallen,
Was mein erstauntes Ohr durchdrang,
Und was dein Göttermund den Faunen sang, und allen
Hamadryaden[3] sang.

Sei mir gegrüßt, Augusta[4]! meine Krone!
Die Städte Deutschlands bücken sich!
Es hören meinen Stolz Belt, Donau, Wolga, Rhone,
Und weichen hinter mich!

Was fürchten wir, ist gleich die Zahl des Feindes
Wie dieser beiden Ufer Sand?
O Tochter, hast du nicht zur Seite meines Freundes
Stets einen Gott erkannt?

Stritt Jupiter nicht selbst mit *Friedrichs* Volke,
Und donnerte den Feind zurück?
Warf nicht der Kriegesgott einst plötzlich eine Wolke
Vor Seines Mörders Blick?

Sah ich nicht jüngst, als Er vom fernen Süden
Den Riesen aus der Mitternacht[5]
Sein Heer entgegen riß, ein kleines Heer von Müden,
Bereit zur zehnten Schlacht;

Wie das Panier, von Seiner Hand gefasset,
Zur drohenden Ägide[6] ward?
Die Feinde sahn den Schild der Pallas[7], die sie hasset,
Und wurzelten, erstarrt

Vor Schrecken, in das Land; bis sie, zerschlagen
Von Seinem Heer, das auf sie drang,
Wie Halmen von des Himmels Schloßen[8] niederlagen,
Dreihundert Hufen lang.

Ja, dinget nur die halbe Welt zusammen,
Und raset wider Einen Mann,
Und wendet wider Ihn Verrat, Nacht, Meineid, Flammen,
Den ganzen Orkus[9] an!

Borussiens gerechter Held soll siegen;
Die Götter schützen ihren Sohn.
Bald wird Er im Triumph zu Seinen Kindern fliegen.
Er kömmt, ich seh Ihn schon!

Er kömmt, das Haupt mit Strahlen rund umwunden,
Wie Delius Apollo[10] kam,
Als er den Python[11] schlug und ihm mit tausend Wunden
Die schwarze Seele nahm.

Eilt, Ihn in Erz den Enkeln aufzustellen!
Eilt, einen Tempel Ihm zu weihn
Am Rande meines Stroms! Ich brenne, seine Schwellen
Mit Blumen zu bestreun.

An den Frieden

(1760)

Wo bist du hingeflohn, geliebter Friede?
Gen Himmel, in dein mütterliches Land?
Hast du dich, ihrer Ungerechtigkeiten müde,
Ganz von der Erde weggewandt?

Wohnst du nicht noch auf einer von den Fluren
Des Ozeans, in Klippen tief versteckt,
Wohin kein Wuchrer, keine Missetäter fuhren,
Die kein Eroberer entdeckt?

Nicht, wo, mit Wüsten ringsumher bewehret,
Der Wilde sich in deinem Himmel dünkt?
Sich ruhig von den Früchten seines Palmbaums nähret?
Vom Safte seines Palmbaums trinkt?

O! wo du wohnst, laß endlich dich erbitten:
Komm wieder, wo dein süßer Feldgesang
Von herdevollen Hügeln und aus Weinbeerhütten
Und unter Kornaltären[12] klang.

Sieh diese Schäfersitze, deine Freude,
Wie Städte lang, wie Rosengärten schön,
Nun sparsam, nun wie Bäumchen auf verbrannter Heide,
Wie Gras auf öden Mauern stehn.

Die Winzerinnen halten nicht mehr Tänze;
Die jüngst verlobte Garbenbinderin
Trägt ohne Saitenspiel und Lieder ihre Kränze
Zum Dankaltare weinend hin.

Denn ach! der Krieg verwüstet Saat und Reben
Und Korn und Most, vertilget Frucht und Stamm,
Erwürgt die frommen Mütter, die die Milch uns geben,
Erwürgt das kleine fromme Lamm.

Mit unsern Rossen fährt er Donnerwagen,
Mit unsern Sicheln mäht er Menschen ab;
Den Vater hat er jüngst, er hat den Mann erschlagen,
Nun fodert er den Knaben ab.

Erbarme dich des langen Jammers! rette
Von deinem Volk den armen Überrest!
Bind an der Hölle Tor mit siebenfacher Kette
Auf ewig den Verderber fest.

6

CHRISTIAN FÜRCHTEGOTT GELLERT

Gespräch mit Friedrich II.

Brief an Gottlieb Wilhelm Rabener

(1761)

Liebster Rabener[1]!

Sie mögen mit mir machen, was Sie wollen, so werde ich Ihnen doch diesmal keine ausführliche Antwort schreiben, denn ich bin schon seit vierzehn Tagen von einem Husten und von Schmerzen in der linken Hüfte krank. Es ist wahr, daß ich in der Mitte des letzten Monats vorigen Jahres durch einen Major zu dem Könige gerufen worden bin, daß er sich von vier Uhr bis dreiviertel auf sechs Uhr mit mir von den schönen Wissenschaften und der deutschen Literatur und der Methode, womit er seine Hypochondrie kurieret und mit der ich die meinige kurieren sollte, unterredet; daß er mir sehr gnädig begegnet hat; daß ich wider allen meinen Charakter ohne die geringste Furcht, ohne Begierde zu gefallen bloß das, was Wahrheit und Ehrerbietung befahlen, geredet und eben deswegen gefallen habe. Am Ende des Gesprächs fragte er mich, ob ich keine von meinen Fabeln auswendig könnte? »Nein, Sire.« – »Besinne Er sich doch, Herr Professor, ich will etlichemal in der Stube auf und nieder gehen.« – Endlich fiel ich, ohne zu wissen warum, auf den »Maler«[2], die letzte Fabel im ersten Teile. »Nun«, sagte er, »das ist gut, das ist sehr gut, natürlich, kurz und leicht. Das habe ich nicht gedacht. Wo hat Er so schreiben lernen?« – »In der Schule der Natur.« – »Hat Er den *La Fontaine*[3] nachgeahmt?« – »Nein, Ihro Majestät, ich bin ein Original; aber darum weiß ich noch nicht, ob ich ein gutes bin.« – »Nein, ich muß Ihn loben.« Und da sagte er zum Major, der dabeistand, noch viel zu meinem Lobe, das ich in der Tat nicht hören wollte. – »Komme Er wieder zu mir, und stecke Er Seine Fabeln zu sich und lese Er mir welche vor.« – Allein, guter *Rabener*, ich bin nicht wiedergekommen. Der König hat mich nicht wieder rufen lassen, und ich habe an Sirachs[4] Wort gedacht: Dränge dich nicht zu den Königen. Er hat mich den Tag darauf bei der Tafel gegen den Obristlieutenant *Marwitz*[5], auch den englischen Gesandten, den Marquis *d'Argens*[6], den Lektor *le Cat*[7] und andere, die mir's wiedergesagt haben, mit einem Lobspruche gelobt, den ich nicht hersetzen will, weil es doch eitel sein würde. Der englische Gesandte, der ein vortrefflicher Mann ist, mag wohl die wahre Ursache gewesen sein, warum mich der König sehen wollen; denn der Gesandte hat mit *Strauben*[8] in *Breslau* meine Fabeln größtenteils gelesen und ist sehr für sie eingenommen. Der König sprach bald deutsch, bald französisch; ich meistens deutsch, nur im Notfalle französisch. Den ausführlichen Inhalt einem Briefe anvertrauen, würde wenigstens wider die Klugheit sein. Warten Sie, bis ich Sie spreche. Gott gebe, daß dieses bald geschehe, und daß ich Sie gesund und zufrieden umarmen kann, wo es auch sei. [...]

Den 5. Februar.

Ich habe alle Tage noch mehr zu diesem Briefe schreiben wollen, und nicht gekonnt. Morgen soll er also fortgehen. Eins können Sie noch anhören. Der König fragte mich nach den guten deutschen Schriftstellern, und die ersten, die mir einfielen, waren Sie und *Cramer*[9]. Er schmälte auf die Unförmlichkeit und Härte der deutschen Sprache. – »Aber warum nötigen uns die Deutschen nicht durch solche gute Bücher wie die Franzosen, daß wir sie lesen müssen?« – »Vielleicht, Sire, fehlt uns noch die Zeit, vielleicht auch noch Auguste und Louis XIV.« – »Sachsen hat ja zween Auguste gehabt.« – »Ja, Sire, und wir haben auch schon einen guten Anfang in der schönen Literatur gemacht. Als die Griechen aufhörten zu schreiben, da fingen die Römer an. Wir hoffen ruhigere Zeiten.« – »So gefallen Ihm diese Zeiten nicht? Sind's böse Zeiten?« – »Ich wünsche ruhigere Zeiten, und wenn ich der König von Preußen wäre, so hätten die Deutschen Friede –« »So? steht dies bei mir? Drei wider Einen!« – »Ich wiederhole es noch einmal, Sire, wollte Gott, Sie gäben uns den Frieden!« – »Ja, ja!«

Gellert.

Ein Brief aus Leipzig

(1761)

[. . .] Der 18. Dezember vorigen Jahres war der merkwürdige Tag, an welchem Herr Professor *Gellert* nachmittags um drei Uhr in seinem Schlafrocke, mit einer weißen Mütze, unbarbiert und gar nicht wohlauf, an seinem Pulte saß, und jemand an seine Türe pochte. – »Herein!« –
»Ich bin der Major *Quintus Icilius*[10], und freue mich, Sie kennen zu lernen. Se. Majestät der König verlangen Sie zu sprechen und haben mich hergeschickt, Sie zu Ihm zu brin-

gen.« *Gellert:* »Herr Major, Sie müssen mir's ansehen, daß ich krank bin; es wird dem Könige mit einem kranken Manne, der nicht reden kann, nicht viel gedienet sein.« *Major:* »Es ist wahr, Sie sehen nicht wohl aus, ich werde Sie auch nicht nötigen, heute mitzugehen; aber das muß ich Ihnen sagen, wenn Sie sich mit dieser Ausflucht ganz von dem Gange loszumachen gedenken, so irren Sie sich; ich muß morgen wiederkommen, und wenn Sie da nicht besser sind, übermorgen, und das so fort, bis Sie mitgehen können. Entschließen Sie sich also. Ich lasse Ihnen eine Stunde Zeit. Um 4 Uhr will ich wieder anfragen, ob ich Sie heute oder ein andermal mitnehmen soll.« G.: »Ja, das tun Sie, Herr Major; ich will sehen, wie ich mich alsdann befinde.«
Nun ist also der Major fort, und der Herr Professor, der zum Unglücke seinen Herrn *Gödicke* nicht zu Hause hat, schafft sich mit vielem Verdruß und großen Umständen einen Barbier und eine Perücke, und ist um vier Uhr fertig. *Quintus Icilius* kommt, und sie gehen nach dem *Apel*schen Hause. In dem Vorzimmer finden sich etliche Personen, welche voller Freude sind, den Herrn Professor kennen zu lernen. Itzt aber geht die Türe zu Sr. Majestät Zimmer auf. Sie treten ein, und bleiben mit dem Könige die ganze Zeit über alleine. *König:* »Ist Er der Professor *Gellert*?« *Gellert:* »Ja, Ihro Majestät.« K.: »Der englische Gesandte hat mir viel Gutes von Ihm gesagt. Wo ist Er her?« G.: »Von Hainichen bei Freiberg.« K.: »Hat Er nicht noch einen Bruder in Freiberg?« G.: »Ja, Ihro Majestät.« K.: »Sage Er mir, warum wir keinen guten deutschen Schriftsteller haben?« Der *Major:* »Ihro Majestät sehen hier einen vor sich, den die Franzosen selbst übersetzt haben und den deutschen *La Fontaine* nennen.« K.: »Das ist viel. Hat Er den *La Fontaine* gelesen?« G.: »Ja, Ihro Majestät, aber nicht nachgeahmt; ich bin ein Original.« K.: »Das ist also Einer; aber warum haben wir nicht mehr gute Autoren?« G.: »Ihro Majestät sind einmal gegen die Deutschen eingenommen.« K.: »Nein, das kann ich nicht sagen.« G.: »Wenigstens gegen die deutschen Schriftsteller.« K.: »Das ist

wahr. Warum haben wir keine guten Geschichtschreiber?« G.: »Es fehlt uns daran auch nicht. Wir haben einen *Mascov*[11], einen *Cramer*, der den *Bossuet*[12] fortgesetzt hat.« K.: »Wie ist das möglich, daß ein Deutscher den *Bossuet* fortgesetzt hat?« G.: »Ja, ja, und glücklich. Einer von Ihro Majestät gelehrtesten Professoren hat gesagt, daß er ihn mit eben der Beredsamkeit und mit mehrerer historischer Richtigkeit fortgesetzt habe.« K.: »Hat's der Mann auch verstanden?« G.: »Die Welt glaubt's.« K.: »Aber warum macht sich keiner an den *Tacitus*? Den sollte man übersetzen.« G.: »*Tacitus* ist schwer zu übersetzen, und wir haben auch schlechte französische Übersetzungen von ihm.« K.: »Da hat Er recht.« G.: »Und überhaupt lassen sich verschiedene Ursachen angeben, warum die Deutschen noch nicht in aller Art guter Schriften sich hervorgetan haben. Da die Künste und Wissenschaften bei den Griechen blüheten, führten die Römer noch Kriege. Vielleicht ist jetzt das kriegerische Säkulum der Deutschen: vielleicht hat es ihnen auch noch an *Augusten* und an *Louis XIV.* gefehlt.« K.: »Wie? will Er denn einen *August* in ganz Deutschland haben?« G.: »Nicht eben das; ich wünsche nur, daß ein jeder Herr in seinem Lande die guten Genies ermunterte.« – – K.: »Ist Er gar nicht aus Sachsen weggekommen?« G.: »Ich bin einmal in Berlin gewesen.« K.: »Er sollte reisen.« G.: »Ihro Majestät, dazu fehlen mir Gesundheit und Vermögen.« K.: »Was hat Er denn für eine Krankheit? Etwa die gelehrte?« G.: »Weil sie Ihro Majestät so nennen, so mag sie so heißen; in meinem Munde würde es zu stolz geklungen haben.« K.: »Ich habe sie auch gehabt. Ich will Ihn kurieren. Er muß alle Tage ausreiten, alle Wochen Rhabarber nehmen.« G.: »Ihro Majestät, diese Kur möchte wohl eine neue Krankheit für mich sein. Wenn das Pferd gesünder wäre als ich, so würde ich es nicht reiten können, und wäre es ebenso krank, so möchte ich auch nicht fortkommen können.« K.: »So muß Er fahren.« G.: »Dazu fehlt mir das Vermögen.« K.: »Ja, das ist wahr, daran fehlt's immer den Gelehrten in Deutschland. Es sind itzt wohl böse Zeiten?« G.: »Jawohl, und wenn Ihro Majestät Deutschland den Frieden geben wollten.« – – K.: »Kann ich denn? Hat Er's denn nicht gehört? Es sind ja drei wider mich.« G.: »Ich bekümmere mich mehr um die alte als neue Geschichte.« K.: »Was meint Er? Welcher ist schöner in der Epopöe, *Homer* oder *Virgil*?« G.: »*Homer* scheint wohl den Vorzug zu verdienen, weil er das Original ist.« K.: »Aber *Virgil* ist viel polierter.« G.: »Wir sind zu weit vom *Homer* entfernt, als daß wir von seiner Sprache und Sitten richtig genug sollten urteilen können. Ich traue darin dem *Quintilian*[13], welcher *Homer* den Vorzug gibt.« K.: »Man muß aber nicht ein Sklave von den Urteilen der Alten sein.« G.: »Das bin ich nicht; ich folge ihnen nur alsdenn, wenn ich wegen der Entfernung selbst nicht urteilen kann.« *Major*: »Er hat auch deutsche Briefe herausgegeben.« K.: »So? Hat Er denn auch wider den Stylum curiae[14] geschrieben?« G.: »Ach ja, Ihro Majestät.« K.: »Aber warum wird das nicht anders? Es ist was Verteufeltes. Sie bringen mir ganze Bogen, und ich verstehe nichts davon.« G.: »Wenn es Ihro Majestät nicht ändern können, so kann ich's noch weniger. Ich kann nur raten, wo Sie befehlen.« – – K.: »Kann Er keine von Seinen Fabeln auswendig?« G.: »Ich zweifle. Mein Gedächtnis ist mir sehr untreu.« K.: »Besinne Er sich, ich will unterdessen herumgehen. – – – Nun, hat Er eine?« G.: »Ja, Ihro Majestät, den ›Maler‹. ›Ein kluger Maler in Athen – – – – – so strich er seinen Kriegsgott aus.‹« K.: »Und die Moral?« G.: »›Wenn deine Schrift – – – – auszustreichen.‹« K.: »Das ist recht schön. Er hat so etwas Kulantes in Seinen Versen, das verstehe ich alles. Da hat mir aber *Gottsched* eine Übersetzung der ›Iphigenia‹ vorgelesen;[15] ich habe das Französische dabeigehabt und kein Wort verstanden. Sie haben mir noch einen Poeten, den *Pietsch*[16], gebracht; den habe ich weggeworfen.« G.: »Ihro Majestät, den werfe ich auch weg.« K.: »Nun, wenn ich hierbleibe, so muß Er öfter wiederkommen, und Seine Fabeln mitbringen und mir was Neues vorlesen.« G.: »Ich weiß nicht, ob ich gut lese; ich habe so einen singenden gebirgischen Ton.« K.: »Ja, wie die Schlesier. Nein, Er

muß Seine Fabeln selbst lesen, sie verlieren sonst viel. Nun, komm' Er bald wieder.«
Ungeachtet dessen, was der König am Ende sagte, ist doch der Professor nicht wieder gerufen worden. Da er weggegangen, hat der König gesagt: »Das ist ein ganz anderer Mann als *Gottsched.*« Und den andern Tag bei der Tafel: »C'est le plus raisonnable de tous les savants allemands.«[17] [. . .]

7

GOTTHOLD EPHRAIM LESSING

Brief an Friedrich Nicolai[1]

(1769)

[. . .] Was Ihnen Gleim[2] von Wien gesagt hat,[3] ist ganz ohne Grund; aber Gleim hat von dem Projekte in Wien ohne Zweifel so reden wollen, wie man es allenfalls in Berlin noch einzig und allein goutieren könnte. Wien mag sein, wie es will, der deutschen Literatur verspreche ich doch immer noch mehr Glück als in Eurem französierten Berlin. Wenn der »Phädon«[4] in Wien konfisziert ist: so muß es bloß geschehen sein, weil er *in Berlin* gedruckt worden, und man sich nicht einbilden können, daß man in Berlin für die Unsterblichkeit der Seele schreibe. Sonst sagen Sie mir von Ihrer berlinischen Freiheit zu denken und zu schreiben ja nichts. Sie reduziert sich einzig und allein auf die Freiheit, gegen die Religion soviel Sottisen zu Markte zu bringen, als man will. Und dieser Freiheit muß sich der rechtliche Mann nun bald zu bedienen schämen. Lassen Sie es aber doch einmal einen in Berlin versuchen, über andere Dinge so frei zu schreiben, als Sonnenfels in Wien geschrieben hat;[5] lassen Sie es ihn versuchen, dem vornehmen Hofpöbel so die Wahrheit zu sagen, als dieser sie ihm gesagt hat; lassen Sie einen in Berlin auftreten, der für die Rechte der Untertanen, der gegen Aussaugung und Despotismus seine Stimme erheben wollte, wie es itzt sogar in Frankreich und Dänemark geschieht: und Sie werden bald die Erfahrung haben, welches Land bis auf den heutigen Tag das sklavischste Land von Europa ist. Ein jeder tut indes gut, den Ort, in welchem er sein muß, sich als den besten einzubilden; und der hingegen tut nicht gut, der ihm diese Einbildung benehmen will. Ich hätte mir also wohl auch diese letzte Seite ersparen können. Leben Sie wohl, liebster Freund!

8

JOHANN WOLFGANG VON GOETHE

Brief an Karl August von Sachsen-Weimar

(1779)

Gnädigster Herr,

Nach der Antwort des Königs in Preußen Maj., worin derselbe solche Gründe hinzulegen glaubt, die Ew. Durchl. bewegen sollen, ihm die verlangte Werbung in Ihren Landen zu gestatten, und es als gewiß anzunehmen scheint, daß man sich mit dem General Möllendorf besprechen und eine Auskunft zu treffen wissen werde, bleibt nach aller Überzeugung nichts übrig, als daß man eine baldige und feste Entschließung fasse, welchen Teil man ergreifen und wie man sich auf ein oder die andre Weise betragen wolle. Man hat vorläufig am besten zu sein geglaubt, wenn man beide unangenehme Seiten gegenwärtiger Lage natürlich gegeneinander stellte, das zwiefache Benehmen, wovon man eins zu wählen hat, ohnübertrieben hinlegte, und die Folgen eines jeden überdächte, soweit man sie mit einem zwar uneingenommnen, aber freilich immer beschränkten Geiste vorauszusehen imstande ist.

Gesetzt also, man fügt sich dem Begehren des Königs, so kann es entweder geschehen, wenn man ihm die Werbung erlaubt, oder mit dem General Möllendorf auf eine gewisse Anzahl abzugebender Mannschaft übereinkommt, und auch diese entweder durch die Preußen ausnehmen läßt oder sie selbst ausnimmt und sie ihnen überliefert.

Erwählt man das erste, so werden diese gefährliche Leute sich festsetzen und überall Wurzel fassen, sie werden auf alle Weise die beste junge Mannschaft an sich zu ziehen suchen, sie werden mit List und heimlicher Gewalt eine große Anzahl wegnehmen, sie werden's an nichts fehlen lassen, selbst die Soldaten Ew. Durchl. untreu zu machen.

Will man mit dem General Möllendorf auf eine gewisse Anzahl übereinkommen, und ihnen etwa selbst überlassen, die junge Mannschaft nach gewissen zu fertigenden Verzeichnissen aus den Ämtern auszuheben, so kann man nicht versichert sein, daß es dabei bleiben wird. Ein und der andre, der es merkt, wird austreten, sie werden statt dessen nach andern greifen, es werden Händel entstehen, und sie werden davon Anlaß nehmen, was man mit ihnen ausgemacht hat, zu überschreiten.

Will man endlich sich entschließen, eine Auswahl selbst zu machen und ihnen die Leute auszuliefern, so ist darin wohl fürs ganze das geringste Übel, aber doch bleibt auch dieses ein unangenehmes, verhaßtes und schamvolles Geschäft. Und wahrscheinlich ist man mit allem diesem doch nicht am Ende des Verdrusses. Diese mit Gewalt in fremde Hände gegebne Leute werden in kurzem desertieren und in ihr Vaterland zurückkehren, die Preußen werden sie wieder fordern, im Fall sie fehlen, austreten oder sich verbergen, an ihrer Stelle andre wegnehmen. Diese Plage wird mit jedem Herbste wiederkommen. Wie sie sich gewiß auch nicht begnügen werden,

wenn man ihnen einmal Mannschaft stellt, mit jedem Frühjahr werden sie diese Anforderungen erneuen.
Dagegen wird man von kaiserlicher Seite diesen Schritt, den man so sehr wider Willen getan, gewiß übel aufnehmen. Man wird sie niemals überreden können, daß man so notgedrungen und so ungern eine solche Entschließung ergriffen hat. Der alte Verdacht, den man gegen die Sächsischen Häuser hegt, daß sie wenig Neigung für das Östreichische haben, wird wieder rege werden, und es wird dem kaiserlichen Hofe an Gelegenheit nicht fehlen, dem fürstlichen Haus manches Unangenehme fühlen zu lassen. Das nächste, was zu befürchten steht, ist, daß sie gleichfalls Werbung in den fürstlichen Landen einzulegen verlangen, so daß man von beiden Seiten wird gedrängt sein und die oben hererzählte Verdrüßlichkeiten doppelt, ja dreifach auszustehen haben wird, weil dieser Teil alsdenn wohl nicht mit Schonung verfahren mag, die man doch immer von den Preußen, wenn man mit ihnen übereinkommen wollte, zu hoffen hätte.
Will man nun, um diesem Übel auszuweichen, die andre Seite ergreifen, und des Königs Gründen, womit er seinen Antrag unterstützt, kein Gehör geben, so würde man folgende Maßregeln zu ergreifen haben.
Gegenwärtig kann man stille sein und abwarten, was der General Möllendorf entweder schriftlich oder durch einen Offizier hierher gelangen läßt, da er auf das letzte an ihn erlaßne Schreiben noch eine Antwort schuldig ist. Nach den neusten Nachrichten befindet er sich mit seinem Korps wieder in Böhmen, der Leutnant Reinbaben ist abgegangen und der Leutnant Monteton trifft wohl vor Ende des Monats nicht wieder ein; dadurch scheint man eine kleine Frist zu gewinnen, die man ja wohl zu nutzen hat.
Zuerst wird man an Hannover, Mainz, Gotha, die übrigen Sächsischen Höfe schreiben und ihnen vorlegen, daß es Ew. Durchl. bei gegenwärtigen Umständen Pflicht, Gesinnung und Wunsch sei, Ihre Lande und Untertanen vor den Beschwerden des benachbarten Kriegs auf das möglichste zu

schützen, und an denen öffentlichen Angelegenheiten keinen Teil als gesamt mit den übrigen Ständen des Reichs zu nehmen, Sie seien es gewiß, daß an jedem Hofe ebensolche Gesinnungen herrschten, und um desto mehr sei es zu bedauern, daß ohnerachtet dieser innerlichen Übereinstimmung man sich bisher nach einem gemeinschaftlichen Plan zu handeln noch nicht habe verstehen können, Durchl. seien jetzo durch einen Vorgang bewogen, mehr als jemals ein näheres Band mit den übrigen Fürsten zu wünschen und eine neue Überlegung der so notwendigen Vereinigung unter sich zu veranlassen, da man preußischerseits die Werbung in Ihren Landen neuerdings verlangt habe. So wenig Sie im Falle seien, diese Fordrung, wenn sie durchgesetzt werden wollte, mit Nachdruck abzuweisen, so sehr wünschten Sie durch eine Verbindung mit wohlgesinnten Mitständen, deren Länder diesen oder ähnlichen Unannehmlichkeiten ausgesetzt seien, solchen Zumutungen sich standhaft widersetzen zu können.

Dieser Schritt kann auf jeden Fall sogleich getan werden, man mag sich in der Hauptsache entschließen, zu was man will, und er wird immer eine gute, wenn auch nicht hinreichende Würkung haben. Zu wünschen wär' es, daß andre glückliche Umstände zusammenträfen, die Fürsten des Reichs aus ihrer Untätigkeit zu wecken, und sehr glücklich wär' es, wenn man durch die Not gedrungen von hier aus zu einer geschwinderen Vereinigung beigetragen hätte.

Doch wird man mit der Entschließung in der Hauptsache nicht auf die Antworten zu warten haben, weil man leider menschlicherweise den Inhalt, der eben nicht entscheidend sein wird, voraussehen kann.

Bleibt man also dabei, sich dem Könige widersetzen zu wollen, so muß man sich vorbereiten, ehster Tage einen Werbeoffizier mit einem Kommando, angemeldet oder unangemeldet, erscheinen zu sehen, will man ihm alsdenn und dem Generale, der ihn abschickt, die Antwort geben: daß man ohnerachtet der königlichen Erklärung die Werbung nicht gestatten werde, und von dem Offizier verlangen, daß er sich aus den fürstlichen Landen wegbegebe, so wird man zum voraus wohl zu überlegen und sich zu entschließen haben, ob man im Weigerungsfall ihn arretieren und aus dem Land bringen, und wie weit man mit der Gewalt, wenn er sich widersetzen sollte, gehen wolle. Solche Dinge, die zwar schwer vorherzubestimmen sind, müssen doch, weil sie vorausgesehen werden können, wohl überlegt werden, weil die augenblicklichen Entschlüsse in solchen Gelegenheiten selten die Folgen zu Rate ziehen.

Ist man also entschlossen, sich von dem ersten schwächeren Abgeschickten auf diese Weise zu befreien, so entsteht die neue Frage, was man tun will, oder vielmehr tun muß, wenn sie mit verstärkter Gewalt wiederkommen.

Zwar läßt sich mit einiger Wahrscheinlichkeit vermuten, daß die Preußen selbst es zu einem öffentlichen unangenehmen Ausbruch nicht werden kommen lassen, und wenn sie Standhaftigkeit sehen, sich begnügen, in der Stille zu necken und hier und da einigen Abbruch zu tun. Doch kann es auch sein, daß der König, durch den gegenwärtigen Mangel an Leuten gedrängt, über die Achtung hinausgeht, die er gern zu seinem eignen Vorteil für die Fürsten bezeigte. Da er wohl weiß, daß teils alle diese Sachen, wenn sie zur Sprache kommen, sich beschönigen lassen, teils auch, daß solche Beschwerden unter dem Lärm des Kriegs und unter den übrigen weit wichtigern, mehrere Teilnehmer angehenden Vorfällen sich verlieren.

Wäre dieses, so würde er seinen hinausgeschafften Werber mit verstärkter Macht wieder hereinführen, man würde Truppen gleichsam auf Exekution hier und da einquartieren, die alsdenn auf Unkosten des Landes unterhalten werden müßten. Bei der Unordnung, die solch ein Trupp verursacht, und unter seinem Schutze würden alle Übel der Werbung sich gehäuft ausbreiten, und die Rache, die dazukäme, würde alle Mäßigung aufheben und alle Übereinkunft abweisen. Sie würden alsdenn mit offenbarer Gewalt brauchbare, verheuratete, angesessene Leute mit wegnehmen, man würde den

Untertan vor Prellereien und Bevorteilungen nicht schützen können.
Was alsdenn übrig bliebe, wäre, sich an den Reichstag zu wenden, woher man sich aber bei gegenwärtigen Umständen nur eine leere Teilnehmung zu versehen hätte, indes man durch die dringenden und bittren Beschwerden das gute Verhältnis zum Königlich Preußischen Hause leicht gestört haben könnte. [. . .]

9

FRIEDRICH GOTTLIEB KLOPSTOCK

Die Verkennung

(1779)

Du, der des Herrschers Weg zur Unsterblichkeit
Mit scharfem Blick sah; aber der Weg' auch viel
Nicht sah, die führen durch die große,
Oft von Getäuschten verwünschte Irre:

Nicht sahst, daß Deutschlands Dichtkunst sich schnell erhob,
Aus fester Wurzel daurender Stamm, und weit
Der Äste Schatten warf! doch jetzo
Auch es entbehrtest, zum Wuchs den Hainbaum

Mit Tau zu frischen: Friedrich, dein Adlerblick
Wo war er, da sich regte des Geistes Kraft,
Mut, Flamme, alles, dem Belohner
Könige sein, es nicht schaffen können?

Seid stolz, auch ihr saht, Dichter, wo durch die Irr'
Ein steiler Pfad ging. Ohne die Frischung, wuchs
Im Hain es fort, und neue Sprosse
Säuselten, rauschten von Frühlingslüften.

Doch konnt' auch Hörer deutsches Gesanges sein,
Des Ohre Zauber war der tüdeske[1] Reim,
Durch den er jetzt des Thrones Launen
Scheuchte, und jetzo der Schlacht Gespenster?

Dein Lied nicht schützt dich vor der Vergessenheit;
Dein Schirm sind Taten! Aber des Meisters[2] Werk,
Nur das bleibt da, wie's ist: in Nebel
Hüllt die Geschichte die Tat des Meisters.

Mehr trübt der Nebel, wenn, was du tatest, du
Selbst redest; mehr noch, wenn du ihm Schimmer gibst:
Auch schaffst du diesen nicht, durch kleiner
Blößen Enthüllung, zu Licht der Wahrheit.

Der Traum

(1782)

Im frohen, goldnen Traum von Unsterblichkeit,
Von ältern Malen, als sie aus Erzte gießt
Der Künstler, lagen, wie durch Zauber-
Kelche berauschet, die Dichter Deutschlands.

Wie mächtig rufst du[3], redend im fremden Laut
Selbst hier mit Deutschen, sie aus dem Wonnetraum!
Unsterblichkeit? die nicht; du leugnest
Selber das Dasein von ihren Werken.

Bis hin zur Themse, bis zu dem Rhodan[4] hin
Erschallt's, und Scharen trinken, im dichten Drang,
Mit Horcherohr, zu neuer Einsicht,
All die Belehrung, wovon du triefest.

Durch seines hohen Spruches Entscheidungen
Geweckt, entzaubert, leugnen die Dichter nicht
Des Males Ewigkeit, das er sich
Zu dem verdientesten Ruhm gesetzt hat,

Als Endurteiler! Bleibender wird es stehn
Denn Memphis' Gräber[5], Stürmen zerstörbar nicht!
Wird mit der Zeiten Flucht nicht schwinden,
Noch der Vergänglichkeit Strom! erhalten,

(Tön' andres Tones, Saite!) zur Schau gestellt
Durch Werke, deren Dasein er leugnete.
Denn Täuschung war's nicht! denn die weiße
Pforte[6] durchschwebte der Dichter Traum nicht!

Die Rache

(1782)

Lang erwarteten wir, du[7] würdest Deutschlands
Muse schützen, auch so mit Ruhm dich krönen;
Durch den schöneren Lorber
Decken des anderen Blut!

Gleimen[8] sandte sie dir, und sandte Ramlern[9],
Dich zu fragen. Und du? Daß sie ihr Auge
Niedersenkte, die Wang' ihr
Flammte von röterer Scham!

So antwortetest du. Sich nicht zu rächen,
War er schonend genung, der Deutsche, deiner
Hier auch werter, als du ihn,
Fremdling im Heimischen, kennst.

Doch du selber hast ihn an dir gerächet!
Heiß schon war der Beginn; allein die letzte
Rache glühet, wie keine
Sonst, von zerstörender Glut.

Wie der Geist sich auch hebt; er fliegt vergebens,
Wenn das Wort ihm nicht folgt. Der Ungeweihte
In der Sprache Geheimnis
Tötet das lebendste Bild.

Du erniedertest dich, Ausländertöne
Nachzustammeln, dafür den Hohn zu hören:
Selbst nach Arouets Säubrung[10]
Bleibe dein Lied noch tüdesk.

Und die letzte? Dein Blatt von Deutschlands Sprache![11]
Die, die Rache ist selbst dem Widerrufe
Nicht vertilgbar; beschleiern,
Tust du ihn, kann er es nur.

Widerrufe von dir? Des sind wir sicher!
Sicher, daß du auf dich aus voller Schale
Rache strömest, dem weisern
Enkel noch süßer als uns.

Denn er möchte vielleicht Erobrergröße
Anders achten als wir; Verdienst des Pflanzers
Heller sehen, es sondern
Von des Begießers Verdienst.

10

FRIEDRICH II.

Über die deutsche Literatur; die Mängel, die man ihr vorwerfen kann; die Ursachen derselben und die Mittel, sie zu verbessern

(1780)

Sie wundern sich, mein Herr,[1] daß ich immer noch nicht meine Stimme mit der Ihrigen vereinigen will, um den Fortschritten, welche nach Ihrem Urteil die deutsche Literatur fast täglich macht, Beifall zu geben. Ich liebe unser gemeinschaftliches Vaterland so sehr wie Sie; aber gerade eben dieses ist mir ein Beweggrund, ihm nicht eher Lob zu bewilligen, bis es sich desselben würdig gemacht hat. Man erklärt nicht einen Mann für *Sieger*, der noch mitten in der Laufbahn ist, es zu werden. Ich erwarte, daß er das Ziel wird erreicht haben, und dann wird mein Beifall ebenso aufrichtig als gerecht sein.

Sie wissen, daß in der gelehrten Republik eine vollkommene Freiheit der Meinungen herrscht. Sie sehen die Gegenstände aus *einem*, ich aus *einem andern* Gesichtspunkt. Erlauben Sie also, daß ich mich erkläre, und Ihnen meine Art zu denken, sowie meine Ideen über die alte und neue Literatur, genauer entwickele. Ich werde sie in Absicht der Sprachen, der Wissenschaften und des Geschmacks betrachten. Ich mache mit Griechenland, dieser Wiege der schönen Künste, den Anfang. Die Sprache der griechischen Nation ist die harmonischste von allen, welche je geredet worden. Ihre ersten Theologen und Geschichtschreiber waren Dichter. Diese brachten glückliche Wendungen in ihre Sprache, wurden Schöpfer einer Menge malerischer Ausdrücke, und für alle ihre Nachfolger Lehrer der Kunst, sich mit Anmut, Feinheit und Würde auszudrücken.

Ich gehe von Athen nach Rom über, und finde hier eine

Republik, welche zuerst lange Zeit mit ihren Nachbarn krieget, und dann für die Ehre und die Vergrößerung ihres Reichs kämpft. Alles in diesem Staat war Nerve und Kraft, und nicht eher, bis Roms Nebenbuhlerin, Karthago, zerstört war, fanden hier die Wissenschaften Eingang. Der große Scipio der Afrikaner[2], der Freund des Lälius[3] und Polybius[4], war der erste Römer, der die Wissenschaften beschützte. Dann folgten die Gracchen[5]; dann Antonius[6] und Crassus[7], zwei berühmte Redner ihrer Zeit. Doch gelangten die Sprache und der Stil der römischen Beredsamkeit nicht eher zu ihrer Reife als zu den Zeiten des Cicero, des Hortensius[8] und der vortrefflichen Genies, welche die Zierde der Regierung Augusts waren.

Diese kurze Übersicht bezeichnet mir den natürlichen Gang der Literatur. Ich bin überzeugt, daß kein Schriftsteller gut in einer Sprache schreiben könne, die noch nicht ausgebildet und verfeinert ist. Ich sehe auch, daß man in allen Ländern mit dem Notwendigen anfängt, und erst nachher das Angenehme hinzufügt. Die römische Republik fängt damit an, sich zu bilden; dann kämpft sie, um Länder zu bekommen; dann sucht sie dieselben anzubauen; und nicht eher, bis sie nach den Punischen Kriegen[9] eine feste und dauerhafte Verfassung erhalten, entsteht der Geschmack für die Künste, und gelangt die lateinische Sprache und Beredsamkeit zu einiger Vollkommenheit. Ich bemerke aber hiebei, daß zwischen dem Zeitalter des ältern Scipio und dem Konsulat des Cicero[10] sich ein Zeitraum von hundertundsechzig Jahren befindet. Ich schließe hieraus, daß die Fortschritte zur Vollkommenheit in allen Dingen langsam sind, und daß der Kern, den man in die Erde pflanzt, erst Wurzel fassen, hervorkeimen, seine Zweige ausbreiten, Kraft und Stärke gewinnen müsse, ehe er Blumen und Früchte hervorbringen könne. Ich beurteile dann Deutschland nach diesen Regeln, um den Standpunkt, in welchem wir uns itzt wirklich befinden, mit Billigkeit zu bestimmen; ich befreie mich von allen Vorurteilen und lasse mich bloß von der Wahrheit leiten. Und nun finde ich eine noch halb-barbarische Sprache, in so viele verschiedene Dialekte verteilt, als Deutschland Provinzen hat. Jeder Kreis hält sich überzeugt, seine Sprache sei die wahre, echte und deutsche. Wir besitzen noch keine von der ganzen Nation gebilligte Sammlung, in der man alle Worte und Redensarten fände, nach denen man die Reinigkeit der Sprache sicher beurteilen könnte. Was man in Schwaben schreibt, ist in Hamburg kaum verständlich; und der österreichische Stil ist für die Sachsen dunkel. Es ist also physisch unmöglich, daß auch ein Schriftsteller von dem größten Geist diese noch ungebildete Sprache vortrefflich behandeln könne. Verlangt man vom *Phidias* eine *Venus* von Gnidus,[11] so muß man ihm einen Marmor ohne Fehler, feine Meißel und gute Grabstichel geben. Nur dann darf man von seiner Arbeit etwas erwarten; aber ohne Werkzeuge läßt sich kein Künstler denken. Man könnte mir vielleicht den Einwurf machen, daß auch die griechischen Republiken ehemals ebenso viele verschiedene Dialekte hatten als wir; und daß man noch itzt das Vaterland eines Italieners an seinem Stil und seiner Aussprache erkennen könne, die immer in einem Lande anders sind als in dem andern. Ich zweifle an der Richtigkeit dieser Behauptungen gar nicht; aber sie dürfen uns nicht abhalten, den fernern Fortschritten der Literatur im alten Griechenland und im neuern Italien weiter nachzugehen. Die berühmten Dichter, Redner und Geschichtschreiber dieser Länder setzten die Sprache derselben durch ihre Schriften fest. Das Publikum nahm nach einer stillschweigenden Übereinstimmung die Wendungen, Phrasen und Metaphern als die besten und richtigsten an, welche jene große Künstler in ihren Werken gebraucht hatten. Ihre Ausdrücke wurden nach und nach allgemein ausgebreitet, und die Sprachen wurden durch sie verschönert, veredelt und bereichert.

Werfen wir nun wieder einen Blick auf unser Vaterland, so finden wir ein Gewirre von Sprache, ohne alle Anmut, das jeder nach seinen Einfällen behandelt. Man kennt hier keine Wahl der Ausdrücke, man vernachlässigt die eigentlichsten und ausdrückendsten Worte; und man verschwemmt oft allen Sinn und Gedanken in einem Meer von Episoden. Ich gebe mir alle Mühe, um unsere Homere, unsere Virgile, unsere Anakreons[12], unsere Horaze, unsere Demosthene[13], unsere Cicerone, unsere Thukydides, unsere Livius auszuforschen; aber ich finde sie nirgend, alle meine Mühe ist umsonst. Ich dächte also, wir wären aufrichtig und gestünden nur ehrlich, daß bis itzt die schönen Wissenschaften in unserm Boden noch nicht haben gedeihen wollen. Deutschland hat Philosophen gehabt, welche die Vergleichung mit den Alten aushalten, und sie sogar in mehr als einer Gattung übertreffen. Ich werde auch hierauf nachher noch zurückkommen. Aber in Absicht der schönen Wissenschaften müssen wir unsre Dürftigkeit nur gestehen. Alles, was ich Ihnen, ohne mich zum Schmeichler meiner Landsleute zu erniedrigen, zugestehn kann, ist, daß wir in der kleinen Gattung der Fabel einen *Gellert* gehabt haben, der sich neben *Äsop*[14] und *Phädrus*[15] gesetzet. Die Gedichte des *Canitz*[16] sind erträglich, aber nicht von seiten der Sprache, sondern mehr, weil er, jedoch nur schwach, den *Horaz* nachahmt. Ich will auch die Idyllen des *Geßner*[17] nicht ganz übergehen, die einige Verteidiger haben; aber ich muß mir doch die Erlaubnis ausbedingen, ihnen die Werke des *Tibull*[18], *Catull*[19] und *Properz*[20] vorzuziehn. Wenn ich die Geschichtschreiber durchgehe, finde ich nur die deutsche Geschichte von *Mascov*[21], welche am wenigsten fehlerhaft ist. Und erwarten Sie wohl im Ernst, daß ich Ihnen vom Verdienst unsrer Redner etwas sagen soll? Ich wüßte Ihnen wenigstens keinen zu nennen als den berühmten *Quandt*[22] zu Königsberg, der die seltene und in seiner Art einzige Gabe besaß, seine Sprache harmonisch zu machen, und ich muß leider! zu unsrer Schande hinzusetzen, daß dieses Verdienst gar nicht erkannt worden, und seinen Namen nicht berühmt gemacht habe. Und wie kann man auch verlangen, daß die Menschen sich beeifern sollen, jeder in seiner Art vollkommen zu werden, wenn der Ruhm nicht ihre Belohnung ist? Indes will ich zu den Herrn, die ich genannt habe, noch einen Ungenannten hinzusetzen, von dem ich reimlose Verse gesehn habe;[23] die Kadenz und Harmonie derselben entstand aus der Abwechselung der Daktylen und Spondäen; sie waren voll von Verstand; und mein Ohr wurde sehr angenehm durch einen Wohllaut der Töne geschmeichelt, dessen ich unsre Sprache kaum fähig geglaubt hatte. Ich möchte behaupten, daß diese Art von Versifikation sich am besten für unsre Sprache schicke, und sehr große Vorzüge vor dem Reim habe. Wollte man sich Mühe geben, sie dadurch vollkommener zu machen, so würde man es wahrscheinlich hierin weit bringen.

Vom deutschen Theater möchte ich Ihnen lieber gar nichts sagen. Die *Melpomene*[24] ist bei uns von sehr seltsamen Leuten verehret worden; einige traben auf hohen Stelzen einher, andre kriechen im Staube; alle übertreten die Regeln der Kunst, können daher nicht interessieren und rühren, und müssen von den Altären der tragischen Muse verwiesen werden. Die Liebhaber der *Thalia*[25] sind etwas glücklicher gewesen; sie haben uns wenigstens eine wahre und originelle Komödie geliefert, ich meine den »Postzug«[26]. Der Dichter dieses Stücks hat unsre Sitten und unser eigentümliches Lächerliche auf das Theater gebracht. Das Stück ist sehr gut gemacht, und Molière selbst hätte den Gegenstand desselben nicht glücklicher bearbeiten können. Es tut mir leid, daß ich Ihnen nicht eine größre Menge unsrer guten Produkte aufzählen kann. Ich mache deshalb der Nation keine Vorwürfe; es fehlt ihr nicht an Genie und Geist. Aber gewisse Ursachen haben sie zurückgehalten und verhindert, sich zu gleicher Zeit mit ihren Nachbarn zu erheben. Lassen Sie uns bis zu der Wiederauflebung der Wissenschaften zurückgehn, und die verschiedene Lage gegeneinander halten, in der sich Italien, Frankreich und Deutschland zur Zeit dieser Revolution des menschlichen Geistes befanden.

Sie wissen, daß die Wissenschaften zuerst in Italien wiedergeboren wurden, wo das Haus Este[27], die Medicis[28] und der Papst Leo X.[29] sie beschützten und ihre Fortschritte begünstigten. Zu eben dieser Zeit, da Italien verfeinert wurde, war Deutschland, durch die Zänkereien der Theologen, in zwei Parteien geteilt, deren jede durch erbitterten Haß gegen die andere und durch fanatischen Enthusiasmus sich auszeichnete. In Frankreich bemühte sich dagegen *Franz I.*[30], mit Italien den Ruhm der Wiederherstellung der Wissenschaften zu teilen. Aber seine Mühe war vergeblich, sie in sein Vaterland herüberzubringen. Die französische Monarchie befand sich damals in einem Zustande der Ermattung, erschöpft durch die Loskaufung ihres Königs von Karl V.[31] Die Kriege der Ligue[32] hinderten nach Franz I. Tode die Franzosen, sich mit den schönen Künsten zu beschäftigen. Nicht eher als gegen das Ende der Regierung *Ludwig XIII.*, da die Wunden der bürgerlichen Kriege geheilt und die Zeitumstände, unter dem Kardinal *Richelieu*[33], günstiger waren, kam man auf den Plan *Franz I.* zurück. Der Hof ermunterte die Gelehrten und die schönen Geister, die Nacheiferung ward allgemein, und es dauerte nicht lange, so gab unter Ludwig XIV. Paris weder Rom noch Florenz etwas nach. Und nun, wie sahe es um diese Zeit in Deutschland aus? Gerade damals, wie Richelieu sich den hohen Ruhm erwarb, seine Nation zu bilden, wütete der dreißigjährige Krieg in seinem größten Feuer. Deutschland wurde durch zwanzig verschiedne Armeen verwüstet und geplündert, die, Sieger oder Besiegte, allemal die Zerstörung hinter sich führten. Das Land wurde verwüstet und nicht wieder angebauet, die Städte beinahe ganz verlassen. Auch nach dem westfälischen Frieden[34] hatte Deutschland noch nicht Zeit, sich wieder zu erholen. Bald mußte es der damals sehr furchtbaren Macht des ottomanischen Reichs widerstehen; bald gegen die französischen Armeen kämpfen, welche die Herrschaft ihres Reichs über Deutschland auszubreiten suchten. Zu eben der Zeit, als die Türken Wien belagerten, Mélac[35] die Pfalz verwüstete, wo Städte und Dörfer von den Flammen verzehret wurden, und wo selbst die sonst heilige Freistatt des Todes durch die ausgelassene Frechheit der Soldaten verletzt wurde, welche die Leichname der Kur-

F. kennt die verheerende Wirkung von Kriegen durchaus!

fürsten aus ihrer Gruft hervorzogen, um ihre elende Überbleibsel sich zuzueignen; wo verlassene Mütter, mit ihren abgezehrten Kindern auf dem Arm, sich aus den Trümmern ihres Vaterlandes retteten: zu eben dieser Zeit darf man nicht erwarten, daß man zu Wien und Mannheim Sonetts verfertigt und sich mit witzigen Epigrammen beschäftigt habe. Die Musen verlangen ruhige Zufluchtsorte; sie fliehen die Gegenden, wo die Verwirrung herrscht und alles zerstört wird. Erst nach dem spanischen Sukzessionskriege[36] fing man an, einigermaßen wiederherzustellen, was so vieles aufeinander folgende Elend vernichtet hatte. Nicht also dem Geiste und Genie der Nation muß man die schwachen Fortschritte, die wir bisher gemacht, beimessen; sondern wir müssen die Ursache derselben allein in einer Folge trauriger Umstände, in den fast unaufhörlichen Kriegen suchen, die unser Vaterland zerstörten, und ebenso arm an Menschen als an Gelde machten.

Lassen Sie uns den Faden der Begebenheiten nie aus den Augen verlieren, sondern itzt den Gang unsrer Väter beobachten. Sie werden mit mir die Weisheit loben, die ihr Betragen leitete. Sie handelten gerade so, wie es der Lage, in der sie sich befanden, angemessen war. Sie fingen an, sich auf den Landbau zu legen, und aus Feldern, zu deren Bearbeitung bisher keine Hände dawaren, einen neuen Wert zu ziehn. Sie stellten die zerstörten Häuser wieder her; sie begünstigten die Fortpflanzung und Vermehrung des menschlichen Geschlechtes. Man ist allenthalben bemüht gewesen, wüste und verlassene Länder wieder urbar zu machen; die vermehrte Bevölkerung hat Industrie hervorgebracht; auch der Luxus hat sich bei uns eingefunden, ein Verderben für kleine Staaten, aber nützlich für die großen, in denen er die Zirkulation des Geldes befördert. Durchreisen Sie itzt einmal Deutschland von einer seiner Grenzen bis zur andern; allenthalben finden Sie ehemalige Flecken in blühende Städte verwandelt. Hier liegt Münster, etwas weiterhin Kassel; hier Dresden und Leipzig. In Franken finden Sie Würzburg,

Nürnberg. Wenn Sie sich dem Rhein nähern, kommen Sie über Fulda und Frankfurt am Main nach Mannheim, von da zurück über Mainz nach Bonn. Jede dieser Städte stellt dem erstaunten Reisenden Gebäude dar, die er an der Stelle des ehemaligen *Herzynischen* Waldes[37] nicht vermutet hätte. Die männliche Tätigkeit unsrer Landsleute begnügte sich also damit nicht, nur bloß den Verlust zu ersetzen, den das öffentliche Unglück verursacht hatte; sie erhob sich weiter und brachte das zur Vollkommenheit, wovon unsre Vorfahren nur die ersten Entwürfe versucht hatten. Seit der Zeit dieser glücklichen Veränderungen sehen wir den Wohlstand weit allgemeiner werden. Der niedere Stand des Landmanns und Bürgers schmachtet nicht mehr in einer schändlichen Unterdrückung; Väter können itzt ihre Söhne den Wissenschaften widmen, ohne sich zu verschulden. Dies sind die Erstlinge der glücklichen Revolution, die wir noch zu erwarten haben; itzt sind die Bande, welche das Genie unsrer Vorfahren fesselten, zerbrochen; schon bemerkt man, wie der Same einer edlen Nacheiferung unter uns zu keimen anfängt. Wir schämen uns, in gewissen Gattungen noch nicht mit unsern Nachbarn uns vergleichen zu dürfen; wir wünschen mit unermüdeten Arbeiten die Zeit wiederzugewinnen, die wir durch unsre Widerwärtigkeiten verloren haben. Überhaupt ist itzt der Geschmack der Nation so eifrig auf alles gerichtet, was unser Vaterland berühmt machen kann, daß man bei diesen Gesinnungen gar nicht zweifeln darf, die Musen werden auch uns zu seiner Zeit in den Tempel des Ruhms einführen. Wir wollen also untersuchen, wie das noch übrig gebliebene Unkraut der Barbarei aus unserm Boden völlig auszurotten sein möchte, und was noch zu tun wäre, um die Vollkommenheit zu beschleunigen, zu der sich unsre Landsleute zu erheben wünschen. Ich wiederhole, was ich Ihnen schon gesagt habe; man muß damit anfangen, die Sprache zu verbessern. Sie muß noch gefeilt, abgehobelt und durch geschickte Hände bearbeitet werden. Deutlichkeit ist die erste Regel, welche alle, die reden und schreiben, beobachten müssen, weil ihre Absicht ist, die Gedanken und Begriffe zu malen und durch Worte auszudrücken. Wozu dient es, die richtigsten, stärksten und glänzendesten Ideen zu denken, wenn man sie nicht verständlich ausdrücken kann? Vielen von unsern Schriftstellern gefällt ein verworrner Stil; sie schließen eine Parenthese[38] in die andere, und oft findet man erst am Ende einer Seite das Wort, von welchem der Sinn der ganzen Periode abhängt. Nichts verwirrt die Konstruktion mehr; anstatt reich zu sein, ist man nachlässig, und es würde leichter sein, das Rätsel des Sphinx[39] aufzulösen, als ihre Gedanken. Ebenso schädlich für die Fortschritte der Wissenschaften als die Fehler, welche ich unsrer Sprache und unserm Stil vorgeworfen, ist der Mangel eines gründlichen Studierens. Man hat unserer Nation ehemals Pedanterie vorgeworfen, weil wir eine Menge Kommentatoren und gar zu sorgfältige Untersucher von Kleinigkeiten unter unsern Gelehrten hatten. Um sich von diesen Vorwurf zu befreien, fängt man itzt an, das Studium der gelehrten Sprachen ganz zu vernachlässigen; und um nicht für einen Pedanten gehalten zu werden, bleibt man in allen Wissenschaften nur bei der Oberfläche stehn. Wenige unsrer heutigen Gelehrten können ohne Schwierigkeit die griechischen und lateinischen klassischen Schriftsteller lesen. Will man aber sein Ohr durch die Harmonie der homerischen Verse bilden, so muß man diesen Dichter ganz fertig ohne Hülfe eines Wörterbuchs lesen können. Eben dieses gilt vom Demosthenes, Aristoteles, Thukydides und Plato. Und ebenso wird eine vollkommene Kenntnis der Sprache dazu erfodert, wenn man die lateinischen Klassiker genau kennen lernen will. Aber unsre heutige Jugend legt sich fast gar nicht auf das Griechische, und wenige lernen so viel Latein, um die Werke der großen Männer aus dem Zeitalter des Augusts nur mittelmäßig übersetzen zu können. Und doch sind diese alten Schriftsteller die reichen Quellen, aus denen unsre Vorgänger, die Italiener, die Franzosen und Engländer, ihre Kenntnisse geschöpft haben. Sie haben sich, so viel sie konnten, nach diesen großen Mustern gebildet; ihre Art zu denken sich eigen gemacht, und bei Bewunderung der großen Schönheiten, von denen die Werke der Alten voll sind, haben sie auch die Fehler derselben nicht übersehen. Denn billig muß man mit Einsicht und Unterscheidung schätzen, und sich nie einer blinden Schmeichelei überlassen. Jene glückliche Zeiten, deren die Italiener, Franzosen und Engländer vor uns genossen haben, fangen nun unvermerkt an sich zu verlieren. Das Publikum ist gleichsam gesättigt von den Werken, die es erhalten hat; Kenntnisse werden weniger geschätzt, nachdem sie mehr verbreitet worden. Diese Nationen glauben sich schon im Besitz des Ruhms, den ihre Vorfahren erworben haben, und schlummern auf ihren Lorbeeren ein. Aber ich finde, daß diese Digression[40] mich von meinem Gegenstande ableitet; ich kehre zu ihm zurück und fahre fort zu untersuchen, was vor Fehler mehr in unsrer Art zu studieren sich finden.

Ich glaube zu bemerken, daß die Schulen nicht so viele gute und geschickte Lehrer haben, als sie bedürften. Denn wir haben viele Schulen, und alle wollen versorgt sein. Wenn die Lehrer Pedanten sind, wenn ihr beschränkter Geist sich in Kleinigkeiten vertieft, und über denselben wichtige Sachen vergißt; wenn ihr Unterricht verworren, langweilig und leer von Sachen ist; so peinigen sie ihre Schüler, und bringen ihnen oft auf immer einen Widerwillen für die Wissenschaften bei. Andre Schullehrer verrichten ihr Amt wie bloße Mietlinge. Es kümmert sie wenig, ob die Schüler von ihrem Unterricht Nutzen haben oder nicht; sie sind zufrieden, wenn sie nur ihren Gehalt richtig ausgezahlt bekommen. Noch ärger ist es, wenn die Lehrer selbst keine Kenntnisse haben. Was können sie andre lehren, wenn sie selbst nichts wissen? Ich weiß freilich sehr wohl, daß es glücklicherweise noch Ausnahmen von dieser Regel gibt, und daß man auch in Deutschland einige sehr geschickte Schulmänner findet. So wenig ich dieses leugne, so wünsche ich nur, daß ihre Zahl größer sein möchte. Über die fehlerhafte Methode der meisten Lehrer, ihren Schülern die Grammatik, Rhetorik und

Dialektik[41] beizubringen, könnte ich noch vieles sagen. Wie kann man von ihnen erwarten, daß sie den Geschmack ihrer Untergebnen bilden werden, wenn sie einen verworrenen Stil für einen ideenreichen, wenn sie das Triviale und Niedrige für naiv, die fehlerhafte Nachlässigkeit der Prose für edle Simplizität, Galimathias[42] für erhaben halten; wenn sie die Aufsätze ihrer Schüler nicht mit Genauigkeit verbessern, und nicht ihnen ihre Fehler vorhalten, ohne sie niederzuschlagen? wenn sie ihnen nicht sorgfältig die Regeln einschärfen, die sie bei dem Schreiben immer vor Augen haben müssen? Gegen die genaue Richtigkeit der Metaphern werden ebenso oft Fehler von den Lehrern begangen. Ich erinnere mich, in meiner Jugend in einer Zueignungsschrift des Prof. Heineccius an eine Königin folgende schöne Phrase gelesen zu haben: »Ihro Majestät glänzen wie ein Karfunkel am Finger der itzigen Zeit.«[43] Kann man sich schlechter ausdrücken? Warum ist die Königin ein Karfunkel? Wer hat der *Zeit* einen Finger gegeben? Wenn die Künstler die Zeit vorstellen, so geben sie ihr *Flügel*, weil sie ohne Unterlaß davonfliegt; eine *Wasseruhr*, weil die Stunden die Zeit abteilen; und sie bewaffnen ihren Arm mit einer *Sichel*, um anzudeuten, daß sie alles, was da ist, wegmähet und zerstört. Wenn aber die Lehrer sich auf eine so niedrige und lächerliche Art ausdrücken, was kann man denn von ihren Schülern sich versprechen?

Aber lassen Sie uns von den niedern Schulen auf die Universitäten übergehen, und sie gleichfalls unparteiisch untersuchen. Ein Fehler, der mir sogleich in die Augen fällt, ist, daß man gar keine allgemeine Methode hat, die Wissenschaften zu lehren. Jeder Professor macht sich selbst seine eigne. Meiner Meinung nach aber gibt es nur eine gute Methode, an die man sich halten sollte. Aber wie verfährt man hierin itzt? Ein Professor der Rechte z. E. hat einige Lieblinge unter den berühmten Rechtsgelehrten, und erklärt nur dieser ihre Meinungen: er hält sich allein an ihre Schriften, ohne sich um das zu bekümmern, was andre Schriftsteller über das Recht geschrieben haben; er erhebt die Würde seiner Wissenschaft, um seine Kenntnisse zu zeigen; er bemüht sich mit Fleiß, dunkel in seinen Vorlesungen zu sein, um für ein Orakel gehalten zu werden; er erklärt die Gesetze von Memphis, wenn von dem Herkommen des Stifts Osnabrück die Rede ist; und er verbreitet sich über die Gesetze des Minos,[44] wenn er einen künftigen Beisitzer der Gerichte von St. Gallen bilden soll.

Der Lehrer der Weltweisheit hat gewöhnlich auch sein Lieblingssystem, an das er sich nur allein hält. Seine Schüler verlassen seine Hörsäle mit noch mehr Vorurteilen im Kopf, als sie hineinbrachten; sie haben nur einen kleinen Teil menschlicher Meinungen durchgelaufen, und kennen noch lange nicht alles Irrige und Abgeschmackte derselben.

Ich habe bei mir selbst die Frage noch nicht entscheiden können, ob die Medizin eine Kunst sei oder nicht. Aber ich bin fest überzeugt, daß kein Mensch in der Welt das Vermögen habe, einen Magen, Lunge oder Niere neu zu machen, wenn diese für das menschliche Leben wesentliche Teile einmal verletzt sind; und ich rate meinen Freunden sehr, wenn sie krank sind, ihre Zuflucht zu einem Arzt zu nehmen, der schon mehr als einen Kirchhof angefüllt hat, und nicht zu einem jungen Schüler von Hoffmann[45] oder Boerhaave[46], der noch nicht Gelegenheit gehabt, irgendeinen Menschen zu töten.

An den Lehrern der Geometrie habe ich gar nichts zu tadeln. Diese Wissenschaft allein hat niemals Sekten gehabt; sie ist auf die Analysis, die Synthesis und den Kalkül gegründet; sie beschäftigt sich nur mit ganz unwidersprechlichen Wahrheiten, und die Methode, sie zu lehren, ist in allen Ländern dieselbe.

Auch in Absicht der Theologie will ich ein ehrerbietiges Stillschweigen beobachten. Man sagt, sie sei eine göttliche Wissenschaft, in deren Heiligtum sich die Laien nicht wagen dürfen.

Aber gegen die Herren Professoren der Geschichte glaube ich etwas weniger Behutsamkeit beobachten zu dürfen; und es wird mir erlaubt sein, ihrer Prüfung einige kleine Zweifel vorzulegen. Ich nehme mir also die Freiheit, sie zu fragen: Ob das Studium der Chronologie der nützlichste Teil der Geschichte? und ob es ein unverzeihlicher Fehler sei, im Todesjahr des *Belus*[47] oder in Absicht des Tages zu irren, da das Pferd des *Darius*[48] durch sein Wiehern seinen Herren auf den Thron von Persien brachte? Ob so viel darauf ankomme, zu wissen, ob die *goldne Bulle*[49] um sechs Uhr morgens oder um vier Uhr nachmittags publiziert sei? Was mich betrifft, so begnüge ich mich, den Inhalt der goldnen Bulle und dieses zu wissen, daß sie im Jahr 1356 bekannt gemacht worden. Ich will hiemit gar nicht die Geschichtschreiber entschuldigen, welche Anachronismen begehen. Indes würde ich kleine Versehen dieser Art mit mehr Nachsicht beurteilen als die weit wichtigern Fehler, wenn ein Geschichtschreiber die Begebenheiten verwirrt erzählt, wenn er ihre Ursachen nicht mit Deutlichkeit entwickelt, wenn er keine gute Methode beobachtet, wenn er sich lang bei Kleinigkeiten aufhält, und über die wichtigsten Gegenstände leicht wegeilt. Ich denke ohngefähr ebenso über die Genealogie, und glaube nicht, daß man einen Gelehrten steinigen müsse, weil er etwa die Genealogie der heil. Helena[50], Mutter Kaiser Konstantins, oder der Hildegard, der Gemahlin oder Mätresse Karl des Großen,[51] nicht genau auseinanderzusetzen weiß. Der Lehrer der Geschichte muß nur das lehren, was zu wissen nötig ist, und das übrige übergehn. Vielleicht finden Sie meine Kritik zu strenge? Nichts, werden Sie sagen, ist hienieden in unsrer Welt ganz vollkommen, und unsre Sprache, unsre Schulen und Universitäten haben also das Recht, es auch nicht zu sein. Die Kritik, könnten Sie hinzusetzen, ist eine leichte Sache, aber die Kunst ist schwer; man müsse sich nicht begnügen, bloß die Fehler anzuzeigen, sondern auch die Regeln, die man befolgen sollte, um es besser zu machen, angeben. Ich gestehe die Richtigkeit Ihrer Forderung ein, m[ein] H[err], und bin ganz geneigt, Sie zu befriedigen. Eben die Mittel, dünkt mich, durch welche andre Nationen zur Vollkommenheit gelangt sind, haben wir auch, und es käme nur darauf an, sie

anzuwenden. Ich habe schon seit vieler Zeit in meinen müßigen Stunden diese Materien durchgedacht; sie sind mir also gegenwärtig genug, daß ich sie hier auseinandersetzen und Ihrem erleuchtetem Urteil vorlegen kann; es versteht sich von selbst, daß ich keinen Anspruch darauf mache, in meinen Grundsätzen unfehlbar zu sein.
Lassen Sie uns wieder bei der deutschen Sprache anfangen, die nach meiner Beschuldigung verwirrt und schwer zu bearbeiten ist, wenig Wohllaut hat, und auch nicht reich an Metaphern ist, die doch notwendig sind, um neue Wendungen und Anmut in ausgebildete Sprachen zu bringen. Wir werden den Weg, auf dem wir diese Fehler verbessern können, am besten ausfindig machen, wenn wir demjenigen nachgehen, auf dem unsre Nachbarn zu dem Grade der Vollkommenheit gelangt sind, den wir noch zu erreichen suchen. In Italien redte man zur Zeit Karl des Großen noch einen barbarischen Mischmasch von Sprache, der aus Worten, die man von den Goten und Longobarden entlehnt hatte, zusammengesetzt und mit lateinischen Phrasen gemischt war, die für die Ohren von Cicero und Virgil ganz unverständlich würden gewesen sein. Indes blieb diese Sprache in der Unvollkommenheit während der Folge barbarischer Jahrhunderte. Erst lange nachher erschien *Dante*; seine Verse bezauberten die Leser, und die Italiener fingen nun an zu glauben, daß ihre Sprache doch vielleicht würdig sein dürfte, auf die der Überwinder der Welt[52] zu folgen. Endlich kurz vor und während der Wiederherstellung der Wissenschaften blühten *Petrarca*, *Ariost*, *Sannazar*[53] und der Kardinal *Bembo*[54]. Das Genie dieser berühmten Männer hat vornehmlich der italienischen Sprache ihre bleibende Gestalt gegeben. Zu gleicher Zeit bildete sich die Akademie della Crusca[55], die für die Erhaltung so wie für die Reinigkeit des Stils sorgte.
Ich gehe itzt nach Frankreich über, und finde am Hofe Franz I. eine ebenso mißtönende und unbestimmte Sprache, als itzt unsre deutsche sein kann. Die Verehrer von Marot[56], Rabelais[57] und Montaigne[58] mögen es mir verzeihn, wenn ich

bekenne, daß ich bei den groben und ohne alle Anmut geschriebenen Werken jener Schriftsteller nur Langeweile und Widerwillen empfunden habe. Nach ihnen, während der Regierung Heinrich IV., erschien *Malherbe*[59]. Er war Frankreichs erster Dichter, oder vielmehr, um genauer zu reden, er war als Versmacher weniger fehlerhaft als seine Vorgänger. Um zu beweisen, wie wenig er die Vollkommenheit in seiner Kunst erreicht hatte, darf ich Ihrer Erinnerung nur folgende Stelle aus einer seiner Oden zurückrufen:

> Prends ta foudre, Louis, et va comme un Lion,
> Donner le dernier coup à la dernière tête de la rébellion.
>
> (Ergreif deinen Donner, Ludwig, und, wie ein Löwe, versetze dem letzten Haupt der Rebellion den letzten Schlag.)

Hat man wohl jemals einen Löwen mit einem Donner bewaffnet gesehn? Die Fabel gibt ihn in die Hände des Obersten der Götter, sie bewaffnet auch wohl seinen Begleiter, den Adler, damit; aber nie hat der Löwe dieses Attribut gehabt. Doch lassen Sie uns den Malherbe mit seinen unschicklichen Gleichnissen verlassen, und zu den *Corneille*, den *Racine*, den *Despréaux*[60], den *Bossuets*[61], den *Fléchiers*[62], den *Pascals*[63], den *Fénelons*[64], den *Boursaults*[65], den *Vaugelas*[66] übergehn. Diese sind die wahren Väter der französischen Sprache. Sie haben den Stil gebildet, den Gebrauch der Wörter festgesetzt, die Perioden harmonisch gemacht, und dem barbarischen und mißtönenden Dialekt ihrer Vorfahren Kraft und Energie gegeben. Man nahm die Werke dieser schönen Geister mit größter Begierde und Beifall auf. Was gefällt, wird leicht im Gedächtnis behalten. Wer Talent für die Wissenschaften hatte, ahmte sie nach. Der Stil und Geschmack dieser großen Männer teilte sich nachher der ganzen Nation mit. Erlauben Sie mir, hier im Vorbeigehn noch die Anmerkung zu machen, daß in Griechenland, in Italien und in Frankreich die Poeten allemal die ersten waren, welche ihre

Sprache biegsam und harmonisch, und dadurch auch zur Bearbeitung der Schriftsteller, welche nach ihnen in Prosa schrieben, fähiger machten.

Gehe ich nach England über, so finde ich dort eben das Gemälde wie das von Frankreich und Italien. Dieses Land wurde zuerst von den Römern, dann von den Angelsachsen, den Dänen, und endlich von Wilhelm dem Eroberer, Herzog der Normandie, erobert. Aus der Vermischung der Sprachen aller dieser verschiedenen Sieger, zu denen noch die Sprache der Besiegten hinzukam, welche noch itzt im Fürstentum Wallis[67] geredt wird, entstand das heutige Englische. Ich darf Ihnen nicht sagen, daß während der barbarischen Jahrhunderte diese Sprache wenigstens ebenso roh und ungebildet war als die, von denen ich Ihnen geredet habe. Die Wiederauflebung der Wissenschaften hatte bei allen Nationen dieselben Wirkungen. Europa, der dicken Unwissenheit müde, mit der es so viele Jahrhunderte bedeckt gewesen war, wollte sich itzt aufklären. Auch England, das immer eifersüchtig auf Frankreich war, wollte selbst gute Schriftsteller hervorbringen. Und da man, um zu schreiben, eine Sprache haben muß, in der sich schreiben läßt, so fing man mit der Verbesserung der Sprache an. Um dieselbe zu beschleunigen, nahm man aus dem Lateinischen, Französischen und Italienischen alle Worte an, die man nötig zu haben glaubte. Die englische Nation hatte auch wirklich berühmte Schriftsteller, die aber nicht imstande waren, die scharfen Töne ihrer Sprache, welche die Ohren der Fremden so sehr beleidigen, sanft zu machen. Alle andre Sprachen verlieren, wenn man sie übersetzt; die englische allein gewinnt dabei. Ich erinnere mich hiebei einer Antwort, die ich einmal einen Gelehrten auf die Frage geben hörte: Welcher Sprache sich die Schlange bedient habe, als sie unsre erste Mutter verführte? »Der englischen«, antwortete jener, »denn die Schlange zischt.« Nehmen Sie diesen Einfall nach seinem Werte.

Nachdem ich Ihnen nun gezeigt habe, wie andre Nationen verfuhren, als sie ihre Sprache bildeten und vollkommner machten: so werden Sie von selbst schließen, daß es uns ebenso gut gelingen werde wie ihnen, wenn wir nur dieselben Mittel anwenden. Wir müssen große Redner und große Dichter haben, die uns diese Dienste tun, welche sie unsern Nachbarn geleistet haben, und die wir nicht von unsern Philosophen erwarten dürfen. Dieser ihr Geschäft ist, Irrtümer auszurotten und neue Wahrheiten zu entdecken. Aber Dichter und Redner müssen uns durch ihre Harmonie bezaubern, uns rühren und überreden. Da man aber nicht befehlen kann, daß Genies zu bestimmten Stunden geboren werden sollen, so wollen wir sehen, ob wir nicht, bis dahin, daß diese Genies unter uns erscheinen werden, unterdes einige Mittel gebrauchen können, unsre Fortschritte zu beschleunigen. Um unsern Stil gedrungner zu machen, sollten wir die unnützen Parenthesen wegwerfen; um Energie zu bekommen, sollten wir die alten Schriftsteller übersetzen, die sich mit der meisten Stärke und Anmut ausgedrückt haben. Von den Griechen wären besonders Thukydides, Xenophon[68], die Poetik des Aristoteles, das Handbuch des Epiktets,[69] die Gedanken des Marc Aurels gute Muster. Besonders sollte man sich auch bemühen, die Stärke des Demosthenes in unsre Sprache gut überzutragen. Von den Lateinern würde ich vorzüglich die Kommentarien des Cäsars, den Sallust, Tacitus, und die »Artem poeticam« des Horaz, von den Franzosen aber die »Pensées de Rochefoucauld«[70], die »Lettres persanes«, den »Esprit des lois« empfehlen.[71] Die Schriften, welche ich hier vorschlage, sind in einem kurzen, sentenziösen Stil geschrieben, werden also ihre Übersetzer zwingen, müßige Phrasen und unnütze Worte zu meiden. Unsre Schriftsteller werden allen ihren Scharfsinn anwenden müssen, um ihre Ideen gedrängt und kurz zusammenzuziehn, und dadurch ihrer Übersetzung eben die Stärke zu geben, die man in den Originalen bewundert. Doch müssen sie bei ihrer Bemühung, mit Energie zu schreiben, sich auch wohl hüten, daß sie nicht dunkel werden. Immer müssen sie sich erinnern, daß Deutlichkeit die erste Pflicht jedes Schriftstellers sei; sich daher nie von den Vorschriften der Grammatik entfernen, sondern die Worte, welche die Phrasen regieren, so stellen, daß niemals eine Zweideutigkeit daraus entstehn könne. Übersetzungen dieser Art würden dann die Muster sein, nach welchen unsre Schriftsteller bei ihren eignen Arbeiten sich bilden könnten. Alsdann dürften wir uns schmeicheln, die Vorschrift befolgt zu haben, welche Horaz in seiner »Arte poetica« den Schriftstellern gibt: »Tot verba, tot pondera.«[72]

Eine noch weit schwerere Bemühung aber würde es sein, die harten Töne sanfter zu machen, die wir noch so häufig in unsrer Sprache antreffen. Die Vokale schmeicheln dem Ohr, aber zu viele Konsonanten hintereinander beleidigen es, weil sie schwer auszusprechen sind, und gar keinen Wohlklang haben. Auch haben wir unter unsern Hülfs- und Zeitwörtern viele, deren letzte Silben fast gar nicht gehört werden, und dadurch sehr unangenehm sind, als *sagen*, *geben*, *nehmen*. Man darf diesen Worten nur noch am Ende ein *a* hinzusetzen und sie in *sagena*, *gebena*, *nehmena* verwandeln, so werden sie unserm Ohre gefallen. Aber ich weiß sehr wohl, wenn auch der Kaiser selbst mit seinen acht Kurfürsten auf einem feierlichen Reichstage durch ein Gesetz diese Aussprache anbeföhle, so würden doch die eifrigen Verehrer des echten alten Deutschen sich an diese Gesetze gar nicht gebunden halten, sondern allenthalben in schönem Latein ausrufen: »Caesar non est super Grammaticos«[73], und das Volk, das in allen Ländern über die Sprachen entscheidet, würde immer fortfahren, *sagen* und *geben* auszusprechen. Die Franzosen haben durch ihre Aussprache viele Worte sanfter gemacht, die sonst das Ohr beleidigten, und die den Kaiser *Julian*[74] veranlaßten zu sagen, daß die Gallier wie die Krähen krächzten. Worte der Art, wie man sie sonst aussprach, sind *cro-jo-yent*, *voi-yai-yent*. Itzt sagt man *croyent*, *voyent*. Wenn diese Worte schon nicht dem Ohr schmeicheln, so sind sie doch nicht so unangenehm mehr. Mit gewissen Worten, dünkt mich, könnten wir ebenso verfahren. Noch einen Fehler darf ich nicht übergehen, ich meine den, daß unsre Schriftsteller oft niedrige und triviale Vergleichungen aus der Sprache des Pöbels entlehnen. Ein gewisser Dichter z. E. bediente sich in seiner Zueignungsschrift an einen Mäzenaten folgenden Ausdrucks: »Schieß, großer Gönner, schieß deine Strahlen armdick auf deinen Knecht hernieder.«[75] Was halten Sie von diesen armdicken Strahlen? Hätte man nicht dem Dichter sagen sollen: »Mein Freund, lerne denken, ehe du dich mit dem Schreiben abgibst«? Bei diesen Mängeln unsrer Literatur dächte ich also, wir ahmten nicht die Armen nach, die gern für reich gehalten sein möchten; und wir täten besser, ganz aufrichtig unsre Dürftigkeit zu gestehn. Der Gedanke an dieselbe muß uns Mut einflößen, durch unermüdete Arbeit die Schätze der Literatur auch für uns zu erwerben. Ihr Besitz fehlt nur noch, um den Ruhm unsrer Nation ganz vollkommen zu machen.

Nachdem ich Ihnen nunmehr gezeigt, wie man unsre *Sprache* bilden könnte, so erbitte ich mir nur noch Ihre Aufmerksamkeit wegen der Maßregeln, die man nehmen müßte, um den Kreis unsrer Kenntnisse zu erweitern, die Erwerbung derselben leichter und nützlicher zu machen, und dabei zugleich den Geschmack der Jugend zu bilden. Ich schlage also zuerst vor, daß man mit mehr Überlegung die Rektoren wählen möge, denen man die Schulen anvertrauet, und daß man ihnen eine verständige und gute Methode vorschreibe, die sie beim Unterricht der Grammatik, der Dialektik und der Rhetorik beobachten müßten; daß man kleine unterscheidende Belohnungen für die Schüler, die sich hervortun, und leichte Strafen für die Nachlässigen einführte. *Wolffs* Logik[76] ist, meiner Meinung nach, die beste und deutlichste von allen. Alle Rektoren sollten sich also bei ihrem Unterricht derselben bedienen, da auch die von *Batteux*[77] nicht übersetzt ist, und jene nicht übertrifft. In Absicht der Rhetorik sollte man sich bloß an *Quintilian*[78] halten. Wer ihn studiert und nicht zur Beredsamkeit gelangt, wird sie sicher niemals lernen. Der Stil dieses Werks ist hell und deutlich, er enthält alle Vorschriften und Regeln der Kunst. Bei diesem Unterricht aber müssen die

Lehrer nie versäumen, die eignen Versuche der Schüler sorgfältig zu prüfen, sich nicht begnügen, ihre Fehler zu verbessern, sondern ihnen auch die Gründe entwickeln, warum die Verbesserung nötig sei; auch die Stellen loben, die sie gut gemacht haben.

Wenn die Lehrer die Methode, welche ich hier vorschlage, befolgen, so werden sie die Keime von Talenten entwickeln, welche die Natur gesäet hat; sie werden die Urteilskraft ihrer Schüler bilden, wenn sie dieselben gewöhnen, nie ohne Kenntnis der Sache zu entscheiden; aus Vordersätzen allemal richtige Folgerungen zu ziehen. Die Rhetorik wird dann ihren Geist methodisch machen, sie werden die Kunst lernen, ihre Ideen zu ordnen, sie zu verbinden, eine an die andre zu knüpfen, auch glückliche, unmerkliche und natürliche Übergänge von einer zur andern zu finden. Sie werden ihren Stil allemal dem Gegenstande angemessen einrichten, nur an schicklichen Orten Figuren[79] gebrauchen, sowohl um die Monotonie des Stils zu unterbrechen, als auch Blumen über die Stellen auszustreuen, die derselben fähig sind. Sie werden sich besonders vor dem Fehler hüten, zwei Metaphern miteinander zu verwirren, welches den Sinn notwendig dunkel und zweideutig machen muß. Noch wird die Rhetorik sie lehren, eine Auswahl von Worten zu machen, wie sie sich für das Auditorium schickt, an das sie gerichtet sind. Sie werden lernen, wie sie die Gemüter einnehmen, wie sie gefallen, rühren, Unwillen oder Mitleiden erregen, überreden, und alle Stimmen gewinnen können. Sie werden dann empfinden, wie göttlich die Kunst sei, mit der man bloß durch den geschickten Gebrauch der Worte, ohne Gewalt und Zwang, die Seelen und Herzen beherrschen, und in einer zahlreichen Versammlung die Leidenschaften erregen kann, von denen man sie eingenommen wissen will.

Wären die guten Schriftsteller der Alten und Nachbarn einmal übersetzt, so würde ich ihre Lektüre als eine notwendige und höchst wichtige Sache empfehlen. Zur Bildung in der Logik gibt es keine bessere Bücher als *Baylens* »Gedanken über die Kometen«[80] und seinen Kommentar über die Worte: »Nötige sie hereinzugehn«. Nach meiner Einsicht ist *Bayle* der erste Dialektiker, den Europa je gehabt hat. Er räsoniert nicht nur mit Stärke und Präzision, sondern sein Hauptvorzug besteht besonders darin, daß er immer mit einem Blick alles übersieht, was nur irgend an einem Gegenstande gesehen werden kann; nichts entgeht ihm, nicht die schwache, nicht die starke Seite. Er weiß sogleich, wie ein Satz behauptet werden, und wie man die Einwürfe derer, die ihn angreifen möchten, widerlegen müsse. In seinem großen Dictionnaire tadelt er den Ovid wegen seiner Erklärung vom Chaos; die Artikel über die Manichäer[81], den Zoroaster[82], den Epikur und so viele andre sind vortrefflich. Alle verdienen gelesen und studiert zu werden. Es würde ein unschätzbarer Vorteil für junge Leute sein, wenn sie die Stärke des Räsonnements und den ausnehmenden Scharfsinn dieses großen Mannes sich ganz eigen machten.

Sie erraten schon von selbst, welche Schriftsteller ich besonders denen empfehlen werde, die sich vorzüglich auf die Beredsamkeit legen wollen. Damit sie den Grazien opfern lernen, würde ich ihnen raten, die großen Dichter Homer und Virgil zu lesen, und einige der auserlesensten Oden vom Horaz, einige Lieder vom Anakreon damit zu verbinden. Um ihren Geschmack für die große Beredsamkeit zu bilden, würde ich ihnen den Demosthenes und Cicero in die Hände geben. Man bemerke ihnen die Verschiedenheit des Verdiensts dieser beiden großen Redner. Bei dem ersten darf man nichts zusetzen, bei dem andern nichts wegnehmen. Dann müßte die Lektüre der besten Leichenreden des Bossuet und Fléchiers, der französischen Demosthenes und Cicero, und der Fastenpredigten des *Massillon*[83] folgen, welche voll von Zügen der erhabensten Beredsamkeit sind. Um zu lernen, wie man in der Geschichte schreiben müsse, würde ich den Livius, Sallustius und Tacitus empfehlen. Man müßte die erhabene Schreibart und die Schönheit der Erzählung dieser großen Schriftsteller den jungen Lesern recht entwickeln, dabei aber auch die Leichtgläubigkeit des Livius tadeln, der allemal am Ende jedes Jahrs ein Verzeichnis von Wundern aufführt, deren immer eines lächerlicher ist als das andre. Nachher könnte man mit den jungen Leuten die »Histoire universelle« von *Bossuet* und die »Révolutions romaines« von *Vertot*[84] durchlaufen, und auch noch die Einleitung von Robertsons Geschichte Karls V.[85] hinzusetzen. Diese Werke würden ihren Geschmack bilden, und ihnen lehren, wie man schreiben müsse. Hat aber ein Rektor selbst keine Kenntnisse, so wird er sich begnügen zu sagen: »Hier hat Demosthenes ein sehr starkes rednerisches Argument gebraucht; da und im größten Teil seiner Rede bedient er sich des Enthymema[86]; da ist eine Apostrophe; da eine Prosopopeia; da eine Metapher; hier eine Hyperbel.«[87] Dies alles ist recht gut, aber wenn der Lehrer die Schönheiten seines Schriftstellers nicht besser zu entwickeln und auch die Fehler (welche doch den größten Rednern entwischen) zu bemerken weiß, so erfüllt er seine Pflicht nicht ganz. Ich dringe auf alles dieses so sehr, weil ich wünschte, daß unsre Jünglinge die Schulen mit deutlichen und bestimmten Ideen verlassen möchten, und daß die Lehrer sich nicht begnügten, ihr Gedächtnis anzufüllen, sondern vornehmlich ihre Urteilskraft zu bilden suchten, damit sie das Gute von dem Schlechten unterscheiden lernen, und nicht bloß sagen: »Dies gefällt mir nicht«, sondern auch Gründe angeben können, warum sie etwas billigen oder verwerfen.

Um sich zu überzeugen, wie wenig Geschmack noch bis itzt in Deutschland herrsche, dürfen Sie nur unsre öffentlichen Schauspiele besuchen. Sie finden daselbst die abscheulichen Stücke von Shakespeare aufgeführt, die man in unsre Sprache übersetzt hat. Die ganze Versammlung findet ein ausnehmendes Vergnügen daran, diese lächerlichen Farcen anzusehn, die nur würdig wären, vor den Wilden von Kanada gespielt zu werden. Ich beurteile diese Stücke so hart, weil sie wider alle Regeln des Schauspiels sündigen. Diese Regeln sind nicht willkürlich. Sie finden dieselben in der Poetik des Aristoteles, wo die *drei Einheiten der Zeit, des Orts und der Handlung* als die einzigen und wahren Mittel vorgeschrieben sind, die Tragödien interessant zu machen. In den Stücken jenes englischen Schriftstellers aber geht die Handlung ganze Jahre fort. Wo bleibt hier die Wahrscheinlichkeit? Bald erscheinen in denselben Lastträger oder Totengräber und reden, wie es sich für sie schickt. Dann kommen Königinnen und Prinzen. Wie ist es möglich, daß ein so wunderliches Gemisch von Großem und Niedrigem, vom Tragischen und Harlekinspossen gefallen und rühren könne? Dem *Shakespeare* kann man indes seine sonderbare Ausschweifungen wohl verzeihen; denn er lebte zu einer Zeit, da die Wissenschaften in England erst geboren wurden, und man also noch keine Reife von denselben erwarten konnte. Aber erst vor einigen Jahren ist ein »Götz von Berlichingen« auf unserm Theater erschienen, eine abscheuliche Nachahmung jener schlechten englischen Stücke: und doch bewilligt unser Publikum diesem ekelhaften Gewäsche seinen lauten Beifall, und verlangt mit Eifer ihre öftere Wiederholung. Ich weiß, daß man über den Geschmack nicht streiten darf; indes werden Sie mir doch erlauben zu sagen, daß diejenigen, welche gleiches Vergnügen daran finden, Seiltänzer und Marionetten oder die Tragödien des Racine zu sehn, nur ihre Zeit zu verbringen suchen. Sie wollen lieber, daß man zu ihren Augen als zu ihrem Verstande rede, und sie ziehen ein bloßes Schauspiel dem vor, was das Herz rührt.

Aber lassen Sie uns wieder zu unserm Gegenstande zurückkommen. Ich habe Ihnen bisher von den niedern Schulen geredet, und werde nun ebenso frei über die Universitäten urteilen, Ihnen solche Verbesserungen vorschlagen, die denjenigen, welche sich die Mühe geben wollen, über die Sache gründlich nachzudenken, die nützlichsten und vorteilhaftesten scheinen werden. Man darf nicht glauben, daß die Methode, nach welcher die Professoren die Wissenschaften lehren, gleichgültig sei. Ist in derselben nicht Deutlichkeit und Bestimmtheit, so ist alle übrige Mühe vergebens. Aber die meisten Professoren haben den Plan ihrer Vorlesungen einmal entworfen, und halten sich allein daran. Ob er gut oder schlecht sei, darum bekümmert sich niemand. Man sieht auch, wie wenig Vorteil bei dieser Art des Studierens herauskömmt, und wie wenige junge Leute von diesen Vorlesungen so viel Kenntnisse, als sie sollten, zurückbringen. Nach meiner Idee müßte man also jedem Professor genau die Regeln vorschreiben, die er bei seinen Vorlesungen zu befolgen hätte. Ich will versuchen, diese Regeln in einem kurzen Entwurfe anzugeben. Den Geometer und den Theologen übergehe ich ganz, weil die Evidenz des erstern gar keiner Zusätze mehr fähig ist, und man die einmal angenommenen Meinungen des andern nicht angreifen darf. Ich wende mich also sogleich zum Philosophen. Ich verlange, daß er seine Vorlesungen mit einer genauen Definition der Philosophie anfange, daß er alsdann bis zu den entferntesten Zeiten zurückgehe, die alle die verschiedenen Meinungen, welche die Menschen gehabt und gelehrt haben, nach der Ordnung der Zeit genau entwickele und beurteile. Er muß z. E. sich nicht begnügen, bloß zu sagen, daß nach dem System der Stoiker[88] die menschliche Seelen Teilchen der Gottheit sind. So schön und erhaben diese Idee auch bei dem ersten Anblick scheint; so muß unser Professor doch zeigen, wie sie einen wahren Widerspruch enthält, weil der Mensch, wenn er ein Teil der Gottheit wäre, unendliche Kenntnisse haben müßte, die er doch nicht hat; weil, wenn Gott in dem Menschen wäre, itzt der englische Gott mit dem französischen und spanischen Krieg führen, und also die verschiedenen Teile der Gottheit sich gegenseitig zu zerstören suchen würden; weil endlich nach dieser Lehre die schändlichsten Handlungen und alle Verbrechen, welche die Menschen begehn, göttliche Werke sein würden. Ist es nicht abgeschmackt, solche abscheuliche Meinungen anzunehmen? Sie können eben deshalb, weil sie so ungereimt sind, nicht wahr sein.

Wenn der Lehrer zum System des Epikurs übergeht, so wird er sich besonders dabei aufhalten, daß dieser Philosoph seinen Göttern alle Empfindung ableugnet, welches den Begriffen von der göttlichen Natur geradezu widerspricht. Er muß auch nicht vergessen, die Ungereimtheit des Satzes von der Bewegung der Atomen zu zeigen, und überhaupt alles bemerken, was dem Räsonnement dieses Philosophen an Genauigkeit und richtigem Zusammenhange fehlt. Er wird ohne Zweifel auch der akataleptischen[89] oder skeptischen Sekte erwähnen, und frei gestehen, daß sich die Menschen oft in der Notwendigkeit befinden, ihr Urteil zurückzuhalten, wenn die Analogie und die Erfahrung ihnen keinen Leitfaden darbieten, der sie aus diesem Irrgarten führen kann. Wenn unser Lehrer viele andre philosophische Systeme durchgegangen, wird er hernach zum *Galilei* kommen, dessen System er recht bestimmt vortragen, und die Ungereimtheit des Betragens der römischen Klerisei[90] zeigen muß, die nicht erlauben wollte, daß sich die Erde um ihre Achse drehte, daß es Menschen gäbe, die Antipoden von uns wären; und die, so unfehlbar sie auch zu sein glaubt, doch diesmal vor dem Richterstuhl der gesunden Vernunft ihren Prozeß verlor. Hierauf folgen Kopernikus, Tycho de Brahe[91] und das Wirbelsystem des Descartes.[92] Der Professor muß seinen Zuhörern zeigen, wie unmöglich es sei, daß ein angefüllter Raum sich aller Bewegung widersetze; und er wird bis zur Evidenz beweisen, Descartes mag sagen, was er will, daß die Tiere keine Maschinen sind. Hierauf müßte dann ein kurzer Abriß des Systems von Newton folgen, nach welchem man den leeren Raum annehmen muß, ohne daß man bestimmen kann, ob er eine bloße Negation alles Daseins oder ein Wesen sei, über dessen Natur man durchaus keine bestimmte Begriffe haben kann. Dieses darf den Lehrer nicht abhalten, sein Auditorium zu belehren, wie vollkommen das System, das Newton durch seinen Kalkül auf der Studierstube fand, mit den Phänomenen übereinstimmt, die uns die Natur zeigt, und wie daher die neuere Weltweisen gezwungen worden, die Schwere, die Zentripetal- und Zentrifugalkraft anzunehmen, verborgene

und unbegreifliche Eigenschaften der Natur, von denen man bis auf unsre Zeiten gar keinen Begriff hatte.
Nun wird die Reihe kommen, von *Leibniz*, dem *System der Monaden* und der *vorherbestimmten Harmonie* zu reden. Unser Lehrer wird ohne Zweifel die Bemerkung machen, daß sich keine Zahl ohne Einheit denken lasse, und er wird daraus die Folgerung ziehen, daß die Materie zuletzt aus untrennbaren Körpern zusammengesetzt sei. Er wird auch noch seinen Zuhörern bemerken, daß sich eine unendliche Teilbarkeit der Materie zwar wohl denken lasse, aber daß in der Natur selbst die ursprünglichen Bestandteile so fein sind, daß sie unsern Sinnen entwischen und man also notwendig annehmen müsse, daß die ersten Grundstoffe der Elemente unzerstörbar sind. Denn aus nichts kann nichts hervorgebracht werden, und nichts kann vernichtet werden. Das System der vorherbestimmten Harmonie wird unser Weltweise als den Roman eines Mannes von vielem Geiste vorstellen, und dabei bemerken, wie die Natur allemal die kürzesten Wege wähle, um ihren Zweck zu erreichen, und wie man niemals ohne Not die Wesen vervielfältigen müsse. Hernach wird er zum Spinoza kommen, dessen Widerlegung ihm nicht viel Mühe kosten wird, da hier eben die Gründe zu gebrauchen sind, deren man sich gegen die Stoiker bedienet. Nichts aber wird unserm Lehrer leichter sein, als dieses System von *der* Seite zu zerstören, da es die Existenz Gottes leugnet; er darf nur zeigen, wie jede Sache in der Welt zu einem gewissen Zweck bestimmt, und auf das vollkommenste so eingerichtet ist, diesen Zweck zu erfüllen. *Alles, sogar das Wachstum des geringsten Grashalms, beweiset die Gottheit. Der Mensch besitzet einen Grad von Verstand, den er sich selbst nicht gegeben hat, hieraus folget unwidersprechlich, daß das Wesen, von dem er alles hat, noch einen viel tiefern und unermeßlichern Verstand besitzen müsse.*
Auch der *Malebranche*[93] muß nicht ganz vergessen werden. Bei der Entwickelung der Grundsätze dieses gelehrten

Mönchs findet man bald, daß die natürlichen Folgen derselben uns zu dem System der Stoiker zurückführen, nämlich zu der allgemeinen Weltseele, von der alle Wesen belebt und Teile sind. Wenn wir alles in Gott sehen, wenn alle unsre Empfindungen, unsre Gedanken, unser Wollen und Begehren unmittelbar von seiner intellektuellen Einwürkung auf unsre Organen herrühren; so sind wir bloße Maschinen, die durch göttliche Hände in Bewegung gesetzt werden. Die Gottheit bleibt alsdann nur allein übrig und der Mensch verschwindet ganz.

Ich traue unserm Herrn Professor zu viel Überlegung zu, als daß er den weisen *Locke*[94] vergessen sollte; er ist der einzige Metaphysiker, der die Einbildungskraft der gesunden Vernunft ganz aufopfert, der nur der Erfahrung folgt, und vorsichtig stille steht, sobald dieser sichre Führer ihn verläßt. Bei der Moral wird unser Lehrer etwas vom *Sokrates* sagen, dem *Markus Aurelius* Gerechtigkeit widerfahren lassen, und sich vorzüglich bei dem Buch des Cicero »De officiis« verweilen, dem besten, das je über die Moral geschrieben worden, und jemals geschrieben werden wird.

Mit den Ärzten habe ich nur zwei Worte zu reden. Sie müssen besonders ihre Schüler gewöhnen, die Symptomen der Krankheiten sorgfältig zu untersuchen, um ihre Gattungen genau zu kennen. Diese Symptomen sind ein schneller oder schwacher, ein starker oder heftiger oder unterbrochner Puls; Trockenheit der Zunge; Beschaffenheit der Augen; die Natur der Ausdünstung; und alle Arten von Absonderungen, sowohl durch den Urin als den Stuhlgang. Hieraus zieht der Arzt Folgen, nach denen er mit einiger Sicherheit die Art des Marasmus[95] bestimmen kann, welcher die Krankheit verursacht, und nach diesen Kenntnissen wählt er alsdann die sichersten Mittel, sie zu heilen. Der Lehrer der Arzneikunst muß auch besonders sich Mühe geben, seinen Schülern die ausnehmende Verschiedenheit der Temperamente und die Aufmerksamkeit, die sie erfordern, zu zeigen. Er muß ihnen deutlich machen, wie dieselbe Krankheit bei jedem Temperament ganz verschieden sich äußere, und wie notwendig es daher sei, die Arzneimittel auch in derselben Krankheit auf das genaueste nach der Konstitution des Patienten abzumessen. Nach allen diesem Unterricht wage ich es doch nicht zu hoffen, das unsre junge Äskulape[96] Wunder tun werden; aber das Publikum wird doch den Vorteil davon haben, daß die Unwissenheit oder Trägheit der Ärzte künftig einige Bürger des Staats weniger töten werden.

Um kurz zu sein, übergehe ich die Botanik, die Chemie und Experimental-Physik, und komme daher desto eher zu dem Herrn Professor der Rechte, der mir eine sehr unfreundliche Miene zu haben scheint. Mein Herr, möchte ich zu ihm sagen, wir leben nicht mehr in dem Jahrhunderte der Worte, sondern der Sachen. Wäre es Ihnen gefällig, so wünschte ich, zum Besten des Publikums, Sie brächten in Ihre hochgelahrten Vorlesungen etwas weniger Pedantismus und dagegen desto mehr gesunde Vernunft. Sie verderben nur Ihre Zeit, wenn Sie ein Staatsrecht lehren, das nicht einmal unter Privatpersonen gilt, das von den Mächtigen nicht geachtet wird, und den Schwachen keinen Schutz gibt; oder wenn Sie Ihre Schüler ganz vollständig von den Gesetzen des Minos, des Solon[97], des Lykurg[98], den zwölf Tafeln[99], dem Justinianischen Kodex[100] unterrichten und ihnen fast gar nichts von den Gesetzen und dem Herkommen unsrer Lande sagen. Um Sie zu beruhigen, wollen wir Ihnen gerne zugeben, daß Ihr Gehirn eine Quintessenz der vereinigten Gehirne des Bartolus[101] und Cujacius[102] ausmache; aber bedenken Sie doch dagegen auch, daß nichts kostbarer als die Zeit ist, und derjenige, der sie mit unnützen Phrasen hinbringt, für einen Verschwender erklärt werden müsse, über den Sie eine Sequestration[103] erkennen würden, wenn ihm vor Ihrem Richtstuhl der Prozeß gemacht werden sollte. Erlauben Sie mir also, so gelehrt Sie immer sein mögen, daß ich als ein bloßer Laie (wenn Sie mir einigen Mut machen werden) es wage, Ihnen einen juristischen Cursum vorzuschlagen.

Sie fingen, dächt' ich, mit dem Beweise an, daß Gesetze notwendig sind, weil keine Gesellschaft ohne sie bestehen kann. Sie zeigten hierauf, wie es bürgerliche, Kriminal- und bloße Konventionsgesetze gebe. Die ersten dienen dazu, alle Art von Besitz zu sichren, als Erbschaften, Heiratssteuer, Leibgedinge, Kauf- und Verkaufskontrakte usw. Sie enthalten die Grundsätze, nach denen man die Grenzen bestimmen und streitige Rechte erklären und entscheiden muß. Die peinlichen Gesetze[104] haben mehr den Zweck, von den Verbrechen abzuschrecken, als sie zu strafen. Die Strafen müssen immer den Verbrechen angemessen, und die gelindesten, so oft es nur möglich, den härtesten vorgezogen werden. Konventionsgesetze sind diejenigen, welche die Regierungen einführen, um die Handlung und den Fleiß ihrer Staaten zu befördern. Die beiden ersten Gattungen der Gesetze sind bleibend und ewig; die letztern aber sind Veränderungen unterworfen, weil sowohl innere als äußere Ursachen die Regierungen veranlassen können, einige dieser Gesetze abzuschaffen und neue einzuführen. Hat der Herr Professor diese vorläufigen Grundsätze mit der nötigen Deutlichkeit vorgetragen, so wünschte ich, daß es ihm gefällig sein möchte, ohne den Grotius[105] und Pufendorf[106] weiter um Rat zu fragen, die Gesetze des Landes, in dem er lebt, genau durchzugehen und zu entwickeln. Er muß sich dabei ja hüten, daß er seinen Schülern keinen Geschmack an der Streitsucht beibringe, und nicht Leute aus ihnen bilde, welche die Geschäfte noch mehr verwickeln, statt sie zu entwickeln. Er wird sich besonders bemühen, Richtigkeit, Deutlichkeit und Präzision in seine Vorlesungen zu bringen. Um seine Zöglinge von früher Jugend an selbst an diese Methode zu gewöhnen, wird unser Lehrer alles anwenden, um ihnen Verachtung der Streitsucht beizubringen, die über alles sophistische Erklärungen macht, und ein unerschöpfliches Repertorium von Subtilitäten und Schikanen[107] zu sein scheint.

Ich wende mich itzt an den Professor der Geschichte, und stelle ihm zum Muster den berühmten und gelehrten *Thomasius*[108] vor. Diesem großen Mann sich nur zu nähern, wird unserm Professor einen guten Ruf, ihm gleich zu werden, hohen Ruhm erwerben. Er muß seine Vorlesungen mit der alten Geschichte anfangen und mit der neuen beschließen; aber auch kein Volk vergessen, das in der Folge der Jahrhunderte sich ausgezeichnet, so wie *Bossuet* in seinem sonst sehr schätzbaren Buch die Sineser[109], die Russen, Polen und den ganzen Norden übergangen hat. Vorzüglich muß sich unser Lehrer mit Deutschland beschäftigen, weil dieses für Deutsche das interessanteste Land ist.

Bei dem dunkeln und ungewissen Ursprung der Nation aber muß der Lehrer sich nicht zu lange aufhalten, weil wir zu wenig Denkmale haben, und die Kenntnis, die man allenfalls hierüber erwerben kann, wenig nützlich ist. Er wird auch das neunte, zehnte, eilfte und zwölfte Jahrhundert nur durchlaufen, ohne sich dabei aufzuhalten. Im dreizehnten wird er anfangen tiefer einzudringen, weil hier die Geschichte interessanter zu werden anfängt. Je mehr er sich den neuern Zeiten nähert, desto mehr muß er sich in das Detail der Begebenheiten einlassen, weil sie immer mehr mit der Geschichte unsrer Zeit zusammenhängen. Er muß dabei auch ein richtiges Verhältnis beobachten, und sich immer länger bei denen Begebenheiten verweilen, welche Folgen gehabt, als bei denen, welche (wenn ich mich so ausdrücken darf) für die Nachkommen gleichsam tot sind. Besonders wird der Professor auch den Ursprung der Rechte, Gebräuche und Gesetze bemerken, und zeigen, bei welchen Veranlassungen sie im deutschen Reiche eingeführt sind. Er muß die Epoken[110] angeben, da die kaiserl. Reichsstädte die Unmittelbarkeit erhielten, und worin ihre Privilegien bestanden; wie der Bund der Hansestädte entstanden; wie die Bischöfe und Äbte Souveräns wurden. Er wird endlich, so gut er kann, es erklären, wie die Kurfürsten das Recht erhalten haben, den Kaiser zu wählen. Auch die Verschiedenheit der Rechtsverwaltung in dieser Folge der Jahrhunderte darf nicht übergangen werden. Aber von Karl V. an muß besonders unser Professor zeigen, daß er Beurteilungskraft und Geschicklichkeit besitze. Von diesem

Zeitpunkt an wird alles interessant und denkwürdig. Daher muß der Lehrer alle Mühe anwenden, die Ursachen der großen Begebenheiten zu entwickeln. Gleichgültig gegen die Personen, muß er das Gute und Böse, wo er es findet, loben und tadeln, wie ein jeder dasselbe verdient. Nun kommt die Zeit der Religionsunruhen, der Lehrer der Geschichte muß sie wie ein Philosoph beurteilen. Hierauf folgen die Kriege, zu welchen jene Unruhen Gelegenheit gaben, und Begebenheiten, welche mit der Würde behandelt werden müssen, die ihr großes Interesse erfordert. Schweden z. E. nimmt im dreißigjährigen Kriege die Partei gegen den Kaiser. Hier muß also der Lehrer zeigen, was *Gustav Adolf* bewog, sich nach Deutschland zu begeben; und warum Frankreich sich für Schweden und die protestantische Sache erklärte; aber er muß sich wohl in acht nehmen, die alten Unwahrheiten zu wiederholen, welche gar zu leichtgläubige Geschichtschreiber verbreitet haben. Er wird also nicht sagen, daß Gustav Adolf von einem deutschen Fürsten getötet sei, der unter seiner Armee diente, weil dieses Vorgeben durch nichts bewiesen und ganz unwahrscheinlich ist. Der westfälische Friede verdient eine noch umständlichere Erörterung, weil er die Hauptstütze der deutschen Freiheiten und ein Grundgesetz geworden ist, auf welches sich unsre heutige Verfassung gründet, und wodurch der Ehrgeiz der Kaiser in seinen gebührenden Schranken erhalten wird. Nachher muß der Lehrer der Geschichte die Begebenheiten unter der Regierung der Kaiser Leopold, Joseph I. und Karl VI. vortragen. Dieses Feld von so weitem Umfange wird ihm Gelegenheit genug geben, sein Genie und seine Gelehrsamkeit zu zeigen, wenn er nur nichts Wesentliches übergeht. Hat unser Professor die Begebenheiten jedes Jahrhunderts auf diese Art auseinandergesetzt, so muß er auch nicht vergessen, von den herrschenden Meinungen desselben und den wackern Männern Rechenschaft zu geben, welche sich durch ihre Talente, ihre Entdeckungen und ihre Schriften am meisten bekannt gemacht haben; er wird auch dabei die Ausländer nicht übergehn, welche Zeitgenossen jener Deutschen waren. Hat man auf diese Art die Geschichte behandelt, daß man ein Volk nach dem andern durchgeht, so würde es für die Schüler sehr nützlich sein, wenn man nun alle Materien wieder nach der Zeitordnung zusammenstellte und sie ihnen in *einem* großen Gemälde zeigte. Hier ist besonders die chronologische Ordnung notwendig, um nicht die Zeiten miteinander zu verwechseln, und um zu lehren, daß man jede wichtige Begebenheit immer in die Stelle setzen müsse, in die sie gehört; Zeitgenossen neben Zeitgenossen. Um das Gedächtnis nicht zu sehr mit Datis zu überladen, würde das beste sein, die wichtigsten Vorfälle zu Epoken zu machen. Diese sind Standpunkte für das Gedächtnis, die man leicht behält, und welche verhindern, daß das unermeßliche Chaos der Geschichte sich nicht in dem Kopfe der jungen Leute verwirre. Ein solcher Cursus der Geschichte, wie ich ihn vorschlage, muß tief durchgedacht und wohl geordnet sein, auch durchaus keine Kleinigkeiten enthalten. Nicht im »Theatro Europaeo«[111], nicht in der »Deutschen Geschichte« von Bünau[112] muß der Geschichtslehrer Rat suchen; ich würde ihn lieber auf die Hefte vom *Thomasius* verweisen, wenn man sie noch haben kann.

Wird die Geschichte auf diese Art gelehret, so ist es unstreitig das interessanteste, unterrichtendste und nützlichste Schauspiel für einen jungen Menschen, der in die Welt tritt, diese Reihe von Veränderungen durchzugehen, die so oft die Gestalt der Welt verändert haben. Nirgend lernt man das Nichts aller menschlichen Dinge besser kennen, als wenn man auf den Trümmern so vieler Reiche und mächtigen Staaten einherwandelt. Bei der unübersehbaren Menge von Verbrechen, die man dem Blick des edlen Jünglings vorbeiführt, wird es ihm ein ausnehmendes Vergnügen machen, doch zuweilen große und göttliche Seelen zu finden, die um Verzeihung für das übrige verderbte Menschengeschlecht zu bitten scheinen. Hier findet er Muster, denen er nachahmen muß. Dort sieht er glückliche Menschen, mit Schmeichlern umringt; sie fliehn, sobald der Tod ihren Götzen berührt; die

Wahrheit erscheint dann, und die laute Stimme des öffentlichen Abscheues macht den gedungenen Panegyristen[113] verstummen. Ich schmeichle mir, daß unser Professor so viel Verstand haben werde, um seinen Schülern deutlich zu machen, wie eine edle Nacheiferung von einem strafbaren Ehrgeiz verschieden sei, und daß er sie zum Nachdenken über so viele schreckliche Leidenschaften anführen wird, die den mächtigsten Staaten das größte Unglück bereitet haben. Mit hundert Exempeln kann er beweisen, wie die guten Sitten die sichersten Mittel zur Erhaltung der Staaten sind, und wie ihre Verderbnis, die Einführung des Luxus und ungemäßigte Liebe der Reichtümer zu allen Zeiten die Vorläufer ihres Falls waren.

Wenn der Professor den Plan befolgt, den ich ihm vorschlage, so wird er sich nicht darauf einschränken, nur Begebenheiten in dem Gedächtnis seiner Schüler zu häufen; sondern er wird sich bemühen, ihre Urteilskraft zu bilden und ihre Art zu denken zu berichtigen, besonders aber ihnen Liebe zur Tugend einzuflößen, welches meiner Meinung nach allen unverdauten Kenntnissen weit vorzuziehen ist, mit denen man den Kopf eines jungen Menschen anzufüllen pflegt.

Der Schluß von allem, was ich Ihnen bisher vorgetragen, ist, daß man sich mit dem größten Eifer bemühen müßte, alle klassische Autoren der alten und neuern Sprachen gut zu übersetzen. Wir würden davon den doppelten Vorteil haben, daß unsre Sprache gebildet und die Kenntnisse allgemeiner gemacht würden. Wenn wir die guten Schriftsteller unter uns naturalisierten, so würden sie uns neue Ideen zuführen; ihre Diktion und die Anmut ihres Stils würde uns bereichern, und wie viele wichtige Kenntnisse würde nicht das Publikum dadurch erhalten? Ich glaube nicht, daß unter den *sechsundzwanzig* Millionen Menschen, die man Deutschland beilegt, sich *hunderttausend* befinden, welche das Latein gut verstehn, besonders wenn Sie den Haufen der Pfaffen und Mönche abrechnen, die es kaum so weit gebracht haben, die Regeln der Syntax nur einigermaßen zu verstehen. So sind also

25 900 000 Menschen von den wichtigsten Kenntnissen ganz ausgeschlossen, weil sie dieselben nicht in ihrer Muttersprache bekommen können. Welch eine glückliche Veränderung wäre es also, wenn unter dieser Menge von Menschen jene Kenntnisse allgemeiner gemacht werden könnten. Der Edelmann, der sein Leben auf dem Lande zubringt, würde sich diejenigen Bücher auswählen, die sich für ihn schickten, und durch sie sich ebenso sehr unterrichten als belustigen. Der Bürger würde weniger roh werden, und die müßigen Menschen fänden im Lesen eine sichere Zuflucht wider die Langeweile. Der Geschmack für die Wissenschaften würde allgemein werden, Anmut und Vergnügen über die menschliche Gesellschaft verbreiten, und eine unerschöpfliche Quelle für die Konversation sein. Aus solchem beständigen gegenseitigen Reiben der Geister würde der gute Geschmack und das feine Gefühl entstehen, das mit ebenso richtiger als geschwinder Beurteilung das Schöne empfindet, das Mittelmäßige verwirft und das Schlechte verachtet. Das Publikum wird alsdenn auch über neue Werke des Geschmacks mit mehr Erleuchtung urteilen, und die Schriftsteller zwingen, ihre Werke mit größerm Fleiß und mit Sorgfalt auszuarbeiten, und sie nicht eher herauszugeben, bis sie genau und öfterer geprüft und gefeilt sind.

Der Gang, den ich zur Verbesserung unsrer Literatur vorschlage, ist nicht aus meiner Einbildung genommen; er ist der, den alle Völker, die sich aufgeklärt, gewählt haben. Je mehr der Geschmack für die Wissenschaften allgemeiner werden wird, desto mehr Vorzüge und andre Vorteile werden die zu erwarten haben, die sie mit besonderm Fleiß kultivieren; desto mehr wird das Beispiel einiger immer mehrere anfeuern. Deutschland hat schon Männer genug, die zu den mühsamsten Untersuchungen ganz gemacht sind, es hat Philosophen, Genies, und alles, was man zu ihrer Entwicklung wünschen kann, nur ein Prometheus fehlt noch, der das göttliche Feuer vom Himmel hole und sie belebe. Eben das Land, welches den berühmten Petrus de Vineis[114], den Kanzler des unglücklichen Kaisers Friedrich II., und die Verfasser der bekannten »Epistolarum obscurorum virorum«[115] (die über ihr Zeitalter sehr erhaben sind) hervorgebracht hat; das Land, in welchem Erasmus geboren ist, dessen »Lob der Narrheit« voll von Witz ist,[116] und noch besser sein würde, wenn man einige zu niedrige Stellen wegnähme, an denen man das Kloster und den Geschmack der Zeit erkennet; ein Boden, der den ebenso weisen als gelehrten Melanchthon[117] und so viel andere große Männer hervorgebracht hat, ist noch nicht erschöpft, und kann noch immer wieder Genies erzeugen, die den genannten gleich kommen. Ich könnte auch zu den angeführten noch große Namen hinzusetzen, denn ich rechne zu den unsrigen auch einen *Kopernik*, dessen Kalkül das Planetensystem und dasjenige berichtigte, was *Ptolomäus* etliche tausend Jahr vor ihm behauptet hatte.[118] In einem andern Teile Deutschlands entdeckte ein Mönch durch seine chymische[119] Prozesse die erstaunenswürdige Wirkungen des Ausbruchs des Pulvers.[120] Auch war es ein Deutscher, der die Buchdruckerei erfand,[121] diese herrliche Kunst, welche die guten Bücher verewiget, und das Publikum in den Stand setzt, sich mit geringen Kosten zu unterrichten. Dem erfinderischen Geiste eines *Otto Guericke*[122] haben wir die Luftpumpe zu danken. Und wie könnte ich den großen *Leibniz* übergehen, dessen Name in ganz Europa so berühmt ist. Hat ihn auch zuweilen die lebhafte Einbildung zu systematischen Träumen verleitet, so muß man doch gestehen, daß selbst seine Verirrungen seinen großen Geist beweisen. Ich könnte diese Liste noch mit den Namen von *Thomasius*, *Bilfinger*[123], *Haller*[124] und sehr vielen andern vergrößern, wenn ich nicht besser fände, von der neuesten und gegenwärtigen Zeit nichts zu sagen. Das Lob der erwähnten würde die Eigenliebe der übergangenen beleidigen.

Ich sehe voraus, daß man meinem Räsonnement vielleicht noch einen Einwurf entgegensetzen wird, den ich noch beantworten muß. Während der bürgerlichen Kriege, sagt man vielleicht, blühte in Italien *Pico von Mirandola*[125]; ich gestehe dieses ein, aber der Mann war auch nur ein bloßer Gelehrter. Während daß *Cromwell* (kann man mir weiter einwerfen) die Verfassung seines Vaterlandes umstürzte, und seinen König auf dem Schafott hinrichten ließ, erschien *Tindal* mit seinem »Leviathan«,[126] und bald nachher *Milton* mit seinem »Verlornen Paradiese«; ja schon zur Zeit der Königin *Elisabeth* und *Jacob I.* erleuchtete der Kanzler *Bacon*[127] ganz Europa, und wurde ein Orakel für die Philosophie, da er die noch möglichen Entdeckungen und den Weg anzeigte, auf dem man zu ihnen gelangen könnte. Auch in Frankreich waren die vortrefflichsten Schriftsteller Zeitgenossen der blutigen Kriege unter Ludwig XIV. Warum, kann man also sagen, waren unsre deutsche Kriege so viel fürchterlicher für die Wissenschaften als bei andern Nationen? Es wird mir nicht schwer sein, hierauf zu antworten. In Italien haben die Wissenschaften nur zu der Zeit geblühet, als *Lorenz von Medicis*, der Papst *Leo X.* und das *Haus Este* ihnen Schutz gaben. Es fielen in diese Zeit einige vorübergehende, aber nicht zerstörende Kriege; und Italien, eifersüchtig auf die Ehre, die Wissenschaften wiederhergestellt zu haben, unterstützte sie so sehr, als es nur irgend seine Kräfte erlaubten. In England zielte Cromwells durch den Fanatismus unterstützte Politik nur allein auf den Thron; grausam gegen seinen König regierte er die Nation mit Weisheit. Daher war Englands Handel nie so blühend als während seinem Protektorat. Der »Behemoth«[128] war auch nur eine Parteischrift. Das »Verlorne Paradies« von *Milton* ist unstreitig von höherem Wert; der Dichter desselben besaß eine ungemein starke Einbildungskraft, und nahm das Sujet aus einer der religiösen Farcen, die zu seiner Zeit noch in Italien gespielt wurden; aber man muß besonders bemerken, daß England damals schon wieder ruhig und in blühendem Wohlstande war. Der Kanzler *Bacon* lebte an dem feinen und aufgeklärten Hofe der *Elisabeth*; er besaß die durchdringenden Augen vom Adler des Jupiters, mit denen er die Wissenschaften durchschauete, und die Weisheit der Minerva, um sie zu ordnen. *Bacons*

Genie gehört unter die seltenen Phänomene, die immer nur einzeln und in weiter Entfernung voneinander erscheinen, und die ihrem Jahrhundert ebenso viel Ehre machen als dem menschlichen Geschlecht überhaupt.

In Frankreich hatte Richelieus Ministerium das schöne Jahrhundert von Ludwig XIV. schon von ferne bereitet. Die Wissenschaften fingen mit dem Anfang seiner Regierung an, sich zu verbreiten, und konnten durch den Krieg de la Fronde[129], der nur ein Kinderspiel war, nicht unterbrochen werden. Ludwig XIV., begierig nach jeder Art von Ruhm, wollte seine Nation zur ersten in Absicht des Geschmacks und der Literatur machen, wie sie es durch ihre Macht, ihre Eroberungen, ihre Politik und Handel schon war. Seine siegreichen Waffen drangen in die Lande seiner Feinde ein. Frankreich war stolz über das Glück seines Monarchen, ohne die Verwüstungen des Krieges zu empfinden. Ganz natürlich also ließen die Musen, die gern immer neben Ruhe und Überfluß wohnen, sich in seinem Reiche nieder.

Aber ich muß Sie auf noch einen Unterschied aufmerksam machen, der sich zwischen uns und unsern Nachbarn, die uns vorgegangen sind, befindet. In Italien, in Frankreich und England schrieben die ersten Gelehrten und ihre Nachfolger allemal in der Landessprache. Das Publikum nahm ihre Werke mit größter Begierde auf, und die Kenntnisse verbreiteten sich durch die ganze Nation. Bei uns war es hierin ganz anders. Die Religionszänkereien lieferten uns einige Streiter, welche ganz unverständliche Materien auf eine sehr dunkle Art untersuchten, dieselben Sätze bald behaupteten, bald bestritten, und die Sophismen nur mit Schimpfworten vermengten. Unsere ersten Gelehrten waren, wie sie es allenthalben gewesen, Männer, die nur Begebenheiten in ihrem Gedächtnis anhäuften, Pedanten ohne Beurteilungskraft, wie die *Lipsius*[130], die *Freinshemius*[131], die *Gronovius*[132], die *Grävius*[133], welche auf eine sehr schwerfällige Art einige dunkle Phrasen wiederherstellten, die sie in alten Manuskripten fanden. Dieses konnte bis auf einen gewissen Grad ganz nützlich sein; aber man mußte nicht allen seinen Fleiß und Aufmerksamkeit auf dergleichen unwichtige Kleinigkeiten wenden. Und doch machte die pedantische Eitelkeit dieser Herren auf den Beifall von ganz Europa Anspruch; teils um ihr schönes Latein zu zeigen, teils um auch von fremden Pedanten bewundert zu werden, schrieben sie durchaus nicht anders als lateinisch. Ihre Werke waren daher für das ganze übrige Deutschland ungeschrieben. Hieraus entstanden zwei Unbequemlichkeiten. Die deutsche Sprache wurde gar nicht kultiviert, und blieb immer mit ihrem alten Rost bedeckt. Der Hauptteil der Nation, der kein Latein verstand, konnte sich auf keine Weise unterrichten, und blieb immer mit dicker Unwissenheit umhüllt. Dies sind Wahrheiten, denen niemand etwas entgegensetzen kann. Unsre Herren Gelehrten sollten sich zuweilen erinnern, daß die Wissenschaften die Nahrungsmittel der Seele sind; das Gedächtnis empfängt sie wie der Magen die Speisen; wenn die Urteilskraft aber nicht ihre Verdauung befördert, so ist Unverdaulichkeit des Geistes unvermeidlich. Wenn die Wissenschaften Schätze sind, so muß man sie nicht aufhäufen und verschließen, sondern dadurch nutzen, daß man sie in allgemeinen Umlauf bringt, und dieses kann nur durch die Sprache geschehen, welche alle Bürger des Staats verstehn.

Noch nicht seit langer Zeit haben unsre Gelehrten es gewagt, in ihrer Muttersprache zu schreiben, und schämen sich nicht mehr, Deutsche zu sein. Sie wissen, daß das erste deutsche Wörterbuch[134] noch nicht alt ist; ich erröte fast dafür, wenn ich bedenke, daß ein so ausnehmend nützliches Buch nicht wenigstens hundert Jahre vor mir in die Welt gekommen ist. Bei alledem bemerkt man itzt, daß uns allmählich eine Gärung und Veränderung bevorstehe. Man fängt an von Ruhm der Nation zu reden; wir wollen uns in gleiche Reihe mit unsern Nachbarn erheben, und Wege zum Parnaß so wie zum Tempel des Andenkens bahnen. Wer ein feines Gefühl hat, kann dieses schon bemerken. Man muß also nur die alten und neuern klassischen Schriftsteller in unsre Sprache übersetzen. Soll das Geld bei uns zirkulieren, so müssen wir es ins Publikum bringen, und die Wissenschaften, die ehemals so selten waren, allgemeiner machen. Um endlich nichts zu übergehen, was die Fortschritte unserer Literatur aufgehalten hat, will ich auch noch den Umstand bemerken, daß an den meisten Höfen die deutsche Sprache so wenig geredet wird. Unter Kaiser *Joseph I.* redete man in *Wien* nur italienisch; unter *Karl VI.* wurde dieses vom *Spanischen* verdrungen; und während der Regierung *Franz I.*, eines gebornen Lothringers, wurde am Wiener Hofe weit mehr französisch als deutsch geredet. An den kurfürstlichen Höfen ging es ebenso. Sie werden hievon keine andre Ursache finden, als die ich Ihnen schon oft angeführt habe. Die spanische, italienische und französische Sprache waren gebildet und bestimmt; die unsre war es nicht. Aber es muß uns trösten, daß Frankreich eben dieses Schicksal erfahren hat. Unter *Franz I.*, *Karl IX.* und *Heinrich III.* redte man in allen guten Gesellschaften mehr spanisch und italienisch als französisch. Die Landessprache bekam nicht eher die Oberhand, bis sie feiner, deutlich und zierlich geworden, auch von einer Menge klassischer Schriftsteller durch malerische Ausdrücke verschönert war und grammatikalische Bestimmtheit erhalten hatte. Unter der Regierung Ludwig XIV. verbreitete sich die französische Sprache durch ganz Europa, und dies rührte zum Teil daher, weil man begierig war, die schönen Schriftsteller und die guten Übersetzungen der Alten zu lesen, welche man damals in dieser Sprache fand. Itzt ist dieselbe das allgemeinste Mittel geworden, um in allen Städten und Häusern Zutritt zu erhalten. Wer von Lissabon nach Petersburg und von Stockholm nach Neapel reiset und französisch redet, wird allenthalben verstanden. Diese einzige Sprache macht uns eine Menge andre entbehrlich, die wir sonst wissen müßten, und die unser Gedächtnis mit Worten beladen würden, an deren Stelle wir itzt Sachen bringen können, welches gewiß ein erheblicher Vorzug ist.

Ich habe Ihnen nun die verschiedenen Hindernisse entwikkelt, welche uns in der Literatur nicht so geschwind haben gehen lassen als unsre Nachbarn. Indes übertreffen die Spätern zuweilen ihre Vorgänger. Dies könnte vielleicht bei uns eher der Fall sein, als man es glauben sollte; wenn nur unsre Regenten Geschmack an den Wissenschaften bekommen, diejenigen ermuntern, die sich mit denselben beschäftigen, und denen Lob und Belohnungen erteilen, welche es vorzüglich weit bringen. Wenn wir *Medicis* haben, werden auch unsre Genies hervorkeimen; und die Auguste werden schon Virgile machen.[135] Wir werden dann auch unsre klassischen Schriftsteller bekommen; jeder wird sie lesen wollen; unsre Nachbarn werden deutsch lernen und die Höfe es mit Vergnügen reden. Und vielleicht bringen unsre guten Schriftsteller es dahin, daß unsre zur Vollkommenheit gebrachte und verfeinerte Sprache noch einst von einem Ende von Europa bis zum andern wird geredet werden. Noch sind diese schönen Tage unsrer Literatur nicht gekommen; aber sie nähern sich, und erscheinen gewiß. Ich kündige sie Ihnen an, obgleich mein Alter mir die Hoffnung nimmt, sie noch selbst zu sehen. Ich bin wie *Moses*, ich sehe das *gelobte Land* von ferne, werde aber nicht selbst hereinkommen. Erlauben Sie mir diese Vergleichung. Ich lasse sonst den *Moses* in allen seinen Würden und will mich auf keine Weise mit ihm in Vergleichung setzen. Auch sind die schönen Tage unsrer Literatur, denen wir entgegensehen, gewiß weit mehr wert als die nackten und dürftigen Felsen des unfruchtbaren Idumäa[136].

11

CORNELIUS HERMANN VON AYRENHOFF

Schreiben an den Herrn Grafen Max von Lamberg über das Werk »De la littérature allemande« von Friedrich II.

(1780)

Vorbericht des Verfassers

Mein seliger Freund, Graf von Lamberg[1], erhielt eh' als ich ein Exemplar von dem bekannten Werke »De la littérature allemande«. Er schickte mir dasselbe sogleich, mit der Anfügung eines Briefes, worin er sich zwar über das meinem »Postzug« erteilte Lob erfreute, dabei aber Unzufriedenheit über verschiedene Stellen der königlichen Schrift äußerte, durch welche unsere Literatur in der Idee der Ausländer zu tief heruntergesetzt wäre. Ich antwortete ihm sogleich in ein paar Zeilen, die ich mit nachstehenden Versen* schloß; und versprach ihm, in einem künftigen Schreiben mich umständlicher über die königliche Schrift zu erklären. Durch folgenden Aufsatz erfüllte ich mein Versprechen.

* * *

Nein, mein Freund! die neue Schrift des gekrönten Philosophen gereichet dem literarischen Ruhme Deutschlands ebenso wenig zum Nachteil, als es dem Ruhme der weisen

* Le Ciel, en dispensant ses dons,
Ne les prodigue point d'une main libérale:
Il nous refuse plus que nous recevons,
Pour tout Peuple à peu près sa faveur est égale.
Les Français sont gentils, les Anglais sont profonds:
Mais s'il dénie à l'un, ce qu'il accorde à l'autre,
Notre Orgueil sait changer en Roses nos Chardons,
Au talent du Voisin nous préférons le nôtre.

Fréderic II.[2]

Staatsverfassung Englands zum Nachteil gereichet, wann im versammelten Parlamente ein Graf *Chatham*[3], oder ein anderes so ehrenvolles Glied der Opposition, die politischen Gebrechen seines Vaterlandes aufdecket, und dasselbe zu ernstlichen Verbesserungen ermahnet. Bloß solchem freimütigen Tadel hat England seine immerwährende Selbstkenntnis und diejenige Festigkeit und Stärke seines Staatskörpers zu verdanken, die ganz Europa bewundert.
Soll unsere literarische Verfassung je zu einem gewissen Grade der Vollkommenheit gedeihen; sollen je unsere Gelehrten und schönen Geister aus dem schädlichen Traume erwachen, worein Eigendünkel und Schmeichelei ihrer unmündigen Bewunderer sie wiegten, eh' sie noch die Hälfte ihrer Arbeit vollendet hatten; sollen die falschen Grundsätze, die seit einigen Jahren unsern jungen Gelehrten die Köpfe schwindlich machen, nicht alles verderben, so bedürfen wir einer so starken und freimütigen Opposition, als diejenige ist, die der *größte Deutsche* in seiner Schrift »De la littérature allemande« auf sich genommen hat.
Danken also, mein Freund, danken müssen wir dem großen Manne, und uns Glück wünschen, daß er uns – vielleicht noch zu rechter Zeit – einen Wink geben wollte, den unsere armseligen Egoisten und Nosisten[4] an keinem andern Winker würden beachtet haben.
Indes gestehe ich, daß ich mit den Urteilen *Friedrichs* nicht immer, und mit Ihren Gegenäußerungen nur selten ganz einverstanden bin. Vielleicht irre ich mehr als Sie beide – aber ich tröste mich mit Ihrem verblichenen Freunde *Haller*[5]:

»Wir irren allesamt, nur irret jeder anders.«

Ich will deshalb das merkwürdige Werk nochmals so aufmerksam durchgehen, als Sie es fodern, und Ihnen über alle Sätze desselben kurzgefaßt meine Meinung – aber nicht *mehr* als Meinung, sagen.
Wie es die Natur der Sache fodert, fängt der erhabne Verfasser seine Prüfung unserer Literatur mit unserer Sprache an.
»Unsere Sprache ist in so viel Dialekte verteilt, als Deutsch-

land Provinzen hat. Jeder Kreis hält sich überzeugt, seine Sprache sei die reine, echte und deutsche.«[6]
Soweit diese Bemerkung bloß die Ungleichheit der Dialekte im *Sprechen* treffen soll, muß man sie allerdings für gegründet erkennen; und da der Verfasser selbst eingestehet, daß auch die übrigen europäischen Nationen sich in gleichem Falle mit uns befinden, so ist nichts mehr hinzuzufügen als etwa: daß die Verschiedenheit der Dialekte in *Italien* noch um vieles merkbarer ist als bei uns. – Wenn es aber weiter heißt: »Was man in Schwaben schreibt, ist in Hamburg kaum verständlich; und der österreichische Stil ist für die Sachsen dunkel«[7], so muß ich mich derjenigen Freiheit bedienen, die *Friedrich* selbst in der gelehrten Republik anerkennet – und ihm widersprechen. Jeder Österreicher, der *gut* schreibt, wird vom Sachsen, und jeder gut schreibende Schwabe vom Hamburger so gut als von seinen eignen Landsleuten verstanden. *Wielands* Schriften sind nicht weniger für Hamburg als für Stuttgart und Augsburg geschrieben; und das wienerische Lustspiel »Der Postzug«, welches *Friedrich* selbst seines Beifalls würdiget, scheinet – so *lokal* die Sprache ist – auch für Berlin und Leipzig verständlich zu sein.*
Bei allen dem entschuldige ich jeden mit unserer Literatur nicht genau Bekannten, wenn er an der Möglichkeit meines Vorgebens zweifelt. Es ist allerdings schwer zu begreifen, wie wir bei der großen Verschiedenheit unserer Dialekte in der Schreibart übereintreffen können, ohne je *Ludwige* und *Medicis*[8], das heißt, ohne je ein Institut gehabt zu haben, das der Académie Française[9] oder der Accademia della Crusca[10] gleichet.
Aber haben glückliche *Zufälle* nicht öfters mehr über den Zustand einer Nation vermocht als der Einfluß ihrer Regenten? – Bloß ein solcher Zufall hat es gemacht, daß alle deutschen Völkerschaften im Schreiben – *Sachsen* sind, oder es zu

* Man muß sich erinnern, daß der Verfasser das gegenwärtige Schreiben anonym herausgab, sonst würde er sich nicht erlaubt haben, seinen »Postzug« als ein Beispiel anzuführen.

sein sich bestreben. Und diesen günstigen Zufall haben wir dem beinah vergessenen, oft übel behandelten Sprachlehrer *Gottsched* zu verdanken. Dieser um sein Vaterland wahrhaft verdiente Mann war der erste, der sich bemühte, unsre Sprache in systematische Ordnung zu bringen; und war er nicht vermögend, mächtige Fürsten zur Unterstützung seiner Absicht zu bewegen, so schenkte ihm Deutschlands *Genius* dafür geschickte, tätige, verehrungswürdige Freunde, die nach seinen Sprachgesetzen Werke schrieben, welche ganz Deutschland mit Vergnügen las, und zu allen Zeiten lesen wird. Mit den Schriften *Gellerts*, *Zachariae*[11], *Schlegels*[12], *Cramers*[13], *Kästners*[14], *Rabeners*[15], *Weißens*[16] etc. etc. verbreitete sich auch die allgemeine Achtung für *Gottscheds* Sprachlehre[17] durch alle Provinzen Deutschlands; und sie ward auf allen Schulen – die katholischen nicht ausgenommen – für das Gesetzbuch unserer Sprache erkannt. Auch in der Folgezeit, da es, anderer Ursachen wegen, unter unsern Gelehrten Mode ward, *Gottscheden* von allen Seiten in verächtlichen Schmähschriften zu lästern, wich man doch nie von seinen Sprachgesetzen ab, und lästerte ihn immer nach den Regeln seiner eignen Grammatik. Diese unedle Mode ist nun, dem Apollo sei es gedankt! vorüber: aber *Gottscheds* Sprachlehre – ihr Verfasser mag immer ein schwacher Dichter, und Schriftsteller überhaupt, gewesen sein – ist durch die besten Werke unserer Literatur festgesetzt, und, ohne Zutat eines deutschen *Ludwigs* oder *Medicis*, die allgemeine Richtschnur aller Schriftsteller des deutschen Reiches geworden. –

»Vielen von unsern Schriftstellern gefällt ein verworrener Stil; sie schließen eine Parenthese in die andere, und oft findet man erst am Ende einer Seite das Wort, von welchem der Sinn der ganzen Periode abhängt. Nichts verwirrt die Konstruktion mehr; anstatt reich zu sein, ist man nachlässig, und es würde leichter sein, das Rätsel der *Sphinx* aufzulösen, als ihre Gedanken.«[18]

Diese Bemerkung, mein Freund, ist nur gar zu richtig. Nicht

nur durch häufig eingeschobene Parenthesen und Vernachlässigung der wahren Konstruktion werden viele unsrer Schriftsteller unverständlich: wie viele könnte man nennen, die sich sogar Ruhm in einer solchen *sphinxischen* Schreibart suchen! Zwar sind das gemeiniglich Skribler, um derentwillen man sich am wenigsten bemüht, die Kunst des *Ödipus*[19] zu lernen; aber leider! ist auch mancher von denen, die der allgemeine Ruf unter unsere klassischen Schriftsteller setzet, von diesem falschen Geschmack angesteckt. »Man muß uns nicht allein verstehen; es muß unmöglich sein, uns nicht zu verstehen«, sagt der große Kunstrichter *Quintilian*[20].
Doch muß man, um billig zu sein, auch bekennen, daß die Verworrenheiten unserer Konstruktionen nicht immer den Schriftstellern, sondern oftmals den Mängeln der Sprache selbst zuschulden komme[n]. Ich will hier nur die nachteilige Wirkung unserer sogenannten *Präpositionen*, *ab*, *an*, *vor*, *zu* etc., anführen, welche so oft die entferntesten *Postpositionen* ihres Verbums werden, und durch eben diese Trennung von ihrem natürlichen Standorte die ganze Periode verwirren, oder doch dunkeler machen. Ein kleines Beispiel wird Ihnen meine Meinung erklären:
»Der spanische Botschafter ist noch nicht von hier *abgegangen*, weil die Unpäßlichkeit des Kaisers ihn durch drei Wochen verhinderte, zur Audienz *vorzukommen*. Gestern endlich *kam* er, ungeachtet der noch immer nicht ganz hergestellten Gesundheit des Monarchen, *vor*: denn kaum zwo Stunden, eh' er *vorkam*, hatte der Monarch noch einen kleinen Anfall von Fieber. Nun aber *gehet* er ganz gewiß binnen wenig Tagen mit seiner Gemahlin, seinen Kindern und dem größten Teil seiner Domestiken, die zusammen nicht weniger als sechs vierspänniger Wagen bedürfen, über Paris, wo er wichtiger Geschäfte wegen einige Tage verweilen muß, nach Madrid *ab*.« Bemerken Sie, wie oft in dieser kurzen Erzählung (die doch *grammatikalisch* richtig ist) die beiden Präpositionen *vor* und *ab* bald wahre Präpositionen, und gleich darauf wieder auffallende, den Sinn der Rede verfinsternde

Postpositionen werden. Wäre es denn nicht besser und deutlicher, zumal für Ausländer, die unsere Sprache erlernen wollen, wenn man sagte: »Gestern endlich vorkam der Botschafter, ungeachtet etc. – nun aber abgehet derselbe ganz gewiß etc.«?

Man erteilt den Tadlern dieser unnötigen grammatikalischen Schwierigkeit gemeiniglich den Bescheid, sie sei *Eigenschaft* unserer Sprache. *Wahr!* Aber diese Eigenschaft gleichet, meines Bedünkens, der Eigenschaft eines krumm und zickzack laufenden Stroms, der immer trübe sein *muß*, weil er überall, wo sein Lauf gebrochen wird, Schlamm und Erde mit sich nimmt: man leite ihn in ein gerades Bett, und sein Wasser wird klarer sein. – Ich glaube, daß unsere angesehensten Sprachlehrer und Journalisten diesen sonderbaren Sprachgebrauch leicht verbessern könnten, wenn sie, einverständlich untereinander, ihn nur in der Dichtersprache (das heißt, in Versen) für erlaubt, in der Prose hingegen für fehlerhaft erklärten. Wahrscheinlicherweise würde auch der würdige Gesetzgeber in unserer Sprache, Herr Hofrat *Adelung*[21], diesem Vorschlage nicht entgegen sein.

»Wir besitzen noch keine von der ganzen Nation gebilligte Sammlung, in der man alle Worte und Redensarten fände, nach denen man die Reinigkeit der Sprache sicher beurteilen könnte. Es ist also physisch unmöglich, daß auch ein Schriftsteller von dem größten Geiste diese noch ungebildete Sprache vortrefflich behandeln könne.«[22]

Wir haben lange Zeit keine solche Sammlung besessen, das ist unwidersprechlich. Anfänger im Schreiben konnten sich nicht anders als nach den Mustern der besten Schriftsteller aus *Gottscheds* Sprachschule[23] bilden; und das taten sie auch, obschon mit ungleich größerer Mühe. Daß es aber unmöglich sei, wegen Mangel eines solchen Werkes, sprachrichtige Schriftsteller und gute Stilisten zu haben, kann man nicht eingestehen. Die Literatur-Geschichte aller Nationen beweiset gerade das Gegenteil. Die Italiener hatten die meisten ihrer klassischen Schriftsteller, ihre Petrarca, Boccaci, Machiavelle und alle Cinquecentisten[24] – die Franzosen ihre Pascal[25], Bourdaloue[26], Bossuet[27], La Bruyère[28], Corneille, Racine, Boileau[29] etc. etc. – die Engländer ihre Milton, Swift, Pope[30], Addison[31] etc. etc., eh' sie positive und allgemein anerkannte Gesetze über ihre Sprache hatten: denn das »Vocabulario degli accademici della Crusca« kam erst zu Anfang des vorigen Jahrhunderts, und das große »Dictionnaire de l'Académie Française« ganz zu Ende desselben an das Licht; Johnsons englisches Wörterbuch[32] aber ist noch nicht dreißig Jahre alt. – Vielmehr scheint es also erwiesen zu sein, daß ein gutes Werk dieser Art unmöglich entstehen könne, eh' man eine genugsame Anzahl klassischer Schriften besitze, aus denen das Materiale zu einem solchen Gebäude hergeholt werden könne und müsse.

Zum Glück gibt uns Deutschlands guter *Genius* soeben auch ein Werk von dieser Art, welches so wie Gottscheds *Grammatik* bloß zu den Geschenken des gütigen Schicksals gehöret. Dieses Werk betitelt sich: »Versuch eines vollständigen grammatisch-kritischen Wörterbuches der hochdeutschen Mundart«; und sein Verfasser heißt *Adelung*, den ich erst nannte. Dieser ruhmwürdige Mann hat den Mut gehabt, *allein* eine Arbeit auf sich zu nehmen, woran sich noch keine von den sogenannten gelehrten Gesellschaften Deutschlands – mit hoher und höchster Protektion – gewaget hatte. Wer das Verdienst dieses vortrefflichen Mannes beurteilen kann, der nehme sein Werk vor sich und prüfe es. »Es ist noch lange nicht so vollkommen, als es sein könnte«, wird mancher sagen. Das will ich nicht widersprechen. Aber haben denn die hochberühmten *Vierziger* von der Académie Française[33] durch ein ganzes Jahrhundert etwas so Unverbesserliches geliefert, daß nicht *Voltaire* und mehr andere Ursache hätten, über Unvollkommenheit ihres Gesetzbuches, über Mangel und Unbestimmtheit der französischen Sprache zu seufzen? – *Adelungs* Werk mag noch unvollkommen sein; aber es ist *vortrefflich*, und bringt unsre Sprache der Vollkommenheit näher. Es ist gar nicht zu zweifeln, daß es ebenso allgemein für ganz Deutschland werden wird, als ehedem *Gottscheds* Grammatik war. Man wird es mit der Zeit erweitern, verbessern! aber der *Grund* wird bleiben, und die allgemeine Gleichheit der deutschen Schreibart sich erhalten. – Was doch der Zufall alles vermag! – Viel, mein Freund! sehr viel! und in unsrer Literatur weit mehr als das Ansehen irgendeines unsrer mächtigen Fürsten: denn diesem würde man – wie Friedrich sagt – in schönem Latein entgegengerufen haben: »Caesar non est super Grammaticos!«[34] Aber *Gottsched* und *Adelung*, die einem solchen Zurufe nicht ausgesetzt waren, verrichteten das Werk im stillen.

»Man kennt in Deutschland keine Wahl der Ausdrücke, man vernachlässiget die eigentlichsten und ausdrückendsten Worte; und man verschwemmt oft allen Sinn und Gedanken in einem Meer von Episoden. Ich gebe mir alle Mühe, um unsre *Homere*, unsre *Virgile*, unsre *Anakreons*, unsre *Horaze*, unsre *Demosthene*, unsre *Cicerone*, unsre *Thukydides*, unsre *Livius* auszuforschen; aber ich finde sie nirgend, alle meine Mühe ist umsonst.«[35]

Sie sehen, mein Freund, daß es hier dem Könige um nichts Geringers zu tun ist, als uns mit Einem Streiche zu Boden zu schlagen, um sodann ungehindert in seinem weiteren Plane fortschreiten zu können. So hat er es öfters auf den Gefilden des *Mars* seinen Gegnern gemacht; und so, befürchte ich, wird er es hier auch uns machen; denn die Trupp, mit welcher er uns angreift, ist die fürchterlichste des ganzen literarischen Heeres. Wir werden am besten tun, wenn wir unsre Schwäche selbst bekennen, um Friede bitten, und den Kampf andern überlassen. Die Franzosen, Italiener, Engländer mögen an unsrer Statt ihre *Homere* und *Virgile*, ihre *Demosthene* und *Cicerone* anrücken lassen und kämpfen, so lange sie können. – Aber gewiß! gewiß! sie werden gegen diese Grenadiers des Altertums so wenig siegen als wir. Zwar dürften noch vielleicht Boileau und der Engländer Pope *Horazen* auf sich nehmen; vielleicht Chaulieu[36] den *Anakreon*, und so wie *Chaulieu* vielleicht auch unser *Gleim*[37]; *Thukydides* und

Livius, als *Historiker* betrachtet, würden ebenfalls nicht für ganz unüberwindlich angesehen werden: da aber hier die Rede bloß von Stil und Eleganz zu sein scheinet, so fürchte ich, werden die Kinder, sie seien noch so mutig, den Vätern unterliegen müssen.

Alles, was wir Deutsche zu einiger Bedeckung unserer Blöße vorbringen können, bestehet etwa darin, daß wir an *Mosheim*[38], *Zollikhofer*[39] und *Spalding*[40] vortreffliche *geistliche* Redner besitzen – denn *Cicerone* und *Demosthene*[41] zu haben, verwehrt uns die Natur unsrer Staatsverfassung –; und daß wir an den Herren *Heinrich*[42] und *Schmidt*[43] ein paar vortreffliche Geschichtschreiber zu hoffen haben – wohlgemerkt! wenn sie bis zum letzten Kapitel ihres Buchs sich immer gleich bleiben, und die mit ihrem bisher bewiesenen Forschungsgeiste *künftighin* entwickelnde Wahrheit uns *bei jeder Gelegenheit* ohne Schleier zu zeigen sich getrauen, kurz! wenn sie uns mit dem Mut eines *Tacitus* – nicht nur ihre *Germanicos*[44], sondern auch ihre *Tibere*[45] und *Claudiusse*[46] schildern, die oft verborgenen Triebfedern der Handlungen wie möglich aufdecken, und uns so mit den wahren Quellen der Begebenheiten, wie mit den Begebenheiten selbst, bekannt machen werden.

Die weitern Bemerkungen, welche *Friedrich* über die *Rauhigkeit* oder den *Mißlaut* unserer Sprache macht, haben, im ganzen, Ihren Beifall und auch den meinigen. Aber seine Verbesserungsvorschläge wollen Ihnen nicht behagen. Sie erklären das *gebena*, *sagena*, *nehmena* für einen sonderbaren Einfall. – Nicht so sonderbar, mein Freund! als es sogleich scheinen mag. Wenn *Friedrich* – der eben nicht Ursache hat, nach dem Ruhme eines deutschen Grammatikers zu geizen – das Ziel nicht ganz trifft, so verfehlt er es doch gewiß nicht weit. Sicher ist es, daß die dumpfe Guttural-Silbe *en*, mit der sich so viele unserer Wörter endigen, der Sprache in dem Ohre des Ausländers einen überaus widrigen Laut erteilet. Will man diese Endesilben nicht in *ena* verwandeln (wofür ich selbst nicht einstimmen würde), so verwandle man sie glatterdings in *a* und spreche *geba*, *saga*, *nehma*. Diese Neuerung würde weder gewaltsam noch schwer durch ihre Folgen sein. Nicht gewaltsam, weil wir ohnehin ganze Provinzen, besonders im fränkischen und schwäbischen Kreise, haben, wo man alle Endesilben in *en* mit *a* ausspricht – nicht schwer durch ihre Folgen: weil man diese Abänderung bei allen künftigen Auflagen unserer schon gedruckten prosaischen und poetischen Werke anbringen könnte, ohne ein Wort von seiner Stelle zu rücken, ohne das Silbenmaß eines Verses zu stören. Es versteht sich, daß dieses Schicksal nicht nur die *Verba*, sondern auch die *Substantiva* und *Adjektiva* treffen müßte, welche sich bei uns so häufig, zumal im *Plurali*, mit *en* schließen; so würden auch unsre Reime nicht das mindeste leiden: denn man würde das *Leba* mit *geba*, die *Plaga* mit *saga*, die *Böhma* mit *nehma*, die *Pflichta* mit *verrichta* usw. reimen. – Nach meinem Gehöre zu urteilen, würde unsre Sprache durch diese leichte Abänderung schon sehr vieles von dem Mißlaute verlieren, den ihr alle Nationen *einstimmig* vorwerfen.

Man lasse uns überdem von unserm schreienden *sch* das *ch* wegwerfen, und *Suster*, *Sneider*, *Simpf*, *Sar* anstatt *Schuster*, *Schneider*, *Schimpf*, *Schar* sagen und schreiben.

Man lasse uns das keichende *h* überall vertilgen, wo sein Dasein unnötig ist, und *ören*, *Immel*, *Eld*, *Itze* anstatt *hören*, *Himmel*, *Held*, *Hitze* schreiben. Nur Wörtern wie *hin*, *her*, *Herde*, welche sich durch ihr *h* von andern gleichlautenden Wörtern unterscheiden, müßte dasselbe beigelassen werden: weil Deutlichkeit doch immer der Hauptvorzug einer Sprache bleibt.

Man lasse uns auch das *st* und *sp* so aussprechen, wie es alle andere Nationen, und bei uns selbst die Westphälier aussprechen, und nicht für *sterben*, *spielen schterben*, *schpielen* sagen; so bin ich der Meinung, daß unsere Sprache, in Absicht auf *Wohllaut*, mit allen lebenden Sprachen um den ersten Rang, nach der italienischen, buhlen könnte. – Wer nun aber alle diese »Man lasse uns!« auf sich nehmen wird, auf sich nehmen kann, das ist eine andere Frage*. Ich glaube also, wir werden am besten tun, daß wir auch *diese* Bemühung dem vaterländischen *Genius* überlassen.

Da seit einiger Zeit die Lust zum Singen bei uns beinahe zur Nationalleidenschaft geworden ist, muß man sich verwundern, daß man nicht ernstlicher daran denkt, auch die Sprache singbarer zu machen. Noch mehr aber muß man sich verwundern, daß noch vor kurzer Zeit einer unserer berühmtesten Schriftsteller – der selbst lyrischer Dichter ist – eine *neue Orthographie* vorschlagen konnte,[47] die unsere Sprache noch um vieles rauher machen würde, als sie schon jetzt, sogar für unmusikalische Ohren, ist.

Nun einige von *Ihren* Anmerkungen!

»Warum nannte der Verfasser nicht mehr unsrer guten Schriftsteller? Hätten die Namen *Hagedorn*[48], *Klopstock*, *Lessing*, *Zachariae*, *Kleist*[49], *Wieland*, *Gleim*, *Uz*[50], *Rabener*, *Mendelssohn*, *Weiße* nicht einen Platz in diesem vaterländischen Monumente verdienet?«

Unstreitig, mein Freund, nannten Sie hier die schätzbarsten Schriftsteller unserer Nation. Wäre es *Friedrichs* Absicht gewesen, den vortrefflichsten Schriftstellern Deutschlands (die er wohl schwerlich so gut kennet, wie Sie, mein Freund, sie kennen) durch seine Schrift ein *Monument* zu errichten, so hätte derselbe nicht nur der hier genannten, sondern noch mehr andrer nicht vergessen dürfen, deren Namen dem Andenken des Vaterlands aufbewahrt zu werden verdienen, und denen einst die billige Nachwelt ganz gewiß Monumente dieser Art errichten wird.

Erwägen Sie nun aber, daß es dem Könige nicht um ein

* Dies letzte »Man lasse« könnte wohl allenfalls – ohne ein allgemeines Reichskonklusum – durch unsere Schullehrer, öffentliche Redner und Schauspieler nach und nach bewirkt werden, aber würde es nicht noch schwerer sein, alle diese Herren zu bereden, daß sie das *st* in den Wörtern *sterben* etc. ebenso aussprächen, wie sie selbst in den Wörtern *der Beste*, *das Laster* etc. schon jetzt es aussprechen, als ein allgemeines Reichskonklusum zustande zu bringen?

Namenverzeichnis unsrer guten Skribenten zu tun war. Sein Plan steht auf dem Titelblatte seines Werks. Diesem Plane zufolge wollte er uns zuvörderst die Fehler unsrer *schönen Literatur* zeigen, in welcher er uns in Vergleichung mit andern Nationen, besonders den *Alten*, noch zurücke sieht; sodann uns die Mittel zur Verbesserung vorschlagen. Nur im Vorbeigehen – nicht um zu loben, sondern unsre Armut an wirklichen Meisterstücken des Witzes zu zeigen – nennt er die wenigen unserer *Belletristen*, von denen er glaubt, sie einigermaßen den besten fremden aus gleichem Fache entgegenstellen zu können; vergißt aber doch nicht, da, wo wir Lob verdienen, es uns zu gewähren; rühmet einen *Leibniz*, *Haller*, *Kopernik*, *Thomasius*[51], *Wolff*[52] und andere mehr, und läßt den Verdiensten unsrer *Philosophen* überhaupt Gerechtigkeit widerfahren.

Doch gesetzt, er hätte noch mehr dergleichen Parallelen aufgestellt, glauben Sie wohl, daß wir vieles dabei würden gewonnen haben? – Aufrichtig gesprochen, kann man *Klopstocken* (dessen himmlische Epopée[53] ganz gewiß mit dem »Verlornen Paradiese« um den Rang streiten darf) dem Heldendichter *Homer* an die Seite setzen? Ich meines Orts will das nicht wagen. Der entzückte Christ würde ganz sicher mit dieser Vergleichung unzufrieden sein, und der kalte Philosoph (den nicht leicht etwas entzücket, das nicht für die Philosophen aller Weltteile, aller Jahrhunderte entzückend ist) würde vielleicht auch das Recht erhalten, mir einige Einwürfe zu machen. – Es mag uns zum Troste dienen, daß auch *Tasso* und *Voltaire* (Heldendichter im wahren Verstande) keine Homere sind, obgleich Lord *Chesterfield*[54] und *Friedrich* selbst die »Henriade«[55] allen Epopéen der Welt vorziehet. In mancher Betrachtung könnten sie wohl recht haben; daß aber *Plan* und *Erfindung* in der »Henriade« keine vorzügliche Bewunderung verdienen, hat *Desfontaines*[56] ziemlich klar – obschon mit hervorleuchtender Tadelsucht – erwiesen.

Und weiters! Hat Deutschland einen Sophokles? – oder, ohne bei diesem Gegenstande in das hohe Altertum hinaufzusteigen – liegt wohl in unserm ganzen, seit Gottscheds Zeiten ziemlich angefüllten *Tragödien*-Fache (welches Aristoteles für das vorzüglichste Fach der Dichtkunst erkläret) ein einziges Produkt, das wir gegen eines der besten vom Corneille, Racine oder Voltaire in die Waagschale legen dürfen?

Da wir in Absicht auf die *Komödie*, wegen des großen Abstandes der Sitten (deren getreue Schilderung ihr Hauptgegenstand sein muß) mit den *Alten* nicht wohl konkurrieren können: Wen dürfen wir unsern Molière, Destouches[57], Marivaux[58] nennen?

Sind Ramler[59] und Uz, ungeachtet dieselben, nach Ihrer und auch nach meiner Meinung, alle französischen Odendichter übertreffen, darum auch *Pindare*, *Horaze*?

Wer ist unser Juvenal[60]? nur unser Boileau in der satirischen Poesie?

Welchen von unsern *didaktischen* Dichtern (auf die wir uns doch besonders viel zugute tun) wollen Sie neben dem *Lucretius*[61], neben dem Verfasser des »Versuchs über den Menschen«,[62] neben *Boileau*, als dem Verfasser der »Art poétique«, anstellen? – Ich weiß, Sie schütteln den Kopf, und bleiben mir die Antwort schuldig.

Daß *Hagedorn* und *Lichtwer*[63] bessere Fabeldichter sein als *Gellert*, kann ich Ihnen nicht eingestehen. *Gellert* ist origineller als *Hagedorn*, und übertrifft beide an Stil, Leichtigkeit des Ausdrucks und wahrem Ton der Fabel.

Auch Ihrem Urteil über den »Preußischen Grenadier«[64] kann ich nicht unbedingt beistimmen. Ich erkenne ihn allerdings für ein Meisterwerk; aber in ästhetischer Hinsicht würde ich mich noch mehr für die Weißischen »Amazonen-Lieder«[65] erklären.

Daß der König von dem Dichter Canitz[66] – obgleich nicht zu desselben Vorteil – Erwähnung machen wollte, darüber habe ich mich gleich Ihnen verwundert. Da er ihn einen schwachen Nachahmer des Horaz nennet, hätte er wohl sehr leicht einen andern Namen finden können, der die Ehre, so nah bei dem Namen Horaz zu stehen, besser verdiente. Nach meinem

Gefühle hat Canitz, seinen »Harpax« und das kleine Gedichtchen »Die Tadelsucht der Welt« ausgenommen, nichts geschrieben, dem man noch jetzt einigen Wert zugestehen kann. Doch bekenne ich – im Vorübergehen gesagt –, daß es sehr schwer wäre, sowohl unter den Alten als Neueren einen Mann zu finden, den man Horazen entgegenstellen könnte. Dieser Günstling des Apoll erscheint in dreifacher Gestalt, als Odendichter, als Satiriker und Didaktiker; und erscheint in jeder Gestalt fürchterlich groß. Von allen *Neuern*, soweit ich sie kenne, wüßte ich ihm nur den Boileau und den Engländer Pope – in einiger Entfernung – an die Seite zu stellen; die »Poetik« des erstern doch ausgenommen, mit welcher er, meines Bedünkens, dem Römer ohne Scheu in die Nähe treten kann.

Mit mehr Grund könnte sich meines Erachtens *Geßner*[67] beklagen, daß er sich bei der Vergleichung mit *Tibull*[68], *Catull*[69] und *Properz*[70] allen dreien nachgesetzt findet. Wenn ich nicht irre, daß die *Idylle* oder *Ekloge* ein ländliches Gemälde unschuldiger Sitten, in einer anziehenden, aber ruhigen Handlung, mit sanften, aber anmutigen Farben dargestellet, sein soll; wenn überdem moralische Güte den Wert des Gedichtes, und Mannigfaltigkeit der Erfindungen den Wert des Dichters erhöhen; so, deucht mich, ist *Geßner* der erste Meister in dieser Gattung. Vergleichen könnte man ihn meines Erachtens nur mit dem *Theokrit*[71] und *Moschus*[72]; und die Vergleichung würde, wie gesagt, nicht zu seiner Beschämung ausfallen. Den *Tibull* und *Properz* hingegen wollte ich lieber, nach dem Beispiel des *Quintilian*, unter die elegischen Dichter, und den *Catull* unter die Satiriker setzen. – *Geßners* »Idyllen«, der »Frühling« von *Kleist* und *Hallers* »Alpen« rechtfertigen den Ausspruch jenes billigen Franzosen, der unsre Dichter die »Maler der Natur« nannte.

Ich gestehe übrigens, daß ich unter den wenigen in *Friedrichs* Werke genannten deutschen Schriftstellern mit viel Vergnügen den Verfasser der »Musarion«, der »Grazien« und des »Agathon«[73] würde gelesen haben – Werke, die mit allen ausländischen ihrer Gattung die Vergleichung aushalten können.

Die Ursachen des langsamen Fortschrittes unserer Literatur, die der erhabene Verfasser angibt, haben Ihren Beifall – und auch den meinigen. Nur vermisse ich eine sehr wichtige Mitursache, die freilich dem Könige nicht bekannt ist: ich meine den Umstand, daß sich unsre *literarische Kritik* größtenteils in sehr übeln Händen befindet. Die meisten unserer Schriftsteller fangen mit *Kunstrichten* an; da also, wo sie meines Erachtens endigen sollten. Da diese jungen Leute gemeiniglich mit ebenso viel Mangel an Geschmack und Erziehung als Überfluß an richterischem Stolze ihr Amt verwalten, besteht ihr mehrstes Bestreben in Ersinnung sonderbarer Meinungen, Anpreisung der Schriften ihrer gleichartigen Freunde und Erfindung neuer Sarkasmen gegen Autoren, die sich zu gut dünken, mit diesen literarischen Policinellen[74] in Beziehung zu stehen. Alles, was die gründlichere, würdigere Kritik von Zeit zu Zeit gegen diesen Unfug spricht, bleibet Vox clamantis in deserto[75]; und sie kann noch zufrieden sein, wenn sie von den Policinellen nicht ausgepfiffen wird. – Die nachteiligen Folgen unserer häufigen Afterkritiken brauche ich Ihnen nicht anzuführen. Die nachteiligste aber ist, daß sie nicht selten den Geschmack der Anfänger irre leiten, oft auch fähige Köpfe, die sich durch irgendeinen Versuch dem öffentlichen Spotte nicht aussetzen wollen, von der Schriftstellerei gänzlich abschrecken.

Schon die »Berliner Litteraturbriefe«[76], eines unserer früheſten und besten kritischen Journalen, haben sich bisweilen dieser Vorwürfe schuldig gemacht. Die Art, womit sie *Duschen*[77] und mehr andre behandelten, war nicht empfehlungswürdig. Da dieses Journal außerdem ungemein viel Gutes enthielt, und deshalb häufige Leser bekam, ahmten es viele Rezensionen-Schmiede ephemerischer[78] Journale nach. Und was konnte man von diesem servum pecus[79] erwarten, als daß es gerade das Unrühmliche seines Originals nachahmen würde, da dieses am leichtesten nachzuahmen war? – So stieg der hastige Ton unserer kritischen Schriften immer höher, bis er zuletzt in einen förmlichen Pasquillenton[80] ausartete. Wahr ist es, daß auch Gelehrte andrer Nationen sich öfters durch verächtliche Zänkereien vor dem Publikum abgewürdiget haben; allein wo sind sie so allgemein? Wo von so grober Art wie bei uns? Wo so wenig unterrichtend, daß man sich auch nicht bisweilen mit dem Spruche trösten könnte: »Ex privatis odiis res publica crescit«[81]? – Daher die wenige Achtung für unsere Schriftstellerei, daher die Unbestimmtheit des Geschmacks in unserer Literatur, daher bei der unzähligen Menge unserer kritischen Produkte der Mangel eines einzigen, das wir den Werken *Longins*[82], *Quintilians*, *Batteux*[83] oder *Home*[84] entgegenstellen könnten. Die »Hamburgische Dramaturgie« hätte durch den analytischen Geist ihres Verfassers das Meisterstück ihrer Art, das allgemeine Lehrbuch dramatischer Kunst werden können, wenn diese epidemische Zanksucht nicht auch über *Lessingen* so viele Gewalt gehabt, und ihn, in seinen feindseligen Launen gegen die tragischen Dichter der Franzosen, so oft über die Grenzen des *Wahren* hinausgetrieben hätte. Dessen ungeachtet muß man *Lessingen* die Gerechtigkeit widerfahren lassen, daß seine kritischen Schriften überhaupt zu den lehrreichsten und scharfsinnigsten gehören, die eine Nation aufweisen kann – nur wird *Melpomene*[85] noch lange seufzen, daß er zu viel Böses von *Corneille* und *Voltairen*, und viel zu viel Gutes von *Shakespearen* geschrieben hat.

Doch – wie ist dem Übel abzuhelfen? hör' ich Sie fragen: wie hat es der Kunstrichter anzustellen, daß er immer den wahren Ton trifft, den der beurteilte Schriftsteller und der mitrichtende Leser von ihm fodern können? Daß er auch gegen Schriftsteller, die bloß durch eine gute Dosis treffender Satire gebessert werden können, nie das sittliche Gebot »ludere, sed non laedere«[86] übertritt? *Friedrich* hat immer, wo er Gebrechen aufgedecket, auch die Mittel zur Verbesserung vorgeschlagen; ahmen Sie bei diesem Gegenstande, den er übergangen, seinem Beispiele nach!

Antwort! Das Mittel ist einfach und leicht. Wann ein Kunstrichter die Feder ergreift, ein Werk des Geistes zu beurteilen, so bilde er sich ein, er befinde sich jetzt mit dem Verfasser des Werks, und allen seinen Lesern, zwischen vier Mauern in Gesellschaft. Er betrachte diese Gesellschaft (und das kann sie ja von ihm fodern?) als eine Versammlung gesitteter, rechtschaffener Leute, wo er *mündlich* mit dem Verfasser selbst, ohne Heuchelei, aber mit Anstand, über desselben Werk spricht, indes die ganze Gesellschaft aufmerksam zuhöret. – So, glaub' ich, würde er am sichersten alle hämische Witzeleien und Grobheiten vermeiden, die sich in die meisten unsrer Rezensionen einschleichen; weil weder der beurteilte Schriftsteller (wenn er anders ein Mann von Ehre ist) noch die gesittete Gesellschaft beleidigende Angriffe dulden würde.

Der Rat, welchen uns *Friedrich* erteilet, die besten ausländischen Werke, besonders der *Alten*, gut zu übersetzen, ist so gegründet als wohlgemeint. Sollten wir nicht erröten, daß wir, die, mehr als alle europäische Nationen zusammengenommen, immerfort mit Übersetzen beschäftiget sind, kaum vier, fünf klassische Werke der *Alten* in unserer Sprache besitzen, derer wir ohne Gewissensangst erwähnen dürfen? An mittelmäßigen Arbeiten dieser Gattung fehlt es uns zwar nicht; aber wie wenige können wir nennen, die ein besonderes Lob verdienen! Einige Stücke des *Horaz* von *Ramler*; der *Thukydides* von *Heilmann*;[87] der *Tacitus* von *Patzke*[88]; der *Plutarch* von *Schirach*[89] – und alles ist gesagt, was sich hievon sagen läßt. Freilich gehören zu solchen Arbeiten nicht Köpfe, wie die sind, welche von einer Leipziger Messe zur andern einige Dutzend kraftlose französische und englische Romanen verdeutschen, und ein paar hundert fremde Theaterstücke – wie sie es nennen – auf deutschen Boden verpflanzen. Aber es ist traurig, daß auch unsre fähigen Literatoren, wann sie zuweilen Übersetzer werden, so oft eine üble Wahl für ihre Arbeit treffen. So zum Beispiele liefert uns *Eschenburg*[90] eine zweite Übersetzung des *Shakespeare*, da wir doch gewiß an Einer mehr als genug hatten; und so verfällt ein *Lessing*, anstatt uns des *Aristoteles* »Dichtkunst« zu schenken (die, mit seinen scharfsinnigen Anmerkungen begleitet, zuverlässig ein Schatz unserer Literatur würde geworden sein), auf das »Theater des Diderot«, auf ein Werk, in welchem dieser berühmte Enzyklopädist durch alle seine Beredsamkeit den Liebhaber der *echten* Komödie nicht beredet, daß seine Theorie eine vortreffliche Theorie, und seine zwei aufgestellten Muster vortreffliche Muster sind.[91]

Nun aber will ich Ihnen zum Beschluß meiner Äußerung über unser Übersetzungs-Wesen noch eine kleine Bemerkung mitteilen, die ich sehr oft machte. Sobald man auf dem Titelblatte irgendeiner Übersetzung lieset: »frei übersetzt«, kann man richtig schließen, daß das Wort *frei* soviel als *schlecht* bedeute. Ein Übersetzer kann sich nur Lob verdienen, wenn er den Sinn seines Originals *nicht frei*, sondern *getreu* in seine Sprache überträgt. Bei den Übersetzungen *guter* Theaterstücke aber bedeutet der sehr gewöhnliche Beisatz: »frei bearbeitet« gemeiniglich noch etwas Schlechteres als schlecht.

Und da ich eben das Wort *Theater* ausspreche: ist das, was *Friedrich* von dem unsrigen erwähnet, nicht wert, ein goldener Denkspruch für ganz Deutschland zu werden? In keiner Gattung ist die Rohigkeit unsers Geschmacks sichtbarer als in dieser. Nicht nur, daß wir seit langer Zeit nichts in diesem Fache gewonnen – wir haben merklich verloren. *Schlegel*, *Cronegk*[92], *Weiße* betraten schon vor dreißig Jahren mit löblichem Mute die lorbeerreiche Bahn der *Sophokles*, *Euripides*, *Corneille*, *Racine* und *Voltaire*. Sie lieferten uns bereits Stücke, die in Absicht auf Plan, Charaktere und Diktion ihre Schönheiten hatten, und die wir mit Vergnügen vorstellen sahen. Wären unsre Dichter auf dieser Bahn geblieben, so ist nicht zu zweifeln, daß sie schon durch manches Meisterstück unserer drückenden dramatischen Armut abgeholfen hätten. Aber siehe! da erscheinen ein paar Sonderlinge[93], denen diese Bahn zu schwer wird, die aber doch gerne die ersten am Ziele sein möchten. Sie suchen sich darum einen andern Weg – freilich einen Weg, den nie ein Mann von Geschmack – von keiner Nation – einschlagen wird. Da wurden auf einmal alle Regeln der Kunst (welche doch so tief aus der Natur selbst genommen sind als die Regeln irgendeiner andern Kunst), da, sag ich, wurden alle Regeln in den Staub getreten, alle tragische Würde und Form verachtet, *Aristoteles* und *Horaz* für Pedanten erklärt, und der majestätische Tempel der *Melpomene* in eine bunt übermalte Gauklerbude verwandelt. Es war leicht vorherzusehen, daß diese Gauklerbude von einer Nation, deren Geschmack noch nicht ausgebildet ist, weit mehr angestaunt werden würde als der herrliche Tempel, der nur für *Kenner* Schönheiten hat. Die Unternehmer[94] befanden sich also ganz wohl bei den neuen Stücken unsrer Genies – wie sie selbst untereinander sich betitelten –, und der große Haufen, der lieber Weide für seine Augen als für seinen Verstand zu suchen pflegt, fand ebenfalls seine Rechnung dabei. Was mir (im Vorbeigehen gesagt!) an diesen Theaterstücken in *Shakespeares* und *Hans Sachsens Manier* bemerkenswürdig scheinet, ist, daß ihre Schöpfer sie gemeiniglich mit der sonderbaren Benennung »Schauspiel« bezeichnen. Dieses generische[95] Wort, das, gleich dem lateinischen *spectaculum*, alles in sich fasset, was zur Schau gegeben werden kann – als Wettrennen, Tierkämpfe, Gauklerkünste, Puppenspiel, ja bis auf die im vorigen Jahre zu Wien vorgestellte Affen- und Hunde-Komödie[96] –, bedeutet in der Sprache unserer neuesten Theaterdichter (worüber Sie als ein Sprachenkenner ganz gewiß schon gelachet haben) eine *besondere Gattung des Drama*, und zwar die Lieblingsgattung des großen Haufens, weil derselbe versichert ist, in dieser Gattung, nach eingeführter Weise, alles mögliche Schauwerk, lustig und traurig untereinander, Schalksnarren-Späße und Mordtaten, Bestürmung leinwandner Festungen und Triumphaufzüge, brennende Gebäude und Leichenbegängnisse, Hexen und Gespenster, und noch über alles dies in jeder Szene eine andere Dekoration zu sehen. Indes haben diese abscheulichen Stücke (wie

der König sie nennt) die regelmäßigen Dichter zum Schweigen gebracht. Seit ihrer Erscheinung ist, so weit ich mich erinnere, keine wahre Tragödie an den Tag gekommen – denn Sie wissen, daß ich unsere bürgerlichen Trauerspiele ebenso wenig für Tragödien erkenne, als einen Roman für eine Epopée. Alle Gattungen haben ihren Wert; aber Erhabenheit des Inhalts, Erhabenheit der handelnden Personen, Erhabenheit der Sprache machen einen ebenso auffallenden Unterschied von einer Gattung zur andern, als der Unterschied zwischen dem *Kothurn*[97] und einem Postillons-Stiefel ist.
Zum Unglück muß man besorgen, daß das Verderbnis unsers Theaters noch lange anhalten wird. Nicht nur der Vorteil der Unternehmer – auch die Eitelkeit der Akteurs begünstiget das *Guckspiel*. Aus eben den Ursachen, aus welchen dem großen Haufen die Karikatur an einem Stücke gefällt, gefällt ihm auch die Karikatur am *Akteur*. Jeder nur halb geschickte Schauspieler, wenn er sich ein wenig auf *Grimmassieren*[98] versteht, wird als König *Lear*, *Hamlet* etc. etc. lärmenden Beifall erhalten. Man lasse den allerbesten in der Rolle eines gut geschilderten tragischen Helden, aus einem *gesitteten Zeitalter*, auftreten, so wird der große Haufen, der hier seine lieben Karikaturen vermisset, schweigen, und der Akteur mit einem *stillen* Beifalle sich begnügen müssen – weil man (wie Salomo vom *Lachen* sagt) den Beifall des Weisen nur sieht, nicht hört.[99] – Vielleicht könnte man leicht erweisen, daß unsre berühmtesten Schauspieler ihre Zelebrität bloß dem Guckspiele zu verdanken haben.
Bei allen diesen ungünstigen Umständen, mein Freund, müssen Sie an dem guten Glücke unsers Theaters noch nicht ganz verzweifeln. Noch leuchtet demselben – und zwar von *Wien* her – ein hoffnungsvolles Gestirn. *Joseph* selbst hat die von ganz Deutschland verlassene Theatermuse in Schutz genommen.[100] Man versichert mir, er habe seine Nationalbühne, auf welcher vor einigen Jahren noch Hanswurste und Bernardone[101] in die Wette schäkerten, bereits in die beste von Deutschland verwandelt. Ich zweifle gar nicht an der Beharr-

lichkeit dieses Monarchen, der voll guten Geschmackes, voll edler, deutscher Gesinnung ist. Wenn die Einsichten und Grundsätze der aufgestellten Direkteurs immerfort der guten Absicht des Monarchen entsprechen; wenn man dem Guck- und niedrigen Possenspiel alle möglichen Zugänge abschneidet, und durch ein paar Jahre mehr die Bildung des Geschmacks, mehr die Ehre der Nation als die *Theatral-Kasse* zum Augenmerk nimmt; wenn man unausgesetzt unsre fähigsten Köpfe zu Verfertigung *regelmäßiger* Stücke aufmuntert*: so wird Wien ganz gewiß unsern Nachkömmlingen als die Wiege des guten deutschen Theaters bekannt werden, und *Joseph* der einzige deutsche Fürst heißen, der sich um die Musen seines Vaterlands wesentliche Verdienste erworben hat.
Und hiemit also genug von diesem Artikel.
Ich komme zu dem Unterrichte, den der erhabne Verfasser den Lehrern und Professoren aller Wissenschaften, auf niedern und hohen Schulen, jedem insbesondere erteilet. – Doch was soll ich Ihnen hierüber sagen, mein Freund, um nicht mehr enthusiastischer Bewunderer als kaltblütiger Beurteiler zu scheinen? – Wie ist es möglich, sprach ich zu mir selbst, daß zwei Augen, die ungefähr so wie andere Augen gebildet sind, so vieles übersehen können? – Diese Überlegung erinnerte mich an den Ausspruch, welchen *Sulla*[102] über den jungen *Cäsar* machte: »In diesem Jünglinge stecken viele Marii[103]!« Der gute Sulla, dacht' ich, würde in keine kleine Verlegenheit geraten, wenn er uns alle die großen Männer nennen müßte, die nebst *Cäsarn* und den *Mariern* im *Friedrich* stecken. – Desto geschwinder hingegen würde *Lavater* mit der Antwort fertig sein, wenn man ihn fragte, in welchem Gesichtszuge *Friedrichs* ein jeder derselben stecke.[104]
Diesen Artikel will ich also lieber den Herren Professoren, die sich etwa darin betroffen finden, zu beantworten überlassen. Sie mögen ihre Klageschriften nach Belieben bei unserm

* Alle diese Bedingungen sind unerfüllt geblieben, und das hoffnungsvolle Gestirn ist seitdem gänzlich von unserm Horizont verschwunden.

literarischen Areopagus einreichen, auch allenfalls Friedrichs Ostrazismus[105] dort begehren; ich meines Orts eile zum Beschlusse meines ohnehin schon zu weitläuftigen Schreibens. Gewiß zu weitläuftig! da es nicht meine Absicht ist, Ihnen eine vollwichtige, gelehrte Abhandlung über diesen fruchtbaren Gegenstand vorzulegen. Ob meine flüchtigen Urteile des Papiers wert sind, das ich damit verschrieb, mögen Sie selbst untersuchen. So viel kann ich Ihnen versichern, daß sie unverfälschte Früchte meines Gefühls sind, und bin zufrieden, wenn Sie jetzt gegen das Werk »De la littérature allemande« weniger aufgebracht, und gegen den kindischen Nationalstolz vieler unserer Schriftsteller mehr auf Ihrer Hut sind. Die meisten europäischen Nationen haben die literarische Laufbahn früher betreten als wir; sie sind deshalb schuldig, auch früher an das Ziel zu kommen. Wo wir ihnen gleich sind, haben wir schon halb gesieget; nur müssen wir uns nicht mit der Hälfte des Sieges begnügen. Noch mehr sollten wir unsere Kräfte da anstrengen, wo wir wirklich zurücke sind. Da aber schädlicher Eigendünkel und falscher Geschmack seit einigen Jahren so sehr unter den deutschen Kindern des Apollo eingerissen sind, ist es ein Glück, daß ein Lehrmeister von so viel Ansehn und Nachdruck die Korrektion auf sich genommen hat. Müßten wir hingegen bemerken, daß (wie Sie besorgen) unsre Nachbarn über *Friedrichs* Aufdeckung unsre[r] Schwäche ihren Stolz zu sehr erhöhen wollten; so werden wir sie anfangs um gütige Nachsicht für unsre noch *unreife Jugend* bitten. Und sollte diese Nachgiebigkeit sie nicht billiger machen, so wollen wir sie insgesamt an ihr so merklich *abnehmendes Alter* erinnern. Wir werden unsere Philosophen zu Hülfe nehmen, und von denselben, unter andern Kleinigkeiten, beweisen lassen, daß Europa nicht nur die große Kenntnis des Weltsystems unserm *Kopernik*, sondern auch die unvergleichliche Entdekkung des Gesetzes der *Gravitation* unserm *Kepler*, nicht *Newtonen*, schuldig ist. Wir werden uns öffentlich lustig machen über das Geschichtchen vom Falle eines Apfels, welcher Newtonen zur Entdeckung der Attraktion oder Gravitation Anlaß gegeben haben soll, da er doch diese Entdeckung in Keplers Schriften ganz – obgleich unrecht erklärt – mußte gefunden haben; und werden dann, mit allen Lachern auf unsrer Seite, behaupten können, daß das Geschichtchen vom Apfel nichts als eine Erfindung des Stolzes gewesen sei, wodurch er Keplern den Ruhm der Entdeckung entziehen und sich aneignen wollte, wie er sich die Leibnizische Erfindung der Differential-Rechnung angeeignet hat. Wir werden unsre stolzen Nachbarn auffodern, ihre *Mengse*[106] und *Rubens*, ihre *Pichler*[107] und *Wille*[108] in der bildenden Kunst, und ihre *Händel*, *Hasse*[109], *Gluck* und *Haydn* in der Musik auf den Kampfplatz zu schicken: und wäre das alles nicht hinreichend, ihre Eitelkeit zu demütigen, so wollen wir unsere ganze Kraft aufbieten, und ihnen *Friedrich den Zweiten* selbst nennen. Welche Nation, von den alten und neuern, kann einen *Gleichen* ihm entgegenstellen?

Kremsier 1780.

12

JUSTUS MÖSER

Über die deutsche Sprache und Literatur

(1781)

Edler lieber Freund!

Es liegt völlig in dem großen Plane Ihres Königs, daß er nun auch einen Blick auf unsre deutsche Literatur geworfen hat. Nachdem er sich an die vierzig Jahr damit beschäftiget, seinem Staatskörper Stärke und Fertigkeiten zu geben, und ihn gelehrt hatte, die größten Bewegungen mit der leichtesten

Mühe zu machen: so wagte er es in seinem Werke über die Vaterlandsliebe,[1] dieser Maschine ein Herz und eine Seele zu geben, und wie diese Schöpfung vorüber ist, kömmt er nun endlich auch zu den Wissenschaften, welche den Putz dieses zu allen Verrichtungen fähigen Körpers besorgen sollen. Andre Fürsten haben mit den letztern, weil sie mehr in die Augen spielen, angefangen, oder wo sie sich zuerst mit der Organisation ihres Staats befasset haben, diese so geschwind und gewaltsam betrieben, daß die besten Hebel darüber zersprungen sind. Er aber, ohnerachtet er früh die Musen liebte und von ihnen wiedergeliebt wurde, hat sich als ein weiser Hausvater lange bei dem Notwendigen und Nützlichen verweilet und den Putz nicht eher seiner Aufmerksamkeit wert geschätzt, als es die natürliche Ordnung erforderte.

Allein dieses scheint mir nicht in seinem Plane zu liegen, daß wir bei den Griechen, Lateinern und Franzosen zu Markte gehen und dasjenige von Fremden borgen oder kaufen sollen, was wir selbst daheim haben können. Hier vermisse ich den Hausvater, und Sie haben, meiner Meinung nach, recht zu fragen, ob wir nicht selbst unsre Eichen also ziehen können, daß sie den härtesten, höchsten und reinsten Stamm geben, ihre Krone hoch empor tragen, und so wenig in den Ästen sohren[2] als von Moose bekümmert werden; oder ob wir solche von einem französischen Kunstgärtner zustutzen und aufschnitzeln, und unsre Wälder in einen regulären Sternbusch verwandeln lassen sollen? mit andern Worten – ob wir nicht besser tun, unsre *Götze von Berlichingen*, so wie es die Zeit bringen wird, zu der ihrer Natur eignen Vollkommenheit aufzuziehen, als ganz zu verwerfen, oder sie mit allen Schönheiten einer fremden Nation zu verzieren.

Indessen bleibt es doch noch immer eine wichtige Frage, ob wir würklich eigne Gewächse haben, die eine Kultur verdienen, und ob unsre Art der Kultur der fremden vorzuziehen sei? Hieran hat der König natürlicherweise gezweifelt, weil er sonst ganz gewiß das Einheimische dem Auswärtigen vorgezogen haben würde; und hier bin ich in der Tat verlegner, als

Sie wohl glauben, ohnerachtet ich die veredelten Stauden unsers Bodens, welche *Jerusalem* dem Könige vorzählt,[3] mehr als einmal vor mir aufgestellet und betrachtet habe. Unsre Empfindungen sind das erste von allem, ihnen haben wir Gedanken und Ausdruck zu danken. Große Empfindungen aber können allein von großen Begebenheiten entstehen, die Gefahr macht Helden, und der Ozean hat tausend Waghälse, ehe das feste Land einen hat. Es müssen große Schwierigkeiten zu überwinden sein, wo große Empfindungen und Unternehmungen aus unserer Seele emporschießen sollen, und diese Überwindung muß der Ehre, der Liebe, der Rache und andern großen Leidenschaften durchaus notwendig sein, oder der Geist hebt sich nicht aus seinem gewöhnlichen Stande, die Seele umfaßt keine große Sphäre, und der Mensch bleibt das ordinäre Geschöpf, was wir täglich sehen und nach unsern gemeinen Regeln zu sehen wünschen. Dergleichen große Gelegenheiten, wo Schwierigkeiten zu übersteigen sind, finden sich aber bei uns Deutschen nicht. Der Staat geht unter der Wache stehender Heere maschinenmäßig seinen Gang, wir suchen die Ehre fast bloß im Dienste oder in der Gelehrsamkeit und nicht in Erreichung des höchsten Zwecks von beiden, unsre Schönen stimmen leichter zu ordentlichen als heroischen Empfindungen, und der Zweikampf, der sich immer noch glücklicherweise erhält, versöhnet den Rächer und wehret der meuchelmörderischen Wollust, welche die Rache erfinderisch und begeistert macht. Oder wo sich ja eine große Begebenheit, die das menschliche Geschlecht interessiert, zeigt: so wirkt sie auf uns so stark nicht wie auf andere Nationen. Die Geschichte des Müllers Arnold[4] würde in Frankreich alle Parlamenter und in England alle Parteien, die vor und wider den König sind, in Bewegung gesetzt haben. Aber in Deutschland hat man sie sich als eine frohe Neuigkeit erzählet; keiner hat die Gefahr laut gerüget, welche dem Staate bevorsteht, worin die Rechtssachen im Cabinet untersuchet und entschieden werden, und nicht einmal ein Schmeichler hat es gewagt zu sagen, daß es ein dem Könige zum ersten und einzigen Male entschlüpfter Donnerkeil sei, der aber, indem er eine große Veränderung in der Justizverwaltung nach sich gezogen, einen Fels gespalten und eine Goldmine bloß geleget habe.

Unsre Empfindungen sind nicht zu der feinen Rachsucht gestimmt, welche in *Lessings Emilie* tönt, und wir haben höchstens nur Vaterstädte und ein gelehrtes Vaterland, was wir als Bürger oder als Gelehrte lieben. Für die Erhaltung des deutschen Reichssystems stürzt sich bei uns kein *Curtius* in den Abgrund.[5]

Wenn wir aber so wenig große Begebenheiten haben, als mit der gehörigen Lebhaftigkeit empfinden, wie wollen wir denn zu der Höhe der Gedanken und des Ausdrucks gelangen, welche andre Nationen auszeichnet? kann die schlaffe Seele eben das was die hochgespannte würken? und müssen wir nicht, da wir kein einziges großes Interesse weder im Staate noch in der Liebe haben, bei unserm beständig kalten Blute für das Wagstück schaudern, was dem Manne auf dem Ozean keine einzige Überlegung kostet? O es war ein großer Gedanke von *Mengs*[6]: »Raphael kann in der Kunst übertroffen werden, aber keiner wird wie Raphael empfinden«; und nach demselben sage ich: einige Deutsche können vielleicht dem Italiener an Feinheit, dem Spanier an Edelmut, dem Engländer an Freiheitsstolz, was die Kunst oder den Ausdruck angeht, gleichkommen. Aber im allgemeinen geredet, wird keiner von ihnen das wahre feine Gefühl des Italieners, keiner die edle Liebe des Spaniers, keiner die Begeisterung für Freiheit und Eigentum eines Engländers damit verbinden. Keiner wird in allen so *wahr* empfinden, denken, harren, schwärmen oder rasen als die Nationen, welche durch würkliche Umstände genötiget werden, ihre höchste Empfindung hervorzupressen und auszudrücken; und ohne *Wahrheit* ist keine vollkommene Größe, so wenig in der Musik als in der Malerei, und in andern schönen Wissenschaften. Mit derselben aber sind auch Concetti[7] unterweilen erträglich.

Ebenso denke ich von den Franzosen, die wie die Deutschen

alle Töne zum Teil glücklich versuchen, aber nie wahre Engländer an Größe, nie wahre Italiener an Feinheit, und nie wahre Spanier in hoher Liebe werden; bloß in der Vaterlandsliebe haben sie vor uns natürliche Vorteile und Vorzüge. So wie die ersten beiden Nationen auf der Landkarte zwischen den andern liegen: so liegen sie auch auf der Karte der Empfindungen; und beide sind nur in ihrer Manier, wie sie sich jenen äußersten Nationen in der Sphäre der Empfindung nähern, unterschieden; der Franzose mit einem leichten, der Deutsche mit einem gemessenen Schritte. Der erste geht auf dem Wege zur Verschönerung, der andre auf dem zur Richtigkeit über die Grenzen der großen Empfindungen hinaus, die bloß wahr ausgedrückt, und so wenig verschönert, als in jeder einzelnen Partie mit einer kleinlichten Genauigkeit vorgetragen sein wollen.

Jedoch dieses beiseite, und immer vorausgesetzt, daß unser Klima, so gut als andre, seine eignen Früchte habe, die zu unsern Bedürfnissen wie zu unserm Vergnügen vorzüglich bestimmet sind: so deucht mich, daß wir allemal am sichersten handeln, solche so gut als möglich zu erzielen, und wenn wir diesen Zweck erhalten: so müssen sie auch in ihrer Art schön und groß werden; denn alles in der Welt ist doch nur relativ schön und groß, und die Eichel geht in ihrem Rechte vor der Olive. Das von dem Könige so sehr heruntergesetzte Stück »Götz von Berlichingen« ist immer ein edles und schönes Produkt unsers Bodens, es hat recht vielen geschmeckt, und ich sehe nicht ab, warum wir dergleichen nicht ferner ziehen sollen; die höchste Vollkommenheit wird vielleicht durch längere Kultur kommen. Alles, was der König daran auszusetzen hat, besteht darin, daß es eine Frucht sei, die ihm den Gaumen zusammengezogen habe, und welche er auf seiner Tafel nicht verlange. Aber das entscheidet ihren Wert noch nicht. Der Zungen, welche an Ananas gewöhnt sind, wird hoffentlich in unserm Vaterlande eine geringe Zahl sein, und wenn von einem Volksstücke die Rede ist: so muß man den Geschmack der Hofleute beiseite setzen. Der beste

Gesang für unsre Nation ist unstreitig ein Bardiet[8], der sie zur Verteidigung ihres Vaterlandes in die Schlacht singt, der beste Tanz, der sie auf die Batterie[9] führt, und das beste Schauspiel, was ihnen hohen Mut gibt; nicht aber, was dem schwachen Ausschusse des Menschengeschlechts seine leeren Stunden vertreibt, oder das Herz einer Hofdame schmelzen macht. Jenes ist gewiß der Vorteil, den der König von allen schönen Wissenschaften fordert, und welchen *Sulzer*[10] als den einzigen und würdigsten von ihnen betrachtete; es ist der Vorteil, den *Gleim*[11] in den »Liedern des Preußischen Grenadiers« so glücklich erreichte; und ich glaube, daß es der einzige wahre sei, den man für ein Volk, wie das deutsche ist, suchen müsse. Der entnervende Gesang, der wollüstige Tanz und die entzückenden oder bezaubernden Vorstellungen mögen Völkern gefallen, denen sie besser als uns dienen und bekommen; in denen aber auch der König nicht die Härte, nicht die Dauer und nicht das Herz seiner Grenadier finden wird. Hier kann ich es auf den Ausspruch seines eignen Ministers, des Herrn *von Hertzberg*[12], ankommen lassen.

Die wahre Ursache, warum Deutschland nach den Zeiten der Minnesinger wieder versunken, oder so lange in der Kultur seiner Sprache und der schönen Wissenschaften überhaupt zurückgeblieben ist, scheinet mir hauptsächlich darin zu liegen, daß wir immer von lateinisch gelehrten Männern erzogen sind, die unsre einheimischen Früchte verachteten und lieber italienische oder französische von mittelmäßiger Güte ziehen, als deutsche Art und Kunst zur Vollkommenheit bringen wollten; ohne zu bedenken, daß wir auf diese Weise nichts hervorbringen könnten, was jenen gefallen und uns Ehre bringen würde.

Sie zogen Zwergbäume und Spalierbäume und allerlei schöne Krüppel, die wir mit Strohmatten wider den Frost bedecken, mit Mauren an die Sonne zwingen, oder mit kostbaren Treibhäusern beim Leben erhalten mußten. Und einige unter uns waren töricht genug zu glauben, daß wir diese unsere halbreifen Früchte den Fremden, bei denen sie ursprünglich zu

Hause sind, als Seltenheiten zuschicken könnten; sie waren stolz genug zu denken, daß die Italiener mit uns in unsern in feuchter Luft gebaueten Grotten schaudern würden; sie, die *Geßners*[13] Schäferhütte allen unsern Kostbarkeiten von dieser Art vorziehen.

Schön und groß aber können unsre Produkte werden, wenn wir auf den Gründen fortbauen, welche *Klopstock*, *Goethe*, *Bürger* und andre neuern geleget haben. Alle können zwar noch in der Wahl der Früchte, welche sie zu bauen versucht, gefehlt, und das Gewählte nicht zur höchsten Vollkommenheit gebracht haben. Aber ihr Zweck ist die Veredlung einheimischer Produkte, und dieser verdient den dankbarsten Beifall der Nation, so wie er ihn auch würklich erhielt, ehe diese in ihrem herzlichen Genusse von den alten verwöhnten Liebhabern der auswärtigen Schönheiten gestöret, und durch den Ton der Herrn und Damen, die eine Pariser Pastete dem besten Stücke Rindfleisch vorziehen, stutzig gemacht wurden.

Goethens Absicht in seinem »Götz von Berlichingen« war gewiß, uns eine Sammlung von Gemälden aus dem Nationalleben unsrer Vorfahren zu geben, und uns zu zeigen, was wir hätten und was wir könnten, wenn wir einmal der artigen Kammerjungfern und der witzigen Bedienten auf der französisch-deutschen Bühne müde wären, und wie billig Veränderung suchten. Leicht hätte er dieser seiner Sammlung mit Hülfe einer nun fast zum Ekel gebrauchten Liebesgeschichte das Verdienst der drei Einheiten geben und sie in eine Handlung flechten können, die sich angefangen, verwickelt und aufgelöset hätte, wenn er aus dem einen Stücke drei gemacht und diejenigen Gemälde zusammengeordnet hätte, welche sich zu jeder Handlung schickten und sich mit Zeit und Ort vertrugen. Allein er wollte jetzt einzelne Partien malen, und diese stehen zusammen wie die Gemälde vieler großen Landschaftsmaler, ohne daß die Galerie, worin sie sich befinden, gerade eine Epopée ist.

Daneben sollten diese Partien wahre einheimische Volksstücke sein, er wählte dazu ritterliche, ländliche und bürgerliche Handlungen einer Zeit, worin die Nation noch Original war, und der alte Ritter den jungen, wie der alte Kanzler den jungen Kanzler ohne fremde gelehrte Hülfe erzogen hatte. Und da ihm gewiß niemand vorwerfen kann, daß er unrichtig gezeichnet, das Kolorit vernachlässiget, oder wider das Costume gefehlet habe: so behandelt man ihn wider seine Absicht, wenn man ihn darum verdammt, daß er nicht bloß für den Hof gearbeitet, und keine Epopée, oder kein reguläres Ganze geliefert hat. Die Wahl seiner Partien würde auch immer gut geblieben sein, wenn es einige seiner Nachfolger, die alle sieben Theater von Neapel, welche für sieben unterschiedne Klassen der Nation eröffnet werden, in ein einziges zusammenziehen, und Hofleute und Lazzaroni[14] mit einerlei Kost vergnügen wollten, nicht gar zu bunt gemacht hätten.[15] Hieran aber ist *Goethe* unschuldig, ob er gleich noch vieles gegen diejenigen zu sagen haben möchte, die aus einem übertriebenen Ekel gar nichts Nacktes leiden, und die schönste Venus nicht anders als unter der Decke wissen wollen.

Jedoch ich will den Tadel des Königs, soweit er uns allgemein trifft, einmal als richtig annehmen, und ihn also ausdrücken, daß wir Deutsche in der Wahl der Partien, die wir dem Auge oder dem Ohre dargestellet haben, zu wenig Geschmack bewiesen, und auch diese so wunderlich und abenteuerlich zusammengestellet haben, wie es *Shakespeare*, nach dem Urteile des *Herrn von Voltaire*, getan haben soll;[16] ich will einmal zugeben, daß wir noch kein einziges Stück haben, was mit den Meisterstücken eines *Corneille* oder *Voltaire*, die nicht leicht jemand höher schätzen kann, als ich sie selbst schätze, verglichen werden könnte: so kömmt es doch noch immer auf die Frage an, ob wir auf unserm Wege, oder auf demjenigen, welchen andre Nationen erwählet haben, fortgehen dürfen, um das Ziel der Vollkommenheit zu erreichen, was die Natur für uns bestimmt hat?

Der Weg, welchen die Italiener und Franzosen erwählt haben, ist dieser, daß sie zu sehr der Schönheit geopfert, sich

davon hohe Ideale gemacht und nun alles verworfen haben, was sich nicht sogleich dazu schicken wollte; hierüber ist bei ihnen die dichterische Natur verarmt, und die Mannigfaltigkeit verloren gegangen. Der Deutsche hingegen hat, wie der Engländer, die Mannigfaltigkeit der höchsten Schönheit vorgezogen und lieber ein plattes Gesicht mitunter als lauter Habichtsnasen malen wollen.
Man sieht die Verschiedenheit der Wege, worauf diese Nationen zum Tempel des Geschmacks gegangen sind, nicht deutlicher, als wenn man den »Tod Cäsars«, so wie ihn *Shakespeare* und *Voltaire* uns gegeben haben,[17] nebeneinander stellet; *Voltaire* sagt es ausdrücklich, und man sieht es auch leicht, daß er ihn durchaus dem Engländer abgeborget und nur dasjenige weggelassen habe, was sich mit den Regeln eines guten Trauerspiels und der französischen Bühne nicht vereinigen ließe. Hier sieht man beim *Shakespeare* ein aufgebrachtes Volk, bei dem alle Muskeln in Bewegung sind, dem die Lippen zittern, die Backen schwellen, die Augen funkeln und die Lungen schäumen; ein bitters, böses, wildes und wütendes Volk, und einen hämischen Kerl mitunter, welcher dem armen Cinna, der ihm zuruft, er sei nicht Cinna, der Mörder Cäsars, sondern Cinna, der Dichter, seiner elenden Verse halber das Herz aus dem Leibe reißen will – und diese Löwen, Tiger und Affen führt Antonius mit der Macht seiner Beredsamkeit gerade gegen die Mörder Cäsars, zu deren Unterstützung sie sich versammlet hatten. Was tut nun *Voltaire*? Er wischt alle diese starken Züge aus, und gibt uns ein glattes schönes glänzendes Bild, was in dieser Kunst nicht seinesgleichen hat, aber nun gerade von allem dem nichts ist, was es sein sollte.
Wollen Sie die Sache noch deutlicher haben: so vergleichen Sie, mein Freund! einen englischen und französischen Garten. In jenem finden Sie eben wie in *Shakespeares* Stücken Tempel, Grotten, Klausen, Dickichte, Riesensteine, Grabhügel, Ruinen, Felsenhöhlen, Wälder, Wiesen, Weiden, Dorfschaften und unendliche Mannigfaltigkeiten, wie in

Gottes Schöpfung durcheinander vermischt, in diesem hingegen schöne gerade Gänge, geschorne Hecken, herrliche schöne Obstbäume paarweise geordnet oder künstlich gebogen, Blumenbeete wie Blumen gestaltet, Lusthäuser im feinsten Geschmack – und das alles so regelmäßig geordnet, daß man beim Aufundniedergehen sogleich alle Einteilungen mit wenigen Linien abzeichnen kann, und mit jedem Schritte auf die Einheit stößt, welche diese wenigen Schönheiten zu einem Ganzen vereiniget. Der englische Gärtner will lieber zur Wildnis übergehn, als mit dem Franzosen in Berceaux und Charmillen[18] eingeschlossen sein. Fast ebenso verhalten sich die Italiener und Deutschen, außer daß jene sich in ihrer Art den Franzosen und diese den Engländern, ihren alten Brüdern, nähern und mehr Ordnung in die Sachen bringen.
Welcher von diesen beiden Wegen sollte nun aber wohl der beste sein, der Weg zur Einförmigkeit und Armut in der Kunst, welchen uns der Konventionswohlstand, der verfeinerte Geschmack und der sogenannte gute Ton zeigen, oder der Weg zur Mannigfaltigkeit, den uns der allmächtige Schöpfer eröffnet? Ich denke immer der letztere, ob er gleich zur Verwilderung führen kann. Denn es bleibt doch wohl eine unstreitige Wahrheit, daß tausend Mannigfaltigkeiten, zur Einheit gestimmt, mehr Würkung tun als eine Einheit, worin nur fünfe versammlet sind; und daß ein zweichöriges »Heilig« etc. von *Bach*[19] etwas ganz anders sei als die schönste Arie, diese mag noch so lieblich klingen.
Selbst die Macht, womit der Geschmack an den englischen Gärten jetzt ganz Europa überwältiget, kann uns lehren, daß der Weg zur Mannigfaltigkeit der wahre Weg zur Größe sei, und daß, wenn wir nicht ewig in dem Ton der Galanterie, welcher zu Zeiten Ludewigs XIV. herrschte, bleiben wollen, wir notwendig einmal zur mannigfaltigen Natur wieder zurückkehren, aus dieser von neuen schöpfen, und eine größere Menge von Naturalien als bisher zu vereinigen suchen müssen; oder unsre Stücke werden zuletzt so fein und niedlich werden wie eine Erzählung von *Marmontel*[20], in der man

mit einem Blicke den Faden sehen kann, wodurch sie zusammengehalten wird. Die Franzosen, welche vor einiger Zeit *Shakespeares* Werke in ihre Sprache übertrugen, fühlten den Fehler lebhaft, und wollten lieber von ihren Mitbuhlern borgen, als ewig Schüler ihrer tyrannischen Meister bleiben, die, um den Ruhm ihrer Werke zu verewigen, alle ihre Nachkommen in der Kunst zu entmannen suchen.

Unser bisheriger geringer Fortgang auf diesem Wege darf uns aber nicht abhalten, ihn zu verfolgen. Viel weniger dürfen wir den andern nehmen, wo die verwöhnten Liebhaber alle andern schönen Bäume ausgerottet haben, um lauter Pfirschen zu essen. Was bei diesen Übermut und hoher Geist ist, würde bei uns Leichtsinnigkeit oder Schwachheit, oder Sprödigkeit einer Häßlichen sein. Ist es gleich schwerer, unter einer großen Menge zu wählen, und gewählte unzählbare Sachen zu einem großen Zwecke zu vereinigen, als einen einförmigen Kranz von Rosenknospen zu binden: so ist auch die Würkung davon so viel größer, wenn die Wahl und Zusammenstellung wohl geraten ist; und was *Montesquieu*[21] und *Winckelmann*, zwei Männer, die ich gern zusammen setze, weil sie mir einerlei Größe und einerlei Fehler gehabt zu haben scheinen, aus unzählbaren Bruchstücken von ganz verschiedener Art und Zeit zusammengesetzt haben, wird immer ein Werk bleiben, welches der *Heyne*[22] eines jeden Jahrhunderts seiner Aufmerksamkeit und Verbesserung wert achten wird.

Und wo ist die *Einheit*, die der König und die Natur von jedem Kunstwerke erfordern, glücklicher und unter einer größern Menge von Mannigfaltigkeiten beachtet als eben in diesen Werken? Die Menge und Verschiedenheit der Gegenstände, welche in einem Kunstwerke zusammengestellet werden, ist also gewiß keine Hindernis ihrer Schönheit, ob diese gleich nicht von jedem Künstler überwunden werden kann; und es ist allezeit glaublich, daß es für die Stücke, welche in *Shakespeares* Manier gearbeitet werden, einen sehr hohen Vereinigungspunkt gebe, wenn wir gleich jetzt noch nicht hoch genug gestiegen sind, um ihn mit unsern sterblichen Augen zu erreichen. Die ganze Schöpfung ist gewiß zur Einheit gestimmt, und doch scheinet sie uns hie und da sehr wild, und noch wilder als ein englischer Garten zu sein. Aber freilich, was wir als *Eins* bewundern sollen, muß auch als *Eins* in unsern Gesichtskreis gestellet werden, und so dürfen wir den Vereinigungspunkt der Kunstwerke nicht so hoch legen, wie ihn der Schöpfer gelegt hat, oder wir schaffen nur Wildnisse. Indessen liegt doch die Einheit da, wo ein gotischer Turm mit prächtigen römischen Gebäuden, oder wo, wie im Wilhelmsbade[23] bei Hanau, die fürstliche Wohnung unter Ruinen, mit schönen Gebäuden und Partien glücklich zusammenstimmet, höher, als wo bloß eine Reihe schöner Häuser, und wenn es auch in der Hauptstadt wäre, eine gerade lange Gasse ausmacht. Der Weißestein[24] bei Kassel ist nach kühnern Regeln angelegt als eine römische Villa.

Außerdem aber hat das Nachahmen fremder Nationen leicht den innerlichen Fehler aller Kopeien, die man um deswillen geringer als ihre Originale schätzt, weil der Kopiist natürlicherweise immer mehr oder weniger ausdrückt, als der rechte Meister empfunden hat; es macht uns unwahr, und nichts schadet dem Fortgange der schönen Künste mehr als diese Unwahrheit, welche *Quintilian*[25] die Unredlichkeit nennet.

Wie sehr diese Unwahrheit schade, können wir nicht deutlicher als an unsern geistlichen Rednern sehen, die, indem sie göttliche Wahrheiten vortragen, dennoch nicht den Eindruck machen, welchen man davon erwarten könnte. Von diesen fordern wir gleich, sowie sie auftreten, eine heiligere Miene, einen feierlichern Anstand, einen ernsthaftern Ton und eine größere Salbung, als ihnen die Natur in ihren ersten Jahren geben kann. Nun müssen sie dieser Miene, diesem Anstande und diesem Tone gemäß reden; sie müssen ihren Ausdruck höher als ihre Empfindungen spannen, sie müssen ihren Werken mehrere Tugend leihen, als sie haben, um sie zu ihrem Vortrage zu stimmen – und dieses macht viele unter ihnen ihr ganzes Leben hindurch zu unwahren Rednern, die nie dasjenige würken, was ein *Claudius*[26], der nichts ausdrücket, als was er empfindet, und gerade in dieser aufrichtigen Übereinstimmung sein ganzes Verdienst setzt, unter uns würket. Andre unter ihnen haben sich daher der großen Beredsamkeit, worin das Herz des heiligen Paulus entbrannte, ganz enthalten, und dafür Gründlichkeit mit Simplizität verbunden. Ich glaube auch immer, daß wir Deutschen hiebei weniger wagen, als wenn wir mit den *Fléchiers*[27] und *Massillons*[28] die Harfe Davids[29] ergreifen, ohne den Geist Davids zu haben.

Wieland, den Deutschland jetzt als den Meister in der Kunst, die Schleichwege des menschlichen Herzens zu entblößen, und den wahren Gang unsrer Leidenschaften auf eine lehrreiche und angenehme Art vorzustellen, bewundert, schien mir in seinen ersten Versuchen ein unwahrer Dichter; seine Rede glühete mehr und sein Kolorit war weit lebhafter als seine Empfindung; oder diese war, wie es der Jugend gewöhnlich ist, nicht hinlänglich genährt und gesättiget. Daher lieset man seine ersten Gedichte nicht mehr so gern wie seine spätern. Allein mit den Jahren wie mit dem Genusse ward seine Empfindung mächtig; nun ward ihm die Sprache oft zu enge, die volle Empfindung quoll über den Ausdruck, und man sahe in seinen späten Werken immer mehr Schönheit, als ihm die Sprache zu zeigen verstattete.

Wahrscheinlich ist es auch nicht, daß wir uns so ganz in die Empfindung unsrer Nachbaren versetzen werden. So wie diese andre Bedürfnisse haben, so ist ihnen auch dieses und jenes weit angelegener als uns. Die Spanierin höret eine Serenade mit einer ganz andern Entzückung als eine Deutsche; die Schönheit des Sonetts, was der Italiener als das wahre Ebenmaß einer Grazie mit Recht bewundert, ist in Deutschland nie gehörig empfunden, und das Meisterstück von *Filicaja*[30] würde den mehrsten unter uns unbekannt geblieben sein, wenn es ihnen *Richardson*[31] nicht gezeiget hätte. Die französische Bühne steht mit der Nationalerziehung in dem richtigsten Verhältnisse; und indem der Deutsche schreiben muß, um Professor zu werden, geht der Engländer zur See, um Erfahrungen zu sammlen. Ohne nun in den nämlichen Verhältnissen zu stehen und die Bedürfnisse zu fühlen, welche die Spanierin lauschen macht, und den Sinn des Italieners fürs Ebenmaß in Bewegung setzt, werden wir nie wie sie empfinden, und so können auch ihre Ausdrücke und Tropen[32] bei uns nie den Grad der Wahrheit erhalten, den sie in ihrem wahren Vaterlande haben. Selbst ein Mensch kann sich nicht des andern Worte so zueignen, daß sie in seinem Munde die Wahrheit haben, womit der andre sie vorbringt. Wie Ihr König ehedem bei einer Menge trauriger Nachrichten sagte: »Que cela fait perdre courage!«[33], und mit Wärme hinzusetzte: »Il faut que nous redoublions maintenant nos efforts«[34]: so ist niemand imstande, ihm dieses mit dem Grade der Wahrheit und der Empfindung nachzusprechen, womit er es selbst hervorgebracht hat. Der schöne Übergang des Abbé *Coyer*, womit er die Erzählung dessen, was an dem Tage nach dem Entsatze von Wien vorgefallen ist, anfängt: »Le lendemain d'une victoire est encore un beau jour«[35], wird nicht leicht irgendwo wahrer als auf dieser Stelle sein, wo die rettenden Fürsten in hoher Freude den Dank der Geretteten annehmen, erhaltene Freunde einander am Halse hangen, und jedermann in Erkenntlichkeits- und Freudentränen zerfließt.

Meiner Meinung nach müssen wir also durchaus mehr aus uns selbst und aus unserm Boden ziehen, als wir bisher getan haben, und die Kunst unsrer Nachbaren höchstens nur insoweit nutzen, als sie zur Verbesserung unsrer eigentümlichen Güter und ihrer Kultur dienet. Wir müssen es wie *Rousseau* machen, der alle Regeln und Gesetze seiner Zeit um sich herum stehen oder fallen ließ, um aus sich selbst zu schöpfen und seine Empfindungen allein auszudrücken; oder wie *Klopstock*, der nicht erst den *Milton* las, um seinen »Messias« zu bilden.

Zwar können wir auf diese Weise leicht auf Irrwege geraten. Denn indem wir tief in uns zurückgehen und was wir also empfinden, ausdrücken, verlassen wir einen Pfad, welchen auch schon Meister vor uns geebnet haben, und geraten leicht auf Verhältnisse, die wir hernach mit der Rechnung nicht bezwingen können; oder wir folgen, wie *Goethe* in »Werthers Leiden«, bloß der erhöheten Empfindung, und opfern die logische Wahrheit der ästhetischen auf. Allein wir bringen doch damit eigne edle Erze zutage, und es werden sich dann auch Philosophen unter uns finden, welche sie prüfen, läutern und zu großen Werken verarbeiten werden.

Ich will jedoch hiemit gar nicht sagen, daß wir uns nicht auch fremdes Gut zunutze machen sollen. Wir müßten unsern *Hagedorn*[36], der mit so vielem Fleiße als Erfolge nach den größten Meistern unsrer Nachbaren studieret und ihre schönsten Früchte bei uns einheimisch gemacht und veredelt hat, nicht lieben; wir müßten undankbar gegen *Gleim*, *Ramler*[37] und die *Karschin*[38] sein, welche deutsches Gut mit römischer Kunst bearbeitet und unserer Sprache neue Kraft verschaffet haben; wir müßten unsern geliebten *Gellert*, der in seiner schönen und kunstvollen Nachlässigkeit seine Meister übertroffen hat, vergessen haben, wenn wir dieses tun wollten. Mein Wunsch ist nur, daß wir uns von dem Könige nicht so einzig an die großen Ausländer verweisen lassen und unsern Götzen von Berlichingen sogleich mit Verachtung begegnen sollen. Auch die *Klinger*, die *Lenze* und die *Wagner* zeigten in einzelnen Teilen eine Stärke wie Herkules, ob sie sich gleich auch wie dieser zuerst mit einer schmutzigen Arbeit beschäftigten, und vielleicht zu früh für deutsche Kunst und ihren Ruhm versturben. Und es bedürfte nur noch eines *Lessings*, um den deutschen Produkten diejenige Vollkommenheit zu geben, die sie erreichen und womit sie der Nation gefallen können.

Nun noch ein Wort von unsrer Sprache, die der König der französischen so sehr nachsetzt, und ihr bald Armut und bald Übellaut vorrückt. Sie ist, so sehr sie sich auch seit *Gottscheds*

Zeiten bereichert hat, ich gestehe es, in manchen Betracht noch immer arm; aber das ist der Fehler aller Buchsprachen, und am mehrsten der französischen, die wiederum so sehr gereiniget, verfeinert und verschönert ist, daß man kaum ein mächtiges, rohes oder schnurriges Bild darin ausdrücken kann, ohne wider ihren Wohlstand zu sündigen. Die englische Sprache ist die einzige, die wie die Nation nichts scheuet, sondern alles angreifet, und gewiß nicht aus einer gar zu strengen Keuschheit schwindsüchtig geworden ist, sie ist aber auch die einzige Volkssprache, welche in Europa geschrieben wird, und ein auf den Thron erhobener Provinzialdialekt, der auf seinem eignen fetten Boden steht, nicht aber, wie unsre Buchsprachen, auf der Tenne dörret. Alle andre Buchsprachen sind bloße Konventionssprachen des Hofes oder der Gelehrten, und das Deutsche, was wir schreiben, ist so wenig der Meißner als der Franken Volkssprache, sondern eine Auswahl von Ausdrücken, so viel wir davon zum Vortrage der Wahrheiten in Büchern nötig gehabt haben; so wie neue Wahrheiten darin zum Vortrag gekommen sind, hat sie sich erweitert, und ihre große Erweiterung seit *Gottscheds* Zeiten ist ein sicherer Beweis, daß mehrere Wahrheiten in den gelehrten Umlauf gekommen sind.

Unstreitig hat die französische Buchsprache frühere Reichtümer gehabt als die unsrige. So wie diese Nation früher üppig geworden ist als die unsrige, so hat sie sich auch früher mit feinern Empfindungen und Untersuchungen abgegeben. Wie der Deutsche noch einen starken tapfern und brauchbaren Kerl für tüchtig, oder, nach unserer Buchsprache, für tugendhaft hielt, und dessen Herz nicht weiter untersuchte, als es seine eigne Sicherheit erforderte, fing *Montaigne*[39] schon an, über den innern Gehalt der Tugenden seines Nächsten zu grübeln, und diese um so viel geringer zu würdigen, als Eitelkeit und Stolz zur feinen Mark genommen waren. Dieses ist der natürliche Gang der Üppigkeit der Seele, die ihre Muße zu sanftern und feinern Empfindungen verwendet, und damit auch zu feinern Maßen und Ausdrücken gelangt als der rohe

Wohlstand, der alles mit Gesundheit verzehret, und die feinern Künste des Kochs glücklich entbehret.
Indessen möchte ich doch nicht sagen, daß wir jetzt noch so sehr weit zurück wären, wenn wir gleich alle Nuancen des Ridikülen nicht ausdrücken, und für jede verschiedene Mischung der menschlichen Tugenden und Laster nicht alle die eigentlichen Zeichen haben, deren sich die Franzosen, von *Montaigne* bis *Saint-Evremont*[40], und von diesem bis zum *Marmontel*, aus einer unglücklichen Bedürfnis, würde *Rousseau* hinzusetzen, bedienet haben. Keine Sprache hat sich vielleicht so sehr zu ihrem Vorteile verändert als die unsrige; nichts war armseliger als unsre komische Sprache, außer dem Hanswurst war keiner auf der Bühne, der einen komischen Ton hatte, und das Volk liebte diesen, weil es von ihm wahre Volkssprache hörte; alle andre redeten in der Buchsprache, der unbequemsten zum Sprechen unter allen, oder ihre Rolle gestattete ihnen nicht, sich der Volkssprache zu bedienen. *Lessing* war der erste, der Provinzialwendungen und Wörter, wo es die Bedürfnisse erforderten, auf die glücklichste Art nationalisierte; ihm sind die *Wiener* gefolgt, und seitdem uns *Goethe* in der Sprache auf dasjenige, was *Cicero* »Romanos veteres ac urbanos sales« und »veteris leporis vestigia« nennet,[41] zurückgeführet hat, damit wir nicht zuletzt lauter Buchsprache reden möchten, hat jedermann unsern ehmaligen Mangel empfunden, und ihm jetzt mit hellem Haufen zu begegnen gesucht, so daß wir nunmehro wohl hoffen dürfen, bald eine Sprache zu haben, worin alle Mutwilligkeiten und Äffereien, deren sich der Mensch zum Ausdruck seiner Empfindungen und Leidenschaften bedient, dargestellet werden können. Doch ich will darauf nicht wetten, daß nicht viele, denen es schwer fällt, in deutscher Luft zu atmen, die französische der deutschen immer vorziehen werden.
Eine Dichtersprache hatten wir fast gar nicht, und wir würden auch nie eine erhalten haben, wenn *Gottsched* den tapfern Schweizern, die sich seiner Reinigung widersetzten, obgesie-

get hätte. *Haller* ward unser erster Dichter, und wie *Klopstock* kam, begriffen wir erst völlig, was die Engländer damit sagen wollen, wenn sie den Franzosen vorwerfen, daß sie nur eine Sprache zum Versemachen, nicht aber für die Dichtkunst hätten. Auch wir hatten vor *Hallern* nur Versemacher, und vor *Gleimen* keinen Liebesdichter. Wie sehr und wie geschwind hat sich aber nicht unsre Dichtersprache mit diesen ihren ersten Meistern gebessert? Und welche Dichtungsart ist übrig geblieben, wozu sie sich nicht auf eine anständige Art bequemet hat?

In der Kunstsprache haben wir, seitdem *Winckelmann*, *Wieland*, *Lavater* und *Sulzer* geschrieben haben, uns nicht allein alles eigen gemacht, was die Ausländer Eignes hatten, sondern auch vieles auf unserm Boden gezogen. Und die Verfasser verschiedener empfindsamen Romane haben in einzelnen Partien gezeigt, daß unsre Sprache auch zum wahren Rührenden geschickt sei, und besonders das stille Große sowohl als das volle Sanfte auf das mächtigste darstellen könne. Wie stark, wie rührend, wie edel ist nicht die Sprache *Woldemars*[42]? was fehlt dem gedämpften Ausdruck der Empfindung in der Nacht beim Gewitter, welche uns die »Klostergeschichte«[43] fühlen läßt, und wie vieles haben nicht andre, die ich hier nicht alle nennen kann, in dieser Art geleistet, wenn man bloß die Sprache betrachtet, und von der Erfindung wie von dem Zwecke wegsieht? Unsre Rednersprache hat zwar keine große Muster geliefert, weil es ihr an großen Gelegenheiten gefehlt hat; aber sie ist hinlänglich vorbereitet und wird keinen empfindenden und denkenden Mann leicht im Stiche lassen. Die philosophische Sprache ist, seitdem sie aus *Leibnizens* und *Wolffens*[44] Händen kam, unendlich empfänglicher und fähiger geworden, alles zu bestimmen und deutlich zu ordnen, und unser historischer Stil hat sich in dem Verhältnis gebessert, als sich der preußische Name ausgezeichnet, und uns unsre eigne Geschichte wichtiger und werter gemacht hat. Wenn wir erst mehr Nationalinteresse erhalten, werden wir die Begebenheiten auch mächtiger empfinden und fruchtbarer ausdrücken. Bis dahin aber wird die Geschichte, nach dem Wunsche *Millers*, höchstens ein Urkundenbuch zur Sittenlehre, und ihre Sprache natürlicherweise erbaulicher oder gelehrter Vortrag bleiben, der uns unterrichtet, aber nicht umsonst begeistert; insofern wir nicht auch, nachdem wir wie die Franzosen alle Arten von Romanen erschöpfet haben werden, die ernsthafte Muse der Geschichte zur Dienerin unsrer Üppigkeit erniedrigen wollen.

Alle diese glücklichen Veränderungen sind aber während der Regierung des Königs vorgefallen, wie er schon seinen Vorgeschmack nach den bessern Mustern andrer Nationen gebildet hatte und in unsrer Sprache vielleicht nur Memorialien[45] und Dekrete zu lesen bekam. Er hatte nachher *Voltairen* um sich, einen Mann, der durch die Großheit seiner Empfindungen und seiner Manier alles um sich herum und seine eigenen Fehler verdunkelte; er liebte *Algarotti*[46], den feinsten und nettesten Denker seiner Zeit, er zog die wenigen großen Leute, welche Frankreich hatte, an sich, und unter den deutschen Gelehrten fand sich noch kein *Dalberg*[47], kein *Fürstenberg*[48], der auf die Ehre, welche er dem ausländischen Verdienste gab, Anspruch machen konnte. Hiezu kömmt, daß seine Gedanken über die deutsche Literatur und Sprache wahrscheinlich weit früher niedergeschrieben als gedruckt sind; und so ist es kein Wunder, wenn sie unsrer neuen Literatur keine Gerechtigkeit haben widerfahren lassen.

Und doch glaube ich nicht zu viel zu wagen, wenn ich behaupte, daß der König selbst, da wo er sich als Deutscher zeigt, wo Kopf und Herz zu großen Zwecken mächtig und dauerhaft arbeiten, größer ist, als wo er mit den Ausländern um den Preis in ihren Künsten wetteifert. In seiner »Instruction pour ses généraux«[49] ist er mir wenigstens mehr als *Cäsar*, durch den Geist und die Ordnung, womit er viele verwickelte Fälle auf wenige einfache Regeln zurückbringt; in seinen vertrauten Briefen, die er bei schweren Vorfällen geschrieben hat, finde ich deutsche Kraft und Dauer, in seiner Abhandlung über die Vaterlandsliebe den systematischen

Geist der Deutschen, und in seinen Gedanken über unsre Literatur ein edles deutsches Herz, das nicht spotten, sondern würklich nützen und bessern will. Da hingegen, wo es auf Verzierungen ankommt, sehe ich in seinen Schriften oft die Manier des fremden Meisters, und es geht mir als einem Deutschen nahe, ihn, der in allen übrigen ihr Meister ist, und auch in deutscher Art und Kunst unser aller Meister sein könnte, hinter *Voltairen* zu erblicken.
Schließlich muß ich Ihnen, liebster Freund, noch sagen, wie es mir an vielen von unsern Deutschen nicht gefalle, daß sie den Ausländern zu wenig Gerechtigkeit widerfahren lassen. Ich denke in diesem Stücke wie *Pinto*: »Alle Nationen können handeln und reich werden, ohne daß sie nötig haben, sich einander zu schaden«[50]; und alle Nationen können in der Art ihrer Literatur groß werden, ohne daß sie ihre *Mitminner*[51] zu verachten brauchen.

13

JOHANN WOLFGANG VON GOETHE

Reaktion auf Friedrichs II. Schrift über die deutsche Literatur

Brief Johann Gottfried Herders an Johann Georg Hamann

(1781)

[...] Ich weiß nicht, ob ich Ihnen schon gemeldet habe, daß Goethe ein Gespräch »in einem Wirtshause zu Frankfurt, an der table d'hôte[1]« geschrieben hat, wo ein Deutscher u[nd] Franzose sich über des Königs Schrift »Sur la littérature allemande« besprechen?[2] Er hat's mir zu lesen gegeben, u[nd] es sind einzelne schöne Gedanken drin; das Ganze aber hat mir nicht gnuggetan u[nd] die Einfassung nicht gefallen. Er will's französisch übersetzen lassen u[nd] so herausgeben, wo es sich aber nicht ausnehmen wird. [...]

Brief von Jenny von Voigts, geb. Möser[3], an Goethe

(1781)

Teuerster Herr Geheimerrat!

Sie hätten nach meiner vormaligen Antwort wohl nicht gedacht, daß mein alter Vater noch Ihr Verteidiger werden und Ihre Sache gegen den großen Friedrich aufnehmen würde. Allein so sehr er dem Könige sein Urteil zugute hielt, so sehr ärgerte er sich über das Nachbeten solcher Leute, die unendlich weniger als der König zu besorgen und unendlich mehr Zeit hatten, ihre Lektion zu studieren. Und im Eifer warf er seine Gedanken aufs Papier, das ich hiebei überschicke. Er ist selbst nicht völlig mit seiner Arbeit zufrieden, weil seine Gesundheit ihm nicht erlaubte, das Feuer, womit er einsetzte, lange genug zu unterhalten. Indessen werden Sie seine Gesinnungen und seinen guten Willen daraus leicht erkennen, und was er in der Eile übergangen hat, hinzudenken. Ich wünsche, daß es Ihnen als ein Merkmal seiner wahren Hochachtung gefallen und zugleich diejenige in Ihrem Andenken erhalten möge, die in dem unbekanntesten Winkel des Erdbodens beharrt – [...]

Brief an Jenny von Voigts

(1781)

Ihr Brief ist mir wie viele Stimmen gewesen, und hat mir gar einen angenehmen Eindruck gemacht. Denn wenn man in einer stillen Geschäftigkeit fortlebt, und nur mit dem Nächsten und Alltäglichen zu tun hat, so verliert man die Empfindung des Abwesenden, man kann sich kaum überreden, daß im Fernen unser Andenken noch fortwährt, und daß gewisse Töne voriger Zeit nachklingen. Ihr Brief und die Schrift Ihres Herrn Vaters versichert mich eines angenehmen Gegenteils. Es ist gar löblich von dem alten Patriarchen, daß er sein Volk auch vor der Welt und ihren Großen bekennet, denn er hat uns doch eigentlich in dieses Land gelockt,[4] und uns weitere Gegenden mit dem Finger gezeigt, als zu durchstreichen erlaubt werden wollte. Wie oft hab' ich bei meinen Versuchen gedacht, was möchte wohl dabei Möser denken oder sagen. Sein richtiges Gefühl hat ihm nicht erlaubt, bei diesem Anlasse zu schweigen, denn wer aufs Publikum wirken will, muß ihm gewisse Sachen wiederholen, und verrückte Gesichtspunkte wieder zurechtstellen. Die Menschen sind so gemacht, daß sie gern durch einen Tubus[5] sehen, und wenn er nach ihren Augen richtig gestellt ist, ihn loben und preisen, verschiebt ein anderer den Brennpunkt, und die Gegenstände erscheinen ihnen trüblich, so werden sie irre, und wenn sie auch das Rohr nicht verachten, so wissen sie sich's doch selbst nicht wieder zurecht zu bringen, es wird ihnen unheimlich, und sie lassen es lieber stehen.

Auch diesmal hat Ihr Herr Vater wieder als ein reicher Mann gehandelt, der jemand auf ein Butterbrot einlädt, und ihm dazu einen Tisch auserlesener Gerichte vorstellt. Er hat bei diesem Anlasse so viel verwandte und weit herumliegende Ideen rege gemacht, daß ihm jeder Deutsche, dem es um die gute Sache und um den Fortgang der angefangenen Bemühungen zu tun ist, danken muß. Was er von meinen Sachen sagt, dafür bleib' ich ihm verbunden, denn ich habe mir zum Gesetz gemacht, über mich selbst und das Meinige ein gewissenhaftes Stillschweigen zu beobachten. Ich unterschreibe besonders sehr gern, wenn er meine Schriften als Versuche ansieht, als Versuche in Rücksicht auf mich als Schriftsteller, und auch bezüglich auf das Jahrzehent, um nicht zu sagen Jahrhundert, unserer Literatur. Gewiß ist mir nie in den Sinn gekommen, irgendein Stück als Muster aufzustellen, oder eine Manier ausschließlich zu begünstigen, so wenig als individuelle Gesinnungen und Empfindungen zu lehren und auszubreiten. Sagen Sie Ihrem Herrn Vater ja, er soll versichert sein, daß ich mich noch täglich nach den besten Überlieferungen und nach der immer lebendigen Naturwahrheit zu bilden strebe, und daß ich mich von Versuch zu Versuch leiten lasse, demjenigen, was vor allen unsern Seelen als das Höchste schwebt, ob wir es gleich nie gesehen haben und nicht nennen können, handelnd und schreibend und lesend immer näher zu kommen. Wenn der König meines Stücks in Unehren erwähnt, ist es mir nichts Befremdendes. Ein Vielgewaltiger, der Menschen zu Tausenden mit einem eisernen Szepter führt, muß die Produktion eines freien und ungezogenen Knaben unerträglich finden. Überdies möchte ein billiger und toleranter Geschmack wohl keine auszeichnende Eigenschaft eines Königes sein, so wenig sie ihm, wenn er sie auch hätte, einen großen Namen erwerben würde, vielmehr dünkt mich, das Ausschließende zieme sich für das Große und Vornehme. Lassen Sie uns darüber ruhig sein, miteinander dem mannigfaltigen Wahren treu bleiben und allein das Schöne und Erhabene verehren, das auf dessen Gipfel steht. [...]

Brief an Johann Heinrich Merck[6]

(1781)

[. . .] Mein Gespräch über die deutsche Literatur will ich noch einmal durchgehen, wenn ich es von der Mutter zurückkriege. Ich hoffte dir, indem ich es schrieb, einiges Vergnügen zu machen. Mein Plan war, noch ein zweites Stück hinzuzufügen, denn die Materie ist ohne Grenzen. Nun ist aber die erste Lust vorbei, und ich habe darüber nichts mehr zu sagen. Es hätte sich kein Mensch über die Schrift des alten Königes gewundert, wenn man ihn kennte, wie er ist. Wenn das Publikum von einem Helden höret, der große Taten getan hat, so malt es sich ihn gleich, nach der Bequemlichkeit einer allgemeinen Vorstellung, fein hoch und wohlgebildet; eben so pflegt man auch einem Menschen, der sonst viel gewürkt hat, die Reinheit, Klarheit und Richtigkeit des Verstandes zuzuschreiben. Man pflegt sich ihn ohne Vorurteile, unterrichtet und gerecht zu denken. Dies ist der Fall mit dem Könige; und wie er in seinem verschabten blauen Rock und mit seiner bucklichten Gestalt große Taten getan hat, so hat er auch mit einer eigensinnigen, voreingenommenen, unrektifizierlichen Vorstellungsart die Welthändel nach seinem Sinne gezwungen. [. . .]

14

Zwei Rezensionen über Friedrichs Schrift

Hamburgische Neue Zeitung

(1781)

Die großen Verdienste unsrer Nation beinahe um alle und jede Teile der ernsthaften sowohl als schönen Wissenschaften sind nunmehr so ungezweifelt ausgemacht, wir haben fast in jeder Gattung so große Männer vom ersten Range aufzuweisen, daß auch die Stolzesten der Ausländer die Vorzüge der deutschen Literatur nicht zu leugnen wagen. Ihre besten Köpfe nützen die Erfindungen, Untersuchungen und Entdeckungen der Deutschen und erkennen dankbar ihren großen Wert. Schon längst hat man aufgehört, den Deutschen bloß den Ruhm eines eisernen Fleißes auf Kosten ihres Genies einzuräumen. Seit 1760 haben Franzosen, Engländer, Italiener, Holländer, Dänen und Russen gewetteifert, viele der besten Werke unsrer schönen Literatur in ihre Sprache zu übersetzen. Selbst in Paris und unter den schönen Geistern dieser Hauptstadt des Witzes und Geschmacks ward es vor etwa 15 Jahren zur Mode, Deutschlands Dichter zu erheben. Noch vor kurzem schrieb Bertola, ein Italiener von feinem Geschmack, seine »Idea della poesia allemanna« (Neapel 1779)[1] voll Enthusiasmus für unsre besten Dichter. – Diese anerkannten Verdienste unsrer Nation erhalten dadurch einen sehr lebhaften Glanz, daß wir Deutschen von hundert Fürsten auf hundertlei Weise beherrscht, worunter nur sehr wenige deutsche Literatur verstunden, schätzten, beförderten, von Fürsten beherrscht, die, uns zum Hohn, sich fremden Witzlingen überließen, daß wir dennoch fast ohne Aufmunterung, ohne Belohnung der Großen, ohne einen August und Ludwig XIV. es andern Nationen gleichgetan haben! Jedoch die Vorzüge unsrer Literatur denen zu beweisen, die daran zweifeln, müßte man ein Buch schreiben. Der großen Männer, die es schreiben könnten, solcher, die das weite Feld der Wissenschaften aller Zeiten und Völker, wie Friedrich seine Schlachtgefilde, mit Adlerblicken übersähen, gibt es in allen Jahrhunderten und bei allen Nationen nur sehr wenige. Diese sind aber zu sehr über eine solche Arbeit erhaben. Gegenwärtige kleine Schrift hat, wie man sagt, einen Mann von solchem großen Geiste zum Verfasser, den nur höhere Geschäfte hinderten, mit unsrer Literatur näher und unmittelbar bekanntzuwerden, dessen Lage zu erhaben war, als daß er alle die zerstreuten Gebiete der Wissenschaften, welche die Deutschen angebahnt und erweitert haben, genau hätte übersehen können; zu erhaben, als daß er ihren Umfang und den Grad der Kultur, den Deutsche ihnen gaben, mit dem, was andre Nationen taten, hätte vergleichen und abmessen können. Wenn man nun noch bedenkt, daß diese Abhandlung, wie verlautet, vor mehr als dreißig Jahren geschrieben ist[2] und vor kurzem nur beiläufig einige Zusätze erhalten hat: so wird man um desto eher ihrem Verfasser Gerechtigkeit widerfahren lassen. Zugleich bedenke man, daß eben unter der weisen Regierung des erhabnen Verfassers in seinen Landen das Licht der Philosophie weit herum Aufklärung verbreitet hat, daß Geschmack und Kritik von seiner Hauptstadt aus sehr sind befördert worden und daß seine Lande noch itzt mit Männern prangen, deren hervorstechende Verdienste um die Wissenschaften keinen Zweifel leiden. Dazu kömmt noch eine Betrachtung, die den leiten muß, der zu Beurteilung dieser Schrift berechtigt ist: Wie langsam das Licht, das von Thronen ausgehet, Völker zu erleuchten, auf dieselben zurückfällt. Nur selten oder doch spät gelangt die Wahrheit dahin. Auch ist sehr natürlich, daß die Mängel unserer Literatur (und die hat sie wie alle andre Literaturen) dem Auge stärker auffallen, das nichts als Vollkommenheit zu sehen wünscht. Da itzt fast in allen den vielen Provinzen Deutschlands so viel in den Wissenschaften gearbeitet wird, da die Schreibseligkeit und die Lesesucht ohne Auswahl im ganzen

genommen bei uns ein zu sehr herrschender Fehler ist: so können viele vortreffliche Werke sich nicht so emporheben, um von den Großen unsrer Nation bemerkt zu werden.
Doch statt einer weiteren Einleitung wollen wir gleich zur Anzeige des Inhalts übergehen.
Der V[erfasser] will aus Liebe zu seiner Nation noch nicht in die Lobreden einstimmen, die man unsrer Literatur gibt, bis sie dieselben verdiene. Er tut einen Blick in die Geschichte der griechischen und römischen Literatur, um zu beweisen, daß nur in einer ausgebildeten Sprache ein Schriftsteller gut schreiben könne. Es sei lange Zeit dazu nötig. (Und doch wie früh war Homer bei den Griechen!) Unsre Sprache sei halb barbarisch, in viel Dialekte verteilt (unter denen doch einer herrscht, der in Siebenbürgen, in Wien, in Kopenhagen und Petersburg so einstimmig geschrieben wird, als je die besten Schriftsteller Englands und Schottlands englisch schrieben). Man versteht in Hamburg nicht, was in Wien geschrieben wird. Es ist physisch unmöglich, daß der Schriftsteller vom besten Genie diese »langue brute«[3] vorzüglich glücklich behandeln könne. Bei den Griechen und Italienern setzten die Dichter usw. die Sprache fest. Bei uns Deutschen ist alles unbestimmt, wir brauchen Ausdrücke ohne Wahl und die nachdrücklichsten Wörter vernachlässigen wir. Der V[erfasser] hat vergeblich nach unsern Homeren, Virgilen, Anakreonen[4], Horazen, Ciceronen, Liviussen usw. gefragt. Man wird erwarten, daß hier diejenigen genannt würden, welche die Nation für die Nebenbuhler jener großen Geister hält, und den Beweis verlangen, woraus erhelle, wie sehr sie sich in ihrem Urteile betrügt: allein, der Beweis war wohl in einer so kurzen Abhandlung nicht möglich. Hier werden nur *Gellert* und auch *Canitz*[5] genannt. *Geßners*[6] »Idyllen« finden Liebhaber, aber der V[erfasser] zieht Catull, Tibull und Properz[7] vor (welche in einer ganz andern Gattung gedichtet haben). Unter den Geschichtbüchern ist nur Mascovs[8] »Geschichte der Teutschen« minder unwillkommen. Als Redner wird hier *Quant de Konigsberg* genannt,[9] den wir Deutschen zu unsrer

Schande nicht kennen. Vermutlich ist nicht der Philosoph *Kant* noch ein längst verstorbner Theologe *Quand*[10] gemeint, dessen Werke ihn nicht überlebt haben. Der V[erfasser] hat reimfreie Verse eines Ungenannten gesehen (wahrscheinlich Hexameter), die ihm sehr wohlklingend schienen.[11] Vielleicht waren sie von Kleist[12], der für seines Königs Ehre sowohl dichtete als heldenmütig starb.

Wir haben kein Trauerspiel und nur ein einziges Lustspiel, den »Postzug«[13], welches Molièrens würdig und national ist.

Die Nation ist nicht durch Mangel an Genie so zurück. Die verheerenden Kriege sind schuld, deren Schauplatz Deutschland seit Jahrhunderten ist. Nachher mußte es erst darauf denken, Deutschland wieder aufzubauen. S. 18 wird aus dem Patriotismus der Deutschen die Hoffnung hergeleitet, daß wir bei dem bessern Wohlstande der Nation das Versäumte durch unermüdeten Fleiß *künftig* werden nachholen können. Nun untersucht der V[erfasser], was dabei zu tun sei. Unsrer Sprache muß ihre *Rauhigkeit* benommen werden. Wir schreiben in langen verworrenen Perioden und sind daher undeutlich. Erst am Ende einer seitenlangen Periode folgt oft das Zeitwort. (So war's gewiß in tausend Bittschriften und andern solchen Aufsätzen, die dem erhabnen V[erfasser] vorkamen.) Das Studium der Alten wird versäumt, wenige verstehen mehr griechisch und lateinisch. Es gibt viel zu wenig gute Schullehrer; besonders verstehen sie sich nicht auf die gute Schreibart. Eine Klage, die gewiß, vieler Ausnahmen ungeachtet, überhaupt sehr gegründet ist und die in allen Ländern, sonderlich in Frankreich und England, schon längstens ebenso wahr gewesen als in Deutschland. Ein bekanntes Exempel einer elenden Metapher wird S. 24 angeführt: »Ihro Majestät glänzen wie ein Karfunkel am Finger der jetzigen Zeit.« (In hundert Büchern ist gegen solchen Witz seit 50 Jahren geeifert worden, und nur selten wagt's noch ein Pedant, dergleichen hören zu lassen.)

Über die Universitäten beschwert sich der V[erfasser] lebhaft, und man kann nicht leugnen, daß die Vorwürfe, die hier den Professoren gemacht werden, manche nur allzu sehr treffen; ebenso wie sie in Frankreich, Italien, England treffen würden. Pedanterie gab's und gibt's allenthalben, zum Schaden der Wissenschaften, nur allzu viel. Aber darum leugnen zu wollen, daß Deutschlands Universitäten keine große und wahre Gelehrten (von Wissenschaft, Geist und Geschmack) gehabt hätten und noch haben, wäre soviel als eine völlige Unbekanntschaft mit ihrem Zustande verraten. Aber ob sie manche, ob sie so viel haben, als ein Patriot wünschen muß, ist eine andre Frage.

S. 29 folgen Vorschläge zur Verbesserung unsrer Sprache (wozu unsre besten Schriftsteller bisher so erstaunlich viel beigetragen haben. Wer noch mehr tun will, muß mit ihnen so wie mit den Werken der größten Alten und Ausländer vertraulicher bekannt sein). Der V[erfasser] glaubt, daß es unsrer Sprache *an Reichtum metaphorischer Ausdrücke* fehle.

Dann wird erzählt, wie die Italiener, Franzosen und auch wie die Engländer ihre Sprache kultiviert haben. Alle Sprachen verlieren, wenn man daraus übersetzt, bloß die englische gewinnt; sie hat zu scharfe Töne, die das Ohr der Ausländer beleidigen. – Wir müssen, um unsre Sprache zu verbessern, Dichter und Redner haben. Weil sich die aber nicht gleich herbeischaffen lassen, so sollen wir inzwischen die Alten übersetzen. Dies würde dazu dienen, unsern weitschweifigen Stil zu verkürzen und unsere[r] Sprache *Nachdruck* und Anmut zu verschaffen. Unter andern werden aus den *Lateinern* dazu Epiktets »Handbuch«[14], Marc Aurels »Betrachtungen«, Cäsar usw. vorgeschlagen. Die Übersetzung von Rochefoucaulds »Gedanken«[15], von Montesquieus »Persischen Briefen« und seinem Werke von den Gesetzen[16] wird auch angeraten. (Ohne Zweifel weil diejenigen, welche wir seit 20 Jahren davon haben, nicht gut genug sind. Daher ist auch vor kurzem eine neue Übersetzung des »Geistes der

Gesetze« angekündigt. – Des Unheils, das so viele zum Teil schlechte Übersetzungen aller Werke der Alten und Ausländer, selbst der mittelmäßigsten, bei uns verursacht haben, geschieht hier keine Erwähnung.) Der V[erfasser] klagt über die vielen Konsonanten und rät, statt *nehmen*, *geben* lieber *nehmena*, *gebena* zu sagen. (Freilich haben wir die Endung *en* zu häufig, und statt eine andre Monotonie dafür einzutauschen, würde vielleicht die oberdeutsche Aussprache *geba*, *nehma* unsre Sprache mehr mit Wohlklang bereichern.) Die niedrigen Vergleichungen, dergleichen S. 39 angeführt werden, verdienen allerdings den Tadel des V[erfassers]. (Es wird einem Deutschen kaum glaublich scheinen, daß irgendein Dichter, selbst einer der mittelmäßigsten, solchen Unsinn habe sagen können. Schlechte Poeten aber sind nie für Dichter gehalten worden.) Auf eben der Seite werden wir Deutschen ermahnet, unsre *Armut an Dichtern* ehrlich zu gestehen. Dies sind die Vorschläge, wie unsre Sprache zu verbessern sei. Ferner wird eine bessere Lehrart in den Schulen gewünscht und gezeigt, wie die Grammatik, Logik und Rhetorik zu lehren sei. Wolffs Logik[17] sei die beste (die von Batteux[18] sei nicht so gut und nicht übersetzt), Quintilian[19] wird nach Verdienst angepriesen, so auch Baylens Werke[20] (welche längst ins Deutsche übersetzt sind, sein »Wörterbuch« gar zweimal.) Ebenso ist's mit der empfohlnen Lesung der alten Redner und Geschichtschreiber, wie auch Bossuets[21], Fléchiers[22], Massillons[23], Vergils und Robertsons[24], die wir alle schon lange im Originale und guten Übersetzungen kennen.

Wie wenig Geschmack die Deutschen haben, falle vor der Schaubühne recht in die Augen. »Vous y verrez représenter les abominables pièces de Shakespeare traduites en notre langue, et tout l'auditoire se pâmer d'aise en entendant ces farces ridicules et dignes des sauvages du Canada«.[25] Der V[erfasser] nennt sie so, weil sie gegen alle Regeln des Theaters, die Aristoteles lehrte, sündigen. »Götz von Berlichingen« ist das einzige deutsche Schauspiel, welches der V[erfas-

ser] hier nennt, »imitation détestable de ces mauvaises pièces anglaises«.[26]
Zur Verbesserung der Universitäten werden ebenso heilsame Vorschläge getan, und wir freuen uns, daß sie auf den besten schon in Ausführung gebracht worden. Mögte doch diese Verbesserung allgemeiner werden! Der V[erfasser] übergeht die Mathematiker und Theologen mit Stillschweigen, daher auch das helle Licht, welches sie in Deutschland zur Aufklärung anzündeten, nicht bemerkt werden konnte. Das Studium der philosophischen Geschichte wird weislich empfohlen, und es erhellet, daß der V[erfasser] mit Belesenheit davon spricht. Selbst den Ärzten werden Vorschriften gegeben. Unter den Herrn Professoren kömmt auch Monsieur le professeur en droit vor, »qui m'a la mine bien rébarbative«.[27] Seine Pedanterien werden mit satirischem Lächeln betrachtet. Ihm wird vorzüglich anbefohlen, sein Augenmerk auf die Landesgesetze zu richten. Wer wird so heilsamen Regeln nicht gern folgen?
Dem Lehrer der Geschichte wird Thomasius[28] zum Muster vorgestellt. Die deutsche Geschichte müsse vor allem gut gelehret werden. Der Plan dazu wird hier ihm vorgezeichnet, und er soll nicht das »Theatrum Europaeum«[29] oder Bünauen[30], sondern lieber Thomasius' Hefte zu Rate ziehen, wenn sie aufzutreiben sind.
Eine Hauptbeschäftigung der Deutschen, um ihrer Literatur aufzuhelfen, müsse sein, gute Übersetzungen klassischer Schriftsteller der Alten und Neuern zu liefern und dadurch die Kultur über alle Stände zu verbreiten. Dies werde Deutschlands Schriftsteller beleben. Es habe mühsame Untersucher, Philosophen, Genien genug, aber ihnen fehle Prometheus' himmlisches Feuer, sie zu beleben. Erasmus, Melanchthon[31], Kopernik, der des *Ptolomäus'* Meinungen *bewies*, die Erfindung der Buchdruckerei und des Pulvers, Guericke[32], Leibniz, Thomasius, Bilfinger[33], Haller[34] erhalten hier ihr verdientes Lob.
Außerdem daß die Kriege (unter denen Roms größte Geister

emporstiegen) unsrer Literatur schadeten, war die Pedanterei unsrer ersten Schriftsteller ihr sehr nachteilig. Lipsius[35], Freinshemius[36], Gronovius[37], Grävius[38] (nicht nur Deutsche, sondern auch Holländer) trieben ihr pedantisches Unwesen lateinisch. Wie mußte unsre Sprache darunter leiden! Erst neulich erhielten wir das *erste* deutsche Lexikon[39].

Auch daß man an den Höfen das Deutsche nicht achtet, hinderte den Fortgang unsrer Literatur. Aber um Achtung sich zu erwerben, müßte unsre Sprache verfeinert werden; das machte die französische so allgemein. Demzufolge scheint der V[erfasser] unsrer Sprache (und also auch unsrer Literatur) keine *Aufmunterung*, sondern nur *Belohnung* zugestehen zu wollen. Aber es scheint nur so, wie aus S. 79 erhellet: »Des Augustes feront des Virgiles.«[40] Zuletzt prophezeit er goldne Zeiten unsrer Literatur, die er nicht erleben werde, und schließt mit einem Scherz über Moses.

Wir haben diese in der Geschichte unsrer Literatur so merkwürdige Abhandlung umständlich ausgezogen. Man wird sehen, welche Wissenschaften der V[erfasser] seiner Aufmerksamkeit gewürdigt, welche er übergangen hat. (Z. E. Physik, Naturgeschichte, Ökonomie nach allen ihren Teilen, Geographie, Statistik, Politik, Kunstkenntnis, Altertümer, Kritik, die schönen Künste, Kriegskunst usw.) Auch haben wir die Schriftsteller Deutschlands, deren er erwähnet, ohne *alle* Ausnahme genannt, damit unsre Leser den Standort ausfindig machen können, aus welchem der V[erfasser] das Feld unsrer Literatur übersehen hat. Je nachdem ein scharf blikkender Kenner hoch oder niedrig sieht, wird er das, was er sah, mit dem, was dem V[erfasser] in die Augen fiel, vergleichen können.

Christoph Martin Wieland:
»De la littérature allemande etc.«

(1781)

Sie wollen meine Meinung über diese Schrift wissen, von welcher seit etlichen Monaten soviel gesprochen wird? Mich deucht, es ist nur Eine Meinung darüber möglich, wenigstens scheint die teutsche Nation noch über keine andre so einstimmig gewesen zu sein als über diese. Seit vielen Jahren waren wir so gut als gewiß, daß der erhabene Verfasser niemals an unsrer Literatur einigen Anteil genommen habe. Nunmehr werden wir durch diese Bogen eines andern überzeugt. Wir sehen, daß Er sich in vorigen Zeiten mit ihr beschäftigt, und die besten Gesinnungen für sie hegt, auch noch das Beste von ihr zu hoffen und zu wünschen geneigt ist. Nur wird das Vergnügen, das wir hierüber empfinden, wieder unterbrochen, da sich freilich aufs deutliche zutage legt, daß Er sie in den neuern Zeiten Seiner königlichen Aufmerksamkeit und väterlichen Sorgfalt, die für uns so fruchtbar hätte werden können, nicht gewürdigt habe. Vieles Gute, das sich bei uns hervorgetan, manche Mängel, die man uns noch vorwerfen kann, manche Fehler, in die wir gefallen sind, scheinen Ihm alle gleich unbekannt. – Sollen wir nicht hoffen, daß, in diesen letzten friedlichen Zeiten Seiner Regierung, auch die teutschen Musen den günstigen Einfluß Seiner Vorsorge, die sich über alles erstreckt, empfinden werden? – Dies werden Sie mir wenigstens zugeben, daß es nicht an Schriftstellern fehlt, welche, wenn sie die auf uns passenden Anmerkungen und Vorschläge benutzen wollten, großen Vorteil aus diesen wenigen Bogen ziehen könnten.

15

JOHANN JAKOB ENGEL

Lobrede auf den König

(1781)

Meine Herren,

Wenn schon ein zu dürftiger und zu geringfügiger Gegenstand dem Redner nachteilig ist, so ist es noch weit mehr ein zu großer und zu erhabner. An jenem kann noch immer sein Witz oder sein Scharfsinn Seiten finden, von denen er merkwürdig erscheint; er kann durch die Zauberkraft der Beredsamkeit seine Zuhörer täuschen; kann, wenn auch nicht Bewunderung für den Mann, den er loben will, wenigstens Bewunderung für sich selbst erwecken. Aber wo die Vortrefflichkeiten seines Helden zu glänzend, zu mannigfaltig, zu unbegrenzt sind; wo er schon alle Seelen der Zuhörer von ehrfurchtsvoller Bewunderung durchdrungen, alle in Erwartung einer ebenso außerordentlichen Kraft der Beredsamkeit findet, als außerordentlich der Mann ist, der durch sie geehrt werden soll: da muß der Mut auch des kühnsten Redners, zugleich mit der Einbildungskraft und der Sprache, erliegen. Er tut dem Genie seines Helden, und tut vielleicht seinem eigenen Unrecht: jenem, weil er ihn weniger erhaben in der Schilderung darstellt, als er in der Natur ist; und diesem, weil man nur allzuleicht Schwäche der Kunst mit Schwäche des Redners verwechselt.

Darf ich's erst sagen, wie sehr dies der Fall bei dem Lobredner eines Königes sei, welcher die Ehre seines Jahrhunderts, auf das er so mächtig gewirkt hat, und der Stolz eines Volks ist, das ihn als seinen zweiten Schöpfer verehrt? Nicht jene glorreichen Siege des Königs; jene Taten, die Europa in Erstaunen setzten, und oft mehr Wunder einer Gottheit als Wirkungen menschlicher Kräfte schienen; nicht irgendeine seiner einzelnen Tugenden und Vortrefflichkeiten, seine weise Kühnheit und Unerschrockenheit, wenn er schlägt, seine vorsichtige Betriebsamkeit, wenn er unterhandelt, sein über dem ganzen Staate offner, immer wachsamer, alles durchspähender Blick, der so schnell jeden Mangel und die Mittel, ihm abzuhelfen, entdeckt; seine Milde, seine Gerechtigkeit, seine Mäßigkeit, seine rastlose Geschäftigkeit: nicht diese einzelnen Taten und Tugenden sind es, welche die Schwierigkeit der Schilderung machen; aber ihrer aller wundervolle Harmonie, ihrer aller Hinstreben, durch so unzählige mittlere Zwecke hindurch, zu einem einzigen letzten und großen Endzweck, welcher der Endzweck Gottes in seiner Schöpfung und jedes wahrhaftig großen Monarchen in seinem Reich ist: die höchste in der Verbindung mögliche Wohlfahrt. Ein Blick auf das Ganze eines solchen Charakters ist wie ein Blick auf das Ganze der Natur, wo sich jeder einzelne Teil in der Vorstellung verdunkelt; alles, was Sinne, was Einbildungskraft, was Pinsel des Malers davon fassen und darstellen können, sind nur einzelne Seiten, sind nur hie und da herausgehobene Szenen: das Ganze selbst ist kein Anblick und kein Gemälde mehr; es ist eine Wirkung der nachsinnenden Vernunft, ein Gedanke.

Doch wie, wenn sich eben hier der einzige Weg eröffnete, den Monarchen, mit dem uns die Vorsehung gesegnet hat, auf eine nicht ganz unwürdige Art zu loben? Wie, wenn dieser Weg nicht die beredte Erzählung seiner zu großen und zu zahlreichen Taten nach aller ihrer Weisheit und Zweckmäßigkeit, nicht der fruchtlose Versuch einer lebendigen Schilderung seines ganzen Charakters wäre, wie er sich durch das Unterscheidende seiner Lage unterscheidend ausgebildet, und unter so unzählig mannigfaltigen Umständen, in so verwickelten Situationen, geglänzt hat; wie, wenn es eine mehr ruhige, untersuchende, nur durch die stille Begeisterung der Vernunft sich erhebende Betrachtung jener allgemeinen Vortrefflichkeit wäre, die sich mehr oder minder bei jedem wahrhaftig großen König, und mit einem ganz sichtbaren, nicht zu verkennenden Vorzuge bei diesem Einzigen findet? Freilich wird da an die Stelle des Gemäldes ein nur flüchtiger unvollendeter Schattenriß, ein Entwurf der äußersten Linien treten; aber zu dem vollen, redenden und beseelten Gemälde fehlen die Farben: oder wenn diese Farben der Sprache selbst nicht fehlen, so fehlen sie wenigstens mir, der ich auch jenen Schattenriß nur mit ungewisser und zitternder Hand werde zeichnen können. – –

Wer auf die Stimme der Schmeichelei hört, die mutwillig alle Begriffe verfälscht, oder des Blödsinns, der keinen ergründet: der wird der großen Könige in allen Jahrhunderten und in den Geschichtbüchern aller Völker finden. Aber wer nur denjenigen groß nennt, der in einem ungewöhnlichen Grade alles ist, was er soll; wer aus der Anzahl großer Monarchen jeden ausstößt, dessen Regierung nicht durch ihn selbst, sondern nur durch das glückliche einträchtige Genie vortrefflicher Diener glänzte, und der nur weise genug war, sich leiten zu lassen, da er selbst hätte leiten sollen; wer, mit unverwandtem Blick auf den einzigen würdigen Zweck eines Königs, keine, auch nicht die glänzendsten, Taten bewundert, sobald sie jenem Zwecke entgegenlaufen; wer das einseitige Talent des Kriegers von dem mannigfaltigen, so viel andere Talente in sich schließenden eines Monarchen unterscheidet: der wird der großen Könige, groß im echten Sinne des Worts, durch ganze Jahrhunderte und unter ganzen Nationen vergebens suchen. Er wird, schon eh' er sucht, ihrer nur äußerst wenig zu finden hoffen. Denn wie sehr er auch seine Forderungen mäßigen, wie sehr er auch sein Ideal, ohne es gleichwohl zu zerstören, herabstimmen mag: so ist und bleibt das Ideal eines Königs das höchste denkbare aller menschlichen Ideale; und wenn, nach dem allgemeinen Gesetz der Natur, das Vortrefflichste in jeder Gattung nur so selten erscheint: wie selten muß unter der kleinen Anzal der Könige der Mann hervortreten, der den Forderungen des schwersten aller Ämter Genüge tut, und der, das Größte und Höchste zu sein, was Menschen sein können, beides die Kräfte und den Entschluß hat!

Schon der spekulative Denker, so viel er von der unendlichen

Ideenfülle, die sich in dem einzigen Begriff eines Staats zusammendrängen, abschneidet, und alle die unsäglichen Hindernisse der Ausführung von Planen vergißt, die auf dem Blatt zu zeichnen und zu berechnen so leicht, und in der Wirklichkeit darzustellen so schwer sind; schon der Philosoph, sag' ich, ob er gleich nur über so vereinfachten, allgemeinen Begriffen arbeitet, findet ihrer noch immer so unzählige zu überblicken und zu verbinden, daß die Schöpfung des Ideals von einem vollkommnen, glücklichen Staate eine seiner genievollsten Arbeiten ist. Der Philosoph auf dem Throne – oder nicht der Philosoph, sondern der erleuchtete tätige Weise, der das Haupt seines Staatskörpers nicht bloß heißen, sondern sein, nicht bloß vor den übrigen Gliedern, selbst vielleicht das müßigste Glied, hervorragen, sondern auch als Haupt für den ganzen Körper denken und alle seine Bewegungen ordnen will: welch eine weit größere Masse von Ideen muß er umspannen, bearbeiten, einander unterordnen, vereinbaren können! Das Ideal, das er schaffen, oder wenn es vorhanden wäre, wenigstens fassen und durchdenken soll, ist das besondre dieses wirklichen Staats, von dieser eigentümlichen Lage, diesem Maß innrer Kräfte, dieser Verwicklung äußrer Verhältnisse, diesem Charakter des Volks, diesen Rechten, Gewohnheiten, Sitten, diesem Grad der Kultur, diesen vorhandenen Hülfsmitteln. Es ist jenes Ideal des Weltweisen, aber unendlich reicher an Bestimmungen, und eben dadurch an Schwierigkeiten. Was für innere Vollkommenheiten jeder Art, in welchem Grade, zu erreichen möglich? auf welchen Wegen? welche nach den Umständen die wichtigsten? wie jede andere nach ihnen abzumessen, daß keine zum Ruin des Ganzen übertrieben werde, und doch auch keine ermangle? wie jedes durch jedes unterstützen, die zahllosen Räder der großen Maschine ineinander eingreifen zu lassen? wie die Gesetzgebung, die Disziplin, die Staatsökonomie, jedes für sich und jedes in der Verbindung, auf die höchste Vollkommenheit hinzurichten? wie das größte fremde Interesse, mit welcher Vorsicht, in das eigene zu verweben? wie bei Bündnissen und Freundschaften das Ansehen mit der Notwendigkeit, die Klugheit mit der Redlichkeit zu verbrüdern? Alle diese so verwickelten, so unzählig viel befassenden Aufgaben zu lösen und glücklich zu lösen: was für Forderungen an einen König! Was für ein Geist muß es sein, der sich bis zu der Höhe, wo die Übersicht möglich ist, emporschwingen, und mit dem Blick des Adlers den ganzen weiten Kreis überschaun soll!

Aber dieses Ideal nur innerhalb der Seele schaffen, ist nicht genug: der Monarch soll ihm auch außer der Seele Wirklichkeit geben; soll es, bei dem steten Fluß und Wechsel der Dinge, immer von neuem durchdenken, ergänzen, erweitern, es in tausend und abertausend seiner Bestimmungen umändern; soll jede Lage der Dinge beurteilen und, indem er den einen Blick in die Vergangenheit, den andern auf die Gegenwart richtet, die Zukunft enträtseln; soll jede Gelegenheit zur Vervollkommnung ergreifen und nutzen, jeder Gefahr, die sein edles Werk zu zerstören droht, entweder ausbeugen oder sie niederkämpfen; soll beides die fähigsten und die redlichsten Diener wählen, sie weder durch Vertrauen lässig noch durch Mißtrauen schüchtern machen, in allen den wichtigern Angelegenheiten des Staats mit eigenen Augen sehn, mit eigenen Kräften wirken. Was für neue Talente, welche Klugheit und Kunst an der Seite der Wissenschaft, welche Menschenkenntnis, welcher Prüfungsblick, welche Vorhersehungsgabe, welche Geistesgegenwart, welche Vereinigung aller der namenlosen Eigenschaften wird erfordert, ohne die keine glückliche Führung der Geschäfte möglich ist, deren Mangel so oft die weisesten Maßregeln unkräftig gemacht und die überlegtesten Entwürfe hat scheitern lassen! Nicht bloß den allgemeinen Geist aller der Kenntnisse, auch die Gaben, die praktischen Fertigkeiten aller seiner Diener, des Kriegs und des Friedens, muß der vereinigt besitzen, der sich in der Tat als aller Meister und König zeigen, der sie nicht nur prüfen und auswählen, ihnen nicht nur Richtung und Anstoß geben, sondern auch überall selbst an ihrer Spitze wirken, selbst

seinen Geschäften vorstehn, seine Heere führen, seine Schlachten gewinnen will.
Dennoch, so groß schon diese erste Forderung an den Geist eines Königs ist, so ist die zweite an seinen Willen noch größer. Nicht zwar die der Arbeitsliebe und Geschäftigkeit überhaupt: denn ein großer Geist ist ein geborner tätiger Geist, dem Muße bald unerträglich und Wollust ekelhaft wird; aber die strenge, schwere, fast nie erfüllte Forderung der unausgesetzten, ganzen und wahrern Tätigkeit, die nichts verachtet, zurückläßt, verschiebt, die nie das Leichtere dem Schwerern, das Angenehmere dem Notwendigern vorzieht; die nicht dem schmeichelhaften liebkosenden Locken der stärkern Neigung, sondern dem ernsten Ruf der Vernunft gehorcht, mag er sie zu Beschwerlichkeiten oder Ergötzungen, zu Arbeiten des Körpers oder der Seele, des gefahrvollen Kriegs oder des sichern Friedens wecken; die nicht das eine Mal aus Ekel und Überdruß weit vor dem Ziel ermattet, noch das andre Mal im hitzigen, leidenschaftlichen Anlaufe über das Ziel hinaussetzt.
Der untergeordnete Diener, in seinem engern Kreise von weit gleichförmigern Geschäften, denen er sich aus Neigung gewidmet hat, findet dennoch, in der Verbindung aller, eine Menge kleiner, leerer, reizloser Arbeiten, die er fürchtet, denen er ausweicht, die er so viel als möglich von sich abwälzt; und ein König? Er, dessen Kreis von Geschäften gegen jeden andern so grenzenlos ist: wie viele, selbst der notwendigern, unumgänglichern, muß er mit aller seiner Neigung streitend, wie peinlich alle die mechanischen, geistlosen, in ekler Einförmigkeit ewig wiederkehrenden Arbeiten finden, deren Versäumnis gleichwohl gefährlich wäre; die alle getan, und von Ihm, dem großen genievollen Geiste, getan sein wollen, der hier über seine Kraft selbst zu ermatten in Gefahr ist, den seine Tätigkeit selbst an der Tätigkeit hindert! – Von einer andern Seite hat jeder Geist seine Lieblingsentwürfe, die den andern so gern alle Aufmerksamkeit rauben: jedes Herz hat seine Schwächen; und wie der volle blut-

reiche Körper, wenn er einmal erkrankt, den tödlichsten giftigsten Übeln, so ist der große kraftvolle Geist den verderblichsten Leidenschaften unterworfen. Woher da Gegenmittel und Gleichgewicht; woher da Kraft nehmen, welche die ganze Seele in Achtung, das widerspenstige Herz in Gehorsam erhalte? Jener, der untergeordnete Diener, hört, außer der sanften Stimme der Pflicht, die in seinem eignen Innern erschallt, noch die gebietende, warnende, strafende Stimme des Obern: er hat für seine Trägheit einen Sporn, für seine Leidenschaft einen Zügel; aber ein König? Er, der Gesetzgeber der Nation, selbst keinem Gesetz unterwürfig, der Richter aller, von keinem andern gerichtet: was hat er, das ihn in Schranken erhalten, ihn antreiben oder zurückhalten könnte, als einzig seine eigene Tugend? als die Gewalt seiner Vernunft über alle, auch die Lieblingsneigungen seines Busens? Und doch ist's um seine echte Größe getan; verloren ist der Ruhm, den er durch seine Talente sich selbst, die Glückseligkeit, die er seinem Volke erwerben könnte, wenn er nicht seiner Vernunft jene Gewalt über die Seele ebenso unumschränkt gibt, als er selbst sie in seinem Reiche ausübt; wenn er für seine Tätigkeit eine andere Regel, als die des Besten seines Volks und seines Throns hat; wenn er nicht zu den seltnen, vortrefflichen Geistern gehört, bei denen Erkenntnis des Besten Wille, und Wille Tat ist.

Aber einer Tätigkeit bloß auf Geheiß der Vernunft hängt so gerne, von ihrem Ursprunge her, jener Charakter der Kälte, der Trägheit und Langsamkeit an, der immer ihre Wirkung schwächen, oft sie vernichten, dann und wann selbst verderblich sein würde. Fordre die Staatsklugheit, nach aller Lage der Umstände, den Krieg, und fordre sie ihn da, wo eben der Monarch in Entwürfe des Friedens vertieft ist, die den vorzüglichsten Kräften seines Geistes freies Spiel geben, für die er sich im Fortgange immer mehr erwärmt, je mehr sie schon Sorgen gekostet haben, und die er nun alle mit widerstrebendem Herzen aufgeben soll: welche Übel kann da Kälte, Trägheit, Langsamkeit stiften! Nur eine rasche kühne Hand ergreift die vorüberfliehende Gelegenheit, und nur ein feuriges Ansprengen wirft große Hindernisse zu Boden. Soll der beste edelste Wille des Monarchen die ganze wohltätige Wirkung haben, die er kann, so muß noch der letzte, der vollendende Zug zum Charakter hinzukommen: Er muß fähig sein, ohne Leidenschaft leidenschaftähnlich zu handeln; er muß eine Seele voll Feuer, und dies Feuer in seiner Macht haben: nicht nur, um es da, wo es natürlicherweise ausbricht, zu mäßigen oder zu dämpfen, sondern auch überall, wo es ausbrechen soll, es hinzugebieten. Die allgemeine Liebe des Besten seines Volks und der edle große Ehrgeiz, durchaus den Beifall der Weisesten, vor allen aber seiner selbst, zu haben, muß die reine, herrschende und mächtige Flamme seines Busens sein, an der sich jeder einzelne Vorsatz entzünde, die jede seiner Taten befeure. – –

Wer sich selbst zu schwach fühlt, um Seelen von dieser Stärke, oder zu eingeschränkt, um Geister von jenem Umfange der Fähigkeiten für mehr als Wesen der Einbildung und geträumte Ideale zu halten; den werden die vergangenen Jahrhunderte durch hie und da einen großen edlen Geist, der bei innrer Vortrefflichkeit auch die äußern Anlässe, sich zu bilden und zu entwickeln, fand; den wird vor allen das unsrige durch das Beispiel eines Monarchen beschämen, dessen Geschichte die einzige seiner würdige Lobrede ist. Seine Taten, sowohl des Kriegs als des Friedens, sein öffentlicher und sein besondrer Charakter: alles redet.

Wenn die Wirkung von ihrer Ursache, das Werk von dem Werkmeister zeugt: so mag das Reich von dem Geiste zeugen, dem es Ausbildung und Vollendung verdankt. Wo war im Altertume, oder wo ist zu unsern Zeiten das Reich, das an absichtsvoller Weisheit des innern Baues, an richtiger Ordnung oder fester Verbindung der Teile dem unsrigen vorstünde? Oder vielmehr: Wo ist das Reich, das, als System mit System, mit dem unsrigen könnte verglichen werden? – Wenn je ein Staat war, der einen tief durchdachten, überall verbundnen, auf die höchste durch ihn nur mögliche Wirkung berechneten Plan hatte: so ist's der unsrige. Wenn je ein Staat war, in welchem Würde und Majestät des Throns so innig mit der aufmerksamsten Sorge für die Untertanen zusammenhing, in welchem beider Erhaltung und Wohl so vorzüglich auf Macht beruhend, die Macht so richtig gegen die umgebenden Mächte abgewogen, zu ihrer vollen, schnellen, ausdaurenden Wirksamkeit die ganze öffentliche Haushaltung so unentbehrlich; die Sorge für die Macht in die Sorge für Nahrung und Wohlhabenheit der Bürger durch so mannigfaltige Kanäle wieder zurückgeleitet, alles in allem, Kleines in Großem und Großes in Kleinem, so tief gegründet, alles so ganz nur Ein Räsonnement war: so ist's der unsrige. Wenn je ein Staat unverträglich scheinende Eigenschaften in Harmonie stimmte, die rauhen Künste des Kriegs mit den sanften Künsten des Friedens versöhnte, und gleich sehr der innern Gerechtigkeit, Aufklärung, Geistesfreiheit, als der äußern Sicherheit durch Macht und durch Bündnisse wahrnahm: so ist's der unsrige. Wenn je in einem Staate die Unvollkommenheiten, wie in der Welt die Übel, nicht die Schuld des bildenden Geistes, sondern der widerstrebenden Materie waren: so ist's der unsrige. – Nur der Unverstand meistert, und steht erstaunt, wenn sich ihm hie und da die Notwendigkeit von Übeln verrät, die er mit beßrer Erkenntnis so leicht gehoben glaubte; die Klugheit, mit tieferm Blick in den Zusammenhang, sieht die Teile durch das Ganze gerechtfertigt, erkennt in den Unvollkommenheiten Quelle oder Bedingung höherer Vollkommenheit, und schweigt, wo sie nicht durchblickt, voll Ehrerbietung, weil sie in dem dunklern verdecktern Teile des Plans die nämliche Weisheit mutmaßt, die ihr aus dem hellern und offnern entgegenleuchtet.

Diesen Staat aber, von so richtiger, seiner Natur so gemäßer, durch so weise Mittel so wohl erreichter Absicht: wer hat ihn entworfen? Wer die Gedanken dazu, die er vorfand, mit so scharfem Blicke gefaßt, so meisterhaft ausgebildet, erweitert, vollendet? Ehe noch die Erfahrung spricht, läßt uns schon die

Vernunft erraten: daß so ein System nur Werk eines einzigen Geistes sein konnte; und wer war er, dieser kühne, genievolle, allumfassende Geist? Eben der, der für seinen großen Entwurf auch die Mittel, ihn wirklich zu machen, fand; dessen Anschläge sein Reich von einem nur mittlern Ansehen zu einem Grade der Macht und des Einflusses erhoben, daß einst halb Europa – wer entscheidet, ob vor Furcht oder vor Eifersucht? – sich die Hände bot, es zu zertrümmern und zu zerreißen. Eben der, der ein Leben auf dem Throne hindurch, von sichrer Klugheit geleitet, nie einen Schritt zurückwich, immer sich vorwärts Bahn brach; der auch da, als ihn seine Feinde schon im Geiste vernichtet sahn, und ohne Furcht der Beschämung, laut vor der Welt, von seinem Falle und ihrem Triumphe sprachen; da, als seine Freunde und neidlosen Bewunderer – denn Bewunderer waren alle! – für ihn zitterten und kaum mehr zu hoffen wagten; auch da noch, geliebt von der Vorsehung, Wege zur Rettung, zur Wiederherstellung, zur Vergrößrung entdeckte: Er allein war's, der König! Wenn einst sein Geschichtschreiber die Absichten der Einrichtungen, die Entwürfe der Taten, wenn er den Geist sucht, der überall vorwaltete, und in jeder, auch der mißlichsten Lage Auswege und Hülfsmittel fand; durch und durch wird er auf ihn, und nur auf ihn, den Monarchen, treffen. Aus seiner Seele nahmen die Feldherrn, aus seiner Seele die Verweser des Staats ihre Entwürfe; und all ihr Ehrgeiz, den sie kannten, war der: zu seiner Billigung auszuführen, was zu ihrer Bewundrung von ihm gedacht war; all ihr Stolz: daß ein Geist von seiner Größe und seiner Tiefe der Einsicht eben sie zu Werkzeugen und zu Mitgehülfen erkor.

Doch was red' ich nur immer von Weisheit, Absicht, Anschlägen, Entwürfen? Als ob sich nicht in diesem wunderbaren Könige, mit dem Geist und den Einsichten des Feldherrn, des Staatsmanns, des Gesetzgebers, zugleich alle Gaben und Fertigkeiten zur Ausführung verbänden! oder als ob seine weitgreifende, unermüdbare Tätigkeit irgendeinen Anlaß, diese Talente schimmern zu lassen, versäumt, irgendeine der Arbeiten, die ihm selbst zu verrichten möglich war, andern übertragen hätte! War Er's nicht selbst, der, mit aller Überredungsgabe, Feinheit, Geistesgeschmeidigkeit eines Staatsmanns, jeden Großen, den er wollte, zum Freunde gewann? der seine Staatsverbindungen errichtete? seine Verträge und Bündnisse schloß? War's nicht sein eigenes Licht, das die Nation aufklärte und Vorurteile jeder Art in ihrer Blöße beschämte? War's nicht sein eigener Mut, der sein unüberwindliches Heer befeuerte? seine eigene Kriegskunst, die allerorten den zweimal, dreimal stärkern Feind vor ihm hertrieb? Und in jenem schwarzen schrecklichen Zeitpunkt, da alles mit einer Wut auf ihn einbrach, daß römischer Mut hätte zagen und römische Standhaftigkeit wanken können: war's nicht seine eigene Entschlossenheit, Tapferkeit, Geistesgegenwart, unerschütterte Festigkeit, die das Reich vor dem Untergange – oder was sag' ich, nur vor dem Untergange? – vor der mindesten Einbuße einer Hütte, oder einer Erdscholle an den äußersten Grenzen, rettete? War's nicht seine eigene haushälterische Kunst, womit er so schnell jede Spur des Verderbens vertilgte? die Trümmer wieder zu Mauern, die Aschenhaufen zu Städten erbauete? das Heer verstärkte? die Zeughäuser anfüllte? die Schatzkammer erweiterte und Millionen auf Millionen häufte?

Eine so anhaltend, so wirksam, auf so mannigfaltige Art bewiesene Größe des Geistes läßt schon von selbst auf den Adel und die Stärke des Willens schließen, der sich so einem Geiste zugesellte. Wer nur flüchtig beobachtet, den verführt das Feurige, Rastlose, immer auf Vollendung Dringende, immer auf den höchsten Punkt Gerichtete in der Tätigkeit dieses Königs, daß er überall Leidenschaft, und Leidenschaft von ungewöhnlicher Stärke, ahnet. Aber bald, bei mehrseitiger Beobachtung, fällt er von Widersprüchen in Widersprüche, bis sich ihm endlich der große Gedanke darbietet: daß die Macht der Vernunft über Seelen von höherer Ordnung alles vermögen müsse – und die Widersprüche verschwinden. Wenn man die eigne häusliche Sparsamkeit des Monarchen, seine große Aufmerksamkeit auf jede schon vorhandne oder noch zu entdeckende Quelle der Reichtümer, seine Sorgfalt sieht, die Güter der Untertanen innerhalb den Grenzen zu erhalten: wie sollte man nicht auf herrschende Begierde nach Schätzen raten? Aber nun bringe der Landmann, dem der überschwellende Strom die Ernte nahm, seine Klagen vor den Thron; ein entkräfteter, durch Krieg und Mißwachs zugrunde gerichteter Adel fordre werktätige Hülfe: und wie willig, wie ganz gegen die Natur der geahneten Leidenschaft werden die Tonnen Goldes, die der allgemeine Hausvater zur Verteidigung sammelte, zur Ernährung dahingegeben! Oder gerate das Gleichgewicht der Macht in Deutschland, gerate Freiheit und Recht bundesverwandter Fürsten in Gefahr: und wie ohne Bedenken, wie ohne Verlangen der Wiedererstattung, werden Millionen aufgeopfert, um das Heer in Bewegung zu setzen!

Wo der König als Feldherr erscheint, da verführt das ungewöhnliche Feuer seiner Operationen zu einem andern Irrtum. Diese anscheinende Hitze, womit er so schnell jeden kommenden Frühling aufbrach; diese ungeduldige Eile, womit er oft schon ein Heer geschlagen hatte und vor den Hauptstädten der Provinzen lag, wenn sie ihn kaum über den Grenzen glaubten; diese reißende Gewalt, womit er in einem einzigen Feldzuge die feindliche Macht, wie der Sturmwind die Wolken, vor sich aufrollte, von ihren Bergen, aus ihren Verschanzungen stürmte, in die Hauptstadt zusammenpreßte, belagerte; über Felsen und Ströme unter tausend Gefahren einen andern Feind suchte, ihn sah, und in alle Winde zerstreute; durch neue Provinzen einer noch stolzern siegreichen Macht entgegenging, sie angriff, vernichtete, alles, was das Schwert nicht fraß, in den Schnee der Gebirge jagte, und nicht eher als nach Eroberung einer Hauptstadt und eines ganzen feindlichen Heeres ruhte: diese erstaunenswürdige Hitze, Eile, Gewalt: was läßt sie anders als den entschiedensten Charakter eines Kriegers, mit aller ihm eigenen Rauhigkeit, Wildheit, Härte, vermuten? Wahrlich! kein

Alexander Griechenlands oder Nordens, wie sehr seine Leidenschaft Krieg und Geräusch der Waffen seine Wollust war, ist je mit so ungestümem Feuer von Schlacht zu Schlacht, von Siege zu Siege geeilt als dieser so gefürchtete, schreckliche – friedliebende Weise, der, weil er alles ist, was er will, auch das in der Vollkommenheit war, was er nur aus Notwendigkeit wollte; das, was mit den natürlichen Neigungen seines Herzens vielleicht am meisten streitet: ein Feldherr. Denn betrachte man ihn, wo er völlig sich selbst gelassen handelt, in seiner Familienliebe und Freundschaft, in seinen Vergnügungen, in den Arbeiten seiner müßigen Augenblicke: wo ist da Spur oder Verdacht eines wilden, krieg'rischen Geistes? Blickt nicht vielmehr überall ein sanfter, zärtlicher, oft bis zum Weichen zärtlicher Charakter hervor? Jene Entfernung von allen geräuschvollen lärmenden Ergötzungen, wie die der Jagd sind; jene Sprache, die er nicht bloß als Sprache der Höfe aus Gewohnheit, die er aus Wohlgefallen, aus Liebe, spricht, und ihr so gerne, für Feinheit und Geschliffenheit, ein wenig Schwäche vergibt; jener entschiedene Geschmack für diejenige unter allen Künsten, die am meisten zum Herzen redet; jenes Instrument, auf welchem er Meister und im Ausdruck des Zärtlichen groß ward, das weichste und sanfteste unter allen; jener Tonkünstler[1], dem er, wegen der Anmut des Satzes und der Lieblichkeit des Gesanges, vor allen den Preis gab: wie sehr verkündigt das alles natürliche Milde, Empfindsamkeit, Sanftmut! Sollen wir ihn mehr bedauren oder mehr ihm Glück wünschen, daß ihn die Vorsehung auf einen Thron rief, dessen wichtigste Pflichten ihm so wahrscheinlich eine stete Verleugnung kosteten? Bedauren werden wir ihn mit der ersten Empfindung; aber Glück werden wir ihm nach der Überlegung wünschen: daß eine so völlige Selbstbeherrschung, eine so wundertätige Kraft des Entschlusses die höchste Ehre der Menschheit, und sie fühlen und üben die edelste aller Wollüste ist.

Nicht so glänzend wie der Held im Feldlager und an der Spitze des Heers, aber in der Tat noch bewundernswürdiger ist der stille ruhige Arbeiter im Frieden. Zu Schlachten und Stürmen rief ihn mit zu lauter Stimme das Wohl des Vaterlandes und die Ehre des Throns, und einmal beschlossen konnten Taten von solcher Wichtigkeit einen so großen Geist nicht anders als anziehn; aber jede Klage und jede Bitte hören, auf jede unbedeutende Frage antworten, jede oft zudringliche Aufmerksamkeit auch des mindesten Untertanen erwidern, und nie von dem einmal gemachten Gesetze sich lossprechen, nie diese oft so verächtlich scheinenden, über ihre Geringfügigkeit mühsamen und ihre Einerleiheit peinlichen Arbeiten bis zum kommenden Tage aussetzen: welche Mannheit, welche Stärke des Entschlussses kündigt das an! Welche Anhänglichkeit an die Pflicht, auch da, wo sie mit den großen Zwekken des Monarchen nur durch so einzelne, feine, in dem Gewirre aller so leicht sich verlierende Fäden verknüpft ist! Und kennte noch dieser Monarch nicht Arbeiten von ganz andrer Natur! Aber so geliebt, geschmeichelt, begünstiget von den Musen sich ihnen entwinden, ihren so mächtigen, durch Unschuld selbst so verführerischen, immer schönern und immer gefährlichern Reizen widerstehen, um freiwillig auch die kleinsten reizlosesten Pflichten zu erfüllen, und in dieser Denkungsart ein Leben hindurch beharren: wahrlich! das beweist einen Adel und eine Größe, die, wenn sie nicht ebenso sehr die Einbildungskraft füllt, wenigstens in den Augen der Vernunft erhabner als selbst die kühnste Entschlossenheit in Gefahr ist. – –

Diese Herablassung des Königs, diese Achtung, deren er alle, auch seine geringsten Untertanen würdigt, ist das festeste Band der Liebe zwischen ihm und dem Volk. Wenn schon Größe an sich mit so wundertätiger Kraft auf die Gemüter wirkt: mit welcher Kraft muß erst Güte in Verbindung mit Größe wirken! Ehrfurchtsvoll, dankbar gegen die Vorsehung und gegen ihn, unter tausend Wünschen für die Verlängerung seines Lebens, feiert alles, was ihm gehorcht und durch ihn glücklich ist, diesen Tag; feiern ihn mit vorzüglichem Rechte wir[2], da Er mit so herablassender Aufmerksamkeit auch für uns, auch nur noch jüngst durch die weise Einrichtung unserer Arbeiten,[3] sorgte. – Aber wie, teure Jünglinge, wollen wir ihn feiern, diesen Tag, und was nennen wir feiern? Nur das: von den gewöhnlichen Arbeiten des Lebens ausruhn, und den erschlafften Kräften durch Ergötzlichkeiten Spannung und Ton zurückgeben? Oder nicht vielmehr das: den Blick der Seele, zu ihrer Erleuchtung und Vervollkommung, in sich selbst kehren, alle die Gründe der Tätigkeit überdenken, die Vorsätze fassen oder erneuern, durch welche das übrige Leben regiert werden soll? Wenn wir auf diese bessere würdigere Art einen Tag wie den heutigen feiern: was für Ermunterungen zur Erfüllung unsers Berufs werden wir, selbst in der Größe des Königs, finden!

Dem erleuchteten weisen *Welt*bürger ist der Gedanke an einen Vater der Natur, dessen Zwecke lauter Güte, so wie seine Mittel lauter Weisheit, sind, nicht nur ein entzückendes Licht für den Geist; er ist ihm auch eine belebende Kraft für das Herz: ein lauter, alle Begierden der Seele weckender, unwiderstehlicher Aufruf zur Tugend. Nichts erhöht ihn in seinen eignen Augen so sehr, und nichts entzündet ihn mit einer so brennenden Liebe seiner Pflichten als die Erkenntnis: daß er durch Tugend mit diesem Vater der Natur in Gemeinschaft tritt, daß er durch sie in seinem kleinen Wirkungskreise das Gegenbild Gottes in dem unermeßlichen des Weltalls wird; und da sein kleiner Kreis von jenem unermeßlichen ein Teil ist: daß er durch Tugend, gleichsam an der Seite des allerhöchsten der Wesen, ein Freund, ein Gehülfe der Gottheit, zu ihren Absichten mitwirkt. Und so wie diese Erkenntnis den Weltbürger: sollte nicht ebenso den edeldenkenden Bürger des *Staats* der stolze Gedanke rühren: daß die Absicht, der er sich widmet, mag sie Aufklärung und Sittenbeßrung des Volks, oder Dienst im Tempel der Gerechtigkeit, oder Sorge für das Leben der Bürger sein, in den Plan seines wohltätigen, großen, erhabnen Monarchen mit eingeflochten, mit unter denen ist, die seine eigne königliche Seele beschäftigen? Sollte ihn nicht der stolze Gedanke rühren: daß er sich durch redliche, eifrige Erfüllung seines Berufs mit einem so erhabnen Geiste zu Einem Werke verbindet, und in einem höhern Sinne des Worts sein Gesellschafter und Freund wird, als manche – die nur ihrer Geburt wegen sein Angesicht sehn und die Vergnügungen seiner Tafel teilen? Lassen Sie uns trachten, teure Jünglinge, daß wir ihm ähnlich werden! Wenn es, ungeachtet der Unendlichkeit des Abstandes, kein sinnloser, sondern vielmehr der erhabenste aller Gedanken ist: Gott nachahmen; so ist es, bei einem zwar großen, aber doch nur endlichen Abstande, noch weit weniger ein sinnloser, es ist ein würdiger edler Gedanke: dem König nachahmen! Denn was heißt es im Grunde mehr als, so wie Er, die ganze Natur seines Berufs erforschen, die Erfüllung der Pflichten dieses Berufs zur herrschenden Neigung seiner Seele machen, ihr mutig alle übrigen unterwerfen, und unermüdet alle seine Tätigkeit gegen den erkannten Punkt der Vollkommenheit richten? Wenn wir gut, und bei vorzüglichern Kräften groß sind; so sind wir's überall, auf dem Thron, im Palast, in der Hütte, nur durch Eine Tugend. Der Unterschied an Ausbreitung, an Wirkung, an Glanz, und an Herrlichkeit, ist unendlich; aber im Grunde und im Wesen ist es die nämliche Kraft, womit eine Lampe ihren engen Raum, und womit eine Sonne die Welt erleuchtet.

16

JOHANN KASPAR RIESBECK

Aus: *Briefe eines reisenden Franzosen über Deutschland*

(1783)

53. Brief

Berlin ist in Rücksicht auf Wissenschaften und Künste ohne Vergleich die erste Stadt in Deutschland. Sie hat diesen Vorzug bloß dem jetzigen König zu verdanken. Sein Vater dachte so orthodox und züchtig als die verstorbene Kaiserin[1], und ohne Freiheit befinden sich die Musen nicht wohl. Er vertrieb sogar den berühmten Wolff[2] aus seinen Landen, der doch nichts weniger als ein Ketzer war. Er hielt alles Studieren, das theologische und kameralische[3] ausgenommen, für Unsinn und Betrug des Teufels, und sein Hofjude war in seinen Augen ein größerer Mann als Wolff oder Leibniz oder Newton.

Der jetzige König, ein vertrauter Freund der Wissenschaften und Künste, gestattete in seinen Landen dem Denken eine Freiheit, die man außer denselben nur in Großbritannien findet. Weder die Orthodoxie noch die Politik schränkt hier die Philosophie ein. Indessen die Lehrer der Staatswissenschaft zu Wien behaupten, Land und Leut gehörten mit Haut und Haar dem Souverän als ein ererbtes Eigentum zu, darf man hier ohne die geringste Gefahr mündlich und schriftlich behaupten, der König sei nichts mehr noch weniger als der Statthalter oder Vormund des gesamten Volks; die Juden dörfen öffentlich beweisen, daß der Messias noch zu erwarten sei; die Katholiken, daß sie ihn täglich essen, und der Papst der Lehnsherr aller Fürsten sei; die Protestanten, daß der Papst das apokalyptische Tier und die babylonische Hure sei; die Griechen, daß es keine Dreifaltigkeit gebe; die Türken, daß Mahommed ein größerer Prophet gewesen als Christus und Moses; und die ganz Ungläubigen, daß es nie einen Propheten gegeben. Die Polizei sorgt dafür, daß es bloß bei theoretischen Beweisen bleibt, und der Priester, Rabbiner oder Kadi, welcher ein Autodafé[4] machen wollte, würde gewiß zuerst auf seinem Scheiterhaufen sitzen.

Der König hat eine Akademie, die eben nicht aus den besten Köpfen besteht, welche man hier auffinden könnte. Unterdessen hat sie unter den vielen mittelmäßigen Leuten doch einige Männer von wahrem Verdienst. Der König hat, wie viele Fremden schon bemerkt haben, ein Vorurteil für die Ausländer, und beschreibt sich lieber einen unserer Journalisten, um seine Akademien zu komplettieren, als daß er einen deutschen Gelehrten in dieselbe aufnähme. Herr Pilati[5] hat schon bemerkt, daß einige hier angesessene Deutsche eine bessere Figur in der Akademie machen würden als manche dieser Ausländer. Allein der König hat durch sein »Sur la littérature allemande« den Deutschen ein öffentliches Zeugnis gegeben, daß er ihre Literatur und sogar ihre Sprache nicht kennt.

Als er seine Bildung erhielt, war die deutsche Literatur noch ein Unding. Besonders herrschte zu Berlin eine Barbarei, die ihm anekeln mußte. Sein Geschmack war an die Franzosen und Italiener gewöhnt, und als er die Regierung angetreten hatte, machten bloß diese Ausländer in den Erholungsstunden seine Gesellschaft aus. Unterdessen ging das Licht in Deutschland auf, ohne daß er es sah. Er sprach und schrieb nur französisch, und der Spott der fremden schönen Geister, die ihn umgaben und kein deutsch verstanden, befestigte sein Vorurteil gegen eine Sprache, die er nie gut sprechen und schreiben lernte, und gegen eine Nation, die er bloß nach dem finstern Humor und steifen Schnitt beurteilte, der die Einwohner von Berlin unter der Regierung seines Vaters auszeichnete, und den sie noch nicht ganz abgelegt haben. Als das Geschrei von der deutschen Literatur zu laut ward, und man ihm einige Pröbchen vorlegte, konnte er unmöglich den

Gang einer Sprache fassen, die er von jeher als barbarisch betrachtet hatte, und von welcher er selbst nur das elendeste Jargon sprechen und schreiben konnte. Um an einer Sprache Geschmack zu finden, muß man notwendig mit ihren eigentümlichen Wendungen bekannt sein. Es verhält sich damit wie mit einem Schauspieler, der die Stelle eines andern ersetzt, welcher der Liebling des Publikums war. Der neue Akteur mag bei seinem ersten Auftritt aller Kunst aufbieten, er wird doch nie dem Publikum genug tun. Es muß sich erst an seine besondre Aussprache, seine eigentümlichen Gebärden, und an eine Menge Kleinigkeiten gewöhnen, die ihm bloß durch den Vergleich mit seinem verlornen Liebling auffallen und ekelhaft sind, und die es an diesem nicht mehr bemerkte, weil es derselben durch die lange Bekanntschaft gewohnt geworden war. Der König, der sich wegen seinen Regierungsgeschäften die Mühe nicht nehmen konnte, durch häufigen Umgang mit der deutschen Literatur sich an die Eigentümlichkeiten der Sprache zu gewöhnen, und den Ekel zu besiegen, den er gegen sie gefaßt hatte, ward durch diese ihm vorgelegten Pröbchen immer noch mehr in seinem Vorurteil bestärkt. Vielleicht war man auch in der Wahl derselben nicht glücklich.

Wenn man bedenkt, daß er seit seiner Regierung die Literatur bloß zu seiner Erholung und seinem Vergnügen gebraucht, so kann man ihm seine Abneigung gegen die deutschen Gelehrten vollends nicht verübeln. Selten verbinden sie den feinen Weltton mit ihren Kenntnissen, und ihr Witz stumpft sich an dem trocknen Studieren ab. Indem andre Nationen öfters den Verstand dem Witz schlachten, opfern sie diesen jenem gänzlich auf. Der Hunger und der Mangel an Bekanntschaft mit der großen Welt macht ihre schönen Geister schüchtern, kriechend und abgeschmackt im Umgang, wenn sie auch in ihrer Welt hinter dem Ofen noch so herrisch und gebieterisch tun, und ihren Luftgeschöpfen eine Politur zu geben wissen, wovon sie selbst in ihrem alltäglichen Umgang und gesellschaftlichen Betragen keine Spur haben. Die Professormiene der deutschen Gelehrten, und das Studentenmäßige der Schöngeister, welche der König zu Gesicht bekam, konnten ihn nicht für die deutsche Literatur einnehmen. Ohne Zweifel trug auch der Nationalhumor dazu bei, daß er ihnen die Franzosen und Italiener immer vorzog. Ihr Genie ist langsam, und wenngleich vielen ihrer witzigen Produkten der Stachel[6] nicht fehlt, so merkt man doch zu deutlich, daß er ihnen hart aus dem Leibe geht. Sie empfehlen sich daher selten als gute Gesellschafter, wenn sie in ihren Schriften auch noch so unterhaltend sind. Sie haben die Lebhaftigkeit nicht, welche die Franzosen und Italiener in den Stand setzt, das Sonderbare eines Dinges augenblicklich zu fassen, und seine schnellen Beobachtungen dreist herauszusagen. Die Religion hat auch einige Schuld daran. Sie gewöhnt die Protestanten, das Angenehme dem Nützlichen zu weit nachzusetzen, und da die Katholiken in Deutschland, deren Religion der Phantasie und dem Witz mehr freies Spiel gestattet, noch in der tiefen Barbarei sind, so hat man sich eben nicht sehr zu wundern, daß sich der König zum Behuf seiner Erholungsstunden lieber italienische Abbés wählt als deutsche Pastors, die in Rücksicht auf gründliche Kenntnisse oft freilich viel vor jenen voraushaben, aber sich immerfort auf die Kanzel drucken und in den Predigerton fallen, womit dem König eben nicht gedient sein kann. Ebenso verhält es sich mit den deutschen Politikern und Geschichtschreibern. In Rücksicht auf Wahrheit und Genauigkeit der trockenen Tatsachen übertreffen sie die Geschichtschreiber und Politiker aller andern Nationen; aber sie wissen diese Tatsachen nicht sprechen zu machen, noch ihnen ein schönes Gewand zu geben. Es ist freilich besser, wahrhaft und trocken, als unrichtig und witzig zu sein; allein die Wahrheit läßt sich auch mit dem Witz verbinden, und wenn sie dieser gefälliger und einnehmender macht, so ist er eben nicht zu verachten.

Die Vorwürfe, welche der König in seinem »Sur la littérature allemande« seinen Landsleuten hierüber macht, sind ziemlich gegründet; allein seine Bemerkungen über die Schulen sind, so wie die Pröbchen vom Witz einiger deutschen Schriftsteller, sehr übel angebracht. »Der Schießer armdicker Strahlen« und »der Ring an dem Finger der Zeit«[7] wäre in den letzten 20 Jahren allgemein in Deutschland ausgepfiffen worden. Was die Schulen betrifft, so sind sie in keinem Land in Europa in dem vortrefflichen Zustand, worin sie in des Königs Landen selbst sind. Regeln sind der Deutschen eigentliche Sache, und auch über Dinge, die sie selbst zu leisten gar nicht aufgelegt sind, wissen sie die besten Vorschriften zu geben. Keine Nation kömmt ihnen in Beurteilung des Wertes der Genieprodukten bei. Sogar über die Art, wie eine Geschichte gut geschrieben werden soll, haben sie die besten Regeln gegeben, die aber, wie alle Regeln in der Welt, noch kein Genie hervorgebracht haben. Indessen sind Regeln und Beurteilung der Schriftsteller doch alles, was sich in der Schule leisten läßt.

Nichts hemmt die Entwickelung des Genies der Deutschen so stark als die Gleichgiltigkeit der Fürsten gegen die deutsche Literatur. In meinen Augen verdienen sie keine Vorwürfe darüber. Wenn sie fortfahren, wie sie seit einiger Zeit angefangen haben, den Landbau zu befördern, den Kunstfleiß rege zu machen, die Gesetzgebung und die Sitten zu verbessern, und ihre Schulden zu bezahlen, so wird diese »männliche Tätigkeit«, wie sie der König in seiner Abhandlung über die deutsche Literatur nennt, mehr zum Glück und Ruhm der Nation beitragen, als wenn ihre Dichter und Redner jene der alten und neuern Zeiten verdunkelten. Allein, wenn einer der ersten Fürsten Deutschlands selbst seinen Landsleuten Vorwürfe macht, daß sie noch keinen Virgil, keinen Horaz, keinen Tullius[8], keinen Corneille, keinen Molière, keinen Voltaire und keinen Tasso hervorgebracht haben, so sollte er doch bedenken, daß die Fürsten das meiste zur Bildung des Geschmackes und der Sprache und zur Entwickelung des Genies beitragen müssen. Ich fand noch keinen Hof in Deutschland, wo nicht eine fremde Sprache herrschte. Die Hofleute, Sachsen ausgenommen, sprechen gemeiniglich ihre

Muttersprache am schlechtesten, so erbärmlich auch ihr französisches oder italienisches Jargon ist. Ohne die französische Sprache kömmt einer nicht einmal an den deutschen Höfen fort. An den meisten derselben hält man es für unanständig und pöbelhaft, seine Muttersprache zu sprechen. Und doch ist der Hof der Ort, wo die Sprache die Ründung, den Schliff und die Leichtigkeit am schnellsten bekommen kann, die sie von dem Jargon der Barbaren auszeichnen sollen. In Frankreich und Italien trugen die Höfe das meiste zur Verfeinerung der Sprache bei. Der Schriftsteller schafft sich so leicht seine Sprache nicht. Die Wörter und Redensarten müssen erst in den guten Gesellschaften das Bürgerrecht bekommen haben, ehe er sie ohne Anstoß gebrauchen kann. Der Eifer, seine Sprache rein und mit Geschmack zu sprechen, muß unter den Leuten der höhern Klasse, die allzeit den Ton des Hofes annehmen, zu dem Stolz und sozusagen zu der Eitelkeit werden, welche in der Kleidung, im Putz und in den Gebärden derselben zu herrschen pflegt. Auch in Griechenland und Rom haben die guten Gesellschaften und die Staatsgeschäfte zuverlässig mehr zur Ausbildung der Sprache beigetragen als die Schriftsteller, deren Erscheinung allzeit schon einen hohen Grad von Kultur bei ihrer Nation voraussetzt. – Wo soll sich der deutsche Redner bilden? Auf der Kanzel? Vor dem Pöbel? Denn wenige Leute aus der feinen Welt legen der Kanzelberedsamkeit einigen Wert bei. In der Gerichtsstube? Bei dem unsinnigen Kanzleistil und der kalten und schwerfälligen Prozeßordnung? Es muß erst ein römischer Rat, es muß erst römische Gesetzverwaltung dasein, ehe man einen Cicero erwarten kann. Die auswärtigen Staatsverhandlungen, die noch ein großes Feld für den deutschen Redner wären, geschehen durchaus in der französischen Sprache. Es gibt sogar Fürsten, deren Verordnungen für ihre Untertanen erst aus dem Französischen übersetzt werden müssen, ehe sie publiziert werden. Der Reichstag zu Regensburg,[9] der einzige Ort, den die zerrissene deutsche Nation als ihren Mittelpunkt und Sammelplatz betrachten kann, und wo die Liebe zur Staatsverfassung, zum Vaterland, und der Nationalstolz die Demosthenen[10], die Ciceronen, die Burkes[11] und Foxes[12] bilden sollten, dieser Reichstag ist der Tempel des Schlafes, der Fühllosigkeit, der stillen Bestechung, der finstern Rabulisterei[13] und der stummen Verräterei. Die Verhandlungen mit den fremden Gesandten, und sogar auch die meisten unter den inländischen, geschehen wieder in französischer Sprache, und in den Versammlungen der Deputierten selbst hängt alles von einem dürren Ja ab. Selten hört man ein Nein; denn es ist gemeiniglich alles vorläufig schon ins reine gebracht. Der Reichshofrat zu Wien spricht eine Sprache, die unter 10 deutschen Gelehrten kaum einer versteht, und ohne Zweifel gibt ihm die Kammer zu Wetzlar[14] in der Unverständlichkeit nichts nach. Nirgends sonst ist die deutsche Nation konzentriert. Sie ist auch gar nicht gewöhnt, sich als eine einzige selbstständige Nation zu betrachten, und ihre Sprache kann sich daher so wenig fixieren als ihr Charakter.

Wenn aber auch dieses Hindernis gehoben wäre, so würde es dem deutschen Genie immer doch noch an der Belohnung und also an der stärksten Aufmunterung fehlen. Der kleine Weimarsche Hof ist der einzige, den ich noch in Deutschland fand, welcher das vaterländische Genie nicht hungern läßt. Da er aber seine Nebenausgaben sehr einschränken muß, so muß er die schönen Geister zu Räten, Sekretären und Superintendenten machen, um sie belohnen zu können.[15] Klopstock ist unter den jetztlebenden Dichtern vielleicht der einzige, der einige unbedeutende Zeugnisse von werktätigen Patriotismus einiger Großen Deutschlands empfängt.[16] Der elendeste unserer Journalisten macht an den deutschen Höfen unendlich leichter sein Glück als der größte unter den inländischen Schriftstellern. Einer der auffallendesten Beweise hievon ist die hiesige Akademie.

Unter den vielen hiesigen Gelehrten von Verdienst, »qui ne sont rien, pas même académiciens«,[17] war mir die Bekanntschaft mit dem Juden Moses Mendelssohn[18], den Herrn Büsching[19], Teller[20], Spalding[21], Ramler[22], Nicolai[23] und der

Frau Karschin[24] vorzüglich interessant. Der erste ist einer der merkwürdigsten Schriftsteller Deutschlands. Seine Werke haben eine Eleganz und seine Sprache ist so reich, rund und bestimmt, daß er mit der Zeit klassisch werden muß. Er ist Direktor einer ziemlich beträchtlichen Handlung und übt seine Philosophie aus, so viel er kann. Jetzt beschäftigt er sich in seinen Nebenstunden mit Beiträgen zur Aufklärung seiner zerstreuten Glaubensgenossen. Er hat auch in seinem Umgang die Eleganz, die ihn als Schriftsteller auszeichnet, und die seine unvorteilhafte körperliche Bildung überwiegend verbessert. Büsching, Teller und Spalding sind Oberkonsistorialräte. Der erste ist der größte bekannte Geograph in Europa. Seine Beschreibung von Europa übertrifft in Rücksicht auf Genauigkeit und Vollständigkeit unendlich weit alles, was hierin andre getan haben. Man muß immer bedenken, daß diese Wissenschaft wegen den vielen Veränderungen, die in jedem Lande beständig vorfallen, notwendige Mängel haben muß. Allein ich zweifle, ob es möglich sei, mehr zu tun, als Büsching getan hat. Nicht nur sein unsäglicher Fleiß, welcher zu einer Unternehmung von der Art erfodert wird, sondern auch sein Scharfsinn in Beurteilung seiner Hülfsmittel ist zu bewundern. Sein historisches und geographisches Magazin enthält die wichtigsten Beiträge zur neuern Geschichte, besonders der russischen. Er selbst ist das unerschöpflichste Magazin von Anekdoten der europäischen Höfe. Es ist kein Hof in Europa, dessen wirklichen Zustand er nicht aufs genauste kennt. Da er einer ungeheuern Menge lebender Sprachen mächtig ist, so entgeht ihm nichts von den historischen, politischen und geographischen Produkten der Europäer. Die ganze Welt liegt immerfort wie in der erhobenen Arbeit vor ihm, worin der General Pfyffer zu Luzern einen Teil der Schweiz dargestellt hat,[25] und worauf er nicht nur den natürlichen Zustand und den physischen Anbau der verschiedenen Länder, sondern auch die Bewegung der Menschen wie lebendig erblickt. Ich sprach mit ihm von der Vollendung seiner unschätzbaren Erdbeschreibung. Er schützte seine vielen Berufsgeschäfte vor, die ihm die Hände bänden, so sehr er auch dazu geneigt sei. Allein ich konnte doch mitunter bemerken, daß er die damit verbundenen Schwierigkeiten scheut. Asien, Afrika und Amerika lassen sich so leicht auch nicht beschreiben als Europa. Unterdessen hat er doch erstaunlich viel vorgearbeitet. Teller und Spalding sind die unpriesterlichsten Priester, die ich kenne. Keine Seele auf Gottes Erdboden ist in Gefahr, von ihnen verdammt zu werden. Ihre Religion ist die theoretische und praktische Philosophie. Beide sind vortreffliche Prediger, elegante Schriftsteller und Pröpste, die gegen die Art der protestantischen Geistlichen ihr ziemlich schönes Auskommen haben, dem sie vielleicht einen guten Teil ihrer gemäßigten Denkensart zu verdanken haben; denn der Hunger macht die Priester am leichtesten ungesittet, grob und unverträglich. Ramler ist einer der liebenswürdigsten Dichter Deutschlands. Keiner hat es in der Ausfeilung seiner Verse so weit gebracht als er. Er hat etwas von Horazens scharfen und kurzen Pointen und den gedrängten und kräftigen Perioden desselben. Seine Sprache ist klassisch. Er ist Professor bei der Kadettenschule und eben in keinen glänzenden Glücksumständen. Herr Nicolai ist für die deutsche Literatur als Schriftsteller, besonders aber als Sammler ein äußerst merkwürdiger Mann. Sein »Sebaldus Nothanker« ist einer der besten deutschen Romane; ganz Original und voll treffender Charaktere und interessanter, wahrer Schilderungen. Da er Buchhändler ist, so kann man es ihm nicht verübeln, daß er seine Schriftstellerei nach den Pfunden auswiegt, die sie ihm eintragen kann. Kein deutscher Schriftsteller, den einzigen Wieland ausgenommen, der ihm seines eignen schriftstellerischen und notorischen Judentums ungeachtet Vorwürfe darüber gemacht hat,[26] versteht es so gut, seine Ware für das Publikum zu appretieren[27] und die Zeitläufe zu benutzen, als Nicolai. Unterdessen trifft sein Vorteil doch öfters den wahren Nutzen des Publikums, und läuft mit ihm parallel. Deutschland hat ihm ein kritisches Journal[28] zu verdanken, das an Vollständigkeit und innerm

Wert seinesgleichen jetzt in Europa nicht hat. Da er nur der Sammler ist, so kann man es ihm nicht auf die Rechnung setzen, wenn sich manchmal eine parteiische und leidenschaftliche Rezension in seine »Deutsche Bibliothek« einschleicht. Die Zahl der unparteiischen und gründlichen Rezensionen ist doch allzeit weit überwiegend, dahingegen die Rezensionen andrer Nationen heutzutage durchaus die Wirkungen von Komplotten sind. Sein Umgang ist unbeschreiblich interessant, weil er einen unerschöpflichen Vorrat von Anekdoten deutscher Schriftsteller hat, von denen er eine skandalöse Chronik liefern könnte, die alles überträfe, was skandalös heißt. Er kennt alle Klubs derselben, und ihre häuslichen Angelegenheiten. Madame Karschin ist eine liebenswürdige Dichterin. Ihre Gedichte atmen Unschuld, sanfte Empfindsamkeit und philosophische Seelenruhe. Sie ist auch eine vortreffliche Gesellschafterin, und um so merkwürdiger, da sie sich selbst gebildet hat.

Unter dem hiesigen Frauenzimmer findet man sehr viele, welche mit den schönen Künsten und Wissenschaften Umgang pflegen. Madame Reclam[29] ist unter andern eine glückliche deutsche und französische Dichterin. Ich war in vielen Gesellschaften, wo das Frauenzimmer an allem literarischen Gespräche teilnahm.

Nirgends findet man unter den Hofleuten so viel Aufklärung als hier. Alle Minister und wirkliche Räte sind die ausgesuchtesten Männer, unter denen kaum einer ist, der nicht in seinem Fach ein merkwürdiger Schriftsteller sein könnte. Der jetzige Fiskal des Königs[30] hat in einer kurzen Abhandlung über die peinliche Gesetzgebung mehr geleistet, als alle Folianten und Quartanten und auch alle philosophische Deklamationen in Beccarias[31] Geschmack hierin geleistet haben. Der Minister v. Hertzberg[32], an den des Königs Abhandlung von der deutschen Literatur adressiert ist, und welcher mit Wärme die Partei seiner Landsleute nimmt, hat sich als Geschichtschreiber, besonders aber als Verfasser vieler merkwürdigen Staatsschriften bekannt gemacht. Er ist das

Muster eines braven Ministers, und wird dir durch die Verhandlungen des Streites über die bayrische Erbschaft und des Teschner Friedens[33] bekannt sein. Der königliche Justizminister v. Zedlitz[34] hat einige sehr treffende Bemerkungen über die Erziehung herausgegeben, und viele der königlichen Räte sind wirklich Schriftsteller. – Nach dem alten Sprüchwort erkennt man den Herrn an seinem Diener, und es gibt so wenig einen größern König in der Welt, als man eine aufgeklärtere, patriotischere und tätigere Staatsbedienung findet, als die preußische ist.

Was die Gelehrten von Norddeutschland besonders auszeichnet, ist ihre Bekanntschaft mit der Literatur der kultiviertesten europäischen Nationen. Weder hier noch in Sachsen fand ich einen Gelehrten von Bedeutung, der nicht mit den berühmtesten Schriftstellern Großbritanniens, Italiens und unsers Vaterlandes genau bekannt gewesen wäre. Sie sind in der Literatur wahre Kosmopoliten, und ganz ohne Vorurteil für ihre einheimischen und gegen die ausländischen Produkte. Nirgends fand ich so viel allgemeine und unparteiische Weltkenntnis als hier. Dies ist ein Vorzug, den weder die Franzosen noch die Engländer und Italiener den Deutschen streitig machen können.

17

CHRISTIAN FRIEDRICH DANIEL SCHUBART

Friedrich der Einzige. Ein Obelisk

(1786)

»Was baust du die Halle, du Sohn der beflügelten Tage? Heute schaust du aus deinen Türmen, noch wenige Jahre: – und der Hauch des Todes kömmt, und heult durch deine verlaßnen Höfe.«

»Und laß ihn kommen, diesen Hauch. Mein Name wird leben im Munde der Völker, meine Taten werden wie Sterne hinter mir leuchten. Wenn du, o Sonne des Himmels, schwinden, wenn du zerstäuben wirst, mächtiges Licht, wenn dein Glanz für eine Weile nur ist, wie *Fingal*; so wird mein Ruhm deine Strahlen überleben.«

Ossian[1]

Was schleierst du, Muse, den Blick?
Was will an der Wimper die bebende Träne?
Was hauchst du aus bleichen, mattgeöffneten Lippen
Seufzer, dem Hauche des Sterbenden gleich?
Was soll dies stumme Deuten auf die Goldharf',
Die an meines Geklüfts Steinwand gelehnt,
Noch schüttert von *Friederichs* Hymnos[2]? –

»O sprich ihn nicht aus, des Gefei'rtesten Namen!
Denn tot ist Er! *Friedrich Brennus*[3] ist tot!«

So sprach die Muse, meiner Einöde Gespielin,
Schwankt' und hielt sich an meines Geklüfts Steinwand.
Und wie der sterbende Sünder aufzuckt,
Wenn ihn des Gerichts Nähe schreckt,
So begann sie von neuem:
»Hörst du Sterbgewimmer vom rötlichen Nord her?

Hörst du der Völker staunenden Aufschrei
An deines Walles Felsengurt sich spaltend:
Tot! *Friedrich Brennus!* – tot!! –

Da schau hinaus in die Nacht!
Sieh, eine Riesengestalt
Bäumt sich vom Tal auf,
Den Scheitel im Mondstrahl, den Fuß im Nachtgrau.
Der Engel Teutonias ist's.
Siehst du! Mit dem Wodansschilde
Weist er gen Himmel. Er spricht.
Wie fernes Wettergemurmel
Tönt seine Rede.
Dein Trotz, Tochter *Teutonia*,
Friedrich, meiner Zöglinge Größter,
(Ich wiegt' ihn groß
In der eisernen Wiege der Gefahr)
Des Auslands Schreck, des Inlands Stolz,
Friedrich Brennus ist tot!

Ich sah ihn fallen vom Himmel,
Den köstlichen Abstrahl der Gottheit,
Zu leuchten der Erde, der Maßstab zu sein,
An dem sich Fürsten, Helden, Weise,
Und Meister von jeglicher Kunst
Messen und strecken. Zu gründen
Borussias Glück. Zu festigen
Die Rechte meines Volks und zu heften auf Ihn
Des Erdballs staunenden Blick.
Sein Werk ist vollendet. Es flog
Friedrich, der Gottheit köstlicher Abstrahl,
In seine Heimat zurücke.«

Der Mond ging blutig unter und die Erscheinung verschwand.
»Nimm da die Goldharf' und singe
Friedrichs Todengesang!«

So sprach die Muse zu mir,
Der in der Betäubung Todesfrost starrte.

Laß Friedrichs Barden[4] *singen.*
»Sie schweigen.
Wenn ein Cherubswetterwagen
Über dem Walde hängt;
Wenn die getroffne älteste Wodanseiche
Vom Donnerstrahl aufdampft:
Dann bergen die Sänger des Hains
Die goldnen Schnäbel unter die Flügel.

So stumm steht *Gleim*[5],
Der silberlockichte Grenadenschwinger.
An des Riesen gestreckter Leiche
Schwankt *Ramler*[6] mit gesunkner Tuba.
Auch *Karschin*[7], Borussiens Bardale,
Hüllt sich in Todenschleier und schweigt.
Vom Hauche der Wehmut
Trübt sich des Himmels bläuliche Wölbung.
Des Greisen keuchender Todenruf,
Des benarbten Kriegers Schädelschlag,
Der Witwen Geächz, des Waisen Geheul,
Der Armen Geschluchz übertäubte
In Borussiens Gauen
All ihrer Sänger weinende Klage.
Erst, wenn der Sturm des Jammers ausgetobt:
Dann singen Friedrichs Barden im Eichenhain
Unter tröpflenden Zweigen.«

Reich mir indessen die Harfe,
O du, meines Grams Gefährtin,
Daß ich beginne den Todengesang.

Töne, töne dann, mein banger Sterbgesang,
Der Winde Gewinsel im Todenkranze,
Dem rauschenden wilden Grase
Auf zerfallnen Heldengräbern gleich,
So töne, du, mein banger Sterbgesang!
An deine Sternenburg, Himmelerhobner,
  Schlage mein Sterbgesang! –

Groß und belehrend war dein Leben,
  Groß und belehrend dein Tod.
Mit Sternenschrift steht deiner Taten Zahl
  Im Buche der Zeit.
Staunend wird sie lesen der Enkel Urenkel
  Und der Kunde kaum trauen.
Doch tat sich der Erdengott selbst je genug?
Ha, dicht an der Wölbung der Königsgruft
Durchblitzt er sein Leben
Mit der strengsten Prüfung Ätherstrahl.
Maß jeden Schritt auf seiner
Mit Heldenschweiß beträuften Bahn.
Auch horchtest du, *Einziger*,
In den festlichen Stunden der innersten Geisteseröffnung
Der Gerichtswaage Getön,
Und freutest dich der goldnen Schale
Vom Wuchte deiner schönsten Taten zuckend. –
Nicht der Krankheit Natternstiche,
Nicht des Alters drückende Last
Vermocht's, dir den Szepter entsinken zu machen.

  Schon schmückte dein Antlitz
Der nahen Verklärung morgenrötlicher Schimmer;
Da sprachst du die fei'rlichen Worte.
Engel tranken sie auf:

  »Heil mir! ich werde ewig tätig sein!
  Zu mächtig fühl' ich in mir

Des göttlichen Funken
Ungestümes, allgewaltiges Wehen.
Zwar werd' ich dort nicht *König* sein;
Doch *ewig tätig* und ohne beugenden Undank.«

Drauf blicktest du, leuchtende Sonn' am Himmel der Brennen,
Auf deines Hauses flimmende Stern' umher,
Deine Gemahlin, Brüder und jeden Blutstrahl
Aus der grauen *Zollern* goldnen Quelle.
Sprachst zu deiner Krone würdigen Erben:
»Umarme mich, Neffe, du köstlichster Blutstrahl
Aus der grauen Zollern goldnen Quelle!
Sei König! Ich sterbe! Verlern es nie, Mensch zu sein!!«

Mit leisem Tritte nahte sich der Tod.
Des Lebens Uhr, die mit dem Finger des Titus
Dem tatenstrebenden Manne
Nie eine verlorne Stunde wies,[8]
Rasselte ab. – Ha, selbst die letzte Minute
War für den Geizer der Zeit unverloren.
Denn sie lehrte Könige die *Sterbekunst*. –

Borussiens Genius
Neigte sich tief und küßte des Sterbenden Stirne;
»Du hast des Völkervaters Pflichten all' erfüllt.
Sohn! Liebling! Bald mein Bruder!
Meiner lieben Preußen *zweiter Schutzgeist*.«
So hauchte der Halbgott den Sterbenden an.
Friedrich hört's – und im Entzücken,
Des Völkervaters Pflichten all' erfüllt zu haben,
Brach ihm das Herz. –
Des großen Toden Haupt
Sank sanft an *Hertzbergs*[9] Brust,
Der Erdenbürd' entlastet.

Vom liegenden Leichname,
Im Lächeln des guten Gewissens noch schimmrend,
Eilte sein Geist, der Gottesstrahl,
Schnell von des Todes Betäubung besonnen,
Ins Reich der Urgröß' empor.
Ihm boten der Menschen Größte,
Der Gottheit getroffenste Nachbilder,
Die lichte, liebebebende Rechte.
Er aber bemerkte sie kaum, eilt' und sank
Am Throne des Allherrschers nieder.

»Vor einem Erdengott, aus Leim geknetet,
Hab' ich mich nie gebeugt. Doch dir, der Größe
Ewiges, einziges Urbild,
Küss' ich den Saum des Gewands.«

Sprach's. Der Allgroße lächelt' ihm Gnade.
»Du dachtest nicht *König* – nur *tätig* zu sein? –
Erst lohn' ich deine *Demut*;
Dann deinen *Tatendurst.*
Sei ewig König und herrsche!
Ich habe weiten Raum
Für Geister deinesgleichen,
Sich drin zu wälzen.«

Aus des Staunens Strudel erhob sich *Friedrich*,
Dankt' dem Geber der neuen Gnaden;
Bot dann erst seinen Brüdern,
Den Ehren der Menschheit, die glühende Rechte.
Und seine Helden alle, die für Ihn
Einst fochten, bluteten, starben,
Folgten Ihm in seiner neuen Herrschaft Bezirke.

Dies sah die Muse. Doch ach! auf der Erde
Erhob sich an *Friedrichs* Leichnam Sterbgewinsel.

Ein grauer, benarbter Krieger sprach:
»Ah, da liegt Er nun, der Sieger bei *Mollwitz*,
Der Donn'rer in *Czaslaus*, *Striegaus* und *Soors*
Leichenbesäten Gefilden.[10]
Wer hob
Habspurgs Riesen mit eiserner Faust
Hoch in die Luft und schüttelt' ihn zornig?
Wer zeigte bei *Roßbach* dem *Gallier*,
Daß deutscher Schwertschlag kräftiger sei,
Als Seiner Red' und Sitte Gezier?[11]
Wer düngte *Zorndorfs* Gefilde
Mit *Moskoviens* Erwürgten?[12]
Wer scheuchte *Wasas* entartete Enkel?[13]
Flohen nicht vor Ihm getäuschter Völker Scharen,
Wie Hornissenschwärme
Vor der praßlenden Flamme? –
Wer spottete des Krieges Ungemach wie Er?
Oft bot ich Ihm an meines Schwertes Spitze
Mit Talg beträuftes Brot. Oft löscht' Er neben mir
Den Durst aus dem Bach am Wege.
Wärmte sich mit mir am krachenden Feuer des
Dornstrauchs.
Schlief im bereiften Gras und achtete nicht
Des Nordsturms Hauch und des strömenden Regens
Durchnässung.
Und ach! da liegt Er nun, der Täter dieser Taten!! –«
So spricht der heulende Krieger und wetzt
Sein Schwert am Sarge des Helden.

Des Genius Vertrauter spricht:
»Weit hinauf maß Er an der Geister Urmaß. –
Fest und stark war seine Seele.
Keines Geschöpfes Gewalt,
Gott allein hätt's nur vermocht,
Ihn aus seiner Entschlüsse Felsenburg
Herauszudonnern. – Der geschaffne Gedanke

Sprang in voller Rüstung aus *Friedrichs* Hirn
Und ward zur Tat. – Auch lüpft' Er oft
Der Schönheit Silberschleier
Und sah ihr olympisches Lächeln.
Nie riß sich in Ihm Ein Vermögen der Seele
Von den andern los, zur Mißgestalt
Seinen Genius aufzudunsen.
Seines Geistes Kräfte klangen zusammen
Wie harmonisches Glockengeläute.
Darum weinen die Schätzer der Geister um Ihn;
Denn ihr Maß, ihr Festgefühl war Er!!«

Sieh, eine weinende Schar von Armen, Witwen und
Waisen
Naht sich dem heiligen Leichnam,
Rauft sich das Haupthaar und schluchzt:
»War Er Szepterträger allein? Völkerzähmer allein?
Weinen wir nur den Großgeist in Ihm? –
Nein, seliger Schatten, wir weinen in dir
Den *Vater*! – das Nachbild des Vaters im Himmel.
Wenn gleich beweglichen Feuergebürgen
Die Gefahr unsern Grenzen sich nahte:
So warfst du dich an deiner Krieger Spitze,
Achtetest nicht der glühenden Lava,
Und lenktest ab den feurigen Strom.

Fürchterlich streckte der Hunger sein tönend Gerippe
Über *Deutschlands* Provinzen,
Griff mit der Rechten nach Wurzeln, mit der Linken
nach Äsern.
Da welkte mit Gras im Munde der Greis.
Da starb vom Kalkmehle der Jüngling.
Da sog der Säugling Blut.

Nur Vater *Friedrich* goß aus dem Füllhorne
Des Halmes Stärkung auf die Müden;

Und in Sandfurchen sprudelte Milch.
Des Brandes Grimm verzehrte Hütten;
Er schuf zu Palästen sie um.

Gegen himmelstürzender Wasser tosende Flut
War *Friedrichs* rätliche Weisheit – ein Damm.

So rang Er selbst der Natur
In ihren Gerichten den Sieg ab.

O weinet um Ihn!
Den Vater! den Retter des Volks!
O weinet um Ihn!! –«

Doch sind's *Friedrichs* Kinder allein,
Die um den Göttlichen trauren? –

Nein! Europa klagt! Es stutzt die Welt!
Seine Feinde selbst umfloren den Arm,
Der gegen den nordischen Löwen[14] sich hob.

Ich aber schwinge mich auf Flügeln
Der Phantasie in deine Todenhalle,
Und mit gesunknen Armen streck' ich mich,
Du Hochgefei'rter, über deinen Eichensarg,
Laut weinend, daß mich dein Stab nicht weidete.
Du Gottesflamme! Ganzer! Einsamer!
Dem des feurigsten Hymnos kühnste Flamme
Die Hüfte nur leckt, nicht das Antlitz verklärt.

O laß mich weinen!
An deinem Eichensarge laß mich weinen!
Friedrich, wär' ich bei dir!!

Du bist, wo die Fessel nicht rasselt;
Wo unter der Gewalttat Fußtritt
Der Boden nicht dröhnt. O wär' ich bei dir!! –

Dich aber, Borussiens glückliches Volk,
Segnet die Rechte des traurenden Barden.
Sei stolz! *Dein* war *Fehrberlins*[15] *Sieger*,
  Deiner Herrlichkeit Gründer!
Dein Friedrich Wilhelm[16], deutscher Kriegskunst
    Mächtiger Schaffer.
Dein Friedrich! der Unerreichte!! –
Und *Dein!* – neige Dich tief und bete
  Den Throner des Himmels im Staub an –
Dein – Friedrich Wilhelm[17]*!!* –

Sieh, Religion bringt Ihm von Sion[18] die *Palme*,
Und Deutschlands Engel aus Tuiskons[19] Hain
Den *Eichenkranz*. Ihm lächeln die Hüter der Erde.
Über Ihn gießt sein Genius
Auf Jehovas Befehl
Das heilige Salböl. – –

  Am Tage des Völkergerichts
Ragt hoch über die Völker
  Germania empor.
Und unter Germaniens Töchtern hoch –
  Borussia!! – –

FRIEDRICH SCHILLER

Plan einer Frideriziade

Brief Christian Gottfried Körners an Schiller

(1788)

[...] Ich hatte einen flüchtigen Einfall, ob ein *episches Gedicht* auf Friedrich keine Arbeit für Dich wäre. Versteht sich, ohne die konventionellen Schnörkel von Feerei und allegorischem Wesen. Auch könntest Du etwas anderes an der Stelle der Hexameter brauchen. Sollte diese Gattung der Dichtkunst keiner Verbesserung, keiner Anwendung auf einen solchen Gegenstand fähig sein? Das Begeisternde aus der Geschichte eines solchen Mannes in einen kleinen Raum zusammengedrängt, mit möglichster Pracht der Diktion und des Wohlklangs dargestellt, mit Schilderungen der Phantasie aus der *verschönerten wirklichen* Welt durchwebt (wie die Episoden in Thomsons »Jahreszeiten«[1]): sollte dies nicht ein interessantes Kunstwerk geben? Was meinst Du dazu? [...]

Brief an Christian Gottfried Körner

(1788)

[...] Deine Idee zu dem epischen Gedichte ist gar nicht zu verwerfen, nur kommt sie 6 bis 8 Jahre für mich zu früh. Laß uns späterhin wieder darauf kommen.
Alle Schwierigkeiten, die von der *so nahen* Modernität dieses Sujets entstehen, und die anscheinende Unverträglichkeit des *epischen Tones* mit einem *gleichzeitigen Gegenstande* würden

mich so sehr nicht schrecken; im Gegenteil, es wäre eines Kopfes würdig, sie zu bestehen und zu überwinden. Wenn einige *vollendetere* poetische Werke und einige gute historische Versuche die Erwartung des *ganzen* deutschen Publikums von mir genug erhöht und verbessert haben werden, daß ich von seiner Seite etwas Großes zur Beförderung einer solchen Nationalangelegenheit hoffen kann – Dinge, die alle einigen Schein der Wahrscheinlichkeit haben –, dann läßt sich mehr darüber denken und sagen. [...]

Brief an Christian Gottfried Körner

(1789)

Ich komme eben von einer Geisteswanderung zurück; ein Schnupfen hinderte mich am Schreiben, da habe ich meiner Phantasie einmal den Zügel schießen lassen. Deine Idee, ein episches Gedicht aus einer merkwürdigen Aktion Friedrichs des Zweiten zu machen, fängt an, sich bei mir zu verklären, und füllt manche heitere Stunden bei mir aus. Ich glaube, daß es noch dahin kommen wird, sie zu realisieren; an den eigentümlichen Talenten zum epischen Gedichte glaub ich nicht, daß es mir fehlt. Ein tiefes Studium unserer Zeit (denn daß dies eigentlich der Punkt ist, um den sich alles darin drehen muß, wirst Du mit mir überzeugt sein) und ein ebenso tiefes Studium Homers werden mich dazu geschickt machen. Ein episches Gedicht im achtzehnten Jahrhundert muß ein ganz anderes Ding sein, als eins in der Kindheit der Welt; und eben das ist's, was mich an dieser Idee so anzieht – unsere Sitten, der feinste Duft unserer Philosophie, unsere Verfassungen, Häuslichkeit, Künste, kurz alles muß auf eine ungezwungene Art darin *niedergelegt* werden, und in einer schönen harmonischen Einheit leben, so wie in der Iliade alle Zweige der griechischen Kultur usf. anschaulich leben. Du wirst mich verstehen. Ich bin auch gar nicht abgeneigt, mir eine Maschinerie dazu zu erfinden. Denn ich möchte und muß auch alle Foderungen, die man an den epischen Dichter von seiten der Form macht, haarscharf erfüllen. Man ist einmal so eigensinnig (und vielleicht hat man nicht unrecht), einem Kunstwerk Klassizität abzusprechen, wenn seine *Gattung* nicht aufs bestimmteste entschieden ist. Diese Maschinerie aber, die bei einem so modernen Stoffe in einem so *prosaischen* Zeitalter die größte Schwierigkeit zu haben scheint, kann das Interesse in einem hohen Grade erhöhen, wenn sie eben diesem modernen Geiste angepaßt wird. Es rollen allerlei Ideen darüber in meinem Kopfe trüb durcheinander, aber es wird sich noch etwas Helles daraus bilden. Aber welches Metrum ich dazu wählen würde, ganz entschieden wählen würde, errätst Du wohl schwerlich? Kein anderes als ottave rime[2]. Alle anderen, das jambische ausgenommen, sind mir in den Tod zuwider; und wie angenehm müßte der Ernst, das Erhabene in so leichten Fesseln spielen! Wie sehr der epische Gehalt durch die weiche, sanfte Form schöner Reime gewinnen! *Singen* muß man es können, wie die griechischen Bauern die Iliade, wie die Gondolieri in Venedig die Stanzen aus dem »Befreiten Jerusalem«[3]. Ich traue mir zu, schöne Verse zu machen, und einige Strophen in den »Künstlern« werden Dir keinen Zweifel darüber lassen. Auch über die Epoche aus seinem Leben, die ich wählen würde, habe ich nachgedacht. Ich hätte gern eine unglückliche Situation, welche seinen Geist unendlich poetischer entwickeln läßt. Die Schlacht bei Kolin und der vorhergehende Sieg bei Prag z. B.,[4] oder die traurige Konstellation vor dem Tode der Kaiserin Elisabeth, die sich dann so glücklich und so romantisch durch ihren Tod löst.[5] Die Haupthandlung müßte womöglich sehr einfach und wenig verwickelt sein, daß das Ganze immer leicht zu übersehen bliebe, wenn auch die Episoden noch so reichhaltig wären. Ich würde darum immer sein ganzes Leben und sein Jahrhundert darin anschauen lassen; es gibt hier kein besseres Muster als die Iliade. Homer z. B.

machte eine charakteristische Enumeration[6] der alliierten Griechen und der trojanischen Bundesvölker. Wie interessant müßte es sein, die europäischen Hauptnationen, ihr Nationalgepräge, ihre Verfassungen, und in sechs bis acht Versen ihre Geschichte anschauend darzustellen! Welches Interesse für die jetzige Zeit! Statistik, Handel, Landeskultur, Religion, Gesetzgebung: alles dies könnte oft mit drei Worten lebendig dargestellt werden. Der deutsche Reichstag, das Parlament in England, das Konklave in Rom usw. Ein schönes Denkmal würde auch Voltaire darin erhalten. Was es mir auch kosten möchte, ich würde den *freien Denker* vorzüglich darin in Glorie stellen, und das ganze Gedicht müßte dieses Gepräge tragen.

Laß uns manchmal über diese Frideriziade miteinander plaudern.

Brief an Christian Gottfried Körner

(1791)

[...] Dein Gedanke nach Durchlesung der Stanzen[7] war ganz auch der meinige: daß ich ein episches Gedicht machen sollte. Und gewiß, erhalte ich meine Gesundheit wieder und kann zu meinem Leben Vertrauen fassen, so unternehme ich es gewiß. Von den Requisiten, die den epischen Dichter machen, glaube ich alle, eine einzige ausgenommen, zu besitzen: Darstellung, Schwung, Fülle, philosophischen Geist und Anordnung. Nur die Kenntnisse fehlen mir, die ein homerisierender Dichter notwendig brauchte, ein lebendiges Ganze seiner Zeit zu umfassen und darzustellen, der allgemeine, über alles sich verbreitende Blick des Beobachters. Der epische Dichter reicht mit der Welt, die er in sich hat, nicht aus, er muß in keinem gemeinen Grad mit der Welt außer ihm bekannt und bewandert sein. Dies ist, was mir fehlt, aber auch alles, wie ich glaube. Freilich würde ein mehr entlegenes Zeitalter mir diesen Mangel bedecken helfen, aber auch das Interesse des gewählten Stoffes notwendig schwächen.

Könnte ich es mit dem übrigen vereinigen, so würde ein nationeller Gegenstand doch den Vorzug erhalten. Kein Schriftsteller, so sehr er auch an Gesinnung Weltbürger sein mag, wird in der *Vorstellungsart* seinem Vaterlande entfliehen. Wäre es auch nur die Sprache, was ihn stempelt, so wäre diese allein genug, ihn in eine gewisse Form einzuschränken und seinem Produkt eine nationelle Eigentümlichkeit zu geben. Wählte er nun aber einen auswärtigen Gegenstand, so würde der Stoff mit der Darstellung immer in einem gewissen Widerspruch stehen, da im Gegenteil bei einem vaterländischen Stoffe Inhalt und Form schon in einer natürlichen Verwandtschaft stehen; das Interesse der Nation an einem nationellen Heldengedichte würde dann noch immer auch in Betrachtung kommen, und die Leichtigkeit, dem Gegenstande durch das Lokale mehr Wahrheit und Leben zu geben. Friedrich II. ist kein Stoff für mich, und zwar aus einem Grunde, den Du vielleicht nicht für wichtig genug hältst. Ich kann diesen Charakter nicht liebgewinnen; er begeistert mich nicht genug, die Riesenarbeit der Idealisierung an ihm vorzunehmen. [...]

Die deutsche Muse

(1800)

Kein Augustisch Alter blühte,
Keines Mediceers[8] Güte
    Lächelte der deutschen Kunst,
Sie ward nicht gepflegt vom Ruhme,
Sie entfaltete die Blume
    Nicht am Strahl der Fürstengunst.

Von dem größten deutschen Sohne,
Von des großen Friedrichs Throne
Ging sie schutzlos, ungeehrt.
Rühmend darf's der Deutsche sagen,
Höher darf das Herz ihm schlagen:
Selbst erschuf er sich den Wert.

Darum steigt in höherm Bogen,
Darum strömt in vollern Wogen
Deutscher Barden[9] Hochgesang,
Und in eigner Fülle schwellend
Und aus Herzens Tiefen quellend,
Spottet er der Regeln Zwang.

19

ULRICH BRÄKER

Aus: *Der arme Mann im Tockenburg*

(1789)

XLV.

's gibt ander Wetter!

Es war den 8. April, da wir zu Berlin einmarschierten und ich vergebens nach meinem Herrn fragte, der doch, wie ich nachwärts erfuhr, schon acht Tage vor uns dort angelangt war – als Labrot[1] (denn die andern verloren sich nach und nach von mir, ohne daß ich wußte, wo sie hinkamen) mich in die Krausenstraße in Friedrichsstadt transportierte, mir ein Quartier anwies und mich dann kurz mit den Worten verließ: »Da, Mussier! bleib Er bis auf fernere Ordre!« Der Henker! dacht' ich, was soll das? Ist ja nicht einmal ein Wirtshaus. Wie ich so staunte, kam ein Soldat, Christian Zittemann, und nahm mich mit sich auf seine Stube, wo sich schon zwei andre Martissöhne[2] befanden. Nun ging's an ein Wundern und Ausfragen: Wer ich sei, woher ich komme, und dergleichen. Noch konnt' ich ihre Sprache nicht recht verstehen. Ich antwortete kurz, ich komme aus der Schweiz und sei Sr. Exzellenz des Herrn Lieutenant Markonis[3] Lakai, die Sergeanten hätten mich hieher gewiesen, ich möchte aber lieber wissen, ob mein Herr schon in Berlin angekommen sei und wo er wohne. Hier fingen die Kerls ein Gelächter an, daß ich hätte weinen mögen, und keiner wollte das geringste von einer solchen Exzellenz wissen. Mittlerweile trug man eine stockdicke Erbsekost auf. Ich aß mit wenigem Appetit davon. Wir waren kaum fertig, als ein alter hagerer Kerl ins Zimmer trat, dem ich doch bald ansah, daß er mehr als Gemeiner sein müsse. Es war ein Feldweibel. Er hatte eine Soldatenmontur auf dem Arm, die er über den Tisch ausspreitete, ein Sechsgroschenstück dazulegte und sagte: »Das ist vor dich, mein Sohn! Gleich werd ich dir noch ein Kommißbrot bringen.« »Was? vor mich«, versetzt' ich, »von wem, wozu?« »Ei, deine Montierung und Traktament, Bursche! Was gilt's da Fragens? Bist ja ein Rekrute.« »Wie, was? Rekrute?« erwidert' ich; »behüte Gott! da ist mir nie kein Sinn daran kommen. Nein! in meinem Leben nicht. Markonis Bedienter bin ich. So hab ich gedungen, und anderst nicht. Da wird mir kein Mensch anders sagen können!« »Und ich sag dir, du bist Soldat, Kerl! Ich steh dir dafür. Da hilft itzt alles nichts.« Ich: Ach! wenn nur mein Herr Markoni da wäre. Er: Den wirst du so bald nicht zu sehen kriegen. Wirst doch lieber wollen unsers Königs Diener sein als seines Lieutenants. – Damit ging er weg. »Um Gottes willen, Herr Zittemann!« fuhr ich fort, »was soll das werden?« »Nichts, Herr!« antwortete dieser, »als daß Er, wie ich und die andern Herren da, Soldat und wir folglich alle Brüder sind und daß Ihm alles Widersetzen nichts hilft, als daß man Ihn auf Wasser und Brot nach der

Hauptwache führt, kreuzweis schließt und Ihn fuchtelt, daß Ihm die Rippen krachen, bis Er content ist!« Ich: Das wär', beim Sacker! unverschämt, gottlos! Er: Glaub Er mir's auf mein Wort, anderst ist's nicht und geht's nicht. Ich: So will ich's dem Herr König klagen. – Hier lachten alle hoch auf. – Er: Da kömmt Er sein Tage nicht hin. Ich: Oder wo muß ich mich sonst denn melden? Er: Bei unserm Major, wenn Er will. Aber das ist alles alles umsonst. Ich: Nun so will ich's doch probieren, ob's – ob's so gelte. – Die Bursche lachten wieder; ich aber entschloß mich wirklich, morgens zum Major zu gehn und meinem treulosen Herrn nachzufragen. Sobald also der Tag an Himmel brach, ließ ich mir dessen Quartier zeigen. Potz Most! das dünkte mich ein königlicher Palast – und der Major der König selbst zu sein, so majestätisch kam er mir vor, ein gewaltig großer Mann, mit einem Heldengesicht und ein Paar feurigen Augen wie Sternen. Ich zitterte vor ihm, stotterte: »Herr ... Major! Ich bin ... Herrn Lieutenant Markonis Be... Bedienter. Fü... fü... für das bi... bi... bin ich angewo...worben und sonst wei... weiters für ni... ni... nichts. Si... Si... Sie können ihn selbst fra...gen. I... Ich weiß nicht, wo er i... i ... ist. Itzt sagen's da, ich müsse So...o...oldat sei...ei...ei...ein, ich wolle o...der wolle nicht.« – »So«, unterbrach er mich, »so ist Er das saubre Bürschgen! Sein feiner Herr, der hat uns gewirtschaftet, daß es eine Lust ist; und Er wird wohl auch Seinen Teil gezogen haben. Und kurz, itzt soll Er dem König dienen, da ist's aus und vorbei.« – Ich: Aber, Herr Major ... – Er: Kein Wort, Kerl! oder die Schwernot! Ich: Aber ich hab ja weder Kapitulation[4] noch Handgeld! Au! Könnt' ich doch mit meinem Herrn reden! – Er: Den wird Er so bald nicht zu sehen kriegen; und Handgeld hat Er mehr gekost't als zehn andre. Sein Lieutenant hat eine saubere Rechnung, und Er steht darin obenan. Eine Kapitulation hingegen, die soll Er haben. – Ich: Aber – – Er: Fort, Er ist ja ein Zwerg, daß – – Ich: Ich bi... bi... bitte. – – Er: Canaille! scher Er sich zum Teufel. – Damit zog er die Fuchtel – ich zum Haus hinaus wie ein Dieb und nach meinem Quartier hin, das ich vor Angst und Not kaum finden konnte. Da klagt' ich Zittemann mein Elend in den allerhöchsten Tönen. Der gute Mann sprach mir Mut ein: »Geduld, mein Sohn! Noch wird schon alles besser gehn. Itzt mußt' dich leiden; viel hundert brave Bursche aus guten Häusern müssen das gleiche tun. Denn gesetzt auch, Markoni könnte und wollte dich behalten, so müßt' er dich doch unter sein Regiment abgeben, sobald es hieß': Ins Feld, marsch! Aber wirklich einstweilig würd' er kaum einen Bedienten zu nähren imstand sein, da er auf der Werbung ungeheure Summen verzehrt und dafür so wenig Kerls eingeschickt haben soll, wie ich unsern Oberst und Major schon oft drüber lamentieren gehört, und wird man ihn gewiß nicht mehr so geschwind zu derlei Geschäften brauchen.« So tröstete mich Zittemann, und ich mußt's wohl annehmen, da mir kein besserer Trost übrigblieb. Nur dacht' ich dabei: Die Größern richten solche Suppen an, und die Kleinern müssen sie aufessen. [...]

XLVIII.

Nebst anderm meine Beschreibung von Berlin

Berlin ist der größte Ort in der Welt, den ich gesehen; und doch bin ich bei weitem nie ganz darin herumgekommen. Wir drei Schweizer machten zwar oft den Anschlag zu einer solchen Reise; aber bald gebrach's uns an Zeit, bald an Geld, oder wir waren von Strapazen so marode, daß wir uns lieber der Länge nach hinlegten.

Die Stadt Berlin – doch viele sagen, sie bestehe aus sieben Städten; aber unsereinem hat man nur drei genennt: Berlin, Neustadt und Friedrichsstadt. Alle drei sind in der Bauart verschieden. In Berlin – oder Cöl[5] sagt man auch – sind die Häuser hoch wie in den Reichsstädten, aber die Gassen nicht so breit wie in Neu- und Friedrichsstadt, wo hingegen die Häuser niedriger, aber egaler gebauen sind; denn da sehen auch die kleinsten derselben, oft von sehr armen Leuten bewohnt, doch wenigstens sauber und nett aus. An vielen Orten gibt es ungeheuer große leere Plätze, die teils zum Exerzieren und zur Parade, teils zu gar nichts gebraucht werden; ferners Äcker, Gärten, Alleen, alles in die Stadt eingeschlossen. – Vorzüglich oft gingen wir auf die lange Brücke, auf deren Mitte ein alter Markgraf von Brandenburg zu Pferd in Lebensgröße, von Erzt gegossen, steht[6] und etliche Enakssöhne[7] mit krausen Haaren zu seinen Füßen gefesselt sitzen – dann der Spree nach aufs Weidendamm, wo's gar lustig ist – und dann ins Lazarett zu G. und B. – um dort das traurigste Spektakel unter der Sonne zu sehn, wo einem, der nicht gar ein Unsinniger ist, die Lust zu Ausschweifungen bald vergehen muß: In diesen Gemächern, so geräumig wie Kirchen, wo Bett an Bett gereihet steht, in deren jedem ein elender Menschensohn auf seine eigene Art den Tod und nur wenige ihre Genesung erwarten, hier ein Dutzend, die unter den Händen der Feldscherer ein erbärmliches Zetergeschrei erheben, dort andre, die sich unter ihren Decken krümmen wie ein halbzertretener Wurm; viele mit an- und weggefaulten Gliedern, und so fort. Meist mochten wir's da nur wenige Minuten aushalten und gingen dann wieder an Gottes Luft, setzten uns auf einen Rasenplatz, und da führte unsre Einbildungskraft uns fast immer unwillkürlich in unser Schweizerland zurück, und erzählten wir einander unsre Lebensart bei Hause: wie wohl's uns war, wie frei wir gewesen, was es hingegen hier vor ein verwünschtes Leben sei, und dergleichen. Dann machten wir Plane zu unsrer Entledigung[8]. Bald hatten wir Hoffnung, daß uns heut oder morgens einer derselben gelingen möchte; bald hingegen sahen wir vor jedem einen unübersteiglichen Berg, und noch am meisten schreckte uns die Vorstellung der Folgen eines allenfalls fehlschlagenden Versuches. Bald alle Wochen hörten wir nämlich neue ängstigende Geschichten von eingebrachten Deserteurs, die, wenn sie noch so viele

List gebraucht, sich in Schiffer und andre Handwerksleute oder gar in Weibsbilder verkleid't, in Tonnen und Fässer versteckt und dergleichen, dennoch ertappt wurden. Da mußten wir zusehen, wie man sie durch zweihundert Mann achtmal die lange Gasse auf und ab Spießruten laufen ließ, bis sie atemlos hinsanken – und des folgenden Tags aufs neue dran mußten, die Kleider ihnen vom zerhackten Rücken heruntergerissen und wieder frisch drauflosgehauen wurde, bis Fetzen geronnenen Bluts ihnen über die Hosen hinabhingen. Dann sahen Schärer und ich einander zitternd und todblaß an und flüsterten einander in die Ohren: »Die verdammten Barbaren!« Was hiernächst auch auf dem Exerzierplatz vorging, gab uns zu ähnlichen Betrachtungen Anlaß. Auch da war des Fluchens und Karbatschens[9] von prügelsüchtigen Jünkerlins und hinwieder des Lamentierens der Geprügelten kein Ende. Wir selber zwar waren immer von den ersten auf der Stelle und tummelten uns wacker. Aber es tat uns nicht minder in der Seele weh, andre um jeder Kleinigkeit willen so unbarmherzig behandelt und uns selber so jahrein, jahraus kujoniert zu sehn, oft ganzer fünf Stunden lang, in unsrer Montur eingeschnürt, wie geschraubt stehn, in die Kreuz und Quere pfahlgerad marschieren und ununterbrochen blitzschnelle Handgriffe machen zu müssen, und das alles auf Geheiß eines Offiziers, der mit einem furiosen Gesicht und aufgehobnem Stock vor uns stund und alle Augenblick' wie unter Kabisköpfe[10] dreinzuhauen drohete. Bei einem solchen Traktament mußte auch der starknervigste Kerl halb lahm und der geduldigste rasend werden. Und kamen wir dann todmüde ins Quartier, so ging's schon wieder über Hals und Kopf, unsre Wäsche zurechtzumachen und jedes Fleckgen auszumustern, denn bis auf den blauen Rock war unsre ganze Uniform weiß. Gewehr, Patrontasche, Kuppel, jeder Knopf an der Montur, alles mußte spiegelblank geputzt sein. Zeigte sich an einem dieser Stücke die geringste Untat oder stand ein Haar in der Frisur nicht recht, so war, wenn er auf den Platz kam, die erste Begrüßung eine derbe Tracht Prügel. Das währte so den ganzen Mai und Juni fort. Selbst den Sonntag hatten wir nicht frei, denn da mußten wir auf das properste Kirchenparade machen. Also blieben uns zu jenen Spaziergängen nur wenige zerstreute Stunden übrig, und wir hatten kurz und gut zu nichts Zeit übrig – als zum Hungerleiden. – Wahr ist's, unsre Offiziere erhielten gerade damals die gemessenste Ordre, uns über Kopf und Hals zu mustern; aber wir Rekruten wußten den Henker davon und dachten halt, das sei sonst so Kriegsmanier. Alte Soldaten vermuteten wohl so etwas, schwiegen aber mausstill. – [...]

L.

Behüte Gott Berlin! – Wir sehen einander nicht mehr

Endlich kam der erwünschte Zeitpunkt, wo es hieß: Allons, ins Feld! Schon im Heumonat[11] marschierten etliche Regimenter von Berlin ab und kamen hinwieder andre aus Preußen und Pommern an. Jetzt mußten sich alle Beurlaubten stellen, und in der großen Stadt wimmelte alles von Soldaten. Dennoch wußte noch niemand eigentlich, wohin alle diese Bewegungen zielten. Ich horchte wie ein Schwein am Gatter. Einiche sagten, wenn's ins Feld gehe, könnten wir neue Rekruten doch nicht mit, sondern würden unter ein Garnisonsregiment gesteckt. Das hätte mir himmelangst gemacht; aber ich glaubte es nicht. Indessen bot ich allen meinen Leibs- und Seelenkräften auf, mich bei allen Manövers als einen fertigen tapfern Soldaten zu zeigen (denn einige bei der Kompagnie, die älter waren als ich, mußten wirklich zurückbleiben). Und nun den 21. August, erst abends spät, kam die gewünschte Ordre, uns auf morgen marschfertig zu halten. Potz Wetter! wie ging es da her mit Putzen und Packen! Einmal, wenn's mir auch an Geld nicht gebrochen, hätt' ich nicht mehr Zeit gehabt, einem Bäcker zwei geborgte Brote zu bezahlen. Auch hieß es, in diesem Fall dürfte kein Gläubiger mehr ans Mahnen denken; doch ich ließ mein Wäschkistgen zurück, und wenn es der Bäcker nicht abgefodert hat, hab ich heutigen Tages noch einen Kreditor in Berlin – auch etliche Debitoren für ein paar Batzen – und geht's ungefähr so wett auf. – Den 22. August morgens um drei Uhr ward Alarm geschlagen, und mit Anbruch des Tages stund unser Regiment (Isenblitz, ein herrlicher Name! sonst nannten's die Soldaten im Scherz auch Donner und Blitz, wegen unsers Obristen gewaltiger Schärfe) in der Krausenstraße schon Parade. Jede seiner zwölf Kompagnien war 150 Mann stark. Die in Berlin nächst um uns einquartierte Regimenter, deren ich mich erinnere, waren Vokat, Winterfeld, Meyring und Kalkstein; dann vier Prinzenregimenter: Prinz von Preußen, Prinz Ferdinand, Prinz Carl und Prinz von Würtenberg, die alle teils vor, teils nach uns abmarschierten, nachwärts aber im Feld meist wieder zu uns gestoßen sind. Itzt wurde Marsch geschlagen; Tränen von Bürgern, Soldatenweibern, H... und dergleichen flossen zu Haufen. Auch die Kriegsleute selber, die Landskinder nämlich, welche Weiber und Kinder zurückließen, waren ganz niedergeschlagen, voll Wehmut und Kummers; die Fremden hingegen jauchzten heimlich vor Freuden und riefen: Endlich gottlob ist unsre Erlösung da! Jeder war bebündelt wie ein Esel, erst mit einem Degengurt umschnallt, dann die Patrontasche über die Schulter mit einem fünf Zoll langen Riemen, über die andre Achsel den Tornister, mit Wäsche und so fort bepackt, item der Habersack, mit Brot und andrer Fourrage[12] gestopft. Hiernächst mußte jeder noch ein Stück Feldgerät tragen: Flasche, Kessel, Hacken oder so was, alles an Riemen; dann erst noch eine Flinte, auch an einem solchen. So waren wir alle fünfmal übereinander kreuzweis über die Brust geschlossen, daß anfangs jeder glaubte, unter solcher Last ersticken zu müssen. Dazu kam die enge gepreßte Montur und eine solche Hundstagshitze, daß mir's manchmal deuchte, ich geh auf glühenden Kohlen, und wenn ich meiner Brust ein wenig Luft machte, ein Dampf herauskam wie von einem siedenden Kessel. Oft hatt' ich keinen trockenen Faden mehr am Leib und verschmachtete bald vor Durst.

LI.

Marschroute bis Pirna

So marschierten wir den ersten Tag (22. Aug.) zum Köpenikker Tor aus und machten noch vier Stunden bis zum Städtchen Köpenick, wo wir zu dreißig bis fünfzig zu Burgern eingequartiert waren, die uns vor einen Groschen traktieren mußten. Potz Plunder, wie ging's da her! Ha! da wurde gefressen. Aber denk' man sich nur so viele große hungrige Kerls! Immer hieß es da: Schaff her, Kanaille! was d' im hintersten Winkel hast. Des Nachts wurde die Stube mit Stroh gefüllt; da lagen wir alle in Reihen, den Wänden nach. Wahrlich, eine kuriose Wirtschaft! In jedem Haus befand sich ein Offizier, welcher auf guter Mannszucht halten sollte; sie waren aber oft die Fäulsten[13]. – Den zweiten Tag (23.) ging's zehn Stunden bis auf Fürstenwald; da gab's schon Marode, die sich auf Wagen mußten packen lassen; das auch kein Wunder war, da wir diesen ganzen Tag nur ein einzig Mal haltmachten und stehndes Fußes etwas Erfrischung zu uns nehmen durften. An letztgedachtem Orte ging es wie an dem erstern, nur daß hier die meisten lieber soffen als fraßen und viele sich gar halbtot hinlegten. Den dritten Tag (24.) ging's sechs Stunden bis Jacobsdorf, wo wir nun (25., 26. und 27.) drei Rasttage hielten, aber desto schlimmer hantiert und die armen Bauern bis aufs Blut ausgesogen wurden. Den siebenten Tag (28.) marschierten wir bis Mühlrosen vier Stunden. Den achten (29.) bis Guben, vierzehn Stunden. Den neunten

(30.) hielten wir dort Rasttag. Den zehnten (31.) bis Forste sechs Stunden. Den eilften (1. Sept.) bis Spremberg sechs Stunden. Den zwölften (2.) bis Hayerswerde sechs Stunden und da wieder Rasttag. Den vierzehnten (4.) bis Kamenz, dem letzten Örtchen, wo wir einquartiert wurden. Denn von da an kampierten wir im Felde und machten Märsche und Contremärsche, daß ich selbst nicht weiß, wo wir all durchkamen, da es oft bei dunkeler Nacht geschah. Nur so viel erinnr' ich mich noch, daß wir am fünfzehnten (5.) vier Stunden marschiert und bei Bilzem ein Lager aufgeschlagen, worin wir zwei Tage (6. u. 7.) Rasttag hielten; dann den achtzehnten (8.) wieder sechs Stunden machten, uns bei Stolp lagerten und dort einen Tag (9.) blieben; endlich am zwanzigsten Tag (10.) noch vier Stunden bis Pirna zurücklegten, wo noch etliche Regimenter zu uns stießen, und nun ein weites, fast unübersehbares Lager aufgeschlagen und das über Pirna gelegene Schloß Königstein dies- und Lilienstein jenseits der Elbe besetzt wurden. Denn in der Nähe dieses letztern befand sich die sächsische Armee. Wir konnten gerade übers Tal in ihr Lager hinübersehn; und unter uns im Tal an der Elbe lag Pirna, das jetzt ebenfalls von unserm Volke besetzt ward.

LII.

Mut und Unmut

Bis hieher hat der Herr geholfen! Diese Worte waren der erste Text unsers Feldpredigers bei Pirna. O ja! dacht' ich, das hat er und wird ferner helfen – und zwar hoffentlich mir in mein Vaterland – denn was gehen mich eure Kriege an?
Mittlerweile ging's – wie's bei einer marschierenden Armee zu gehen pflegt – bunt übereck und kraus, daß ich alles zu beschreiben nicht imstand, auch solches, wie ich denke, zu

wenig Dingen nütz wäre. Unser Major Lüderiz (denn die Offiziere gaben auf jeden Kerl besonders Achtung) mag mir oft meinen Unmut aus dem Gesicht gelesen haben. Dann drohete er mir mit dem Finger: »Nimm dich in acht, Kerl!« Schärern hingegen klopfte er bei den nämlichen Anlässen auf die Schulter und nannte ihn mit lächelnder Miene einen braven Bursch; denn der war immer lustig und wohlgemuts und sang bald seine Mäurerlieder, bald den Kühreih'n, obschon er im Herzen dachte wie ich, aber es besser verbergen konnte. Ein andermal freilich faßt' ich dann wieder Mut und dachte: Gott wird alles wohl machen! Wenn ich vollends Markoni – der doch keine geringe Schuld an meinem Unglück war – auf dem Marsch oder im Lager erblickte, war's mir immer, ich sehe meinen Vater oder meinen besten Freund; wenn er mir zumal vom Pferd herunter seine Hand bot, die meinige traulich schüttelte – mir mit liebreicher Wehmut gleichsam in die Seele 'neinguckte: »Wie geht's, Ollrich! wie geht's? 's wird schon besser kommen!« zu mir sagte und, ohne meine Antwort zu erwarten, dieselbe aus meinem tränenschimmernden Aug' lesen wollte. Oh! ich wünsche dem Mann, wo er immer tot oder lebendig sein mag, noch auf den heutigen Tag alles Gute; denn von Pirna weg ist er mir nie mehr zu Gesicht gekommen. – Mittlerweile hatten wir alle Morgen die gemessene Ordre erhalten, scharf zu laden; dieses veranlaßte unter den ältern Soldaten immer ein Gerede: »Heute gibt's was! Heut setzt's gewiß was ab!« Dann schwitzten wir Jungen freilich an allen Fingern, wenn wir irgend bei einem Gebüsch oder Gehölz vorbeimarschierten und uns verfaßt[14] halten mußten. Da spitzte jeder stillschweigend die Ohren, erwartete einen feurigen Hagel und seinen Tod und sah, sobald man wieder ins Freie kam, sich rechts und links um, wie er am schicklichsten entwischen konnte; denn wir hatten immer feindliche Kürassiers, Dragoner und Soldaten zu beiden Seiten. Als wir einst die halbe Nacht durch marschierten, versuchte Bachmann den Reißaus zu nehmen und irrte etliche

Stunden im Wald herum; aber am Morgen war er wieder hart bei uns und kam noch eben recht mit der Ausflucht weg, er habe beim Hosenkehren in der Dunkelheit sich von uns verloren. Von da an sahen wir andern die Schwierigkeit, wegzukommen, alle Tag' deutlicher ein – und doch hatten wir fest im Sinn, keine Bataille abzuwarten, es koste auch, was es wolle.

LIII.

Das Lager zu Pirna

Eine umständliche Beschreibung unsers Lagers zwischen Königstein und Pirna, sowohl als des gerade vor uns überliegenden sächsischen bei Lilienstein, wird man von mir nicht erwarten. Die kann man in der Helden-, Staats- und Lebensgeschichte des Großen Friedrichs suchen. Ich schreibe nur, was ich gesehen, was allernächst um mich her vor- und besonders was mich selbst anging. Von den wichtigsten Dingen wußten wir gemeine Hungerschlucker am allerwenigsten und kümmerten uns auch nicht viel darum. Mein und so vieler andrer ganzer Sinn war vollends allein auf: Fort, fort! Heim, ins Vaterland! gerichtet.

Von 11.–22. Sept. saßen wir in unserm Lager ganz stille, und wer gern Soldat war, dem mußt' es damals recht wohl sein. Denn da ging's vollkommen wie in einer Stadt zu. Da gab's Marketender und Feldschlächter zu Haufen. Den ganzen Tag, ganze lange Gassen durch, nichts als Sieden und Braten. Da konnte jeder haben, was er wollte, oder vielmehr, was er zu bezahlen vermochte: Fleisch, Butter, Käs, Brot, aller Gattung Baum- und Erdfrüchte und so fort. Die Wachten ausgenommen, mochte jeder machen, was ihm beliebte: kegeln, spielen, in und außer dem Lager spazierengehn, und so fort. Nur wenige hockten müßig in ihren Zelten; der eine beschäftigte sich mit Gewehrputzen, der andre mit Waschen, der dritte kochte, der vierte flickte Hosen, der fünfte Schuhe, der sechste schnifelte[15] was von Holz und verkauft' es den Bauern. Jedes Zelt hatte seine sechs Mann und einen Überkompleten. Unter diesen sieben war immer einer gefreit[16], dieser mußte gute Mannszucht halten. Von den sechs übrigen ging einer auf die Wache, einer mußte kochen, einer Proviant herbeiholen, einer ging nach Holz, einer nach Stroh, und einer machte den Seckelmeister[17], alle zusammen aber *eine* Haushaltung, *ein* Tisch und *ein* Bett aus. Auf den Märschen stopfte jeder in seinen Habersack, was er – versteht sich in Feindes Land – erhaschen konnte: Mehl, Rüben, Erdbirn, Hühner, Enten und dergleichen, und wer nichts aufzutreiben vermochte, ward von den übrigen ausgeschimpft, wie denn mir das zum öftern begegnete. Was das vor ein Mordiogeschrei gab, wenn's durch ein Dorf ging, von Weibern, Kindern, Gänsen, Spanferkeln und so fort. Da mußte alles mit, was sich tragen ließ. Husch! den Hals umgedreht und eingepackt. Da brach man in alle Ställ' und Gärten ein, prügelte auf alle Bäume los und riß die Äste mit den Früchten ab. Der Hände sind viel, hieß es da; was einer nicht kann, mag der ander. Da durfte keine Seel' Mux machen, wenn's nur der Offizier erlaubte oder auch bloß halb erlaubte. Da tat jeder sein Devoir[18] zum Überfluß. Wir drei Schweizer, Schärer, Bachmann und ich (es gab unsrer Landsleute beim Regiment noch mehr, wir kannten sie aber nicht), kamen zwar keiner zum andern ins Zelt, auch nie zusammen auf die Wache. Hingegen spazierten wir oft miteinander außer das Lager bis auf die Vorposten, besonders auf einen gewissen Bühel[19], wo wir eine weite zierliche Aussicht über das sächsische und unser ganzes Lager und durchs Tal hinab bis auf Dresden hatten. Da hielten wir unsern Kriegsrat: Was wir machen, wo hinaus, welchen Weg wir nehmen, wo wir uns wieder treffen sollten. Aber zur Hauptsache, zum Hinaus fanden wir alle Löcher verstopft. Zudem wären Schärer und ich lieber einmal an einer schönen Nacht allein, ohne Bachmann davongeschlichen; denn wir trauten ihm nie ganz, und sahen dabei alle

Tag' die Husaren Deserteurs einbringen, hörten Spießrutenmarsch schlagen und was es solcher Aufmunterungen mehr gab. Und doch sahen wir alle Stunden einem Treffen entgegen.

LIV.

Einnahme des sächsischen Lagers und so fort

Endlich den 22. Sept. ward Alarm geschlagen und erhielten wir Ordre aufzubrechen. Augenblicklich war alles in Bewegung; in etlichen Minuten ein stundenweites Lager – wie die allergrößte Stadt – zerstört, aufgepackt und allons, marsch! Itzt zogen wir ins Tal hinab, schlugen bei Pirna eine Schiffbrücke und formierten oberhalb dem Städtchen, dem sächsischen Lager en front, eine Gasse, wie zum Spießrutenlaufen*, deren eines End' bis zum Pirnaer Tor ging und durch welche nun die ganze sächsische Armee zu vieren hoch spazieren, vorher aber das Gewehr ablegen und – man kann sich's einbilden – die ganze lange Straße durch Schimpf- und Stichelreden genug anhören mußten. Einiche gingen traurig, mit gesenktem Gesicht daher, andre trotzig und wild, und noch andre mit einem Lächeln, das den preußischen Spottvögeln gern nichts schuldig bleiben wollte. Weiter wußten ich und so viele tausend andre nichts von den Umständen der eigentlichen Übergabe dieses großen Heers. – An dem nämlichen Tage marschierten wir noch ein Stück Wegs fort und schlugen jetzt unser Lager bei Lilienstein auf. – Den 23. mußte unser Regiment die Proviantwagen decken. – Den 24. machten wir einen Contremarsch und kamen bei Nacht und Nebel an Ort und Stelle hin, daß der Henker nicht wußte, wo wir waren. – Den 25. früh ging's schon wieder fort, vier Meilen bis Aussig. Hier schlugen wir ein Lager, blieben da bis auf den 29. und mußten

* Was man doch im Schrecken nicht alles sieht! [Anm. d. Erstausg.]

alle Tag' auf Fourrage aus. Bei diesen Anlässen wurden wir oft von den kaiserlichen Panduren[20] attackiert, oder es kam sonst aus einem Gebüsch ein Karabinerhagel auf uns los, so daß mancher tot auf der Stelle blieb und noch mehrere blessiert wurden. Wenn denn aber unsre Artilleristen nur etliche Kanonen gegen das Gebüsch richteten, so flog der Feind über Kopf und Hals davon. Dieser Plunder hat mich nie erschreckt, ich wäre sein bald gewohnt worden, und dacht' ich oft: Poh! wenn's nur den Weg hergeht, ist's so übel nicht. – Den 30. marschierten wir wieder den ganzen Tag und kamen erst des Nachts auf einem Berg an, den ich und meinesgleichen abermals so wenig kannten als ein Blinder. Inzwischen bekamen wir Ordre, hier kein Gezelt aufzuschlagen, auch kein Gewehr niederzulegen, sondern immer mit scharfer Ladung parat zu stehn, weil der Feind in der Nähe sei. Endlich sahen und hörten wir mit anbrechendem Tag unten im Tal gewaltig blitzen und feuern. – In dieser bangen Nacht desertierten viele, neben andern auch Bruder Bachmann. Für mich wollt' es sich noch nicht schicken, so wohl's mir sonst behagt hätte.

LV.

Die Schlacht bei Lowositz (1. Oktober 1756)

Frühmorgens mußten wir uns rangieren und durch ein enges Tälchen gegen dem großen Tal hinuntermarschieren. Vor dem dicken Nebel konnten wir nicht weit sehen. Als wir aber vollends in die Plaine[21] hinunterkamen und zur großen Armee stießen, rückten wir in drei Treffen weiter vor und erblickten von ferne durch den Nebel, wie durch einen Flor, feindliche Truppen auf einer Ebene, oberhalb dem böhmischen Städtchen Lowositz. Es war kaiserliche Kavallerie, denn die Infanterie bekamen wir nie zu Gesicht, da sich dieselbe bei gedachtem Städtchen verschanzt hatte. Um sechs Uhr ging schon das Donnern der Artillerie sowohl aus unserm Vordertreffen als aus den kaiserlichen Batterien so gewaltig an, daß die Kanonenkugeln bis zu unserm Regiment (das im mittlern Treffen[22] stund) durchschnurrten. Bisher hatt' ich immer noch Hoffnung, vor einer Bataille zu entwischen; jetzt sah ich keine Ausflucht mehr, weder vor noch hinter mir, weder zur Rechten noch zur Linken. Wir rückten inzwischen immer vorwärts. Da fiel mir vollends aller Mut in die Hosen; in den Bauch der Erde hätt' ich mich verkriechen mögen, und eine ähnliche Angst, ja Todesblässe las man bald auf allen Gesichtern, selbst deren, die sonst noch soviel Herzhaftigkeit gleichsneten[23]. Die geleerten Branzfläschgen (wie jeder Soldat eines hat) flogen unter den Kugeln durch die Lüfte; die meisten soffen ihren kleinen Vorrat bis auf den Grund aus, denn da hieß es: Heute braucht es Courage und morgens vielleicht keinen Fusel mehr! Itzt avancierten wir bis unter die Kanonen, wo wir mit dem ersten Treffen abwechseln mußten. Potz Himmel! wie sausten da die Eisenbrocken ob unsern Köpfen weg – fuhren bald vor, bald hinter uns in die Erde, daß Stein und Rasen hoch in die Luft sprang – bald mitten ein und spickten uns die Leute aus den Gliedern weg, als wenn's Strohhälme wären. Dicht vor uns sahen wir nichts als feindliche Kavallerie, die allerhand Bewegungen machte, sich bald in die Länge ausdehnte, bald in einem halben Mond, dann in ein Drei- und Viereck sich wieder zusammenzog. Nun rückte auch unsre Kavallerie an; wir machten Lücke und ließen sie vor, auf die feindliche losgaloppieren. Das war ein Gehagel, das knarrte und blinkerte, als sie nun einhieben! Allein kaum währte es eine Viertelstunde, so kam unsere Reuterei, von der österreichischen geschlagen und bis nahe unter unsre Kanonen verfolgt, zurücke. Da hätte man das Spektakel sehen sollen: Pferde, die ihren Mann im Stegreif hängend, andre, die ihr Gedärm der Erde nach schleppten. Inzwischen stunden wir noch immer im feindlichen Kanonenfeuer bis gegen eilf Uhr, ohne daß unser linke Flügel mit dem kleinen Gewehr zusammentraf, obschon es bereits auf dem rechten sehr hitzig zuging. Viele meinten, wir müßten noch auf die kaiserlichen Schanzen Sturm laufen. Mir war's schon nicht mehr so bange wie anfangs, obgleich die Feldschlangen[24] Mannschaft zu beiden Seiten neben mir wegraffeten und der Walplatz bereits mit Toten und Verwundeten übersäet war – als mit eins ungefähr um zwölf Uhr die Ordre kam, unser Regiment nebst zwei andern (ich glaube Bevern und Kalkstein) müßten zurückmarschieren. Nun dachten wir, es gehe dem Lager zu und alle Gefahr sei vorbei. Wir eilten darum mit muntern Schritten die gähen[25] Weinberge hinauf, brachen unsre Hüte voll schöne rote Trauben, aßen vor uns her nach Herzenslust; und mir und denen, welche neben mir stunden, kam nichts Arges in Sinn, obgleich wir von der Höhe herunter unsre Brüder noch in Feuer und Rauch stehen sahen, ein fürchterlich donnerndes Gelärm hörten und nicht entscheiden konnten, auf welcher Seite der Sieg war. Mittlerweile trieben unsre Anführer uns immer höher den Berg hinan, auf dessen Gipfel ein enger Paß zwischen Felsen durchging, der auf der andern Seite wieder hinunterführte. Sobald nun unsre Avantgarde den erwähnten Gipfel erreicht hatte, ging ein entsetzlicher Musketenhagel an, und nun merkten wir erst, wo der Has' im Stroh lag. Etliche tausend kaiserliche Panduren waren nämlich auf der andern Seite den Berg hinauf beordert, um unsrer Armee in den Rükken zu fallen; dies muß unsern Anführern verraten worden sein, und wir mußten ihnen darum zuvorkommen. Nur etliche Minuten später, so hätten sie uns die Höhe abgewonnen und wir wahrscheinlich den kürzern gezogen. Nun setzte es ein unbeschreibliches Blutbad ab, ehe man die Panduren aus jenem Gehölz vertreiben konnte. Unsre Vordertruppen litten stark, allein die hintern drangen ebenfalls über Kopf und Hals nach, bis zuletzt alle die Höhe gewonnen hatten. Da mußten wir über Hügel von Toten und Verwundeten hinstolpern. Alsdann ging's hudri hudri mit den Panduren die Weinberge hinunter, sprungweise über eine Mauer nach der andern herab in die Ebene. Unsre geborne Preußen und Brandenburger packten die Panduren wie Furien. Ich selber war in Jast[26] und Hitze wie vertaumelt und, mir weder Furcht noch Schreckens bewußt, schoß ich *eines* Schießens fast alle meine sechzig Patronen los, bis meine Flinte halb glühend war und ich sie am Riemen nachschleppen mußte; indessen glaub ich nicht, daß ich eine lebendige Seele traf, sondern alles ging in die freie Luft. Auf der Ebene am Wasser vor dem Städtchen Lowositz postierten sich die Panduren wieder und pülverten tapfer in die Weinberge hinauf, daß noch mancher vor und neben mir ins Gras biß. Preußen und Panduren lagen überall durcheinander, und wo sich einer von diesen letztern noch regte, wurde er mit der Kolbe vor den Kopf geschlagen oder ihm ein Bajonett durch den Leib gestoßen. Und nun ging in der Ebene das Gefecht von neuem an. Aber wer wird das beschreiben wollen, wo jetzt Rauch und Dampf von Lowositz ausging, wo es krachte und donnerte, als ob Himmel und Erde hätten zergehen wollen, wo das unaufhörliche Rumpeln vieler hundert Trommeln, das herzzerschneidende und herzerhebende Ertönen aller Art Feldmusik, das Rufen so vieler Kommandeurs und das Brüllen ihrer Adjutanten, das Zeter- und Mordiogeheul so vieler tausend elenden, zerquetschten, halbtoten Opfer dieses Tages alle Sinnen betäubte! Um diese Zeit – es mochte etwa drei Uhr sein – da Lowositz schon im Feuer stand, viele hundert Panduren, auf welche unsre Vordertruppen wieder wie wilde Löwen einbrachen, ins Wasser sprangen, wo es dann auf das Städtgen selber losging –, um diese Zeit war ich freilich nicht der Vorderste, sondern unter dem Nachtrapp noch etwas im Weinberg droben, von denen indessen mancher, wie gesagt, weit behender als ich von einer Mauer über die andere hinuntersprang, um seinen Brüdern zu Hülf' zu eilen. Da ich also noch ein wenig erhöht stand und auf die Ebene wie in ein finsteres Donner- und Hagelwetter hineinsah – in diesem Augenblick deucht' es mich Zeit, oder vielmehr mahnte mich mein Schutzengel, mich mit der Flucht zu retten. Ich sah mich deswegen nach allen Seiten um. Vor mir war alles Feuer, Rauch und Dampf, hinter mir noch viele nachkommende, auf die Feinde loseilende Truppen, zur Rechten zwei Hauptarmeen in voller Schlachtordnung. Zur Linken endlich sah ich Weinberge, Büsche, Wäldchen, nur hie und da einzelne Menschen, Preußen, Panduren, Husaren, und von diesen mehr Tote und Verwundete als Lebende. Da, da, auf diese Seite, dacht' ich, sonst ist's pur lautere Unmöglichkeit!

20

JOHANN GOTTFRIED HERDER

Aus: *Briefe zu Beförderung der Humanität*

(1793)

7.

Wir sind darüber einig, daß, wenn Ein großer Name auf Europa mächtig gewirkt hat, es *Friedrich* gewesen. Als er starb, schien ein hoher Genius die Erde verlassen zu haben; Freunde und Feinde seines Ruhms standen gerührt; es war, als ob er auch in seiner irdischen Hülle hätte unsterblich sein mögen.

Sie denken leicht, wie begierig ich auf seine »Nachgelassenen Schriften«[1] war: hier, sagte ich, lebt und spricht noch sein Geist nach dem Ableben seines alten vielgeübten Körpers. Briefe, Gespräche, ja Worte von ihm, die, solang er König war, als Ehre gesucht, als Schätze umhergetragen wurden, sind jetzt ein gemeines Gut. Man kann sie unerschrocken prüfen, im Zusammenhange seines langen Lebens beherzigen; man darf ihnen widersprechen, und sie mit seinen Taten vergleichen.

Zuerst also griff ich nicht nach Werken, die er absichtlich für die Welt geschrieben hatte, sondern nach seinem Briefwechsel, und unter diesem auf den längsten und interessantsten mit Voltaire. Er erstreckt sich von 1736 bis 1777, also über vierzig Jahre, und zeigt die Seele des großen Königes in den verschiedensten Situationen seines Lebens. Ich will einige Züge und Stellen auszeichnen.

Ein Prinz von 23 Jahren, der Erbe eines königlichen Thrones, sucht in weiter Entfernung den Mann auf, den er für den ersten Schriftsteller seiner Zeit hält, in dem er, wie er selbst sagt, »nicht nur Schätze des Geistes, Stücke mit so viel Geschmack, Delikatesse und Kunst gearbeitet, daß ihre Schönheiten bei jedem neuen Lesen neu scheinen, sondern auch jene *Philosophie*« findet, die unser königliche Jüngling insonderheit wert hält. Er übersendet ihm seinen *Wolff*[2], erbittet sich dagegen seine Schriften, seinen Unterricht in Briefen, und wird ein Schüler des Philosophen, nicht aus Eitelkeit, sondern ernst und bescheiden. »Autoren«, sagt er, »sind die Gesetzgeber des menschlichen Geschlechts; ihre Schriften verbreiten sich in alle Teile der Welt; sie manifestieren Ideen, die andre sich einprägen. Ist in ihnen Stärke des Gedankens mit Feuer des Ausdrucks vereinigt, so bezaubern sie und rühren. Bald atmet eine Menge Menschen die Liebe zum menschlichen Geschlecht, die sie ihr durch einen glücklichen Impuls einhauchten. Sie bilden gute Bürger, treue Freunde, Untertanen, die Aufruhr und Tyrannei in gleichem Grade verabscheun, voll Eifer, nur fürs allgemeine Beste. Ihnen, den Schriftstellern, ist man die Tugenden schuldig, die die Sicherheit und den Reiz des Lebens ausmachen; was ist man ihnen nicht schuldig?«

So sahe Friedrich die Wissenschaften an, und dies blieb sein Bekenntnis. Die Talente, die hiezu dienten, schätzte er an Voltaire, in seiner Jugend fast über die Maße, in seinem höheren Alter mäßiger; doch blieb ihm stets die hohe Achtung für einige große Stücke seines Lehrers, die er von andern sehr unterschied, und ihm darüber offen seine Meinung sagte. Unter Waffen und im höchsten Alter hielt er die Wissenschaften nicht nur für sein schönstes Vergnügen, sondern auch dem Staat und der menschlichen Gesellschaft unentbehrlich; ohne sie, meinte er, würden und blieben Fürsten, Stände und Völker *Barbaren*; Wissenschaften allein haben die Welt erleuchtet, und einige auserwählte Seelen des Menschengeschlechts veredelt.[3]

Blüht, Ihr freundlichen Künste,
Blüht! Die goldenen Fluten
Des Paktolus[4] benetzen
Euch in Zukunft die Wurzeln
Eures heiligen Hains.

Euch gebühret zu herrschen
Über schwächere Geister,
Und vor Euren Altären
Alle Söhne des Irrtums
Feiernd opfern zu sehn.

In der Mitternacht hör' ich
Oft den himmlischen Wohllaut
Eures Wettgesangs, höre
Polyhymniens Saiten
Und Uraniens Lied.[5]

Und zerfließe vor Wonne:
Denn Ihr singet die Taten
Der unsterblichen Götter,
Unterrichtet die Weisen
Und Regenten der Welt.

Angenehme Gefühle
Und mein Genius reißen

Allgewaltig mich zu Euch,
Ketten ewig an Euren
Siegeswagen mich an.

Fast immer tönet diese Stimme um mein Ohr, wenn ich Friedrichs Schriften lese. Man wandelt in ihnen wie auf klassischem Boden; ein Gefühl für die Würde, den Wert, die Schönheit der Wissenschaften ist in seine kleinsten und größesten Aufsätze verbreitet.

Insonderheit lebt sein Geist in einer gewissen *Reihe erwählter größerer Seelen*, die er, meistens aus dem Altertum, sich zu Lieblingsnamen seiner Phantasie, zu Vorbildern, an denen er gern verweilet, ausersehen hatte. In Handlungen des Krieges und des Friedens, in Geschäften der Regierung und in Beziehungen der Menschheit kommen sie ihm oft wieder, als alte Lehrer und Freunde; so wie es denn bekannt ist, daß er nur wenige Schriftsteller, diese aber immer von neuem las und in seine Gedanken prägte. Nach gewissen Jahren wollte ihm das Neue nicht mehr gnug tun; er fand eine Spitzfindigkeit oder einen mathematischen Kalkül in Schriften, wohin dieser nicht gehörte. Die alten großen Formen weniger Hauptgedanken lagen in ihm, von denen er sich ungern trennen mochte. In Sachen des Vortrags sah er Voltaire als die letzte Stütze des Geschmacks an, der unter Ludwig XIV. gewesen war, und unter Ludwig XV. und XVI. freilich nicht mehr sein konnte. Dagegen sieht er seine eignen Aufsätze in Versen bloß als Reimereien zum Vergnügen, in Prose als Übungen zu Entwicklung seiner Gedanken an, und spricht von ihnen ohn' alle Anmaßung. Diese Bescheidenheit ist, wie man offenbar sieht, kalte Überzeugung; er fühlt, was ihm fehle, und warum er nicht sein könne, was z. B. Voltaire war. Er will's auch nicht sein: denn er fühlt seinen größern Beruf, ob er gleich den andern, ein großer Schriftsteller zu sein, als angenehmer erkennet und in Augenblicken des Enthusiasmus fast zu beneiden scheinet. Bald aber setzt sein Geist sich ins Gleichgewicht: gesunder Verstand, meint er, ein edler Trieb zur

Ehre und unausgesetzte Tätigkeit sei *seine* Gabe, die wolle und müsse er auf seiner Stelle ausbilden, anwenden und gebrauchen.

Fast unglaublich ist's auch, wie weit er in diesen Punkten nicht etwa nur Voltairen, sondern auch seinen sämtlichen korrespondierenden Freunden überlegen ist. Wenige, aber große Grundsätze liegen als unerschütterliche Fundamente in seiner Seele; wenige, aber feste Maximen sind seine treuen Gefährten, auf die er zuletzt, und als König oft mit sehr leichter Mühe, alles zurückführt. Einige derselben wollten ihm im siebenjährigen Kriege zuweilen untreu werden; er nimmt aber seine große Seele zusammen und verbeißt die verachtende Bitterkeit, mit der er insonderheit die Regierungen der Welt, ihre Unterhändler und Werkzeuge, wohl auch den größeren Teil des menschlichen Geschlechts ansieht. Ganz scheint er indessen von dieser zu langen und großen Überstrengung sich nie wieder erholt zu haben; sein Geist kehrte, nach Endigung des siebenjährigen Krieges, zu seinen früheren Vergnügen zwar zurück, war heiter, fest und wirksam; aber er blieb strenger und ernster. Mit Bewunderung habe ich (wenige Vorurteile ausgenommen) die fast allgemeine Billigkeit, Mäßigung und Enthaltsamkeit des großen Königes in seinen Urteilen von Sachen, Begebenheiten und Personen mir ausgezeichnet. Es war eine selbstständige, große Seele.

Und daß sein Herz den Empfindungen der Humanität, der Freundschaft, der Bruder- und Schwesterliebe, dem Zuge zu allem Großen und Guten nicht verschlossen gewesen, zeigen hundert Stellen seiner Schriften, tausend Momente seines Lebens. In jüngern Jahren hatte er einen »Brief über die Humanität«[6] geschrieben, von dem er viel zu halten scheint, den ich aber in seinen Schriften nicht finde; er sagt von ihm:

»Es scheint, man stärke sich in einer Gesinnung, wenn man seinem Geist alle Gründe vorhält, die sie unterstützen. Und dies bestimmte mich, über die Humanität zu schreiben. Sie ist, nach meiner Meinung, die einzige Tugend und soll insonderheit denen als Eigentum zugehören, die ihr Stand in der

Welt unterscheidet. Ein Landesherr, er sei groß oder klein, soll als ein Mensch angesehen werden, dessen Beruf es ist, menschlichem Elende abzuhelfen, so viel er kann; er ist ein Arzt, die mancherlei Unfälle seiner Untertanen zu heilen. Die Stimme der Unglücklichen, das Seufzen der Elenden soll zu ihm gelangen. Sei es aus Mitleid mit ihnen, oder aus einer Rückkehr des Gedankens auf ihn selbst, so muß ihn die traurige Lage der Leidenden rühren, und wenn sein Herz irgend Empfindung hat, werden sie Hülfe bei ihm finden.

Ein Fürst ist gegen sein Volk, was das Herz dem Körper ist. Dies empfängt das Blut aus allen Gliedern, und stößt es mit Gewalt bis an ihre äußersten Enden zurück. Der Fürst empfängt die Treue und den Gehorsam seiner Untertanen; er gibt ihnen Überfluß, Glückseligkeit, Ruhe, und was irgend zum Wachstum und zum Wohl der Gesellschaft tun kann, wieder.

Dies sind Maximen, die im Herzen jedes Menschen von selbst entspringen müssen; das Gefühl gibt sie, wenn man nur etwas nachdenkt; man hat keinen großen Kursus der Moral nötig, um sie zu lernen.

Tyrannen betrachten die Sache anders. Sie sehen die Welt als für sie geschaffen an; und um über gewisse gewöhnliche Unglücksfälle erhoben zu sein, verhärten sie ihr Herz vor denselben. Wenn sie ihre Untertanen unterdrücken, wenn sie hart, gewalttätig und grausam sind: so kommt dies daher, daß sie das Böse nicht kennen, das sie verüben; sie haben es nie selbst gefühlt, darum gehen sie so leicht darüber. Sie sind nicht im Fall des *Mutius Scävola* gewesen, der vorm Porsenna die Hand ins Feuer steckte, und dadurch die Wirkung des Feuers auf seine Hand wohl kennen lernte.[7]

Mit Einem Wort. Die ganze Haushaltung des menschlichen Geschlechts ist eingerichtet, um Menschenliebe einzuflößen. Die Ähnlichkeit der Menschen untereinander; die Gleichheit ihres Loses und das unentbehrliche Bedürfnis, das einer vom andern hat; Unglücksfälle, die die Bande des Bedürfnisses noch stärker anziehen; die natürliche Neigung, die man zu seinesgleichen hat; unsre Selbsterhaltung, die uns Humanität predigt; die ganze Natur scheint sich zu vereinigen, um uns eine Pflicht einzuprägen, die unser Glück macht, und täglich neue Annehmlichkeiten auf unser Leben verbreitet.«

Wenn *Friederich* immer so gefühlt und getan hat, als er hier schreibt (und es war gewiß sein Ernst, da er es schrieb; auch wurden ihm in den unhumansten Situationen seines Lebens diese Gesinnungen nie ganz fremde), so wollen wir ihn als einen Heiligen anrufen, daß er uns seinesgleichen humane Denker, väterliche Regenten, Ärzte und Herzen des Volks erbitten helfe. Auch wollen wir wünschen, daß alle Fürsten und Prinzen die meisten seiner Werke (sie sind ja französisch geschrieben) lesen mögen, und zwar also, als ob sie den großen König selbst hörten.

8.

Wenn König Friederichs Lob auf die Humanität Ihnen gefällig gewesen, so lassen Sie sich einige kürzere Gedanken und Maximen vortragen, die ich in diesen angenehmen Briefen bezeichnet. [. . .]

9.

Sie wollen also, daß ich meine Blumenlese auch in den reiferen, schwereren Jahren des Königs fortsetze; Ihr Wille geschehe. Fast mit jedem Jahre wächst meine stille Bewunderung des großen Mannes, und in den Zeiten des siebenjährigen Krieges steigt sie fast zum hohen tragischen Mitleid. Eine Seele, die zum Genuß, zur schönsten Wirksamkeit in Zeiten der Ruhe und des Friedens geschaffen war, die in jugendlichen Jahren ihren ersten und zweiten Ausflug nach dem Kranz kriegerischer Ehre gleichsam nur in der Begeisterung des Augenblicks, gelockt oder aufgefodert von Staatsgründen, von sogenannten Rechten und der damaligen Lage Europas, rasch und glücklich getan hatte, muß jetzt diesen leicht erworbenen Kranz schwer und teuer erkaufen. Alle Mächte Europas vereinigen sich, den schwachgeglaubten, einzelnen Mann zu erdrücken, und seine unglaubliche Tapferkeit, sein unerschütterter Mut fodert, statt ihre Rache zu besänftigen, diese nur mehr auf. Er sieht die niedrigen Urheber und Werkzeuge seines fast schon unvermeidlichen Unglücks; mehr als Ein Ungewitter zieht er mit künstlich-kühner Hand auf seine Feinde selbst hernieder; und doch sammeln sich die Wolken immer furchtbarer über ihn zusammen. In diesen Augenblikken der Gefahr, des Sieges, der größeren Gefahr und des fast unvermeidlichen Untergangs sind tief aus der Seele des Helden geschriebene Briefe Dinge, die wir bei keiner andern Nation, weder bei Alten noch Neueren, finden. Aus Cato[s], Cäsars, Brutus', Otto[s] Seele haben wir nichts dergleichen; keiner von ihnen hat auch die Gefahren bestanden, aus denen Friedrich sich, vielleicht in Jahrtausenden unerreichbar, herauszog. Da wird's merkwürdig, was dieser starke, friedliche Mann jetzt über Menschen, über das Schicksal der Welt dachte. [...]

Gnug. Muß man nicht unwillig werden, wenn man sieht, wie ein blühender Baum, eine so große, schöne Seele, nicht vom Sturme des Schicksals, sondern von giftigen Winden und Stürmen einer herrschsüchtigen Politik weniger schlechter Menschen so gebeugt und zerknickt wird? Die feste Eiche daurete aus; der schöne Palmbaum erhob sich; seine fröhliche, jugendliche Gestalt kam ihm aber nie ganz wieder. Friedrich tat seinem Lande wohl, wie sein Geist im großen ganzen es erforderlich und nötig hielt; aber hart zu sein, hatte er wider Willen in einer schweren Schule gelernet. Er sahe die Gefahr seiner Länder, seiner Krone, die Fortdauer seiner Macht; denn er hatte sie gegen ganz Europa behaupten müssen. Wie anders, als daß er fortan ernst und strenge an die Zukunft dachte, und der von ihm gegründeten Monarchie wenigstens das zum Schutz ließ, was er ihr lassen konnte, Gerechtigkeit, innere Ordnung, Kriegsheere und Geld. Man verzeihe ihm, wenn er für diese Dinge auch auf harten Wegen sorgte. Die böse Politik, die leider das Staatssystem Europas ausmacht, zwang ihn dazu; und freilich gingen manche zartere Zweige der Humanität, die der an sich selbst fühlbare, fröhliche Charakter Friederichs gewiß würde angebauet haben, dabei verloren. Hat überhaupt die Menschheit in Europa einen größeren Feind, als diese Politik der Höfe in jenem sogenannten *großen Staatensystem* nebst allem, was dazugehöret?

21

CHRISTIAN GARVE

Aus: *Fragmente zur Schilderung des Geistes, des Charakters und der Regierung Friedrichs des Zweiten*

(1798)

8.

Ein andrer und eigner Gedanke des Königs ist: daß die Verwüstungen, welche Deutschlands Kriege seit anderthalb hundert Jahren in diesem Lande anrichteten, in Vergleich mit denen, welche Frankreich und England in ihren Kriegen erfuhren, auch die Künste und die Wissenschaften, so wie den Überfluß in jenem Lande, mehr als in diesen zurückgesetzt haben. – Es ist richtig, daß die Kriege Deutschlands während dieses Zeitraums, und fast zu aller Zeit, in dem Herzen dieses Landes wüteten – weil sie fast immer zugleich zwischen Gliedern dieses Staats als Haupt- oder als teilnehmenden Parteien geführt wurden, und also in bürgerliche Kriege ausarteten; dahingegen Frankreich nach den Unruhen der Ligue[1] und

Fronde[2], und England nach dem Kriege zwischen seinem Könige und seinem Parlemente[3] fast nie eine seiner Provinzen durch einen auswärtigen Feind hat verwüsten gesehen, und den Krieg nur durch die Aufopferungen von Geld und Menschen oder durch vorübergehende Einfälle in seine Grenzen hat kennen lernen. Unter jenen verwüstenden Kriegen Deutschlands stehet der dreißigjährige Krieg obenan. Aber der Streit zwischen dem Stolze Ludwigs des Vierzehnten und der Freiheitsliebe der deutschen Fürsten wurde auch größtenteils auf deutschem Boden, und auf Kosten deutscher Provinzen, ausgefochten. Auch unser Jahrhundert hat langwierige und blutige Kriege aufzuweisen, welche alle Winkel Deutschlands gleichsam durchsucht und verheert haben. – Solche Kriege lassen allerdings in den Verwüstungen, die sie anrichten, mehr Mutlosigkeit zurück, als durch den militärischen Geist, welchen sie erwecken, die Lebhaftigkeit des Genies oder der Fleiß des Gelehrten aufgemuntert wird. Und wenn also auch eine Nation, mitten unter Kriegen, die sie auswärts führt, so kostbar sie ihr auch an aufgewandtem Blute und Schätzen sein mögen, sich doch, wie die französische wirklich getan hat, zur höchsten Kultur ihrer Sprache und zu den schönsten Produkten des Genies erheben kann – ja vielleicht selbst durch den National-Ruhm, der von Siegen herrührt, auch in den Anstrengungen ihres Geistes und ihrer Industrie gehoben und unterstützt wird: so findet doch diese Unschädlichkeit, oder dieser Nutzen der Kriege, bei derjenigen Nation nicht statt, die nicht nur selbst *unter* den Waffen, sondern immer auch *von* feindlichen Waffen *umgeben* ist, und die nicht nur die Anstrengungen des Krieges, sondern auch alle Unruhen und alle Unfälle desselben zu ertragen hat.

So wahr es ist, daß Deutschlands Lage in dieser Rücksicht von der seiner Nachbarn sehr verschieden und weit unglücklicher bisher gewesen ist als die ihrige: so bleibt es doch noch zweifelhaft, ob darin eine der Hauptursachen liege, wodurch der Fortgang der deutschen Literatur um ein halbes oder ganzes Jahrhundert gegen den ihrer mittäglichen und abendländischen Nachbarn ist verspätet worden. Zuerst: Es war nur *deutsche Literatur*, nicht Gelehrsamkeit überhaupt, welche uns bis gegen die Hälfte dieses Jahrhunderts mangelte. In dieser letztern haben wir mit den südlichen Nationen Europens fast immer gleichen Schritt gehalten, und wenn gewisse Zweige bei diesen mehr geblüht haben, so sind wechselsweise andre bei uns besser gediehen. Aber der schlimme Einfluß der Kriege erstreckt sich auf die Wissenschaften überhaupt, nicht auf den Anbau der Sprache und der Original-Werke insbesondre. Sind jene, trotz allen Verheerungen des dreißigjährigen und der folgenden Kriege, nie in Deutschland erstickt, ja nicht einmal verzögert worden: so würden auch diese, aller Hindernisse ohngeachtet, erschienen sein, wenn die übrigen Umstände der Zeit ihnen günstig und der Geist der Nation reif dazu gewesen wäre. Ja selbst diese Original-Werke des Genies, weil sie weniger Fleiß als die Produkte der Gelehrsamkeit, aber einen desto lebhaftern Flug der Imagination, eine Erhebung der Seele verlangen, können am ersten mitten unter dem Geklirre der Waffen, und selbst unter dem Anblick von Tod und Blutvergießen, gelingen.

9.

Ich kann als ein ehrlicher Deutscher, dem die Wahrheit noch lieber als der Ruhm seines Vaterlandes ist, unmöglich umhin, dem Könige recht zu geben, wenn er sagt, daß wir, was die Dichtkunst und schöne Literatur betrifft, hinter den Ausländern zurück sind. Wenigstens ist es z. B. von der dramatischen Dichtkunst unstreitig, daß wir weder Tragödien noch Komödien haben, die von der ganzen Nation so allgemein und so lebhaft geschätzt würden, als die Franzosen ohne Unterschied ihren Racine und Molière, oder die Engländer ihren Shakespeare schätzen. Entweder sind also die Schriftsteller in diesen Gattungen noch nicht erschienen, welche fähig waren, einen bleibenden und starken Eindruck auf das

Gemüt aller Deutschen zu machen: oder die Nation selbst ist nicht aufgelegt, einen sehr lebhaften oder einen bleibenden Eindruck von Werken des Genies zu empfangen, oder an dem glücklichen Fortgange ihrer Dichtkunst teilzunehmen: welches letztre selbst aber ein Beweis sein würde, daß für diese Gattung der Geisteswerke die Talente nicht in so reichem Maße der deutschen Nation von der Natur zugeteilt wären, weil es ihr an der starken Empfindlichkeit für die Schönheiten derselben Gattung fehlt, worin vielleicht der erste Same der Talente liegt. Der Geschmack begleitet notwendig das Genie, und hält mit demselben in einer Nation gleiche Schritte. Der Enthusiasmus, mit welchem Werke andrer bewundert werden, muß die Begeisterung vorbereiten, welche eigne hervorbringt.

Vielleicht trägt hier ein National-Fehler dazu bei, den man bei den gesetzten und standhaften Deutschen am wenigsten vermuten sollte. Sie sind zu begierig, die neuen Produkte des Genies aller Nationen kennen zu lernen, daß sie sich nicht genug bei den alten ihrer eignen großen Dichter verweilen. Was also im theatralischen Fache, und in allen den Fächern, welche für das allgemeine Publikum gehören, auch großen Eindruck bei seiner Erscheinung gemacht hat, wird doch in kurzem von Neuigkeiten verdrängt. Der Ruhm desselben hat nicht Zeit, sich in der Nation festzusetzen. – Es ist in der Tat zu beklagen, daß nicht die besten Werke unsrer schönen Geister, besonders im dramatischen Fache, durch die Kritik gesichtet, irgendwo gesammelt sind. Viele derselben, wenn sie jetzt von neuem wieder der Nation vorgelegt würden, fänden vielleicht Richter, die ihren Wert fester und genauer bestimmten, und es dadurch einem Verteidiger der deutschen Literatur leichter machten, wenn er von einem Ausländer oder von einem *Friederich* gefragt würde, welches die klassischen Werke im dramatischen Fache wären, ihm diejenigen zu nennen, welche allgemein von der Nation dafür anerkannt werden.

Was die Bildung unsrer Sprache betrifft, so ist an dem

Wesentlichen derselben nicht zu künsteln. Die Versuche dazu sind zwecklos, sie sind unnötig, und sie würden, wenn sie gelängen, schädlich sein. Sie sind zwecklos, weil sich die Sprache eines Volks nicht nach der Willkür oder der Einsicht irgendeines Mannes, auch nicht des größten Genies oder des größten Königs, richtet; sondern die gesammelte Wirkung der Einsichten, Denkungsarten, Launen und Irrtümer aller Jahrhunderte ist, während welcher die Nation bestanden und diese Sprache geredet hat, und aller der Millionen von Menschen, woraus sie besteht. – Sie sind unnötig, weil alle Endzwecke, die man durch eine Sprache zu erhalten sucht, Belehrung des Verstandes, Ergetzung der Einbildungskraft, angenehme Kitzelung *deutscher* Ohren durch unsre Sprache so, wie sie ist, erhalten werden können, wenn nur der Schriftsteller sie zu brauchen weiß. – Jene Versuche würden endlich schädlich sein, weil sie die Analogie der Sprache, einen ihrer größten Vorzüge, weil sie das Werk der Natur und der Zeit, wofür man jede Sprache ansehen kann, der Willkür und den Einsichten eines oder weniger Menschen unterwerfen, weil sie endlich immer neuen Veränderungen, zu welchen die Deutschen nur allzusehr geneigt sind, Tür und Tor öffnen würden.

Der König hat wieder unstreitig recht, wenn er sagt, daß Klarheit und Leichtigkeit die erste Eigenschaft des Stils ist – und daß diese unsern Autoren vergleichungsweise fehlt. Auch von unsern guten Autoren schreiben mehrere schwer. Nur ein geringer Teil verbindet den Reichtum und die Neuheit der Gedanken, welche nötig ist, um denkende und unterrichtete Leser zu befriedigen, mit derjenigen Leichtigkeit der Schreibart, welche der Menge zum Verstehen eines Autors unentbehrlich ist, und welche auch dem Gelehrten den Unterricht erst recht reizend macht. Es scheint, es gibt unter uns Deutschen der Genies mehr, welche durch *eine* hervorstehende Fähigkeit glänzen, als welche durch Vereinigung aller in einer mittlern Proportion durchaus angenehm werden. Und gerade diese Helle und Leichtigkeit des Stils, die uns z. B. bei einem Cicero oder Buffon[4] und Fénelon[5] so sehr einnimmt, entsteht aus der Mischung und dem Gleichgewichte vieler Talente, der Imagination mit dem Verstande, des Witzes mit dem untersuchenden Scharfsinne. Unsre philosophischen Köpfe werden leicht zu tiefsinnig und zu abstrakt; unsre an Ideen reichen Köpfe sind zu gedrängt in ihrem Vortrage und ermüden; Männer von bilderreicher Einbildungskraft fallen in einen allegorischen und beinah hieroglyphischen[6] Stil. Selbst der Witz wird bei uns zu sehr zugespitzt, und gute Einfälle werden zu rätselhaft ausgedrückt. – Allerdings mag etwas an dem kältern Blute und den minder beweglichen Lebensgeistern des nördlichen Klima liegen. So wie der Körper unter diesem Himmel ebenso gesund, und stärker werden kann als der Körperbau von Menschen in mildern Gegenden, aber doch dazu eine Abhärtung nötig hat, und sich gewisse Anstrengungen geben muß, welche die von der Sonne gleicher erwärmten und belebten Organen der Südländer nicht bedürfen: so ist auch unser Geist, zwar durch Arbeit, aller der Vollkommenheit, und in Rücksicht auf tiefdringende Einsicht vielleicht einer noch größern fähig als der Geist der Einwohner in Ländern, welche die Natur mehr begünstigt hat; aber zugleich trägt er doch auch die Spuren der größern Anstrengung, durch welche er die Trägheit des Bluts hat überwinden, der mühsamern Arbeit, durch welche er sein sparsameres Feuer hat erwecken und anflammen müssen. Ein leicht gefaßter Begriff nimmt auch den leichtesten Ausdruck an. Aber Gedanken, welche mit Mühe gefunden worden sind, werden doch wieder mit einiger Schwierigkeit mitgeteilt. – Die Natur indes vergütet bei ihren Geschöpfen jeden Mangel, den sie veranlaßt, durch eine andre Wohltat. Wenn sie uns das schnelle Zuströmen glücklicher Einfälle versagt, und uns unsre geistige Ausbildung mühsamer gemacht hat: so hat sie uns eben dadurch zu einem mehr ausdauernden Nachdenken, und zu einer langsamern Untersuchung der Dinge genötiget, bei welcher die Wahrheit eher gefunden wird.

Es ist aber dieser Mangel von leichter Deutlichkeit im Vortrage nicht bloß die Schuld des Temperaments der deutschen Nation, sondern zum Teil Folge eines falschen Geschmacks unter ihren Gelehrten, einer nicht vollendeten Bearbeitung der Werke von seiten der Schriftsteller, und einer nicht genugsamen Sorgfalt im Gebrauche der Sprache.
Es sind zu viele unter uns, welche sich vornehmen, durch das Außerordentliche zu gefallen. Das sind entweder diejenigen, welche sich nur einen einzigen großen Schriftsteller zum Muster nehmen, und denselben mit allen seinen Fehlern und Eigenheiten nachahmen. Oder es sind solche, die, entfernt vom Umgange mit der Welt, sich selbst nur durch Bücher und einsames Nachdenken ausbildend, gänzlich ihrem einseitigen Hange folgen, und nicht, durch die Mischung andrer Denkungsarten und Charaktere, das Heterogene in dem ihrigen mildern und verbessern. Überhaupt ist es der feine Umgang, welcher den leichten Stil am besten ausbildet: und indem unsre Gelehrten diese Schule weniger als die französischen zu besuchen Gelegenheit hatten, sind sie auch in den Vorzügen der Schreibart, welche dieselbe übt, hinter diesen zurückgeblieben. Die mündlich mitgeteilten Ideen müssen deutlich sein, weil sie auf der Stelle verstanden und beantwortet werden sollen. Der Widerspruch derer, mit welchen man redet, oder die Verschiedenheit der Meinungen in einer Gesellschaft geistreicher Menschen, hindert jeden einzelnen, dem Eigensinne seines Genius oder seiner Laune zu viel nachzugeben, und in Gedanken oder Ausdruck von der Mittelstraße der Verständlichkeit und des einfachen Geschmacks zu weit abzuweichen.
Der Fehler der Schriftsteller, welcher aus dieser Quelle entsteht, ist mehr ein zufälliges Unglück. Aber ihre Schuld ist der, welcher aus der nachlässigen Bearbeitung ihrer Werke, aus dem Mangel der letzten Hand an denselben, herkömmt. Und diese nachlässige Arbeit, diese fehlende letzte Hand ist in der Tat auch an den Werken unsrer guten Meister sichtbar. Unsre Schriftsteller achten ihr Publikum nicht so hoch wie

die unsrer Nachbarn, vielleicht mit Recht, weil auch sie vom Publikum nicht so mit Aufmerksamkeit und Achtung belohnt werden wie diese. Aber woher auch der Fehler seinen Ursprung nehme: er ist vorhanden, und er hat für unsre Literatur schlimme Folgen. Die Natur unsers Buchhandels trägt dazu bei, da sie, zu gewissen bestimmten Zeitpunkten des Jahrs, die Vollendung der Bücher verlangt, welche verkäuflich sein sollen. Die Menge der Hände, die nach dem literarischen Lorbeer jeder Art greifen, macht, daß die Geschwindigkeit dem Genie zu Hülfe kommen muß, wofern man nicht von seinen Rivalen übereilt sein will, wenn man auch nicht von ihnen übertroffen wird. – Aber die völligste Deutlichkeit, diejenige Helle in den Begriffen, die zugleich die Fassung derselben leicht macht, ist immer das letzte Ziel, zu welchem wiederholtes und lange fortgesetztes Nachdenken am spätesten gelangt. Ein neuer Gedanke, in der ersten Gestalt, in welcher er sich unserm Gemüte darbietet, hat gemeiniglich etwas so Eigentümliches von unsrer Lage oder von unsrer Laune, oder hat noch so viel beigemischtes Unwahres und Halbverstandnes, daß er, in dieser Form dem Publikum vorgelegt, nur den dem Autor am Geiste ähnlichen Lesern einleuchtet, und bei keinem andern einen ganz ungehinderten Eingang findet. Oft sind es auch nur Blicke, die ungewiß und zweideutig den entfernten Gegenstand dem Autor zeigen, und daher dem Leser, in diesem Schimmerlichte mitgeteilt, wenn er nicht zufällig den gleichen Gesichtspunkt faßt, vollkommen dunkel bleiben. – Aber je öfter ein scharfsehendes Auge auf denselben Fleck zurückkehrt, wo es etwas zu entdecken glaubt, desto bestimmter und deutlicher wird es den Umriß des Gegenstandes angeben können. Der glückliche, aber paradoxe Einfall bildet sich durch wiederholte Betrachtung in einen richtigen und einleuchtenden Gedanken um. Die Einschränkungen werden zu dem Satze hinzugefunden, die unnötigen Auswüchse werden abgeschnitten: und so kömmt endlich das Produkt unsers Geistes

zu seiner reifen und zugleich ganz natürlichen Gestalt, die eben deswegen die allen Menschen gefälligste ist.
Was aber zur Deutlichkeit, von der wir hier reden, mehr als alles beiträgt, ist diese sorgfältige Bearbeitung, gewandt auf den Gebrauch der Sprache. Der Stil hat, wie Helvetius[7] mit Rechte sagt, nur diese einzige Vollkommenheit – *Deutlichkeit.* Alle andern Vorzüge, welche wir dem Stile zuschreiben, gehören den Ideen. Aber daß diese Ideen sich in dem Ausdrucke, wie in einem klaren polierten Spiegel, ganz rein und unverfälscht abbilden, dies ist Pflicht und Verdienst des Schreibers: und es kann durch nichts anders erhalten werden als durch die genaue Absonderung der Synonymen nach ihren feinen Schattierungen, durch die Zusammenordnung lauter solcher Wörter in jedem Satze, die auch in diesen ihren kleinsten Schattierungen zusammenpassen, durch die genaueste Beobachtung der grammatischen Ordnung und durch die geschickte Abteilung der Glieder der Perioden, kurz durch die Vereinigung aller Forderungen der Sprachrichtigkeit mit denen der philosophischen Wahrheit oder der dichterischen Schönheit.
So viel ist wenigstens gewiß, daß *Friedrich*, wenn er den hohen Grad der Deutlichkeit, welcher Fürsten und allen, die ohne alle Anstrengung ihren Geist rühren oder unterhalten wollen, die französischen Schriftsteller so angenehm macht, in den unsrigen vermißt, er unsre Studierenden auf einen Punkt aufmerksam macht, der in allen Produkten des Geistes einer der wichtigsten ist, und in Hinsicht dessen wir, was die Schreibart betrifft, noch Fortschritte machen können.

10.

Ich höre den König mit Wohlgefallen allenthalben, wo er nach seinen eignen Empfindungen, nicht nach andrer Meinungen urteilt; und er hat dann gemeiniglich recht. Was er lobt, ist gewiß in *der* Rücksicht, in welcher er es lobt, gut. Was er tadelt, ist nicht immer schlecht: weil sein Tadel zu allgemein ausgedrückt ist, und sich daher oft weiter erstreckt als diejenige Kenntnis, welche er durch eigne Untersuchung erlangt hatte. Wenn er der Komödie des »Postzuges«[8] einen höhern Rang eingeräumt hat, als ihr der geschmackvollste Teil der Nation anweist: so ist es bloß, weil er zu wenige Vergleichungspunkte hatte, das Maß ihrer Vollkommenheit zu bestimmen. Er fand Züge von Natur und Wahrheit in diesem Lustspiele, welche jeder Leser darin entdeckt, und da er zugleich alles deutlich und nichts durchaus anstößig fand, da er unsre vollkommnern dramatischen Werke nicht kannte, und von denen, welche er versucht hatte, vielleicht durch einige Dunkelheiten oder Eigentümlichkeiten des Schriftstellers abgeschreckt worden war: so erhob er, in dem Verlangen, uns Gerechtigkeit widerfahren zu lassen, wo er etwas Gutes fände, das Mittelmäßige zum Meisterstücke. Die Vorzüge und die Mängel des königlichen Geistes (denn wenn man von Menschen redet, so kann man nicht auf eine wahre und edle Art loben, ohne zugleich von Mängeln zu reden) sind bei solchen Urteilen in gleichem Grade sichtbar. Sie sind also unterrichtend in Absicht seines Charakters, wenn auch nicht lehrreich in Absicht des Gegenstandes. Er hatte eine sehr richtige Beurteilungsgabe in Dingen, welche er kannte: aber er hatte nicht immer ein deutliches Bewußtsein von den Grenzen seiner Kenntnisse. Und dann gesellte sich zu dieser Unwissenheit ein gewisser Stolz des Geistes, das, was ihm unbekannt geblieben war, immer für geringer zu halten als das, was er in derselben Gattung hatte kennen lernen. Berühmt sein sollende Namen, die ihm fremd waren, schienen ihm beinahe lächerlich. – Bei der Wißbegierde, deren er sich bewußt war, und den Gelegenheiten, welche er vor Tausenden voraus hatte, merkwürdige Dinge kennen zu lernen, konnte es ihm vielleicht schon als ein Beweis von dem geringen Werte eines Menschen oder eines Werks vorkommen, daß sie noch nicht bis zu ihm durchgedrungen waren. – Dieser Hang seines Geistes verursachte also ebenso natürlich, daß er das, was ihm zufällig unter vielen Dingen seiner Art bekannt geworden war, wenn es wirklich einiges Verdienst hatte, über Gebühr erhob, als er ihn verführte, die ganze Gattung, die er nur nach solchen Proben beurteilte, unter ihren wahren Wert herabzusetzen. – Er hatte außer Quandt[9] wenige andre Prediger gehört. Quandt hatte ihm mit Recht, wegen seiner richtigen Deklamation und seiner körperlichen Beredsamkeit, gefallen. Er argwohnte nicht, daß ein Rednertalent, welches größer wäre als das, welches auf ihn Eindruck gemacht hatte, in der Nation vorhanden und ihm verborgen geblieben sein sollte. Er erhob also Quandten ohne Bedenken zu dem ersten Redner unter den Deutschen. Gellert hatte durch eine wirklich schöne Fabel, die er ihm aus dem Gedächtnisse mit Nachdrucke vorgesagt hatte (denn nachdrücklich und im Akzent richtig war Gellerts Deklamation, wenn auch eintönig), fast zuerst sein Vorurteil gegen die deutsche Sprache und Dichtkunst überwunden.[10] Von dem Augenblicke an war Gellert der einzige Deutsche, der, wie er sich gegen mich selbst ausdrückte, zur Nachwelt gelangen würde, weil er zwar nur in einer kleinen Gattung, aber in dieser mit wirklichem Glücke gearbeitet habe. Sein Vorurteil widerstand also niemals seinem richtigen Gefühle. Aber er urteilte zuweilen vom Ganzen, wo er nur Gelegenheit gehabt hatte, einen Teil durch eigne Beobachtung kennen zu lernen. So war der »Postzug« unter den wenigen deutschen Theaterstücken, auf die er das Auge geworfen hatte, ohne Zweifel das vortrefflichste. Daß es das beste der deutschen dramatischen Dichtkunst sei, war ein zu allgemeiner Ausspruch, nach eingeschränkten Kenntnissen der Tatsachen.

DANIEL JENISCH

Aus: *Denkschrift auf Friedrich den Zweiten*

(1801)

Wirkungen Friedrichs auf die intellektuelle und moralische Welt

So gewiß die politische Welt mitten in der intellektuellen und moralischen liegt, so gewiß ist jede wohltätige oder schädliche Umwandelung in jener mit entsprechenden Folgen in dieser begleitet: und ebenso gewiß hat Friedrich auch schon durch seinen politischen Einfluß intellektuellen und moralischen verbreitet. Daher wir dann schon bei der Verhandlung über den ersten manches von dem andern zugleich mitberühren mußten, und eben jetzt auch, bei der Auseinandersetzung seiner intellektuellen und moralischen Wirksamkeit, auf die politische zurückweisen werden.

Aber groß, wie er war, nicht nur als Held, als Eroberer und Regent, sondern auch als Philosoph, als Mensch, als Schriftsteller und Kunstverehrer, mußte er auch in der sittlichen und in der Denker-Welt noch ganz eigentümliche Wirkungen hervorbringen.

Und hieher rechnen wir

Erstens: Mächtigen Anschwung des eben erwachten europäischen Denkgeistes.

Herrschender, weitverbreiteter Denkgeist ist es vorzüglich, wodurch das achtzehnte Jahrhundert sich über alle vorigen Jahrhunderte erhebt: und ihn zu wecken, zu beleben, dafür hat der preußische Monarch mit einer unermeßlichen Kraft, hat er, man kann es ohne Übertreibung sagen, mehr und vielseitiger gewirkt, als irgendeiner unter den berühmtesten Aufklärern des Jahrhunderts.

Tatsachen, große, vielumfassende Tatsachen sind es, sagten wir schon oben, was mehr als alles andre die Gemüter anregt, die Geister in Schwung setzt. Und was bot ihnen dieser Tatsachen mehrere und größere als Friedrichs Helden- und Regenten-Geschichte? Es war »einer der größesten und weisesten Menschen auf einem der größten und tatenreichsten Schauplatze«. Gewisse, an sich vortreffliche Ideen, mit welchen wir lange vertraut waren, verklären sich in unserm Gemüt nur bei gewissen großen Veranlassungen mit ihrem vollen Licht; wirken nur von diesen geweckt oder neu aufgefrischt in aller Fülle ihrer Kraft.

»Der Mensch ist sterblicher Natur!« Welch ein alltäglicher Gemeinsatz? Aber wenn er uns nun in einer fürstlichen Leichengruft überrascht, in der Mitte dieser Särger *voll Asche*, die einst, mit Diadem und Szepter geschmückt, über Millionen thronte und Millionen Glückseligkeit oder Verderben zuwog; welche Schauder der Vergänglichkeit aller menschlichen Größe, aller menschlichen Dinge durchdringen uns? und welche tiefe Furchen läßt ein solcher Anblick oft für lange Lebensabschnitte in der Seele zurück?

»Ein Held, ein König, ein großer Mann hat's getan, gesagt, geschrieben.« Selbst der erleuchtetre Geist kann dem Gewicht dieser Ausdrücke nicht widerstehn: die Taten, das Wort, die Schrift des Helden, des Königs, des großen Mannes, und trüge ihre äußere Gestalt auch nur ein sehr gewöhnliches Gepräge, wirken dennoch mit ungewöhnlicher Kraft. Wir verweilen länger bei ihrer Anschauung: ein weiterer Kreis verwandter Ideen wird durch den einzigen Gedanken an den Mann, welcher handelte, sprach, schrieb, herbeigezogen: den Geist erhellt ein ungewohntes Licht.

Auf diese Art wirkte Friedrich als Held und als Regent, als Philosoph und als Schriftsteller, mächtig zur Anregung des Denkgeistes!

Eine unendliche Menge von Vorstellungen, Wünschen und

Gefühlen über die wichtigsten Angelegenheiten des Menschen in politischer, moralischer und intellektueller Hinsicht, welche dunkel, und nur wie von fern geahnet, in den Geistern geschlummert hatten, erstanden wie vom Lager, und belebten sich bei dem Anblick des *Ungewöhnlichsten*, was man von jeher sehen konnte, *eines großen und edlen Geistes auf dem Thron*. Ein König, der seinen Stand nur nach seinen Pflichten mißt; ein Held, der neben jeder großen Tugend auch die sanftern und mildern übt, der ohne Kriegslust tapfer ist, und mitten unter Siegen nur Wünsche für den Frieden hat; ein Regent, der ohne Hof und ohne Prunk, bloß dem Glück seines Volkes lebt – welch ein Lichtkreis von Ideen zieht sich um jede dieser großen und schönen Eigenschaften! welcher Geist ist so durchaus Finsternis, daß er nicht von einigen schönen Strahlen aus diesem Kreise angeleuchtet werden sollte? Man fing von neuem an zu glauben an *gute* Könige, an *menschliche Helden*, an *Völkerheil*, an Vervollkommnung der gesellschaftlichen und statistischen Verhältnisse[1], an *Hoheit* und *Würde* der menschlichen Natur, welche sich in diesem einzigen Mann so herrlich verklärte. Denn bei dem trostlosen Anblick einer unseligen Reihe von Königen, die entweder elende Schwächlinge oder frevelhafte Despoten waren; von Helden, welche nur Kriegswut beseelte, und die nur groß waren, um Verderben um sich her zu verbreiten; von Regenten, die mit ihren Kammerdienern beratschlagten, und mit ihren Mätressen über die Bedingungen des abzuschließenden Friedens übereinkamen – bei dem trostlosen Anblick einer solchen Reihe von Menschen-Quälern, welche die Nationen beherrschten, und die Schicksale des Menschengeschlechts bestimmten, konnte man wohl den Glauben an bessere Fürsten und an einen bessern Zustand der Dinge verlieren. Und einen solchen tragischen Anblick bot die Geschichte der Menschheit von jeher, bot die Geschichte Europens, insbesondre seit ungefähr funfzig Jahren, mit geringer Ausnahme, bis auf Friedrich dar. Dafür aber weckte und bestärkte *er* nun, er, das preiswürdige Gegenteil von jenen völkerbeherrschenden Menschen-Quälern, diesen bessern Glauben. Der Denker, das Volk begannen, laut und kühn, Fürstenpflicht und Volksrecht, Verbesserung der Staatsverfassung und der Staatsverwaltung zu beherzigen. Die Fürsten selbst, einem solchen Throngenossen gegenüber, erwachten aus der alten Lethargie, und wurden von einigen neuen Ideen über das, was sie ihrem Stand und ihrem Volk schuldig waren, angestrahlt. Und jene unnennbare Menge von Ideen, Vorstellungen, Wünschen und Gefühlen, welche Friedrichs allesüberglänzende Erscheinung in den Denkern, im Volk, und sogar in den Fürsten, über die genannten höchst wichtigen Gegenstände hervorrief, wurde von ihm nicht etwa nur vorübergehend angeregt, sondern eine vieljährige, glanzreiche, mit den denkwürdigsten Taten bezeichnete Periode hindurch im Schwung erhalten, vielseitig entwickelt, durch immer neue Auftritte vermehrt und verstärkt. Eben durch diese gewaltige Anregung des Denkgeistes wurden die beiden vielbefassenden Wirkungen möglich, welche wir oben allgemeine Richtung der Aufmerksamkeit der Nationen auf Staatsverbesserungen, und Weckung eines gewissen Sinns dafür auch in der Fürsten- und Herrscher-Welt, benannten.

Durch die unbeschränkte Denk- und Schreibfreiheit, welche der Monarch seinem Volk bewilligte, eröffnete er dem Denkgeist einen unermeßlichen Schauplatz, auf welchem sich derselbe nach jeder Richtung hin und mit ungehemmtem Fortschritt bewegen, jede seiner Kräfte versuchen konnte. Alte und neue Wahrheit, Wahrheit und Paradoxie, Spott über Irrtümer, Vorurteile und Verteidigung derselben – alles mischte sich durcheinander, und wirkte in den verschiedenen Geistern verschieden: alles zusammen aber diente, neue Ideen zu wecken, alte zu berichtigen, dunkle aufzuhellen. Man *dachte*, und übte sich *zu denken*: man *lernte denken*.

Auch als *Schriftsteller* wirkte Friedrich zur Anregung des Denkgeistes sehr glücklich. So bekannt und oft gesagt auch die Wahrheiten sein mochten, welche er in den noch während seines Lebens öffentlich bekanntgewordenen seiner Schrif-

ten, in dem »Anti-Macchiavell«, in den »Vermischten Gedichten«, in den »Brandenburgischen Denkwürdigkeiten«[2] und einigen andern vortrug: dadurch, daß *Friedrich* diese Wahrheiten sagte, zogen sie die geheftetste Aufmerksamkeit an sich, drückten sich tiefer den Gemütern ein: der Glanz seiner übrigen bewundernswürdigen Eigenschaften, der Glanz seiner Großtaten, der Glanz des Throns schimmerte weit und warm über jede vollwichtige Sentenz, über jede treffende Beobachtung, über jeden schönen und kräftigen Ausdruck hin: bei jeder hervorstechendern Zeile der Schrift sahe man gleichsam den Schriftsteller in aller seiner Größe dastehen; und jedes Wort klang lauter ins Ohr, jeder Gedanke lebendiger in die Seele. Die Geister der Lesenden wurden mächtiger ergriffen. Alte Vorstellungen erhielten neues Leben, dunkle wurden erhellt, spekulative praktisch. So *lernte man von Friedrich, dem Schriftsteller, denken!*
Werfen wir einen Blick auf den Gang der teutschen Literatur, so sehen wir, daß mit Friedrichs Thron-Auftritt die eigentliche *Schriftsteller-Epoche* beginnt. Denn wenn auch diese noch durch einige andre Ursachen mit herbeigeführt ward, so war doch Friedrich ein Hauptgegenstand, an welchem sich die jungen Federn übten; von ihm und über ihn las man, wo man fast nichts las: die Pamphlets, die Zeitungen, die Gedichte, welche ihn betrafen oder verherrlichten, weckten zuerst den teutschen *Lesegeist*, diesen Ermunterer und Vorbereiter des Denkgeistes.
Aber nicht nur den Denkgeist angeregt, sondern auch wirkliche Aufklärung verbreitet – hat Friedrich.
Daher stellen wir

Zweitens: Beförderung der religiösen und allgemeinen Aufklärung

als einen wohltätigen Einfluß auf.
Man kann, bei einem stark angeregten Denkgeist und bei einem Reichtum der verschiedenartigsten Ideen, immer noch

sehr unaufgeklärte sein: Denkgeist enthält nur die *Anlage zur Aufklärung*, wie, nach dem Descartes, der *Zweifel die Anlage* zur Philosophie.

Denn nur alsdann, wenn die in unserm Geist gesammleten Ideen gehörig gesondert und klar-anschaulich sind; wenn die miteinander verwandten, gründlich verbunden, sich nirgend widersprechen oder aufheben; wenn unsere Ansichten der Dinge wahr, unsere Grundsätze fest und richtig sind: nur alsdann sind wir *aufgeklärt*.

Wir unterscheiden in *religiöse* und in *allgemeine* Aufklärung. *Jene*, die religiöse, beleuchtet die Irrtümer, zerstreuet die Vorurteile in der *Religion*: diese, die *allgemeine* Aufklärung, befaßt, um vieles mit wenigem zu sagen, die *richtige Ansicht der menschlichen Dinge*: mit andern Worten, sie gibt uns helle und wahre Ansichten von dem Wert und den Zwecken des Lebens, von seinen Pflichten und Verhältnissen, und insbesondere auch von dem Wirkungskreise, auf welchen unser Beruf uns einschränkt.

Auf beide Arten der Aufklärung hat der Monarch kräftig eingewirkt: in der religiösen wie in der allgemeinen hat er durch Beispiel und Schrift gewisse Ansichten und gewisse Grundsätze gangbar gemacht, hat er wenigstens deren Ausbreitung mächtig befördert.

Unter allen Fürsten Europens galt Friedrich zuerst und einzig für einen Philosophen oder, wie sich die Orthodoxie damals ausdrückte, für einen *Starkgeist* (*Esprit fort*), welches nichts geringeres als einen Mann ohne Religion bedeutete. Sein Umgang mit Philosophen und Dichtern, welche, für freigeisterisch gehalten, nicht selten auch es waren, gewisse einzelne seiner Äußerungen über die Lehr-Dogmen, gewisse verräterische Maximen in seinen Schriften, warfen diesen *Schatten* auf ihn: und in diesem Schatten, welcher in der Meinung der Denker helles *Geisteslicht* war, zeigte er sich dann auch als Regent, durch völlige *Gleichgültigkeit* (*Indifferentismus*) gegen die herrschende Religion, durch Verstattung der unbe-

schränktesten Preßfreiheit, und durch allgemeine Religions-Duldung.
Durch die allgemeine Duldung drückte er den Behauptungen der Philosophen des Jahrhunderts, den Wünschen der Weltbürger, den neuen Dogmen der aufgeklärten Theologen ein Siegel auf. So mancher, der damals noch warmer Verehrer der Orthodoxie, aber ebensowohl von Friedrichs Taten und Tugenden war, fing an, nach seiner Art zu schließen: es müßte mit den verschiedenen Religionen eine andre Bewandtnis haben, als man sich gewöhnlich vorstellte, und sie müßten, im wesentlichen, übereinkommen: weil ein Mann wie Friedrich so gleichgültig dagegen sei. – Grundsätze, welche allmählig in den Geistern Wurzel faßten und den Sturz des Offenbarungsglaubens, die Alleinherrschaft des Naturalismus vorbereiteten.
Denk- und Schreibfreiheit, verbunden mit der religiösen Duldung, machten die Denker kühner, die Schriftsteller freier und lauter: die Geistlichen selbst wagten es, in ihren Kanzel-Reden, und noch freimütiger in Schriften, mehr ihre bessere Überzeugungen als die Glaubensartikel des herrschenden Systems vorzutragen.
Und so brannte dann in Friedrichs Staat, wie auf *Vestas Herd in Rom*,[3] das heilige Feuer der Aufklärung: hier sammleten die Lichtgeister die schönsten Strahlen wie in einem Brennpunkt, und ließen sie dann in alle Welt glänzen. Oder kann es geleugnet werden, daß *Teutschlands Aufklärung* von Berlin und von den preußischen Universitäten zuerst und am hellsten ausstrahlete?
Der kühnste Griff an die Altäre der Volksreligion und an das herrschende Kirchensystem war die *Einführung des neuen Gesangbuchs*:[4] ein Versuch, der in so manchen Ländern Teutschlands jetzt noch, zwanzig Jahre später, wie oft mißlingt, oder nur mit endlosen Schwierigkeiten durchgesetzt wird: in Berlin, unter Friedrich, ward er zuerst gewagt, und, obwohl auch nicht ohne Widerstand, durchgesetzt. Einen Teil seines Ruhms, in Hinsicht auf Beförderung der religiösen

Aufklärung, muß der Monarch allerdings an seinen erleuchteten Minister *Zedlitz*[5] zurückgeben, der, selbst ein Zögling von Friedrich (denn dieser hatte den fähigen Jüngling früh ausgekannt, und zur Entwickelung seiner Talente tätig mitgewirkt), aber vertraut mit der teutschen Gelehrten- und Schriftsteller-Welt, seine Männer für die akademischen und für die geistlichen Lehrstühle zu wählen wußte. Er, der Monarch, begnügte sich, seinem Minister den Willen zu äußern, daß erleuchtete Denker und Forscher in seinen Staaten die Fackel der Aufklärung schwingen sollten.

Auch durch seine so häufig gelesenen »Vermischte[n] Gedichte« hat er zur Verbreitung gewisser Ansichten der natürlichen Religion, über die Lehren von Dasein Gottes, von der allgemeinen und besondern Vorsehung, von Zukunft und Unsterblichkeit, mannigfaltig mitgewirkt: wenn man gleich nicht sagen kann, daß es überall *wahre Aufklärung* war, was die Leser aus seinen Werken schöpften. Oft waren es mehr Zweifel als Überzeugung, mehr Spott über die Täuschungen des Irrtums als Gründe für die Wahrheit, mehr gefährliche Erschütterung des bisher fest-geglaubten Bodens als neuer, sichrer Grund.

Allgemeine Aufklärung, richtige Ansicht des Lebens also, und Sinn für Ausübung seiner Pflichten, Sinn für Fleiß und Ordnung und Häuslichkeit, Sinn für Wert und Würde unserer vernünftigen Gattung – verbreitete Friedrich gleichfalls durch Tat und Schrift.

Der geheftete Blick aller Völker sah in ihm nicht etwa einen mit allen Segnungen des Himmels gekrönten Schößling des Glücks; er sah in ihm einen von dem Schicksal hart geprüften, nur durch langen und ausharrenden *Kampf mit dem Unglück endlich glücklichen*, und dann *dieses Glücks würdig gebrauchenden Mann*. Von diesem höchst merkwürdigen Mann, der von der Vorsehung selbst, wie auf eine erhabene Warte, zum weitleuchtenden Beispiel aufgestellt zu sein schien, war durch öffentliche Nachrichten und durch mündliche Mitteilung eine Menge charakteristischer Züge von Enthaltsamkeit und Nüchternheit, von unnachläßlich-strenger Pflichtliebe, von Standhaftigkeit und Gleichmut im Unglück, von hohem Mut in Gefahren und von Verachtung des Todes für Ruhm und Pflicht, allgemein-bekannt; allgemein-bekannt eine Menge von jenen ihm so eigentümlichen *Kraftsprüchen* über die genannten Tugenden, Sprüche, welche durch Kürze und sinnbildliche Anschaulichkeit sich nur desto tiefer in die Gemüter einsenken.

Alles dies, zusammengedacht mit dem Gedanken: *so denkt, so handelt* ein *König*, ein *glorreicher Eroberer*, der *erste Mann des Jahrhunderts*, wie konnt' es anders, als jede wahrste und jede rührendste Ansicht des kummervollen Menschen-Lebens gleichsam mit königlichem Siegel beurkunden, jedes wehmütige Gefühl seiner Nichtigkeit von der einen, seine hohe Würde, durch Pflichttreue, von der andern Seite in den Gemütern wie vertiefen und eindringlicher machen?

Es gibt gewisse Züge in dem Leben großer Männer, welche *der phantastischen Sinnlichkeit gemein* dünken, und welche die *überlegende Vernunft erhaben* findet; Züge, bei welchen wir *im ersten Augenblick lächeln, im zweiten uns schämen, gelächelt zu haben.*

Ein wenig bekannter, aber urkundlich beglaubigter Zug der Art aus Friedrichs Leben ist folgender.*

Am Abend vor dem gräßlichen Schlachttage in den Gefilden bei Kunersdorf[7] reitet der Monarch, von zwei seiner Offizier begleitet, nach einem von den Russen niedergebrannten Dorfe, um den Morgen darauf von dorther die Schlacht anzuordnen. »Aber nehmt ein paar Bündel Stroh mit«, ruft er einigen Gemeinen zu, »damit ich nicht in dieser Nacht, wie in der gestrigen, auf bloßer Erde schlafen muß.«

* Es ist zu lesen im zweiten Teil des Werks »Von Schlesien vor und nach 1740«, denn dieser Teil enthält die Geschichte des siebenjährigen Krieges, welche Herr von Archenholz sorgfältig benutzt hat.[6]

Welches pathetische Drama, welche melancholische Elegie über die Mühseligkeiten des Lebens, über seine Höhen und Tiefen, durchschauert uns mit rührendrer Wehmut, zieht tiefere Furchen in das Herz als Friedrichs Wort, in dieser Lage ausgesprochen!

Und wissen wir dann nicht, wie oft Menschen, besonders in der Volksklasse mit dem unverdorbenen Moral-Gefühl, bloß deswegen standhaft dulden, edel handeln, weil das Beispiel irgendeines großen oder ihnen sonst woher interessanten Menschen vor Augen schwebt?

Oder ist es nicht wahr, was wir schon vorher in einer andern Rücksicht als Tatsache aufgeführt, daß, während dem siebenjährigen Kriege, den Geist der Ausharrung in verzweiflungsvollen Bedrängnissen, den Geist der Ehre und der Pflicht Friedrichs einziges allbeseelendes Beispiel dem gesamten Heer einhauchte, und den Feldherrn wie den gemeinen Reihen-Kämpfer begeisterte? Laßt sie uns fragen – diejenigen, welche während dem siebenjährigen Kampf Augenzeugen, vielleicht Mitteilnehmer waren: wie damals *Friedrichs Bürger* dachte? und sie werden sagen: Das Volk, unter diesem Druck der Feinde seufzend, hatte fast weniger Gefühl für sein Elend als Wünsche und Bewunderung für seinen landesväterlichen Held.

Und wenn es in Monarchien ebensowohl einen Patriotismus gibt wie in Freistaaten, so glühte damals der preußische Patriotismus mit seinen schönsten Flammen: Zahllos waren sie, Friedrichs Untertanen, aus den hohen und niedern Ständen, welche, mitten im Gedränge der Feinde, *nur ihm dienten*, welche Gut und Leben für ihn aufopferten.*

Ein Beispiel, wie der schlesische Held auf die niedre Volksklasse würkte, erlaube man mir *aus einer Reisegeschichte*

* Die Herrn *Johansen*[8], von *Osten*[9] und andere, deren treuer Dienste der Monarch sich zeitlebens erinnert hat, wußten demselben ganze Wagen mit Geld, von den Landeseinkünften, während der russischen Besitznahme von Preußen, mitten durch die Wache der Russen und auf Gefahr, à la russe geknutet zu werden, zu überschicken.

anzuführen: es schildert lebendig die Art, wie das wahrhaft Große auf gewöhnliche, aber gutgeartete Seelen wirkt.
»Im Anfange Dezembers 1757 (den 5. Dezember dieses Jahres ward die Schlacht bei Leuthen[10] geschlagen) fand ich mich in einer kleinen bayrischen Provinzialstadt, unfern der kurfürstlichen Residenz: Mein Wirt, ein Handwerker, abends, nachdem er eins seiner Lieblingsgerichte gar schmackhaft gefunden, sagt er mit dankbarer Freundlichkeit zu seiner Frau: ›Liebe! so vergnügt hat Friedrich gewiß nicht am Abend vor der Schlacht bei Leuthen gegessen!‹ Bei dem traulichen Ton, auf welchen ich mich mit dem teutschen Biedermann gar leicht stimmte, fand ich an ihm einen der enthusiastischsten Bewunderer des großen Monarchen: alle Zeitungen und alle irgend merkwürdigen Schriften über ihn verwahrte er in seinem Schrank: sie waren ihm Bibliothek. Keine der vielen Anekdoten von Friedrich schien ihm unbekannt zu sein: er erzählte sie mit einer Art von Begeisterung: und jede Erzählung schloß er mit dem Endspruch (Refrain): ›Wenn solche Leute so denken und so handeln: muß unsereiner sich nicht schämen, es anders zu machen?‹«
So gewaltig wirkte Friedrich auf einen *fremden*, ihm ganz unbekannten Menschen, er, der Protestant, auf die Katholiken. Aber Bayern war immer das Land der Verehrer des großen Friedrichs.
Gleich tief und lebendig weckte der preußische Regent *den Sinn für Menschen-Wert* und *für echte Bürger-Freiheit*. Bürger- und Bauren-König in dem edlen glorreichen Sinne des Worts, wußte er sich zu Leuten aus dieser Klasse mit einer nur ihm eigentümlichen Biedermanns-Freundlichkeit herabzuneigen: und flößte ihnen eine Zuversichtlichkeit, eine Art von Stolz ein, womit sie jeder Ungerechtigkeit und jeder Unterdrückung kühn ins Angesicht trotzten. Die *Müller-Arnoldsche Sache*[11], so sehr der Monarch dabei mißgriff, wie verklärte sie den Landes-Vater in den Augen des gemeinen Mannes! und wie – den gemeinen Mann ihm selbst! da der

Monarch einige seiner höchsten Staatsbeamten so harter Strafe unterwarf wegen eines, nach seiner Meinung, ungerechten Urteilsspruchs, den sie gegen einen armen Mann erlassen.

Denn preußische *Gesetzgebung* und preußische *Rechtspflege*, was sind sie anders als die erstere – das in die positiven Gesetze übertragene natürliche Menschen-Recht: diese – die tätige Vollziehung und Verteilung eines *solchen* positiven Rechts. – Daß die Strenge und Sicherheit der Rechtspflege dem preußischen Untertan einen gewissen *edlen Trotz* und eine seltne Zuversichtlichkeit gebe, die man nur in England und in Holland unter dem Volke antrifft, ist von mehrern Reisebeschreibern angemerkt worden. Das bekannte Wort des *armen Windmüllers*, der seine Mühle dem Monarchen für keinen Preis abtreten wollte: »Ja, wenn das Kammergericht nicht wäre!«, ist doch wohl der *Zeiten des unbestechlichen Areopagos*[12], und der – *Catonischen Präturen*[13] *würdig*. Welcher Römer-Bürger fühlte sich stolzer als der preußische Windmüller?*

Man hat den Monarchen einstweilen der *Menschenverachtung* beschuldigen wollen: auch hat er diese, nicht selten, mündlich, hier und dort sogar in seinen Schriften, geäußert. Aber man kann von der *ganzen Gattung* geringschätzig denken (und dies haben fast alle große Menschen-Kenner getan), ohne ein einziges Individuum seiner hohen Menschen-

* Die Geschichte unseres Geschlechts wiederholt sich nicht selten auf eine sonderbare Art in ihren hervorstechendsten Zügen. Für den neugierigen Leser setze ich, als Seitenstück zu der Behandlung des eigensinnigen Windmüllers von dem gerechten Monarchen, folgende Erzählung aus der *persischen Geschichte*. Ein Sophi[14] wünschte einst, um die Aussicht von seinem Prachtschloß auf einen nahgelegenen Hügel zu verschönern, die Hütte eines seiner ärmsten Untertanen, welche auf dem Hügel stand, an sich zu kaufen. Der arme Mann verweigerte dem Sophi die Hütte, und dieser ließ sie ihm. Bald darauf statten die Großen der Hauptstadt einen Besuch bei dem Fürsten in seinem Palast ab, bewundern, nach morgenländischer Sitte, die Pracht des Palastes, und spielen, leise-deutend, auf die Geschichte des armen Mannes an. »Saget das nicht«, erwidert ihnen der edle Sophi; »hier in diesem Palast seht ihr den Fürsten, den *Ali groß* gemacht, dort an jener Hütte den Fürsten, dem er *Güte* ins *Herz* gab.«

Rechte unwürdig zu behandeln. Und dies hat Friedrich nie, nie getan.

Am wenigsten unbemerkt können wir endlich den *Geist der Ordnung, des Fleißes, der Pflichtliebe* lassen, welchen der Regent allen höhern und niedern Beamten seines Staats einzuflößen wußte.

Er selbst, der gewissenhafteste Arbeiter im Reich, mit den bestimmtest abgeteilten Stunden zu Geschäft und Unterhaltung, welche er auch ein langes fast halbhundertjähriges Regenten-Leben hindurch unabänderlich beobachtete, konnte nur treue und pflichtliebende Menschen in seinem Dienste dulden. Daher waren seine ersten Minister, die Welt weiß es, die arbeitsamsten, patriotischsten, aufgeklärtesten Männer, die bei der auf ihnen ruhenden Last von Geschäften selbst keine andere als ihnen ähnliche Untergeordnete brauchen konnten. Hiezu kam, daß die kunstreiche und wie auf die möglich-größte Summe arbeitender Hände berechnete Organisation der Monarchie Arbeitsamkeit und Fleiß zu den *unumgänglichen Eigenschaften eines preußischen Untertans* machte.

Und wer war sicher, von *seinem* alles selbstdurchschauenden, selbstprüfenden Auge unbemerkt, bei verschuldeten Nachlässigkeiten ohne strenge Vorwürfe seines strafenden und alsdann wie mit *allen Donnern des Throns bewaffneten* Mundes zu bleiben?* Ist es nicht bekannt, daß der Adlerblick des Monarchen nicht selten Fehler entdeckte, welche hundert gewöhnlichen Augen unbemerkt vorübergeschlüpft waren? Hohe, ansehnliche Kollegien zitterten einstweilen vor seinen *Reskripten*, oder auch vor den *Randglossen seiner Hand*: denn in allem, was *Pflicht* betraf, kannte er *nur Strenge, nie Milde*. Dagegen wußte er dem stillen, scheuen Verdienst, eben auf dem Wege allesdurchspähender Selbstforschung, bis in seine dunkelsten Winkel, wo es schmachtete, nachzuspü-

* Die *durchgreifende Derbheit* und *das Donnernde in gewissen Reskripten* und Randglossen des Monarchen ist allbekannt.

ren: und mancher Untergeordnete, dessen Fähigkeit und Diensteifer er selbst ausgekannt, glänzte, unerwartet, in einer ansehnlichen Stelle.

So spornte der erste Mann im Staat die großen und kleinen Diener des Staats: so erhielt die unermüdliche Tätigkeit des Schöpfers der kunstreichen Maschine das ganze Getriebe derselben, mit den zahllosen einzelnen Rädern, in unaufhörlichregem Umtriebe: nirgend Stillstand, nirgend Stockung.

So schuf er sich *jene Menge erfahrner*, nur ihrer Pflicht gehorchender *Feldherrn* und *Ober-Offiziere* im Heere, jene Menge trefflicher patriotischer Männer in jeder Gattung bürgerlicher Geschäfte. Durch welche er dann, als durch ebenso viele Werkzeuge seiner Hand, die großen Dinge schuf, welche man mit Recht *die Wunder seiner Regierung* nennt.

Aber gesetzt, der große Einzige hätte irgendwo nicht mit dem Pinsel und nicht mit Farben, sondern mit lebendiger, gedankenreicher Kraft seine volle Heroen-Gestalt gezeichnet; hätte uns ganz wie nach dem Leben, und mit allen seinen Zügen, jenen *Geist* gemalt, welcher zwischen dem Thron und der Hütte immer nur eine Spanne Unterschied sah; jenes *Auge*, welches, mit einem Blick, gleichsam das Herz der Dinge durchschaute, und eine unendliche Menge von Gegenständen, wie in einem Brennpunkt vereint, zu einem großen Gesichtspunkt zusammenfaßte; jenen *Charakter*, nach welchem er einer auf ihn anstürzenden Welt (wie im siebenjährigen Kriege) eine unerschrockene Brust darbot, und mit dem armen Bewohner in der von dem Feinde zerstörten Hütte rührend mitfühlte; jenen Charakter, der erhaben über den Thron, erhaben über die menschlichen Dinge, den Thron und die menschlichen Dinge über alles verherrlichte: gesetzt, sag' ich, der Monarch hätte irgendwo ein *solches Bild seines Selbst*, von eigener Hand aufgestellt, hinterlassen: würde dies Bild wirken? Würd' es die Anschauer *erschüttern* und *entzücken*, *heroisch schrecken* und *menschlich erfreuen*? Würd' es uns mit den Gesinnungen des großen Originals durchdringen, zu seinen Tugenden begeistern?

Und ein solches *Bild seines Selbst*, mit eigener Hand abgeschildert, hat er uns *in den nach seinem Tode gedruckten Werken hinterlassen*. Diese Werke sind der treueste, vollständigste Abdruck seines Geistes, seiner Gesinnungen. Was in einem großen tatenreichen Leben von ihm erfahren, beobachtet, empfunden ward; wie er nur durch Mut der Verzweiflung trotzte und, von dem zerschmetterndsten Herabsturz bedroht, sich zur bewundernswürdigsten Geisteshöhe emporschwang; wie er die Dinge und die Menschen ansah, und jener ihre Zufälligkeiten, dieser ihre Schwächen und Leidenschaften seinen Zwecken dienstbar machte – das schreibt hier ein *König* nieder, der nur auf dem Thron saß, um die Höhen und Tiefen der Menschheit desto scharfsichtiger zu durchblikken; ein *Held*, der vom Schlachtfelde ins Studierzimmer eilte, um sich, nach großen Taten, durch gedankenreiche Muße aufzuheitern, und hier seine Gefühle, von welchen er während der Hitze des *Handelns* begeistert ward, in *stiller Betrachtung zu entwickeln*: ein *Schriftsteller* endlich, welcher Erfahrungen schreibt, der auf dem Schlachtfelde denkt, im Staatscabinet philosophiert und vom Thron herab beobachtet. Wenn *solche* Schriften nicht das menschliche Geschlecht unterrichten, es nicht Hochgefühl und Edelsinn lehren, *welche* sollen und welche werden es denn? Tief, kräftig, dauernd, wie sein Leben, werden noch auf kommende Jahrhunderte *die Schriften des Helden* wirken, und die *kleinen Menschen erinnern, daß sie groß sein können*.

Und wenn dann der erhabene Schriftsteller zuzeiten seinen Griffel stärker faßt, und *Könige ihre Pflichten, Völker ihre Rechte lehrt*: wie tönen seine Worte, gleich erhabenen Orakelsprüchen der Götter, gleich den Ermahnungen eines Himmlischen, welcher irrende Sterbliche den allein richtigen Weg auf Erden wandeln lehrt. Blätter wie, unter vielen andern, die an den König von Polen, als er eben den Thron bestiegen, und an den jungen Herzog von Würtenberg,[15] und so manche andre ähnliche Aufsätze, sind es wert, daß sie, auf

Zedern-Tafeln eingegraben, an allen Thronen angeheftet würden. Der *Geist seiner Werke* bildet eine *Bibliothek der Könige*. Heil den Völkern! wenn die Könige sie einst lesen und beherzigen.

Wir haben grade hier, im Abschnitt von der moralischen Aufklärung, den Charakter der hinterlassenen Werke Friedrichs und die hohe Energie ihrer Wirksamkeit gezeigt, weil der größte Teil derselben einen Auszug der gesamten praktischen Lebensphilosophie bildet, und weniger tief denken als die Dinge richtig ansehn, groß und gut handeln, und weise genießen lehrt.

Für *Volksaufklärung durch Schulen* hat der Monarch wenig, hat er, wir gestehen es mit Bedauern, fast gar nichts von dem getan, was von dem Philosophen auf dem Thron erwartet werden konnte. Die kleine Schrift von seiner Hand »Über die teutsche Literatur« enthält Grundsätze über Erziehung und Jugendbildung, welche Rousseaus Emil[16] nicht entstellen würden. Aber der Aufnahme der Schulen, der bessern Besoldung der Lehrer in den Städten und auf dem Lande schien er ganz uneingedenk zu sein: erst unter Zedlitzens Ministerium ward das gemeinnützige *Ober-Schul-Kollegium* errichtet.

War es lange Gewohnheit, bloß mit glänzenden vielbefassenden Landes-Angelegenheiten beschäftiget zu sein? war es *Scheu des kargenden Alters* vor zu vielen Geldspenden? War's der Gedanke, daß dieser Kulturzweig der eigenen Pflege der wohlhabendern Einwohner überlassen bleiben mußte? War es Mißtrauen in teutsche Erziehungsgeschicklichkeit, was den Monarchen hier bestimmte?

Wohl dem Lande, daß Friedrich Wilhelms II. Großmut, daß Friedrich Wilhelms des III. landesväterliche Teilnahme für jeden Zweig der Kultur in seinen Staaten diese Lücke auszufüllen edel bestrebt waren.

Wir bemerken endlich

Drittens: Aufmunterung der Künste und Wissenschaften als eine Wirkung des Monarchen auf sein Jahrhundert. In Hinsicht auf alle bisher angeführte Wirkungen dürften wenige Gegner, in Hinsicht auf die ebengenannte vielleicht ganze Scharen von Gegnern wider uns aufstehn.

Aber laßt uns, ohne Haß und ohne Vorliebe, prüfen!

Als der berühmte *Verfasser des Werks über die preußische Monarchie*[17] den Helden fragte: Warum er, *Teutschlands Cäsar*, verschmäht hätte, auch *Teutschlands Perikles*[18] zu sein? antwortete Friedrich, mit der Kürze eines Helden-Apophthegmas[19] und mit dem Nachdruck eines Königsworts: *»Ich lasse sie machen«* (»Je les laisse faire«).

Aber mit diesem »nicht hindern, diesem bloßen tun lassen«, worauf deutete er den zudringlichen Franzosen hin als auf das unschätzbare Geschenk der *Preßfreiheit*, mit welcher er seinen Staat beglückte? Preßfreiheit, welche, wie wir schon bei anderer Gelegenheit gesagt, dem *einzelnen Genie* unbeschränkten Spielraum schafft; welche alle seine Erzeugnisse, wie die Natur-Kinder des Frühlings, unter freiem Himmel treiben und gedeihen läßt: welche Geist und Herz der *Nationen* zu jedem kühneren Schwung erhebt, und ihnen hohen Mut gegen Unterdrückung, laute Stimme gegen schreiende Ungerechtigkeit gibt: Preßfreiheit, welche Europens Schriftsteller zu kühnern Denkern und freimütigern Fürsprechern der Wahrheit und des Rechts erhob, als es die Pythagoren und Platone des Altertums jemals waren, und durch religiöse wie durch politische Staatsgrundsätze sein durften.

Wahrlich! *Königliche Tatkraft* liegt in diesem *königlichen, bloß leidentlichen »machen lassen«.*

Oder hat der *Auguste huldreiches Lächeln* zu den Produkten eines Virgilischen Genies, haben der *Mäzene* an Horazen *verschenkte Tiburs,*[20] haben *Ludwigsche Pensionen* mehr für Genie und Wissenschaft gewirkt als Preßfreiheit? Der Schriftsteller am Hofe ist kein freier Schriftsteller mehr: Horaz würde, ohne Augustus' Huld und ohne Mäzenens

Freigebigkeit, in seinen Oden und Satiren noch mehr *Römer* gewesen sein, und mehr als der Mitbürger der Catone und Brutusse denn als Untertan der Octave gedichtet haben. Pensionen können höchstens den Fleiß des gelehrten Arbeiters ermuntern; das Genie legen sie in Fesseln. *Teutsche Religions-Aufklärung* hat bloß deswegen so schnelle und kühne Fortschritte, schnellere und kühnere als die so viel früher begonnene britische, getan, weil bei uns keine *neununddreißig Artikel*[21] einen Teil der Landes-Verfassung ausmachen, und weil kein teutscher Theologe durch bloße *Altrechtgläubigkeit* (Orthodoxie), wie in Britannien, ein Bistum oder ein Erzbistum erheucheln kann. *Teutsche Philosophie* hat bloß *dadurch* diesen *Charakter der Forscher-Tiefe* von der einen, der *kühnsten, fessellosesten Denkfreiheit* von der andern Seite angenommen, weil unsere Philosophen nicht für Hofleute schrieben, und keine stolze, politisch mächtige Geistlichkeit zu fürchten hatten.

Aber nicht nur, wie wir eben gezeigt haben, leidentlich, sondern auch *tätig* hat Friedrich für die Aufnahme der Wissenschaften gewirkt.

Hieher nehmen wir vorzüglich die *Wiederherstellung der Akademie der Wissenschaften* in Berlin, welche unter seinem Vater bis zur schmählichen Verachtung herabgesunken war. Aus dem Lande[22], welches ihm allein nur der Sitz der Wissenschaft, der Tempel des echten Geschmacks zu sein schien; aus dem Lande, dessen große Geister auch wirklich zur intellektuellen und ästhetischen Kultur Europens viel und kräftig mitgewirkt, berief er Philosophen und Mathematiker, schöne Geister und Schriftsteller von der ersten Größe, und erhob sie, unter ehrenvollen Bedingungen, zu akademischen Mitgliedern. Diese frühe und feierliche Huldigung des Monarchen an die Wissenschaften blieb nicht ohne fruchtbare Wirkung, um so mehr, da alle Welt wußte, daß der große Stifter durch seine mannigfaltigen Kenntnisse und außerordentliche Talente die Mitglieder selbst zu wählen, ihre Arbeiten zu beurteilen, die vorzulegenden Preisfragen selbst zu bestimmen imstande war: wie er denn auch das letztere wiederholentlich tat. Einige der berühmtesten Gelehrten und Schriftsteller Teutschlands, *Cochius*[23], *Meiners*[24], *Garve*[25], *Mendelssohn*[26], *Kant*, *Eberhard*[27], *Herder*, achteten es der Mühe wert, einer Akademie ihre Arbeiten vorzulegen, deren Ober-Vorsteher Friedrich war: und der Beifall dieser *damals* im Vaterland und im Ausland geschätzten Akademie wand einen glänzenden Lobeer um das Haupt der Schriftsteller. So beförderte also die neu-gestiftete Akademie Achtung der Wissenschaften, spornte den Ehrgeiz, ermunterte den Fleiß, sich ihnen zu widmen.*

So viele und zierliche Bauten in Potsdam und Berlin, unter welchen, wie bekannt, einige Gebäude, z. B. das Opernhaus, zu den vortrefflichsten ihrer Gattung, oder, mit einem Kunstausdruck zu reden, zu den *klassischen* gehören: die Einführung der Oper mit ihrem ganzen Göttergefolge, mit den Musen der Schauspielkunst, der Tanz- und Tonkunst: seine eigene schön-besetzten Konzerte, so wie seine Meister-Geschicklichkeit auf der lieblichen Flöte: so viele Statüen von trefflichen Meistern in Sanssouci, und insbesondere auch auf dem Wilhelmsplatz in Berlin: reichhaltige Sammlungen von Gemälden berühmter Genien aller Nationen Europens und von Antiken – alles dies *weckte den schlummernden Kunstgeist seines Volks*, den schlummernden Kunstgeist Teutschlands. Aus Teutschland, aus fernen Landen her wallfahrtete man nach Berlin, wie im Altertum nach Athen, wie unter

* Eine *Preisschrift* ist nicht eine *gute* Schrift, *weil* sie eine – Preisschrift ist, sondern sie sollte immer nur *deswegen* eine *Preisschrift* sein, weil sie *gut* ist. Es ist ein schöner Beweis edler teutscher Parrhesie[28] und Denkfreiheit, daß z. B. der verstorbene Professor *Lichtenberg* die *Zyliussche* Preisschrift über die *Theorie des Regens*, welche von der Berlinischen Akademie gekrönt worden, förmlich widerlegt hat.[29] Denn das Recht, in Gegenständen der Wissenschaft in höchster und letzter Instanz zu entscheiden, maßet sich gewiß keine Akademie und keine gelehrte Gesellschaft an. Neuen Stoff zum Denken und Weiterforschen zu geben, kann allein ihr Zweck sein. Selbst auch in der Lichtenbergschen Widerlegung ließe sich manches widerlegen. Das Forschen des Denkers ist – ein *Unendliches*.

Ludwigs XIV. glanzreichen Regierung nach Paris. Die Menschen lernten die bis dahin nicht gekannten, geist- und herzergötzenden *Freuden der schönen Kunst* empfinden: die schönen Künste wurden Gegenstände der Liebhaberei, Gegenstände der Achtung, was sie bis dahin nicht waren: dem Künstler winkte Aufmunterung und Belohnung.

Noch das Spätalter seines Lebens, in welchem der Monarch, für einen beträchtlichen Abschnitt, das *Gemeinnützige dem Schönen aufzuopfern* schien, verherrlichte er durch die *Wiederherstellung der Akademie der mechanischen Künste und Wissenschaften*:[30] obgleich Friedrich Wilhelms II. Großmut erst ihr eine gewisse Blüte gab.

Auch durch seine eigene schriftstellerische Werke erhöhete Friedrich die Schätzung für Kunst-Talent und Wissenschaft: indem er nicht errötete, durch diese Versuche seinen Ehrgeiz öffentlich zu beurkunden – er, dem keine der größten menschlichen Ehren entging –, auch hier sich einen Lorbeer zu brechen: und indem er dadurch feierlich anerkannte, daß ein großer Mann auch auf diesem Wege für das menschliche Geschlecht wohltätig wirken könne.

Der Gelehrte, *der Schriftsteller*, der bis dahin unter den übrigen Menschen-Klassen im Staat stumm und klein und wie mit gesenktem Haupte dastand, unterdes diese ihr Haupt wie hoch! über ihn emportrugen; er, den der Höfling verspottete, der Geschäftsmann verachtete, das Volk bedauerte, mußte, einen Friedrich in seinem Chor, *sich selbst mehr* achten lernen, und *andern mehr Achtung für sich einflößen*.

Welch ein *Verlust für Teutschland*, daß *Friedrich* teutsche *Literatur* nicht kannte und nicht schätzte!

Aber auch welch ein Verlust für *Friedrich*, den *Schriftsteller*, daß er in französischem Geist und in französischer Sprache schrieb. Selbst schon jetzt merkt's man seinen Schriften überall an, wie er seinem Gegenstande tiefer auf den Grund sieht, ihn vielseitiger beschaut, unbefangener und gleichsam von einer größern Höhe auf ihn herabsieht, als der angebornen Flüchtigkeit des französischen Genies eigen zu sein pflegt.

Welch ein *Denker*! hätte *teutsche* Philosophie ihn *seine eigene ganze Tiefe* kennen gelehrt! welch ein *Sprachkünstler*! hätte unsere reiche, bildsame, ebenso ins Starke als ins Feine ausgearbeitete Sprache das Glück gehabt, ihm zum Meißel seiner feinen Ideen und großen Gefühle zu dienen.

Aber trotz seiner erklärten Gleichgültigkeit gegen Teutschlands Literatur verdankt ihm diese *zwei ihrer klassischen Dichter*, die ohne Begeisterung durch ihn wahrscheinlich nie ihr Talent so glänzend entwickelt haben würden.

Alexander und Cäsar, beide – den geistreichsten Nationen des Altertums angehörig, beide – voll tiefer Achtung gegen Dichter-Genien, und nicht träge, sie durch Belohnungen aufzumuntern, beide – voll des öffentlich erklärten Wunsches, irgendeinen ihrer würdigen Sänger zu finden, sahen ihren Wunsch nicht erfüllt. Die *Chörile*[31] des erstern sind zum Sprichwort geworden: und von einem Teil der Taten des andern haben wir nur seine *selbstgeschriebene Geschichte*.

Die zwei Dichter, welche der preußische Held, ohne seinen Wunsch und ohne seine Aufmunterung, unter einer Nation fand, die er geringschätzte, und in einer Sprache, welche er barbarisch nannte, heißen *Ramler*[32] und *Gleim*[33].

Ramler, vertraut mit den unsterblichen Liedern des Sängers von August und Mäzen,[34] Geniusflamme im Busen verschließend, kömmt, ohne bis dahin auch nur Eine bedeutende Probe von Dichtertalent aufgestellt zu haben, nach Berlin, sieht den Helden in der Nähe, steht entzückt vor den Wundern der Kunst in der Hauptstadt, durchlebt hier die glorreiche Tatenperiode des siebenjährigen Krieges: und hohe Begeisterung schafft ihn zum *Horaz des neuen August, des mehr als August*. Nur Griechenlands Götter und Roms Helden reichen ihm Bilder zur Darstellung des teutschen Arminius: nur im höchsten Fluge der lyrischen Muse kann er der allesüberragenden Größe seines Helden nachstreben. Wohlgewählt, und sicher zum Ziele treffend, wie Friedrichs Mittel zu seinen Zwecken, sind seine Worte: rein- und volltönend, wie die Töne der Flöte, von Friedrich gespielt, schmeichelt sich seine Sprache in Ohr und Herz ein: Wohllaut und Stärke, wundersam vereint, wie in Friedrichs Leben, ist sein ganzes Lied: und das Gedicht des Sängers ewig, wie des besungenen Helden Tat. Umsonst neigt sein August – »das Ohr, teutscher Gesänge ungewohnt, Galliens Schwänen zu«. Der Dichter singt nur, desto edler-stolz, – »den Brennen[35] ihren Erretter, unnachgesungen«.

Gleim, auch Zeitgenosse des siebenjährigen Krieges, aber, wie es scheint, ohne vertrautere Bekanntschaft mit den Griechen und Römern, und ohne ein bestimmtes Vorbild der Dichtart, welcher er sich widmen will, hingerissen von der allgemeinen Bewunderung für Friedrich, greift, ohne daß er es vielleicht selbst wußte, nach der Leier des Tyrtäus[36], und entlockt ihr Töne, zwar nur wie der vollere Mund des Volks sie hören läßt, aber welche die Hörer begeistern, wie Friedrichs Schlachtruf seine Krieger, und das Herz treffen, wie Friedrichs Schwert den Feind.

Vergleicht man die *geringe Anzahl dichterischer Werke*, durch welche diese beiden Sänger, obgleich auf ganz verschiedenen Wegen, den Eingang in den Tempel des Ruhms gefunden, mit der *erstaunenswürdigen Vielseitigkeit des Genies*, welche in den Werken der *Klopstocke*, der *Wielande*, der *Goethe*, der *Schiller* glänzt, Namen, welchen die ihrigen zur Seite genannt werden: so ist man unangenehm befremdet über die *armselige Unfruchtbarkeit ihres Talents*, welches (das Ramlersche in einigen Versuchen der weicheren Gattung ausgenommen) fast nur für den Einen großen Gegenstand Sinn und Anlage gehabt zu haben scheint. Fast möchte man sagen: Nur ein Stoß wie der von einer Kolossen-Größe, von Friedrich, konnte ihr Genie anregen: nur Friedrichs unerschöpfliche Fruchtbarkeit an Talenten, Taten und Tugenden konnte auf den wenig ergiebigen Boden desselben einige befruchtende Samen streuen, aus welchem schöne Blüten der Dichtkunst hervorbrachen.

Dies also waren die *großen Wirkungen eines großen Mannes auf sein Jahrhundert*! So verschieden voneinander, und so harmonisch durch ihre *Eine allerzeugende Ursache*! So weitverbreitet und befruchtend waren die vielarmigen Abflüsse aus Einer Quelle!

Vergleichen wir diese lange Reihe großer *Wirkungen mit den Wirkungen* aller derer, welche als die *kühnsten und glücklichsten Umschaffer menschlicher Dinge* betrachtet, und deren Namen den taten- und folgenreichsten Epochen in der Geschichte unsers Geschlechts vorgesetzt zu werden pflegen: so bleibt dem Helden des achtzehnten Jahrhunderts der Ruhm, daß die durch ihn hervorgebrachten Wirkungen *mannigfaltiger, wohltätiger* und *daurender* sind als die aller Genossen seiner Helden- und Regenten-Größe.

Alexander zerstört das persische Weltreich und erobert Asien: Welche Talente entwickelt er und seine Generale! Von welchen Wundern der Tapferkeit macht er und seine Phalangen[37] die Athener sprechen! Welcher große Plan zu einer allgemeinen Vervollkommnung des Menschengeschlechts spricht aus einigen der statistischen Anordnungen des Eroberers! Aber zwölf Jahre hindurch wird gefochten, geschlagen, erobert. Und die Folgen davon sind? Eine unbeträchtliche, kärglich wirksame Verbreitung griechischer Sprache, Kunst und Kultur in Gegenden, wo man bis dahin, glücklich entfernt von aller Bekanntschaft mit den schlüpfrigen Künsten der Verfeinerung, in patriarchalischer Sitten-Einfalt gelebt hatte; neue Morde von Millionen unschuldiger Menschen, und neue Länderverwüstungen um des Ehrgeizes einiger Feldherrn des verstorbenen Monarchen willen; mehr als tyrannischer Despotismus in der eroberten Völkerwelt; allmähliger Verfall der schönen Griechen-Kultur.

Julius Cäsar, unstreitig der weitsehendste, vielseitigste, talentreichste Geist, der größte Mann seines an großen Männern fruchtbaren Jahrhunderts, der Besieger mehrerer Millionen, der Eroberer des größten und kultiviertesten Welt-Reichs, der *Eroberer seines römischen Vaterlandes* – welche schöne und dauernde Spuren so vieler Talente, so vieler Tugenden glänzen dem vom Thron Gestürzten in die Grube nach? Für welche seiner Großtaten, für welche Segnungen danken die unterjochten Völker dem Vergötterten? Aber – landverwüstende Bürgerkriege; blutdürstige Proskriptionen[38]; die Republik für immer zerstört; der Thron des Despotismus für immer gegründet; Römer-Hochsinn zu kriechender Schmeichelei erniedriget; eine gefesselte Welt zur Sklaverei zusammengeschreckt – *das* waren die tragischen, blut- und tränenschweren Wirkungen eines der größten Menschenleben!

Karl der Große, ein Stern in der Mitternacht der Geschichte unsers Geschlechts, würdig des Epithets[39], welches nach ihm an so viele Unwürdige verschwendet worden – was nützt es dem Menschen-Geschlecht, daß er weiser Regent, frommer Verehrer der Religion, tapfrer Feldherr ist? Er findet um sich her eine Welt im Chaos: und innerhalb einigen Jahren steht sie da, durch Verfassung, durch Gesetze und Religion zu Einem unübersehbaren Ganzen zusammengeordnet, dessen Schöpfer *Er* ist, dessen Erhalter aber auch – nur *Er* sein kann. Er stirbt: und die Teile des noch nicht fest genug verbundenen Staats-Körpers fliegen auseinander, wie Epikurs noch nicht zur letzten, dauernden Schöpfung reife Atome.* Verrätereien in der Herrscher-Familie, Bürger-Kriege und tückische Priester wühlen in den Trümmern der zerfallenden Kolossen-Masse: nur wenige Bruchstücke davon modern noch jetzt in dem sogenannten heiligen *Römischen Reich*.

Heinrich IV., alter Ritter und Biedermann auf dem Thron, wie Friedrich II. Weiser auf dem Thron, tapferer Krieger, edler Volksbeherrscher, ihm zur Seite ein Minister[40], groß und gut in seiner Sphäre, wie sein Herr in der königlichen, und würdig, ein Heinrich IV. zu sein, wenn er nicht *Sully* wäre – erobert glücklich mit eigener Hand sein angestammtes

* Nach Epikurs System stießen sich die Atome so lange einander ab, bis endlich eine zweckmäßige und dauernde Schöpfung hervorging.

Erbreich, reiniget das Eroberte von Bürgerblut und Religionshaß, erhebt das Gereinigte durch Beförderung des Handels, des Ackerbaues, des Kunstfleißes zu einem ersten Rangstaat, dessen Machtgröße in ihm selbst gegründet ist. Aber welch ein zweiter und gräßlichrer Dolch würde ihn durchbohrt haben,[41] hätte er gesehn, wie, sogleich nach seinem Hintritt, sein Sully und Sullys Maximen von der Staatsverwaltung ausgeschlossen wurden! wie die von ihm zusammengesparten Schätze zum Intrigenspiel eines ehrgeizigen Ministers[42] dienten! wie dieser Minister seinen tapfern Adel auf das Blutgerüste schleppte! wie alle von ihm gegrabene Quellen des innern Wohlstandes vertrockneten! wie der Bürger verarmte, der Bauer im Elende schmachtete!

Gustav Adolf bricht urplötzlich, gleich einem Meteor am nordischen Himmel hervor: kein wärmerer Verehrer der Religion, kein tapfrerer Held und kein erfahrnerer Taktiker unter seinen Zeitgenossen als er: Österreichs vielhundertjähriger und Teutschlands Freiheit nun grade am meisten mit seiner furchtbaren Riesen-Masse bedrohender Thron erzittert vor seinen Triumphen: sein siegreicher Degen macht ihn im kurzen zum Entscheider auf Europas Kontinent: selbst in Amerika beginnt er, auf den Trümmern spanisches Aberglaubens und spanischer Tyrannei, ein neues Reich zu gründen,[43] und (wie er selbst sich über seinen großen Plan erklärte) hier der Hyder[44] Katholizismus den empfindlichsten Streich zu versetzen.

Unsterblich ist sein Verdienst. Teutschland nennt ihn seinen Besieger, der Protestantismus seinen großmütigen Beschützer: Der Westfälische Friede[45], diese lang daurende Grundlage teutscher Freiheit und teutschen Volksglückes, ist sein Werk: wenngleich der Tod den Meister noch vor Vollendung des Werks dahinnahm. Aber in seinem Reiche ersterben die schönen Kulturfrüchte, die er mit landesväterlicher Hand gepflanzt, fast mit dem Pflanzer selbst: schon seine zu gelehrte Tochter und Nachfolgerin, Christine, verschwendet, was er gesammlet: noch glänzt der Name Schweden eine Weile, und erlischt dann unter dem rohen Krieger Karl XII. auf lange Zeit.

Wem schallt nicht *Ludwigs XIV.*, des gefeiertsten aller Fürsten Namen, wie mit Posaunenton ins Ohr. Seine Nation lieset die Regierungs-Geschichte des *Groß-Benannten* unter dem stolzen Titel *Jahrhundert Ludwigs* (*Siècle de Louis XIV.*). Auch war er ja eine Weile Gesetzgeber Europens: auch schuf er ja seinem Reich vermehrten Handel, erhöhten Kunstfleiß und eine Seemacht, welche, vor ihm gar nicht dagewesen, durch seinen festen Königswillen innerhalb wenigen Jahren emporstieg und sich mit den damals schon gewaltigen britischen und holländischen Flotten siegreich maß. Auch wußte er sich ja gegen das furchtbare Bündnis von Halb-Europa, nicht ohne Würde und nicht ohne Kraft, zu behaupten: auch gab er ja seinem Enkel eine Monarchie, groß und größer noch als die seinige. Und ward dann nicht seine Nation, durch den Schwung, welchen er ihr gab, der Spiegel der Kultur und des Geschmacks, nach welchem ganz Europa sich bildete?

Aber der große, stolz-daherrollende Strom versiegte endlich, weil er nicht Tiefe genung, und sich zu weit ausgebreitet hatte, im Sande: Ludwig sahe, noch fast zwanzig Jahre vor seinem Tode, seine Heere geschlagen, sein blühend Reich verödet, alle seine Hülfsquellen ausgeschöpft: und starb, von seinen Untertanen in *demselben* Grade verwünscht, als ehedem bewundert und angebetet.

Peter von Rußland endlich, unter allen, die je auf Thronen saßen, der achtungswürdigste durch Selbstbildung und Selbsterziehung, ein Barbar, als er den Szepter nahm, ein großer Mann, als er ihn niederlegte, hinterließ sein Reich, welches der Fürsten-Jüngling als eine unermeßliche asiatische Steppe fand, würdig der Einreihung in das Völker-System des kultivierten Europas: indem unter seinen unablässigen Bemühungen jeder Zweig der Landes-Kultur bis zur schönen

Blüte trieb: aber die unschätzbaren Früchte seiner Tugenden wucherten nicht bis über die Sümpfe und Wüsten seines Reichs hinaus: die eigentliche europäische Kultur-Welt liegt, moralisch betrachtet fast noch mehr als geographisch, gar weit entfernt von Rußland ab.

* *

So verbreitet und folgenreich nun aber auch die Wirkungen einiger unter den genannten Regenten für ihre Zeitgenossen, wie für die Nachwelt, gewesen; so glaube ich doch, nach allem, was bis dahin gezeigt worden, mit keinen neuen und weitläuftigen Gründen die Wahrheit der Behauptung beurkunden zu dürfen, daß alle diese Wirkungen mit denen, welche Friedrich hervorgebracht, *weder an Umfang noch an Vielseitigkeit*, noch an *Dauer*, am *allerwenigsten* aber an *Wohltätigkeit* zu vergleichen sind: auch *an Dauer*, sagt' ich unter andern. Zwar kennen wir nicht die Zufälligkeiten der Dinge, welchen auch die Staaten unterworfen sind: aber ein beträchtlicher Teil der durch den Eroberer Schlesiens geschaffenen Wirkungen ist so tief und so einzig in die gesamte Kultur Europens und gewissermaßen des menschlichen Geschlechts verwebt, daß keine Zeit sie ganz zerstören wird, und keine Verwandlung der Dinge sie vernichten kann. Er übertrifft hierin die von uns ihm gegenübergestellten Regenten ohngefähr in *dem* Maß, als er mehr als sie alle jedes wünschenswürdige Fürsten-Talent und jede achtungswerte Fürsten-Tugend in einem harmonischen Zusammenklang vereinigte, und als die Kultur seines Jahrhunderts der Kultur der ihrigen überlegen war.
Es hat, nach dem siebenjährigen Kriege, noch zwei Welterеignisse gegeben, welche vielleicht noch von folgenreicherem Einfluß für die Völkerwelt sein werden, als es die Stiftung der preußischen Monarchie und der siebenjährige Kampf um Schlesien war: nämlich die *Losreißung der nordamerikanischen Schwesterstaaten von ihrem Mutterland Britannien*: und die *französische Revolution*. Aber einen größern Mann

als ihn sahen wir, trotz allen glänzenden Unternehmungen, und trotz allen tragischen Abenteuren der letztverlebten zehn Jahre, bis jetzt noch nicht. Diejenigen, welche ihm allenfalls dereinst – longo sed proximi intervallo[46] – nachtreten könnten, stehen noch zu sehr am Anfange der Laufbahn.

Friedrich glänzt auf an dem Horizont des achtzehnten Jahrhunderts wie ein vielversprechendes, hoffnungsvolles Morgenrot: schreitet dann, unter immer herrlicherer Verklärung bewundernswürdiger Eigenschaften und hoher Tugenden, glänzender stets und glänzender, am Himmel daher: bis er endlich in aller Fülle seiner Größe, wie die Sonne im Zenit, dasteht, und im Reich der menschlichen Geister, wie *sie* im Reich der natürlichen Dinge, Leben und Fruchtbarkeit verbreitet.

Das Auge eines mit den irdischen Dingen unbekannten Weltbeschauers würde sich unter allen zuerst, und mit der geheftetsten Aufmerksamkeit, auf den rollenden Lichtball des Himmels lenken: und ebenso sieht einst der Weltgeschicht-Schreiber noch nach zehntausend Jahren in dem Zeitstrom des achtzehnten Jahrhunderts *Friedrich hervorragen*, und zeichnet seinen Namen mit Ehrfurcht in die Rolle der *wenigen Großen* des Menschen-Geschlechts ein, die, wenn tausend und tausend unserer Gattung nur dem Fleck, welchen sie bewohnen, und der Spanne Zeit, welche ihr kleines Dasein erfüllt, angehören, durch große und unendlich folgenreiche Wirkungen, welche sie hervorgebracht, zu allen Zeiten und in jeder kommenden Periode der Geschichte der Menschheit zu sein nicht aufhören.

Aber *so groß* ist das kleine Geschöpf, *Mensch* genannt! Eine solche Unendlichkeit der fruchtbarsten Folgen kann das kurze wohlangewandte Dasein der Ephemere[47] unter den – vielleicht Millionen Wesen von der vernünftigen Gattung hervorrufen!

Laßt uns, ein jeder in seinem Wirkungskreise, recht und gut handeln wie Friedrich: und wir werden, wie *er* von seinen Taten, von unsern Handlungen herrliche Früchte ernten. Jene allerhaltende, allesverjüngende Kraft, welche nun seit sechstausend Jahren in der Pflanzenwelt Keime, Blüten und Früchte treibt, hat die Natur von der Sonne, vom Regen, von den Winden abhängig gemacht. Dagegen legte sie in das *menschliche Geschlecht eine eigentümliche intellektuelle* und *moralische Bildungskraft*, wodurch es sich immer vielseitiger und zu immer herrlichern Früchten entwickeln, *selbst* und *durch eigene Anstrengung* entwickeln kann; indem die gütige Schöpferin uns das Vermögen gab, vernünftig zu denken, die natürliche Dinge unsern Zwecken zu unterwerfen, und aus freier Entschließung sittlich zu handeln. Laßt uns diese Kräfte, jeder seinem Vermögen gemäß, entwickeln und gebrauchen: und das menschliche Geschlecht wird sich, besonders auch in Rücksicht seiner bürgerlichen und sittlichen Verfassung, alles täuschenden Anscheins vom Gegenteil ungeachtet, vervollkommen, veredlen.

23

ERNST MORITZ ARNDT

Aus: *Geist der Zeit*

(1806)

[. . .] Welch ein Staat! Und welch ein Regent! schrie man überlaut. Alles Weisheit, Gerechtigkeit, lebendige Beweglichkeit! Und doch alles nur Maschine! Ja, Maschine! Maschine! dies war das Zauberwort, und indem man des Königs Staatsgebäude so nannte, schien man das Trefflichste und Größte zu preisen, was je ein großer Mann erdacht und vollbracht hatte. So künstlich war die Zeit geworden und so närrisch klug, daß sie die Dinge nur nach ihrer Künstlichkeit achtete. Dies könnte wegen der Einfalt und wegen der Gerechtigkeit und Tätigkeit, die nur ein einfältiges Leben haben, Furcht erwecken, und wirklich waren einige mit solcher Furcht behaftet, welche in den allgemeinen Posaunenton nicht mit eintönten und bei den Zeitgenossen Toren hießen. Diese sprachen etwa so:

Arme Zeitgenossen, ihr scheltet uns als Toren, und euch selbst solltet ihr schelten als Geblendete, die ihr nicht für eure Enkel und das Glück und die Ehre der kommenden Zeiten sorget. Ihr laßt die Klugheit die Welt beherrschen, welche nie dazu getaugt, sondern immer nur betrogen hat; ihr wehrt euch nicht gegen den großen und kühnen Mann, der wild dareinfährt und ohne Achtung für altes Gesetz, für graue Ordnung und kindischen Volkswahn das Neue macht, ja der euch so wenig ehrt, daß er euch nicht einmal den Sinn dieses Neuen zeigt. Übereinstimmung und Gleichbeweglichkeit des Ganzen, totes Maschinenleben ohne Gefühl als das der Ehre, von dem Einzigen bewegt und geleitet zu werden. Wie soll sich das Leblose endlich in Tugend und Kraft offenbaren, wenn die Seele des Großen, die nun zuerst darin leben wird, heraus ist, wenn die irdischen Tugenden, die ihr noch von euren Vätern empfangen und dazu mitgebracht habt, ausgestorben sind? Aus dem Toten wird nur Totes geboren, und hohl und gespenstisch mit dem Abscheu der Zukunft wird das Kunstgerüst zusammenbrechen.

Dies waren harte Urteiler. Friedrich hörte sie nicht, er kannte nur den Einen eignen Willen, und mit seiner Konsequenz, welche die Zeit verstand und ehrte, führte er seine künstliche Staatsmaschine auf, wodurch er auf fünf bis sechs Millionen Menschen 225000 Mann gerüstet, seine Festungen beschirmt, seinen Schatz gefüllt und tausend Hälse sein Lob klingend erhielt. Andre Fürsten und Regierungen fingen des

Nachmachen an, man sah viele politische Affen, und des großen Königs Ruhm wuchs noch dadurch. Aber Gerechtigkeit, die ewige Königin des Königs und des Bettlers, milde Schonung des Menschengeschlechts, zarte Behandlung des Nationalsinns sucht der menschliche Forscher in den herkulischen Arbeiten des großen Königs vergebens. Der strengste Eigensinn, der wildeste Despotismus, das erbarmungsloseste Zertreten der zarten Keime der menschlichsten Gefühle ist allenthalben. Doch tat dieser das möglichste Gute. Seine kämpferische und arbeitvolle Regierung, seine persönliche Mäßigkeit, seine Gerechtigkeit, wo seine hohen Hohenzollerischen Entwürfe nicht dazwischentraten, seine Strenge gegen Groß und Klein, endlich der Ruhm seines Namens, der auf alle zurückfiel, ließ oft vergessen, daß man in einem angespannten, knechtischen und atemlosen Zustande war. Wann sind die unglücklichen Menschen nicht durch Scheine und Klänge betört? Auch sprach das Wirkliche für Friedrich. Die Härte des Despotismus, worunter Europa zu erliegen begann, drückte auch die mächtigeren Staaten ohne die großen Vorteile der Einheit des Strebens und Regierens, die er in alles brachte, ohne die hohe Sorge für das Ganze, wenn es auch als Maschine nur despotisch gewürdigt ward. Die andern in Frankreich, Rußland und Österreich waren selbst in dem Maschinenwesen nur Pfuscher und hatten kaum einen Begriff vom Staatsleben, ohne welchen nicht einmal eine Maschine sich leidlich bewegt und schwingt. Er teilte künstlich, wie er konnte, Leben und Kräfte allen mit, baute Städte, pflanzte Dörfer, trocknete Sümpfe, suchte Handel und Fabriken mit dem möglichst künstlichen Leben in einem Despotenstaate lebendig zu machen. Und wenn auch sein Werk endlich als Zeitwerk alten und zerfallen wird, nie wird er aufhören, der große König zu heißen. Seine Fehler hatte er mit seiner Zeit gemein, es waren zum Teil die Schoßkinder seiner Zeit; seine Größe, seine Energie, seine Unbeugsamkeit im Glück und Unglück mit so vielen Tugenden gehören ihm allein.

Und welchen Sinn hatte die Monarchie Friedrichs des Einzigen? Doch wohl einen sehr nationalen? denn er hieß ja so gern der Schützer und Beschirmer der teutschen Freiheit, und seine Zeitgenossen riefen es so gern vor ganz Europa aus, daß Friedrich, der Preußen König, ein Teutscher war. Leere Klänge, womit man immer gespielt hat. Auch hier ging es so. Diese preußische Monarchie war eine in Europa ganz neue Erscheinung. Lob und Tadel arbeiteten anfangs frisch daran, doch des großen Mannes größerer Genius siegte, und man fand endlich alles, was er gemacht hatte, sehr gut. Der angestrengteste und despotischeste Soldatenstaat voll der unleidlichsten monarchischen Aristokratie hieß das Werk des Weisen und Guten und das glücklichste Land Europens. Fremd war der Sinn dieser Monarchie allem, was teutsch heißt, und ist es noch; daher die Abneigung, ja fast der Abscheu der kleinen Staaten Teutschlands, wann es heißt, der preußische Adler soll über ihren Toren seine mächtigen Fittiche ausspreiten. Der teutsche Sinn liebt das Gerechte und Gleiche, dazu das Formale. In den untern Regionen des Lebens ist er gern üppig und gutmütig fröhlich, ohne mit Polizei und Aufsicht so viel zu tun zu haben als im preußischen Staat, wo alles aristokratisch, streng und despotisch herrscht, ohne die kleinen Freuden und Freiheiten des Lebens zu achten, ohne welche die großen in der Regel nichts wert sind, weil sie ohne sie kaum sind. Der nordteutsche Sinn an sich ist schon streng und spröd, despotisch angestrengt ist er dem weidlichen[1] südteutschen noch viel fremder geworden, und wenn ja noch etwas Gemeinsames zwischen dem Norden und Süden Teutschlands stand, so hat die preußische Monarchie es völlig aufgehoben. An teutsche Begeisterung und Teilnahme für diesen Staat war also nie zu denken.

Auch hat der große König im Ernst nie daran gedacht, die teutsche Nation bildend und schützend um seine Adler zu versammeln, und ein gemeinschaftliches Ziel der Politik und Bildung auszustecken. Es ist nichts lächerlicher, als ihm patriotischteutsche Ideen beilegen zu wollen. So patriotisch hat Richelieu[2] und Louvois[3] an Teutschland gedacht und darüber gesprochen, so patriotisch führt jetzt Bonaparte und Talleyrand, sein Knecht, und die teutschen Kurfürsten, seine Knechte,[4] den Namen *Teutschland und Teutschlands Freiheit* im Munde. So, denke ich, spricht auf dem Reichstage der Tiere der Wolf wohl zuweilen für die Freiheit und die heiligen Rechte der Hirsche. Friedrich brauchte den teutschen Staatskörper und die Fürsten, wozu sie brauchbar waren, ein Gegengewicht gegen Österreich zu erzeugen oder wenigstens Österreichs altes Übergewicht zu schwächen, und so ließ er wohl von teutscher Freiheit und Gerechtigkeit zuweilen ein Wort fallen, das unschädlich wie so viele Lügenworte mitlief und zu seiner Zeit das Seinige wirkte. Der König nach seinem Gemüte eines vollendeten Despotismus haßte alles Nationale an einem Volke, weil es dem Despotismus entgegenstrebt, und alles Föderative an den Teutschen. Die schnellste Kraft schien ihm die erste zu sein, und deswegen war der Soldat, die vollkommenste Puppe, ihm der erste und würdigste Mensch im Staat. Stiller Wirkung und Tugend gab Friedrich der Philosoph oft sein Lob, im Herzen achtete er nur, was er in sich hatte und wodurch er den Zeitgenossen der bedeutendste Mensch war. Man berufe sich nicht auf den bayrischen Erbfolgekrieg; hier stand Preußen gegen Österreich, das sich vergrößern wollte. Interesse tat, was Gerechtigkeit nicht getan hätte. Eben der alte Friedrich der Weise und Gerechte, der hier über Gewalt schrie, hatte jüngst Polen geteilt,[5] welches ohne seinen Willen ungeteilt geblieben wäre. Der Fürstenbund[6] war auch nur eine politische Posse gegen Österreich, ohne vaterländische Begeisterung und wirkliches Band der Treue und Not. Solches Band nur hält, weil es aber fehlte, so löste sich bald wieder auf, was durch keine lebendige Eintracht verbunden war von Anfang.

Was auch der König sagen und tun mochte, der Welt es anders einzubilden, er hatte keinen höheren Zweck als die

Könige vor ihm. Nur daß er das Volk im Auge behielt, wo es sein mußte, daß er menschliche Kräfte zu wägen und mächtig zu gebrauchen verstand, daß er das Schlechte und Kleine nicht zwecklos und töricht tat, wie so manche Könige alle Tage, das gab ihm den Schein eines höheren Königs, als die gewöhnlichen sind, und das war er auch, schien es nicht allein. Aber warum wollen wir billiger gegen ihn sein, als er es in seinen Taten und Schriften selbst ist? Ganz offen ist er darin über seinen höchsten Zweck. Dieser war nicht die Ewigkeit und der Glanz des teutschen Namens, nicht das Ideal eines glücklichen und tapfern Staats, sondern der Glanz, die Dauer, die Macht der Königsdynastie, welcher der Zufall den Namen König von Preußen gegeben hatte.[7] Das brandenburgische Haus, die preußischen Adler sollen herrschen, sollten auch Millionen darum bluten und elend sein. Diese unkönigliche Sorge kümmert den König nicht; die mag Gott verantworten, der die Könige gemacht hat. Ein großer König kann nichts Größeres denken und tun, als alles so arbeiten und bereiten, daß gewaltige Könige nach ihm herrschen können.

Auch als Philosoph und Schriftsteller hatte Friedrich einen ungewöhnlichen Namen und verdiente ihn. Daß ihn auch hier das Zeitalter über sich selbst hinaustrug, das war nicht seine Schuld, und billige Richter rechnen da ab. Friedrich warf sich in die französische Literatur und verwarf die teutsche Sprache als eine rohe und ungebildete, was sie in seinem Anfang auch wirklich war. Ich zweifle, ob selbst jetzt ein König die teutsche Sprache zu seiner Vertrauten machen würde. Keine von allen europäischen Sprachen hat so wenig Schmeichelndes und Süßes, so wenig Schonendes und Höfisches, und daran müssen sich die Könige doch auch unwillkürlich gewöhnen. Keine Sprache aber ist so sehr als die französische gemacht, einem stolzen despotischen Charakter zu behagen. Sie ist unter einem verdorbenen Volke mit allen Talenten äußerer Geschmeidigkeit und Beweglichkeit ausgebildet worden; das Allgemeine der Wahrheit und Gerechtigkeit darf höchstens in Maximen, das Ewige der Philosophie, wenn es gefallen soll, nur in Sentenzen ausgesprochen werden; selbst das Nichts, dieser große Mitregent der Welt, darf mit manchen Artigkeiten und Liebenswürdigkeiten, wie man sie eitel nennt, zusammen auftreten und eine bedeutende Rolle spielen. In einer solchen Sprache wird es selbst einem Könige leicht, ein gelehrter und tiefer Philosoph zu scheinen und mit Kenntnissen zu schimmern, welche in der ernsteren teutschen wenig Aufsehen erregt hätten. Friedrich wählte also sein Organ als ein gescheuter Mann, und er tat recht, auf seine Wahl zu halten. Wir finden den Tiefsinn, die Hoheit, die politischen Weissagungen nicht mehr in seinen Schriften, welche seine Zeitgenossen bewunderten; aber wir finden den verständigen, klugen und feinen Beobachter, wir finden den teutschen Ernst und die rauhe Sprödigkeit mit französischer Leichtigkeit, ja wohl mit französischer Leichtfertigkeit im Urteil verbunden, welche den strengen Mann sonderbar kleidet, welche aber unwidersprechlich beweist, daß die Arbeiten des Königs eigene sind, nicht aber von französischen Köpfen, wie manche uns einbilden möchten. Der Teutsche guckt mit dem Urteile und der Darstellung alle Augenblicke durch die französische Larve.

Man nannte auch Friedrich den Schriftsteller und Philosophen sonst in keiner kleinen Bedeutung. Die Wirkung ist klein gewesen und würde ohne den großen Regenten gar keine gewesen sein. Nur dadurch aber ward Friedrich der Anzünder tausendfachen Lichts, daß er, der Mächtige, Menschenwort und Menschenschrift furchtlos und frei walten ließ. Der Despot, der des Geistes Gewalt in seinen eignen Schöpfungen gefühlt hatte, ließ sie auf das freieste hinfahren und wirken, wo und wie sie wollte, und ward für andere Fürsten das Beispiel. Aber man tut ihm zuviel Ehre, wenn man von Berlin das teutsche Licht und jedes edlere Streben ausgehen läßt. Der König hat Akademien und Philosophen und Poeten besoldet; aber die meisten waren Fremde, und die Besseren und Edleren meines Volks konnten von solchen nichts lernen, die sie hassen mußten. Nein, vom Süden und aus der Mitte Germaniens kam teutsche Kunst und jede edlere Bildung, und da waren von jeher ihre Sitze. Nordteutschland und die Mark haben von jeher viel Wind, vielen Lärm und Sand gehabt, und die Berliner, wie die Gascogner[8], haben häufig die Ausrufer dessen gemacht, was anderswo getan und gemacht war. Geh nach Schwaben und nach dem Rheinstrom, da klingen dir die Namen der höheren Genien Germaniens entgegen; manche kleine Reichsstadt hat Teutschlands edlerer Bildung ebenso viel gegeben als der ganze märkische Sand. Es ist auch unmöglich, daß in einem so strenge gehaltenen und gespannten Soldatenstaate je das Genialische und Künstlerische aufblühe, was Lebensfröhlichkeit und Gemütlichkeit bei den Menschen will. Die sind in diesen Klimaten selten, in diesen Regierungen nie.

Aber um den Einen Großen versammelte das Zeitalter das Edelste und Schönste, was es in jeder Gattung und Kunst hervorgebracht und vollendet hatte; er sollte als Vater und Repräsentant für alles dastehen. Wie er durch Tapferkeit in Schlachten, durch Klugheit und Beständigkeit im Rat, durch Verbindung der streitenden Kräfte im Reiche unbestritten der Erste war, wie man von seiner Weisheit den Frieden und das Glück hoffte, wie durch seinen Namen auch der teutsche Name weit und breit klangvoll geworden war; so gab das betörte Volk ihm alles zurück, auch was es nicht von ihm empfangen hatte: ja selbst die Schwäche und das Unglück der folgenden Dezennien haben nach dem teuren Haupte eine Sehnsucht erregt und einen Heiligenschein der Größe und Güte um ihn geschaffen, die er im Leben nicht so hatte. Aber was sollen wir richten? Seine Majestät liegt offen da und keine Zeit wird sie besiegen. Wer mit Kleinem das Größte tut und immer größere Hoffnungen und längere Wünsche gibt, als er sollte, den nennt man mit Recht den Größten. Er hat seine große Rolle beinahe ein halbes Jahrhundert mit Ehren durchgespielt. Er starb nach großen Taten glücklich gefürchtet und geliebt, als die alte Zeit zu Ende lief. Würde er sie länger gehalten, würde er verständiger als das Enkelgeschlecht in der allgemeinen Verwirrung geherrscht und gerichtet haben? würde er endlich edel für Europa und groß für das teutsche Vaterland in den Stürmen gestanden sein, wie sonst für sein Haus? Wer weiß es? Töricht sind die, welche meinen, er würde durch die Freiheit und Dezenz der alten Politik alles zusammengehalten haben. Kann man auch einen Löwen lange mit einem Zwirn führen, selbst wenn man ihn klug nicht merken läßt, daß er ein Löw' ist?

Die merkwürdigen zwanzig Jahre seit dem Tod des großen Königs liegen mit allen ihren Torheiten und Unfällen, mit den blutigen Erinnerungen zertrümmerter Thronen, verlorner Schlachten, zerstörter Staaten vor uns. Wir Teutsche haben sein Roßbach[9] genug im Spott hören müssen, und noch heute krähet es uns der übermütige Sieger, der Franzos, diesseits des Rheins zu. Friedrichs Arbeiten haben gewirkt zu unserm Verderben. Geschieden stehen die Kräfte der alten teutschen Nation, und einen nach dem andern wird gallische List zerstören, bis es endlich alle unter die Füße tritt. [. . .]

24

JOHANN WOLFGANG VON GOETHE

Aus: *Dichtung und Wahrheit*

(1812)

Zweiter Teil. Siebentes Buch

[...] Der erste wahre und höhere eigentliche Lebensgehalt kam durch Friedrich den Großen und die Taten des Siebenjährigen Kriegs in die deutsche Poesie. Jede Nationaldichtung muß schal sein oder schal werden, die nicht auf dem Menschlich-Ersten ruht, auf den Ereignissen der Völker und ihrer Hirten, wenn beide für *einen* Mann stehn. Könige sind darzustellen in Krieg und Gefahr, wo sie eben dadurch als die Ersten erscheinen, weil sie das Schicksal des Allerletzten bestimmen und teilen, und dadurch viel interessanter werden als die Götter selbst, die, wenn sie Schicksale bestimmt haben, sich der Teilnahme derselben entziehen. In diesem Sinne muß jede Nation, wenn sie für irgend etwas gelten will, eine Epopöe besitzen, wozu nicht gerade die Form des epischen Gedichts nötig ist.

Die »Kriegslieder«, von Gleim[1] angestimmt, behaupten deswegen einen so hohen Rang unter den deutschen Gedichten, weil sie mit und in der Tat entsprungen sind, und noch überdies, weil an ihnen die glückliche Form, als hätte sie ein Mitstreitender in den höchsten Augenblicken hervorgebracht, uns die vollkommenste Wirksamkeit empfinden läßt.

Ramler[2] singt auf eine andere, höchst würdige Weise die Taten seines Königs. Alle seine Gedichte sind gehaltvoll, beschäftigen uns mit großen, herzerhebenden Gegenständen und behaupten schon dadurch einen unzerstörlichen Wert.

Denn der innere Gehalt des bearbeiteten Gegenstandes ist der Anfang und das Ende der Kunst. Man wird zwar nicht

leugnen, daß das Genie, das ausgebildete Kunsttalent, durch Behandlung aus allem alles machen und den widerspenstigsten Stoff bezwingen könne. Genau besehen, entsteht aber alsdann immer mehr ein Kunststück als ein Kunstwerk, welches auf einem würdigen Gegenstande ruhen soll, damit uns zuletzt die Behandlung, durch Geschick, Mühe und Fleiß, die Würde des Stoffes nur desto glücklicher und herrlicher entgegenbringe.
Die Preußen und mit ihnen das protestantische Deutschland gewannen also für ihre Literatur einen Schatz, welcher der Gegenpartei fehlte und dessen Mangel sie durch keine nachherige Bemühung hat ersetzen können. An dem großen Begriff, den die preußischen Schriftsteller von ihrem König hegen durften, bauten sie sich erst heran, und um desto eifriger, als derjenige, in dessen Namen sie alles taten, ein für allemal nichts von ihnen wissen wollte. Schon früher war durch die französische Kolonie, nachher durch die Vorliebe des Königs für die Bildung dieser Nation und für ihre Finanzanstalten eine Masse französischer Kultur nach Preußen gekommen, welche den Deutschen höchst förderlich ward, indem sie dadurch zu Widerspruch und Widerstreben aufgefordert wurden; ebenso war die Abneigung Friedrichs gegen das Deutsche für die Bildung des Literarwesens ein Glück. Man tat alles, um sich von dem König bemerken zu machen, nicht etwa, um von ihm geachtet, sondern nur beachtet zu werden; aber man tat's auf deutsche Weise, nach innerer Überzeugung, man tat, was man für recht erkannte, und wünschte und wollte, daß der König dieses deutsche Rechte anerkennen und schätzen solle. Dies geschah nicht und konnte nicht geschehen: denn wie kann man von einem König, der geistig leben und genießen will, verlangen, daß er seine Jahre verliere, um das, was er für barbarisch hält, nur allzu spät entwickelt und genießbar zu sehen? In Handwerks- und Fabriksachen mochte er wohl sich, besonders aber seinem Volke, statt fremder vortrefflicher Waren, sehr mäßige Surrogate aufnötigen; aber hier geht alles geschwinder zur

Vollkommenheit, und es braucht kein Menschenleben, um solche Dinge zur Reife zu bringen.

Eines Werks aber, der wahrsten Ausgeburt des Siebenjährigen Krieges, von vollkommenem norddeutschem Nationalgehalt, muß ich hier vor allen ehrenvoll erwähnen; es ist die erste aus dem bedeutenden Leben gegriffene Theaterproduktion, von spezifisch temporärem Gehalt, die deswegen auch eine nie zu berechnende Wirkung tat: »Minna von Barnhelm«. [...]

Friedrich der Zweite stand noch immer über allen vorzüglichen Männern des Jahrhunderts in meinen Gedanken, und es mußte mir daher sehr befremdend vorkommen, daß ich ihn so wenig vor den Einwohnern von Leipzig als sonst in meinem großväterlichen Hause loben durfte. Sie hatten freilich die Hand des Krieges schwer gefühlt, und es war ihnen deshalb nicht zu verargen, daß sie von demjenigen, der ihn begonnen und fortgesetzt, nicht das Beste dachten. Sie wollten ihn daher wohl für einen vorzüglichen, aber keineswegs für einen großen Mann gelten lassen. Es sei keine Kunst, sagten sie, mit großen Mitteln einiges zu leisten; und wenn man weder Länder, noch Geld, noch Blut schone, so könne man zuletzt schon seinen Vorsatz ausführen. Friedrich habe sich in keinem seiner Plane und in nichts, was er sich eigentlich vorgenommen, groß bewiesen. Solange es von ihm abgehangen, habe er nur immer Fehler gemacht, und das Außerordentliche sei nur alsdann zum Vorschein gekommen, wenn er genötigt gewesen, eben diese Fehler wieder gutzumachen; und bloß daher sei er zu dem großen Rufe gelangt, weil jeder Mensch sich dieselbige Gabe wünsche, die Fehler, die man häufig begeht, auf eine geschickte Weise wieder ins gleiche zu bringen. Man dürfe den Siebenjährigen Krieg nur Schritt vor Schritt durchgehen, so werde man finden, daß der König seine treffliche Armee ganz unnützerweise aufgeopfert und selbst schuld daran gewesen, daß diese verderbliche Fehde sich so sehr in die Länge gezogen. Ein wahrhaft großer Mann und Heerführer wäre mit seinen Feinden viel geschwinder fertig geworden. Sie hatten, um diese Gesinnungen zu behaupten, ein unendliches Detail anzuführen, welches ich nicht zu leugnen wußte, und nach und nach die unbedingte Verehrung erkalten fühlte, die ich diesem merkwürdigen Fürsten von Jugend auf gewidmet hatte. [...]

25

FRIEDRICH SCHLEGEL

Aus: *Geschichte der alten und neuen Literatur*

(1812)

15. Vorlesung

[...] Auch in Rücksicht des politischen Zustandes war die Zeit unmittelbar nach dem Westfälischen Frieden[1] für Deutschland die schmachvollste und unglücklichste. Mit dem Anfang des achtzehnten Jahrhunderts erhob sich Deutschlands Kraft von neuem; Österreich erstieg wieder den höchsten Gipfel der Macht und des Ruhms, mehrere der ersten Thronen in Europa wurden von deutschen Fürstenhäusern bestiegen, während eines derselben in Deutschland selbst zur königlichen Würde emporstieg.[2] Dies alles mußte wenigstens allmählig günstig und erweckend auch auf den Geist, auf Bildung und Sprache wirken. Mehrere Fürsten waren selbst durch das Interesse des Staates aufgefordert, die Wissenschaften zu befördern. Es wirkte auch, aber nur sehr langsam und anfangs schwach, denn die Hindernisse waren groß, Sprache und Kunst selbst auf falschem Wege verirrt. Die ersten in Gedanken und Sprache bessern lyrischen Dichter des achtzehnten Jahrhunderts waren doch größtenteils auch wie ihre

Vorgänger im siebzehnten auf dieselbe Gattung galanter Hof-, Staats-, Fest- und Gelegenheitsgedichte beschränkt. Die, welche in der Sprache die sorgfältigsten waren, Hagedorn[3] und nach ihm Uz[4], ahmten allzu oft nur französische oder englische Dichter, obschon nicht unglücklich, nach, seltener nur sprachen sie sich selbst aus, in Gedichten eigner Erfindung und in Liedern eignen Gefühls. Diejenigen, welche durch einen höhern Schwung, wie Haller[5], oder durch eine glückliche Leichtigkeit und Fruchtbarkeit, wie Gleim[6], am meisten Dichter genannt zu werden verdienen, sind in der Sprache nichts weniger als korrekt, oft entschieden fehlerhaft. Sehr groß bleibt dennoch ihr Verdienst, wenn man, was sie für die Sprache und deren Ausbildung taten, mit dem Abgrunde von Barbarei zusammenhält, aus dem sie dieselbe wieder herausarbeiten mußten, und sie darnach beurteilt. Noch größer erscheint dies Verdienst, wenn man auch die ungünstigen Umstände und Verhältnisse mit erwägt. Einige von jenen ersten Bearbeitern der deutschen Sprache und Dichtkunst starben früh, wie Kleist[7], dem auch so vielleicht die Palme unter allen gebührt, Cronegk[8] und Elias Schlegel[9]; andere gingen ins bürgerliche und praktische Leben über, ließen sich im Auslande nieder, oder wurden doch sonst zerstreut. Es fehlte an einem vereinenden Mittelpunkte, den man allgemein, aber vergeblich, von Friedrich dem Zweiten erwartete. Man pflegt in den neuesten Zeiten diesen König von Preußen wohl damit zu entschuldigen, daß man sagt, deutsche Sprache und Gelehrsamkeit seien, wie er auf den Thron kam, in einem solchen Zustande gewesen, daß man sich nicht verwundern dürfe, wenn ein so geistvoller Monarch sich mit Ekel und Geringschätzung davon weggewandt habe. Im allgemeinen aber ist dies nicht gegründet; wie viel hätte ein König vermocht, für deutsche Sprache und Geistesbildung zu tun, zu dessen Zeit Klopstock, Winkelmann, Kant, Lessing und neben diesen Geistern von erster Größe so manche andre verdienstvolle Männer, zum Teil in seinen eignen Staaten geboren, der Wissenschaft und der Kunst lebten!

Wo möchte wohl je eine Regierung mehrere Männer von solcher Größe auf einmal finden, um einen gelehrten Verein zu bilden; und was waren es denn für Ausländer, denen der König den Vorzug gab, den einzigen Voltaire ausgenommen? Ein Maupertuis[10], ein Lamettrie[11], gewiß eben nicht die Auserlesensten der französischen Literatur. Man darf es daher Klopstocken nicht verargen, wenn er mit einem Selbstgefühl, das ihm wohl erlaubt war, durch jene Vernachlässigung deutscher Kunst und Sprache sich selbst sozusagen persönlich beleidigt fand.[12] Er hat dies bitter empfunden, und oft geahndet, indem er, freilich sehr zu des Königs Nachteil, denselben in dieser Beziehung mit Cäsar zusammenstellt. Zu dessen Zeit ward auch in Rom mehr griechisch, schlecht oder gut, geredet und geschrieben als nur irgend französisch im achtzehnten Jahrhundert in Deutschland. Klassische Geisteswerke hatte die römische Sprache damals auch ebensowenig oder doch nicht bessere aufzuweisen als die neuere deutsche Literatur vor 1750. Gleichwohl hielt Cäsar es der Mühe wert, seiner Sprache die sorgfältigste Aufmerksamkeit zu widmen, ja selbst Forscher und Sprachlehrer in ihr zu sein. Dadurch ward er der erste Redner seiner Zeit und einer der ersten Schriftsteller in seiner Sprache, was in einer fremden in dem Maß zu sein, noch niemanden gelungen ist. Für das Ganze war es vielleicht ein Gewinn, wenn jener damals so allgemein ersehnte deutsche Gelehrten-Verein nicht zustandekam. Manches Einzelne würde sich schneller und glücklicher entwickelt, dagegen aber die deutsche Literatur überhaupt vermutlich einen beschränktern Geist und Umfang und statt des allgemein deutschen zu sehr einen besondern Provinzialcharakter erhalten haben. Sie hätte eine etwas schnellere Entwicklung zu teuer erkauft mit dem, was ihr bis jetzt noch am meisten ihren eigentümlichen Wert gibt, dem Reichtum und der Freiheit. Der ganze Standpunkt aber, von welchem jene Entschuldigung Friedrichs des Zweiten ausgeht, ist nicht der rechte. Wenn die Könige mit der Begünstigung der Wissenschaften überall warten wollen, bis es Schriftsteller in Menge gibt, bis diese durch sich selbst hinlänglich berühmt und vielleicht schon in ihrer Kraft erschöpft und abgelebt sind, so bleibt ihnen freilich nichts übrig, als die erprobtesten unter den Schriftstellern, die unschädlichsten und invalidesten in einer Art von Verpflegungsanstalt unter dem Namen einer Akademie der Wissenschaften zusammenzutun. Wollte man aber den Geist einer Nation wahrhaft bilden und leiten, so müßte man grade der noch jugendlichen und nicht ganz entwickelten Talente sich bemeistern, ihnen freien Spielraum gönnen und reichliche Hülfsmittel der Entwicklung, dagegen aber auch die wahre Richtung auf das geben, was in einem nationalen und großen Sinn allgemein nützlich zu heißen verdient. Klopstocken ist für seine Person jenes Gefühl um so eher zu verzeihen, da er unstreitig fähig gewesen wäre, nicht bloß in der Dichtkunst, sondern in allen Teilen und in dem ganzen Gebiete der Literatur einen neuen Geist und einen wohltätigen Einfluß zu verbreiten. So viel Böses Voltaire in Frankreich, ebenso vieles und mannigfaltiges Gutes hätte Klopstock nach seinem umfassenden Geiste in Deutschland wirken mögen, wenn ihm Raum und Gelegenheit, Macht und Hülfsmittel dazu gegeben worden wären. [...]

Anmerkungen und Textnachweise

Die Texte der vorliegenden Ausgabe folgen jeweils den nachgewiesenen Druckvorlagen. Die Überschriften der Texte 10, 11, 15 und 22 sind gegenüber der verzeichneten originalen Version verkürzt, die der Texte 4, 6, 13 und 18 sowie sämtlicher Brieftexte stammen vom Herausgeber. In Klammern wurde das Jahr des Erstdrucks oder – bei größerer zeitlicher Distanz zwischen Entstehung und Veröffentlichung – das Jahr der Entstehung eines Textes angegeben. Orthographie und Interpunktion wurden unter Wahrung des Lautstands und der sprachlichen Eigenart behutsam dem heutigen Gebrauch angeglichen; veraltete Rektionen von Verben, veraltete starke Deklinationen von Adjektiven sowie veraltete Pluralformen wurden beibehalten. Französische Texte, Zitate und Ausdrücke erscheinen in modernisierter Schreibung. Offensichtliche Druckversehen wurden stillschweigend korrigiert. Textstellen, die innerhalb der Grundschrift der Drucke (Fraktur) durch Sperrung, größeren Schriftgrad und durch eine andere Schrift (Schwabacher) hervorgehoben sind, erscheinen kursiv. Auf die im Fraktursatz übliche Auszeichnung von fremdsprachigen Ausdrücken in Antiqua mußte jedoch beim Antiquasatz des Neudrucks verzichtet werden. Werktitel und Zitate wurden im allgemeinen durch Anführungszeichen gekennzeichnet. Ergänzungen des Herausgebers stehen in eckigen Klammern, Textauslassungen sind durch Auslassungspunkte in eckigen Klammern angezeigt.
Bei Verweisen auf durchnumerierte Anmerkungen bezeichnet die erste Zahl die Nummer des Textes, die zweite die der Anmerkung.

1

EWALD CHRISTIAN VON KLEIST

An den König (1760; entst. vermutl. 1745) 9

E. Chr. v. K.: Sämtliche Werke. Hrsg. von Jürgen Stenzel. Stuttgart: Reclam, 1971. (Universal-Bibliothek. 211 [4].) S. 182.

Ewald Christian von Kleist (1715–59), Lyriker und Verfasser des kleinen Heldenepos *Cissides und Paches* (1759), befreundet mit

Gleim, Ramler, Gellert, Weiße, Lessing. Sein bekanntestes Gedicht ist *Der Frühling* (1749). Kleist nahm als Offizier durch vaterländisch-kriegerische Begeisterung inspiriert und voller Bewunderung für Friedrich II. am Siebenjährigen Krieg teil; vgl. u. a. seine *Ode an die preußische Armee* (1757). Sein Tod nach der Schlacht bei Kunersdorf, in der er schwer verwundet worden war, erschütterte die Freunde tief. – Die Gestalt des Majors von Kleist war das Urbild für Gleims *Lieder von einem Grenadier* (vgl. Text 3), möglicherweise auch Pate der Figur des Majors von Tellheim in Lessings *Minna von Barnhelm*. – Das Gedicht *An den König* ist vermutlich 1745 entstanden und wurde erstmals 1760 in der von Ramler besorgten Ausgabe von Kleists *Sämtlichen Werken* gedruckt. Ramler bemerkt zum fragmentarischen Charakter des Gedichts: »Der Rest des Gedichts war seines großen Vorwurfs nicht würdig und ist daher weggelassen worden.«

2

GOTTHOLD EPHRAIM LESSING

Der Eintritt des Jahres 1753 in Berlin (1753) 10

G. E. L.: Sämtliche Schriften. Hrsg. von Karl Lachmann. 3., aufs neue durchges. und verm. Aufl. bes. durch Franz Muncker. Bd. 1. Stuttgart: Göschen, 1886. S. 143 f.

Der 24. Jänner in Berlin (1753) 11

Ebd. S. 144 f.

Der Eintritt des Jahres 1754 in Berlin (1754) 12

Ebd. S. 146 f.

Der Eintritt des Jahres 1755 in Berlin (1755) 14

Ebd. S. 148.

An Mäzen (1784; entst. vermutl. 1755) 15

Ebd. S. 149 f.

1 Römischer Gott, der auch als Gott der Zeit angesehen wurde.
2 gebietet, herrscht.
3 *24. Jänner:* Geburtstag Friedrichs II.
4 Aurora: Göttin der Morgenröte.

5 Muse der Geschichtsschreibung.
6 hier: Zeichen, Bilder, Formen.
7 undichterischen, literaturlosen.
8 Themis: Göttin des Rechts.
9 Hydra; das von Herakles getötete Schlangenuntier, dessen neun Köpfe stets nachwuchsen.
10 Muse der epischen Dichtung.
11 Aganippe: den Musen geweihte Quelle in Böotien; auch: die Nymphe dieser Quelle.
12 Gaius Maecenas (um 70–8 v. Chr.) war der Gönner des Horaz (Quintus Horatius Flaccus, 65–8 v. Chr.).
13 Wer gemeint ist, war nicht zu ermitteln.
14 Griechischer Dichter des 6. Jh.s v. Chr., der in vielfältigen Formen den heiteren Lebensgenuß besang. Er wurde das Vorbild der sog. Anakreontiker.
15 Syphilis.

3

JOHANN WILHELM LUDWIG GLEIM

Aus: *Preußische Kriegslieder von einem Grenadier* (1757; ersch. in Einzeldr.)

Schlachtgesang bei Eröffnung des Feldzuges 1757 16

J. W. G.: Preußische Kriegslieder in den Feldzügen 1756 und 1757 von einem Grenadier. In: Der Siebenjährige Krieg im Spiegel der zeitgenössischen Literatur. Hrsg. von Fritz Brüggemann. Leipzig: Reclam, 1935. (Deutsche Literatur in Entwicklungsreihen. Reihe Aufklärung. 9. – Neudr. Darmstadt: Wissenschaftliche Buchgesellschaft, 1966.) S. 103.

Schlachtgesang vor der Schlacht bei Prag 17

Ebd. S. 104 f.

Siegeslied nach der Schlacht bei Prag 19

Ebd. S. 105–107.

Schlachtgesang vor dem Treffen bei Kolin 21

Ebd. S. 107.

Lied nach der Schlacht bei Kolin 21

Ebd. S. 107–109.

Johann Wilhelm Ludwig Gleim (1719–1803), Lyriker und Fabeldichter. Befreundet mit Lessing, Kleist (vgl. Anm. zu Text 1), Ramler (vgl. Anm. zu 5), Uz (vgl. Anm. 11,50) und vielen anderen, mit denen er in regem Briefwechsel stand, der wiederum einer Art Freundschaftskult diente. Hauptvertreter der sog. anakreontischen Dichtung (vgl. Anm. 4,59). – Die Grenadierlieder, die den preußischen König und seine Siege vorbehaltlos feiern, bemühen sich um einen volkstümlichen Ton. Sie sind Ausdruck eines während des Siebenjährigen Krieges schnell um sich greifenden »Patriotismus«. Selbst Lessing war von den Gedichten zunächst beeindruckt und schrieb einen lobenden Vorbericht zur ersten Ausgabe, distanzierte sich jedoch später wieder von dem »Patriotismus«.

1 Mit dem Schimpfwort *Talpatsch* wurden die österreichischen Soldaten ungarischer oder slawischer Herkunft bezeichnet; Panduren waren ein südungarisches Fußvolk im österreichischen Heer.
2 Heinrich Graf von Brühl (1700–63), sächsischer Premierminister.
3 1756 hatte die preußische Armee die Österreicher bei Lobositz an der Elbe besiegt.
4 Kurt Christoph Graf von Schwerin (1684–1757), preußischer Generalfeldmarschall, von seinen Soldaten »Vater« genannt.
5 Heinrich, Prinz von Preußen (1726–1802), der jüngere Bruder Friedrichs II., Feldherr und Diplomat.
6 Bei Kolin erlitten die Preußen eine vernichtende Niederlage gegen die Österreicher.
7 Die Österreicher hatten einen Höhenzug besetzt, von dem aus sie den preußischen Angriff abschlugen.

4

JOHANN CHRISTOPH GOTTSCHED

Gespräch mit Friedrich II. (1758) 23

Das Neueste aus der Anmuthigen Gelehrsamkeit. Leipzig. Hornung [d. i. Februar] 1758. S. 123–152.

1 (frz.) Verse Seiner Majestät des Königs von Preußen, gerichtet an Herrn Gottsched, Professor zu Leipzig. Mit einer deutschen Übersetzung, gefolgt von einer Parodie, in 4° [Quart-Format].

2 Das Gedicht trägt in Friedrichs *Œuvres posthumes* (15 Bde., 6 Erg.-Bde., Berlin 1788–89) den Titel *Au Sieur Gellert*; in der deutschen Ausgabe (*Hinterlassene Werke*, 15 Bde., Berlin 1788) trägt es den korrekten Titel *An Herrn Gottsched.*

2a Pindos: Gebirgskette zwischen Epirus und Thessalien in Griechenland; hier vermutlich als Sitz der deutschen Musen gemeint.

3 Gottsched hatte 1724 aus Furcht vor einer gewaltsamen Einstellung in die königliche Garde der »langen Kerls« Königsberg verlassen und war nach Leipzig geflohen.

4 Esprit Fléchier (1632–1710), Bischof von Nîmes, berühmter Redner, der vor allem durch seine Leichenreden auf die Feldherrn Montausier und Turenne bekannt wurde.

5 Es folgen die englischen sowie zwei weitere deutsche Übersetzungen des Gedichts von Friedrich.

6 *drei letzten Monaten:* Gemeint sind die drei letzten Lieferungen der Monatsschrift aus dem Jahre 1757.

7 Luise Adelgunde Viktorie Gottsched (1713–62), Ehefrau und Mitarbeiterin Gottscheds, die sich vor allem als Übersetzerin und als Autorin von Komödien (*Die Pietisterei im Fischbeinrocke*, 1736) einen Namen gemacht hatte.

8 Bei Roßbach in Sachsen siegte Friedrichs Armee 1757 über die Franzosen und die Reichstruppen.

9 Nicole Malebranche (1638–1715), französischer Geistlicher und Philosoph; *De la recherche de la vérité*, 3 Bde., 1675.

10 Heinrich Reichsgraf von Bünau (1697–1762), Staatsmann und Historiker. Berühmt wurde vor allem sein auf gründlichen Quellenstudien beruhendes vierbändiges, doch unvollendetes Hauptwerk *Genaue und umständliche teutsche Kaiser- und Reichshistorie* (1728–43).

11 Gemeint ist vermutlich Georg Ludwig von Bar (1701–61), Domherr in Minden. Er erwarb sich den Ruhm, der beste französische Dichter der Deutschen zu sein. Nach Gottsched übertraf er in seinen *Epîtres diverses sur des sujets différents* (1740–45) sogar die Franzosen in der Satiredichtung.

12 Johann Jakob Mascov (1689–1761), Rechtsgelehrter und Historiker, Verfasser einer *Geschichte der Teutschen bis zum Abgange der Merowingischen Könige* (1726–37) und einer *Einleitung zu*

den Geschichten des Römisch-Teutschen Reiches bis zum Absterben Kaiser Karls VI. (1747).

13 Johann Lorenz von Mosheim (1694–1755), Theologe und Kanzler der Universität Göttingen, einer der Begründer der modernen Kirchengeschichtsschreibung: *Institutiones historiae ecclesiasticae* (1726), *Versuch einer unparteiischen Ketzergeschichte* (1746–48).

14 Johann Gustav Reinbeck (1683–1741), Theologe, Autor zahlreicher theologischer Schriften.

15 Johann Jakob Quandt (1686–1772), Theologe in Königsberg, wo Friedrich ihn verschiedentlich predigen hörte und als Redner hochschätzen lernte.

16 Prosper Jolyot de Crébillon d. Ä. (1674–1762), französischer Trauerspieldichter, dessen Tragödien auf Erregung von Grauen und Schrecken zielten, so daß er den Beinamen »le terrible« erhielt: *Idoménée* (1705), *Atrée et Tyeste* (1707), *Catalina* (1742).

17 Friedrich Rudolf Ludwig Freiherr von Canitz (1654–99), preußischer Minister unter Kurfürst Friedrich III. und Gelegenheitsdichter: *Nebenstunden unterschiedener Gedichte* (1700).

18 Johann Valentin Pietsch (1690–1733), deutscher Dichter, Professor der Poesie in Königsberg, Lehrer Gottscheds, veröffentlichte 1717 eine Sammlung hymnisch-epischer Preisgedichte unter dem Titel *Karls des Sechsten im Jahre 1717 erfochtener Sieg über die Türken.*

19 Perikles (493–429 v. Chr.), bedeutender Staatsmann, Redner und Feldherr in Athen, das unter seiner Führung eine politische und kulturelle Blüte erlebte.

20 Demosthenes (383–322 v. Chr.), berühmter griechischer Redner, verteidigte u. a. in einer Reihe von Reden die athenische Freiheit gegenüber Philipp von Mazedonien (»Philippika«).

21 Gemeint ist Philipp II. von Mazedonien (359–336 v. Chr.), der Vater Alexanders d. Gr., der mehrere erfolgreiche Kriege gegen die Griechen führte.

22 Grai; ältere Bezeichnung für die Griechen.

23 Choirilus von Iasos war einer der schmeichlerischen Hofdichter Alexanders d. Gr., von dem er, wie Horaz in einer Anekdote mitteilt, für seine mittelmäßigen Verse außerordentlich reich belohnt wurde.

24 Stadt in Spanien, 219 v. Chr. durch Hannibal erobert, was zum Anlaß des Zweiten Punischen Krieges wurde (vgl. Anm. 10,9).

25 Publius Cornelius Scipio Aemilianus, der jüngere Africanus (um 185–129 v. Chr.), eroberte und zerstörte Karthago.

26 Feierliche Bezeichnung der Vollbürger des alten Rom.

27 Titus Lucretius (um 94–55 v. Chr.), römischer Philosoph und Dichter. Verfaßte das Lehrgedicht *De rerum natura* (*Das Wesen der Welt*).

28 Marcus Pacuvius (220 – um 130 v. Chr.), römischer Trauerspieldichter, von dessen Werken zwölf Titel bekannt sind.

29 Lucius Accius (um 170–86 v. Chr.), römischer Trauerspieldichter, von dessen Werken nur Bruchstücke erhalten sind.

30 Philemon (um 360–262 v. Chr.), römischer Lustspieldichter; von seinen Werken sind nur Bruchstücke erhalten.

31 Gaius Valerius Catullus (um 87–54 v. Chr.), römischer Lyriker, der sich durch großen Formenreichtum auszeichnet.

32 Zu Anakreon vgl. Anm. 2,14.

33 Stadt auf Zypern.

34 Melpomene: Muse der Tragödie.

35 Albius Tibullus (um 54–19 v. Chr.), römischer Elegiendichter.

36 Decimus Iunius Iuvenalis (60–140), römischer Satirendichter.

37 Bei Pharsalus besiegte Caesar 48 v. Chr. den Pompeius in einer entscheidenden Schlacht.

38 Die Heruler waren ein ursprünglich an der Ostsee wohnendes germanisches Volk.

39 Die Vandalen und Sueven waren germanische Stämme.

40 Alter Name für den spanisch-portugiesischen Fluß Tajo (Tejo).

41 *Herkuls Säulen:* Die beiden Vorgebirge an der Meerenge von Gibraltar (Ceuta und Gibraltar). Ursprünglich waren sie nach dem phönizischen Sonnengott und Beschützer der Schiffahrt Melkart benannt; die Griechen identifizierten Herakles mit Melkart.

42 Otto IV. mit dem Pfeil, Markgraf von Brandenburg (um 1238 bis 1309), wurde 1280 durch einen Pfeil verwundet, dessen Spitze ein Jahr in der Wunde stecken blieb. Von ihm sind sieben Minnelieder überliefert.

43 Gebirge in Böotien, Apoll und den Musen geweiht.

44 Maximilian I. (1459–1519), römisch-deutscher Kaiser, selbst als Schriftsteller tätig, veranlaßte u. a. die Abfassung des *Teuerdank*, einer allegorischen Darstellung seiner Brautfahrt zu Maria von Burgund.

45 Mavors: einer der älteren Namen für den römischen Kriegsgott Mars.

46 Eine der Erinnyen (›die nimmer Rastende‹).

47 Bellona: römische Kriegsgöttin.

48 Paul Flemming (1609–40), bedeutendster deutscher Lyriker des 17. Jh.s.
49 Vom russischen Astrachan am Kaspischen Meer schiffte sich Flemming auf seiner Reise ins persische Isfahan ein.
50 Simon Dach (1605–59), Lyriker, Haupt der Königsberger Dichtergesellschaft *Die Musikalische Kürbishütte*.
51 Vermutlich Anspielung auf Heinrich Albert (1604–51), der als Komponist dem Königsberger Dichterkreis angehörte und in dessen Garten die Mitglieder regelmäßig zusammentrafen.
52 Gemeint ist Horaz (vgl. Anm. 2,12).
53 Vgl. Dachs Bittgedicht *Untertänigste letzte Fleh-Schrift an Seine Kurfürstl. Durchl. meinen gnädigsten Kurfürsten und Herrn* (1658).
54 Johann von Besser (1654–1729), deutscher Hofdichter in Preußen und Sachsen.
55 Christoph Friedrich von Derschau (1714–99), Offizier in Friedrichs Diensten, unbedeutender Dramatiker und Epiker. Sein Drama *Orest und Pylades* erschien 1757.
56 Johann Georg Bock (1698–1762), Professor der Poesie in Königsberg.
57 Christian Gottlob Stöckel (1722–77), veröffentlichte 1745 das Epos *Das befreite Schlesien*.
58 Johann Adolf Pantke, Pastor; verfaßte Dramen und Lobgedichte auf Herrscherhäuser.
59 Balthasar Ludwig Tralles (1708–97), veröffentlichte 1750 den *Versuch eines Gedichts über das Schlesische Riesen-Gebürge*. Auf Friedrichs Schrift über die deutsche Literatur reagierte er 1781 ablehnend in seinem *Schreiben von der deutschen Sprache und Literatur*.
60 Kaspar Gottlieb Lindner, Arzt und Ratsmann um 1740 in Hirschberg, Mitglied der Deutschen Gesellschaft in Leipzig; veröffentlichte 1740 *Lobgedichte auf Martin Opitz*.
61 Magnus Gottfried Lichtwer (1719–83), Fabeldichter und Verfasser von Lehrgedichten: *Äsopische Fabeln* (1748), *Das Recht der Vernunft* (1758).
62 Zu Gleim vgl. Anm. zu Text 3.

5

KARL WILHELM RAMLER

Ode an die Stadt Berlin, den 24. Jänner 1759 41

Gedichte 1700–1770. Nach den Erstdrucken in zeitlicher Folge hrsg. von Jürgen Stenzel. München: Deutscher Taschenbuch-Verlag, 1969. (Epochen der deutschen Lyrik. Bd. 5. dtv. 4019.) S. 295–297.

An den Frieden (1772; entst. 1760) 43

Deutsche Nationalliteratur. Historisch-kritische Ausgabe. Hrsg. von Joseph Kürschner [u. a.]. Bd. 45. Hrsg. von Franz Muncker. Stuttgart: Union Deutsche Verlagsgesellschaft, [um 1894]. S. 235 f.

Karl Wilhelm Ramler (1725–98), Lyriker, der den metrischen Gesetzen der antiken Dichtung nacheiferte; sein (von ihm auch übersetztes) Vorbild war Horaz. Ramler galt als Autorität in allen Fragen des Stils und der Verslehre. 1794–96 war er Leiter des Berliner Schauspielhauses. Ein Kennzeichen seiner Dichtung ist ganz allgemein die Verherrlichung des Preußisch-Patriotischen. Das Gedicht *An den Frieden* ist eines der wenigen Werke aus der Zeit des Siebenjährigen Krieges, das Friedenssehnsucht thematisiert.

1 *24. Jänner:* Vgl. Anm. 2,3.
2 Wassernymphe.
3 Baumnymphen.
4 Hier: Erhabene.
5 *Riesen aus der Mitternacht:* Gemeint sind die Russen, die in der Schlacht bei Zorndorf 1758 von den preußischen Truppen besiegt wurden.
6 Ägide: Schutzschild des Zeus, den er der Athene lieh.
7 Beiname der Athene.
8 Hagelregen.
9 Unterwelt, Totenreich der Antike.
10 Apollo ist auf Delos geboren.
11 Python: in Delphi hausender Drache, der von Apoll getötet wurde.
12 Gemeint sind die auf den Feldern aufgehäuften Garben.

6

CHRISTIAN FÜRCHTEGOTT GELLERT

Gespräch mit Friedrich II.

Chr. F. G.: Sämtliche Schriften. Neue rechtmäßige Ausgabe. Hrsg. von Julius Ludwig Klee. Tl. 9. Berlin: Weidmann; Leipzig: Hahn, 1867. S. 13–16.

Ebd. S. 16–20.

Dieser Brief stellt eine ungenaue Wiedergabe des Gesprächs dar; so wird das Gespräch z. B. fälschlicherweise auf den 18. Dezember 1760 datiert, während es am 11. Dezember stattgefunden hat. Gellerts Unterredung mit Friedrich wurde jedoch vor allem durch dieses Dokument in Deutschland bekannt.

1 Gottlieb Wilhelm Rabener (1714–71), Hauptvertreter der aufklärerischen Satirendichtung: *Satiren*, 4 Bde. (1761). Gegner Friedrichs und Preußens. Vgl. Nachwort S. 344.

2 Der Text der Fabel *Der Maler* lautet:

Ein kluger Maler in Athen,
Der minder, weil man ihn bezahlte,
Als, weil er Ehre suchte, malte,
Ließ einen Kenner einst den Mars im Bilde sehn,
Und bat sich seine Meinung aus.
Der Kenner sagt' ihm frei heraus,
Daß ihm das Bild nicht ganz gefallen wollte,
Und daß es, um recht schön zu sein,
Weit minder Kunst verraten sollte.
Der Maler wandte vieles ein:
Der Kenner stritt mit ihm aus Gründen,
Und konnt' ihn doch nicht überwinden.

Gleich trat ein junger Geck herein,
Und nahm das Bild in Augenschein.
O, rief er, bei dem ersten Blicke,
Ihr Götter, welch ein Meisterstücke!

Ach welcher Fuß! O wie geschickt
Sind nicht die Nägel ausgedrückt!
Mars lebt durchaus in diesem Bilde.
Wieviele Kunst, wieviele Pracht,
Ist in dem Helm, und in dem Schilde,
Und in der Rüstung angebracht!

Der Maler ward beschämt gerühret,
Und sah den Kenner kläglich an.
Nun, sprach er, bin ich überführet!
Ihr habt mir nicht zu viel getan.
Der junge Geck war kaum hinaus:
So strich er seinen Kriegsgott aus.

* * *

Wenn deine Schrift dem Kenner nicht gefällt:
So ist es schon ein böses Zeichen;
Doch wenn sie gar des Narren Lob erhält:
So ist es Zeit, sie auszustreichen.

Chr. F. G.: Fabeln und Erzählungen. Historisch-kritische Ausgabe. Bearb. von Siegfried Scheibe. Tübingen: Niemeyer, 1966. (Neudrucke deutscher Literaturwerke. Neue Folge. 17.) S. 168 f.

3 Jean de La Fontaine (1621–95), französischer Dichter; mit seinen Fabeln (12 Bücher, 1668–94), nach antikem Vorbild, wurde er zum großen Inspirator der deutschen Fabeldichtung des 18. Jh.s.
4 Jüdischer Verfasser von Sittensprüchen, der um 200 v. Chr. in Jerusalem gelebt haben soll. Eine griechische Fassung seiner Sprüche findet sich unter den Apokryphen des Alten Testaments.
5 Oberstleutnant Johann Friedrich Adolph von der Marwitz (gest. 1779).
6 Jean-Baptiste de Boyer, marquis d'Argens (1704–71), französischer Schriftsteller, Freund Friedrichs II., der ihn zum Kammerherrn und Akademiedirektor ernannte. Verfasser zahlreicher Schriften: *Lettres chinoises* (1739), *Lettres cabalistiques* (1741), *Œuvres*, 24 Bde. (1768). Briefwechsel mit Friedrich II.
7 Gemeint ist Henri Alexandre de Catt (1725–95), der Vorleser Friedrichs, der über zwanzig Jahre am Hofe des Königs angestellt war. De Catt verfaßte *Unterhaltungen mit Friedrich dem Großen*, die sich aus Tagebuchaufzeichnungen und Memoiren zusammensetzen und die 1884 von R. Koser veröffentlicht wurden.

8 Gottlieb Benjamin Straube (gest. 1773), Professor in Breslau, Schüler Gottscheds, an dessen Zeitschriften er regelmäßig mitarbeitete.
9 Johann Andreas Cramer (1723–88), Theologe, Historiker und Lyriker. Herausgeber der Moralischen Wochenschrift *Der nordische Aufseher* (1758). 1774 veröffentlichte er eine Gellert-Biographie.
10 Quintus Icilius war der Schriftstellername von Karl Theophil Guichard (1724–75), Oberst in Friedrichs Dienst. Guichard war es, der 1765 Lessing für die Stelle eines Bibliothekars vorschlug, aber damit beim König kein Gehör fand. Als Gesellschafter wurde Guichard von Friedrich sehr geschätzt. Ihm schrieb man großen Einfluß auf Friedrich in Sachen deutsche Literatur zu. Gleim äußerte 1780: »Der König kennt die deutsche Literatur durch Quintus. Quintus konnte nicht deutsch lesen [. . .].«
11 Vgl. Anm. 4,12.
12 Jacques-Bénigne Bossuet (1627–1704), französischer Geschichtsphilosoph und Kanzelredner. In dem Gespräch wird auf seinen *Discours sur l'histoire universelle, jusqu'à l'empire de Charlemagne* (1681) angespielt, den Cramer 1757–86 übersetzte und fortsetzte.
13 Marcus Fabius Quintilianus (um 35–95), berühmter römischer Rhetor. Seine Ideen über die Ausbildung eines Redners legte er in der *Institutio oratoria* nieder. Das 10. Buch (von insgesamt 12 Büchern) enthält einen Abriß der römischen Literaturgeschichte.
14 (lat.) Kurialstil; in amtlichen Erlassen, Dekreten, Schreiben übliche Ausdrucksweise.
15 Vgl. oben S. 33, wo von Gottsched berichtet wird, daß er sich mit Friedrich u. a. über die »berühmtesten französischen Tragödienschreiber« unterhalten habe. Dabei kann er aus seiner Übersetzung von Racines *Iphigénie en Aulis* vorgetragen haben (aufgef. 1730, gedr. 1757).
16 Zu Pietsch vgl. Anm. 4,18.
17 (frz.) »Das ist der vernünftigste aller deutschen Gelehrten.«

7

GOTTHOLD EPHRAIM LESSING

Brief an Friedrich Nicolai vom 25. August 1769 50

G. E. L.: Sämtliche Schriften. Hrsg. von Karl Lachmann. 3., aufs neue durchges. und verm. Aufl. bes. durch Franz Muncker. Bd. 17. Stuttgart: Göschen, 1904. S. 298.

1 Zu Nicolai vgl. Anm. 16,23.
2 Vgl. Anm. zu Text 3.
3 *von Wien gesagt:* Anspielung auf einen von Klopstock entworfenen und am Wiener Hof vorgelegten Plan, der auf eine allgemeine Förderung der Kunst und Wissenschaft in Wien u. a. durch die Gründung einer Akademie abzielte. Lessing und Gerstenberg sollten nach diesem Plan die Aufsicht über das Wiener Theaterwesen erhalten. In seinem Brief vom 8. Juli 1769 hatte Nicolai gewünscht, »daß auch zugleich die Freiheit zu denken daselbst erlaubt werde«. Am 19. August 1769 hatte Nicolai an Lessing geschrieben, daß man Mendelssohns *Phädon* (vgl. Anm. 4) in Wien konfisziert habe und daß Gleim ihm versichert hatte, bei der möglichen Realisierung von Klopstocks Plänen handele es sich lediglich um ein »Finanzprojekt«.
4 *Phädon oder Über die Unsterblichkeit der Seele* (1767), philosophische Abhandlung in Gesprächsform von Moses Mendelssohn (vgl. Anm. 16,18).
5 Josef Freiherr von Sonnenfels (1732–1817), österreichischer Politiker, Offizier und Literat, setzte sich in Wien für eine Verbesserung der Literatur und des Theaters nach dem Vorbilde Gottscheds ein. Er leitete eine *Teutsche Gesellschaft* in Wien und gab einflußreiche Wochenschriften heraus: *Der Vertraute* (1764), *Der Mann ohne Vorurteil* (1765–75).

8

JOHANN WOLFGANG VON GOETHE

Brief an Karl August von Sachsen-Weimar vom 9. Februar 1779 . 51

Goethes Briefe. Hamburger Ausgabe. Hrsg. von Karl Robert Mandelkow. Bd. 1. Hamburg: Wegner, 1968. S. 258–262.

9

FRIEDRICH GOTTLIEB KLOPSTOCK

Die Verkennung (1798; entst. 1779) 56

F. G. K.: Oden. Hrsg. von Franz Muncker und Jaro Pawel. Bd. 2. Stuttgart: Göschen, 1889. S. 19 f.

Der Traum (1782) 57

Ebd. S. 35.

Die Rache (1782) 58

Ebd. S. 40 f.

1 Von frz. *tudesque* (abwertend für) ›deutsch‹.
2 Künstlers.
3 Friedrich II.
4 Rhodanus; lateinischer Name der Rhône.
5 *Memphis' Gräber:* die ägyptischen Pyramiden.
6 *weiße Pforte:* Nach Homer (*Odyssee* XIX, 562 ff.) kommen Träume durch zwei Tore: die trügerischen durch ein elfenbeinernes, die Wahrheit verkündenden durch eines aus Horn.
7 Friedrich II.
8 Zu Gleim vgl. Anm. zu Text 3.
9 Zu Ramler vgl. Anm. zu Text 5.
10 *Arouets Säubrung:* Voltaire, eigtl. François-Marie Arouet (1694–1778), hatte Friedrichs Gedichte korrigiert.
11 *Dein Blatt von Deutschlands Sprache:* Gemeint ist Friedrichs Schrift über die deutsche Literatur.

10

FRIEDRICH II.

Über die deutsche Literatur, die Mängel, die man ihr vorwerfen kann, die Ursachen derselben und die Mittel, sie zu verbessern. Aus dem Französischen übersetzt. Berlin 1780. In: Friedrich der Große: De la littérature allemande. Ergänzt durch: Justus Möser: Über die deutsche Sprache und Literatur; Christian Thomasius: Von Nachahmung der Franzosen. Hrsg. von Ludwig Geiger. 2. Aufl. Berlin: Behr, 1902. (Deutsche Literaturdenkmale des 18. und 19. Jahrhunderts. 16. – Neudr. Darmstadt: Wissenschaftliche Buchgesellschaft, 1969.) S. 103–144.

Friedrichs Schrift erschien 1780 in französischer Sprache. Die hier abgedruckte deutsche Übersetzung von Christian Wilhelm von Dohm stellt eine Art offizieller Übersetzung dar, da sie vom König gefordert und durch den Staatsminister Ewald Friedrich Graf von Hertzberg, der bei Friedrich eine Vertrauensstellung genoß, beaufsichtigt worden war. Die Entstehungsgeschichte von Friedrichs Schrift wird immer wieder mit Gesprächen zwischen dem König und Hertzberg seit 1779 über deutsche Sprache und Literatur in Zusammenhang gebracht; Hertzberg vertrat darin eine positivere Einstellung gegenüber den (poetischen) Möglichkeiten des Deutschen als Friedrich. In der Forschung wird bis heute darüber diskutiert, ob der König tatsächlich so wenig von der zeitgenössischen deutschen Literatur kannte, wie aus seiner Schrift hervorzugehen scheint. Unbestreitbar ist hingegen, daß viele ihrer Einzelheiten und der im allgemeinen eingenommene Standpunkt zahlreiche Übereinstimmungen zeigen mit Äußerungen u. a. in Briefen, die vor 1750 gefallen sind. Daraus geht auf jeden Fall hervor, daß sich Friedrichs Meinung über die deutsche Literatur im Laufe seines Lebens nur wenig, wenn überhaupt, geändert hat. Ein erstes Konzept seiner Schrift wird häufig auf den Anfang der fünfziger Jahre datiert.
Christian Wilhelm von Dohm (1751–1820) war erfolgreicher Diplomat und Gesandter in preußischen Diensten. 1781 veröffentlichte er eine Schutzschrift über die Juden. Gegen Ende seines Lebens erschienen von ihm die fünfbändigen *Denkwürdigkeiten meiner Zeit* (1814 bis 1819), die vor allem die letzten Jahre der Regierung Friedrichs behandeln.

1 Angesprochen wird hier vermutlich der Minister Hertzberg. Denkbar ist auch eine Anspielung auf den Autor des Werkes *Progrès des Allemands dans les sciences, les belles-lettres et les arts* (1752), des Barons Jacob Friedrich von Bielfeld, der zum sog. Rheinsberger Kreis der Jugendfreunde Friedrichs gehörte.

2 *Scipio der Afrikaner:* Vgl. Anm. 4,25.

3 Gaius Laelius (um 190 – nach 129 v. Chr.), römischer Prätor und Konsul, wegen seiner Liebe zur Philosophie »der Weise« genannt.

4 Polybius (um 210–127 v. Chr.), griechischer Geschichtsschreiber, der, von den Römern als Geisel genommen, nach seiner Freilassung in Rom blieb. Nur fragmentarisch ist seine 40bändige *Universalgeschichte* erhalten.

5 Die Brüder Tiberius Sempronius Gracchus und Gaius Sempronius Gracchus (2. Jh. v. Chr.), Volkstribunen und berühmte Redner Roms.

6 Marcus Antonius (143–87 v. Chr.), römischer Konsul im Jahre 99.

7 Lucius Lucinius Crassus (140–91 v. Chr.), Zensor und Konsul, berühmter Redner.

8 Quintus Hortensius Hortalus (gest. 50 v. Chr.). Von seinen Reden und seiner Schrift über die Beredsamkeit ist nichts erhalten.

9 *Punischen Kriegen:* Kriege, die von den Römern gegen die Karthager (Punier) geführt wurden. Die Kriege fanden statt 264–241, 218–201 und 149–146 v. Chr.

10 Marcus Tullius Cicero (106–43 v. Chr.) war um 60 römischer Konsul; als solcher unterdrückte er die Verschwörung des Catilina.

11 Phidias (geb. Anfang des 5. Jh.s v. Chr.), größter griechischer Plastiker. Von seinen Werken ist keines im Original erhalten. – Die Venus (Aphrodite) von Knidos ist das berühmteste Werk von Praxiteles, des großen griechischen Plastikers des 4. Jh.s.

12 Zu Anakreon vgl. Anm. 2,14.

13 Zu Demosthenes vgl. Anm. 4,20.

14 Äsop (6. Jh. v. Chr.), legendärer griechischer Fabeldichter, unter dessen Namen eine Reihe von Fabelsammlungen erschienen, die bis ins 18. Jh. immer wieder zur Bearbeitung und Nachahmung anregten.

15 Phaedrus (1. Jh. v. Chr.), römischer Fabeldichter, dessen Vorbild

Äsop war und der großen Einfluß auf die Fabeldichtung des 18. Jh.s. hatte.

16 Vgl. Anm. 4,17.

17 Salomon Geßner (1730–88), Schweizer Maler und Lyriker, befreundet mit Ramler und Gleim, wurde vor allem durch seine *Idyllen* (1756) berühmt.

18 Vgl. Anm. 4,35.

19 Vgl. Anm. 4,31.

20 Sextus Propertius (um 50–15 v. Chr.), bedeutendster römischer Elegiendichter. Veröffentlichte vier Gedichtbücher.

21 Vgl. Anm. 4,12.

22 Vgl. Anm. 4,15.

23 Der Hinweis wurde lange Zeit auf das Gedicht *Die Mädcheninsel* von Johann Nikolaus Götz bezogen. Möglicherweise gelten die Worte jedoch auch Ewald von Kleists *Frühling* (vgl. Anm. zu Text 1).

24 Vgl. Anm. 4,34.

25 Muse der komischen Dichtung.

26 Komödie von Cornelius Hermann von Ayrenhoff (vgl. Anm. zu Text 11).

27 Italienisches Fürstengeschlecht, das im 15. und 16. Jh. die Dichter Ariost und Tasso förderte.

28 Italienisches Fürstengeschlecht, das vor allem im 15. Jh. Kunst und Wissenschaft von Florenz aus entscheidend förderte.

29 Papst Leo X. (1475–1521), aus dem Hause Medici, setzte sich sehr für Kunst und Wissenschaft ein.

30 Franz I. (1494–1547), französischer König, der sich in seinem Land entschieden für die Bewegung der Renaissance einsetzte.

31 Karl V., der römisch-deutsche Kaiser, hatte 1525 Franz I. während einer Schlacht gefangen genommen; 1526 wurde diesem im Madrider Vertrag seine Freiheit unter harten Bedingungen zurückgegeben.

32 Die Ligue war ein 1576 entstandenes Bündnis der französischen Katholiken gegen die protestantischen Hugenotten, das 1596, als ihr letzter Führer Mayenne sich Heinrich IV. unterwarf, aufgelöst wurde.

33 Armand Jean du Plessis, duc de Richelieu (1585–1642), 1622 Kardinal, seit 1624 leitender französischer Minister, begründete u. a. 1635 die Académie française.

34 Der Westfälische Friede (zu Münster und Osnabrück) beendete 1648 den Dreißigjährigen Krieg.

35 Ezéchiel conte de Mélac (gest. 1709), französischer General, verheerte 1689 während des Pfälzischen Erbfolgekrieges die Pfalz.
36 Der Spanische Erbfolgekrieg (1701–14) zwischen Frankreich und den Verbündeten Österreich, England und Holland endete mit der Installierung Philipps von Anjou als König von Spanien.
37 *Herzynischen Waldes:* Aus der Antike stammende Bezeichnung für das gesamte deutsche Mittelgebirge.
38 Parenthese: (griech.) Satzeinschiebsel.
39 Der oder die Sphinx war in der orientalischen Mythologie ein Mischwesen mit Löwenkörper und Menschenkopf. In der griechischen Sage gab die menschenfressende Sphinx von Theben unlösbare Rätsel auf; sie wurde von Ödipus bezwungen.
40 (lat.) Abschweifung.
41 Spezifische Form des Denkens und des Unterrichtens, die sich vor allem in der persönlichen Belehrung, im persönlichen Dialog realisiert. Sokrates hatte sie besonders weit entwickelt.
42 (frz.) Schwulst, verworrene Redeweise.
43 Friedrich schreibt das Zitat zu Unrecht dem Jesuiten Johann Gottlieb Heineccius (1681–1741) zu. Es stammt jedoch aus einer Reisebeschreibung, die der Frankfurter Professor Adam Ebert 1723 unter dem Pseudonym Aulus Apronius veröffentlicht hatte.
44 Dem mythischen König Minos von Kreta wird eine Gesetzgebung zugesprochen, in der ihn Zeus unterrichtet haben soll.
45 Friedrich Hoffmann (1660–1742), berühmter Arzt seiner Zeit, erster Professor der Medizin in Halle. Errang vor allem auf dem Gebiet der praktischen Heilkunde (Hoffmanns Tropfen) große Bekanntheit.
46 Herman Boerhaave (1668–1738), berühmtester Mediziner des 18. Jh.s, wirkte als Professor verschiedener Disziplinen in Leiden (Niederlande).
47 Altägyptischer König.
48 Dareios I. (550–485 v. Chr.), König von Persien, soll nach Herodot nur deswegen König geworden sein, weil sein Pferd am Morgen nach einer Verschwörung als erstes gewiehert habe.
49 *goldne Bulle:* Urkunde des römisch-deutschen Kaisers Karl IV., in der 1356 ein großes Verfassungsgesetz des Reiches festgelegt wurde, das in seinen Grundlagen bis 1806 gegolten hat.
50 Die heilige Helena (gest. um 326) unternahm in hohem Alter Wallfahrten nach Palästina und gründete dort mehrere Kirchen.
51 Die zweite Gattin Karls des Großen, Hildegard, lebte von 758 bis 783.

52 *Überwinder der Welt:* Gemeint sind die Römer.
53 Jacopo Sannazaro, auch Azzio Sincero (1458–1530), italienischer Dichter: *Arcadia* (1502).
54 Pietro Bembo (1470–1547), italienischer Dichter und Humanist.
55 Die Accademia della Crusca wurde 1582 in Florenz gegründet. Zu ihren Hauptaufgaben zählte die Herausgabe eines italienischen Wörterbuchs. Dabei sollte die »Kleie« (*crusca*) vom »Mehl« gesondert werden.
56 Jean Marot (1463–1523), französischer Dichter, Vater des berühmten Dichters Clément Marot (1495–1544).
57 François Rabelais (um 1494–1553), französischer Dichter, Verfasser satirischer Romane: *Pantagruel* (1532), *Gargantua* (1535).
58 Michel de Montaigne (1533–92), französischer philosophischer Schriftsteller: *Essays* (1580).
59 François de Malherbe (1555–1628), französischer Dichter, offizieller Hofpoet. Veröffentlichte satirische Polemiken, setzte sich für rationalistisch-strenge Verse ein.
60 Nicolas Boileau-Despréaux (1636–1711), französischer Schriftsteller. Verfasser der *Art poétique* (1674), in der in der Nachfolge des Horaz die klassizistischen Dichtungsregeln zusammengefaßt werden und die großen Einfluß auf die deutsche Literatur des 18. Jh.s hatte.
61 Zu Bossuet vgl. Anm. 6,12.
62 Zu Fléchier vgl. Anm. 4,4.
63 Blaise Pascal (1623–62), französischer Philosoph und Schriftsteller. Sein Hauptwerk sind die *Pensées sur la réligion* (1660).
64 François de Salignac de la Mothe Fénelon (1651–1715), französischer Schriftsteller, der als Prinzenerzieher den berühmten *Télémaque* (1699) verfaßte, in dem er u. a. das Regime Ludwigs XIV. kritisiert.
65 Edme Boursault (1638–1701), französischer Dramatiker, der vor allem durch seine Komödien bekannt wurde.
66 Claude Favre de Vaugelas (1585–1650), französischer Grammatiker.
67 Gemeint ist Wales.
68 Xenophon (430–355 v. Chr.), griechischer Schriftsteller und Historiker.
69 Das *Handbüchlein der Moral* des griechischen Philosophen Epiktet (um 60–140) wurde von einem seiner Schüler nach Mitschriften seiner Vorträge herausgegeben.
70 François VI., duc de La Rochefoucauld (1613–80), französischer

Schriftsteller, veröffentlichte 1665 seine *Maximes et réflexions morales*, die als Muster der klassischen französischen Prosa galten.

71 *Lettres persanes*, *Esprit des lois*: Werke des französischen Philosophen Charles de Montesquieu (1689–1755), 1721 und 1748 erschienen. Im ersten stellte er satirisch Vorurteile bloß, im zweiten trug er gegen die absolutistische Monarchie das Prinzip der Gewaltentrennung vor.

72 (lat.) »So viele Worte, so viele Gewichte«. Das Zitat findet sich nicht bei Horaz noch bei einem anderen römischen Autor.

73 (lat.) »Der Kaiser steht nicht über den Grammatikern.«

74 Flavius Claudius Iulianus (331–363), römischer Kaiser, versuchte u. a. gegen das Christentum das Heidentum wieder einzuführen. Trat auch als Schriftsteller hervor.

75 Die Herkunft des Zitats ist unbekannt.

76 Christian Wolff (1679–1754), bedeutendster deutscher Schulphilosoph der Frühaufklärung in der Nachfolge Leibnizens, 1707 Professor in Halle. Seine Lehrveranstaltungen und Schriften erregten Widerstand bei den Hallischen Pietisten, was zu seiner Entlassung durch Friedrich Wilhelm I. führte. Nach Friedrichs II. Thronbesteigung konnte Wolff 1740 nach Halle zurückkehren. – Wolffs zahlreiche Schriften, in denen das vernünftig-rationalistische Weltbild der Aufklärung systematisch entfaltet wird, hatten auch auf die Dichtung großen Einfluß. – Mit der »Logik« sind vermutlich die *Vernünftigen Gedanken von den Kräften des menschlichen Verstandes* (1720) gemeint.

77 Charles Batteux (1713–80), französischer Ästhetiker, Vertreter der Nachahmungstheorie. Von großem Einfluß auf die deutsche Aufklärung war sein 1746 erschienenes Werk *Les beaux-arts réduits à un même principe*.

78 Vgl. Anm. 6,13.

79 Bilder, Metaphern.

80 Pierre Bayle (1647–1706), französischer Philosoph, Vertreter des kritischen Kampfes gegen Vorurteile und Intoleranz. Berühmt wurde sein *Dictionnaire historique et critique* (1697). – Die *Pensées diverses sur la comète* erschienen 1682.

81 Anhänger des persischen Religionsstifters Mani (215–270), der die altpersische Lichtreligion mit dem Christentum verband.

82 Zoroaster oder Zarathustra war ein altiranischer Religionsstifter, der vermutlich im 7. Jh. v. Chr. lebte.

83 Jean-Baptiste Massillon (1662–1742), französischer Kanzelredner. Seine Fastenpredigt *Le petit carême* erschien 1718.

84 René Aubert, abbé de Vertot (1655–1735), französischer Historiker.
85 William Robertson (1721–93), englischer Historiker; sein Werk *History of the Reign of the Emperor Charles V.* erschien 1769.
86 Enthymema: (griech.) unvollständiger (Wahrscheinlichkeits-) Schluß, bei dem eine zu ergänzende Prämisse fehlt.
87 Apostrophe: (griech.) (feierliche) Anrede; Prosopopeia: (griech.) Personifikation; Hyperbel: (griech.) übertreibender Ausdruck.
88 Anhänger der griechischen philosophischen Schule des Stoizismus.
89 (griech.) hirnzerstörenden.
90 Klerisei: Klerus, katholische Geistlichkeit.
91 Tycho Brahe (1546–1601), berühmter dänischer Astronom.
92 Gemeint ist die kosmologische Theorie von Descartes, in der er die Bewegungen der Himmelskörper durch Wirbel erklärte, die aus Strömungen des das Weltall erfüllenden Äthers bestünden.
93 Vgl. Anm. 4,9.
94 John Locke (1632–1704), englischer Philosoph und Pädagoge. Begründer des Sensualismus: *An Essay concerning Human Understanding* (1690).
95 Durch Krankheit entstehende körperliche Entkräftung.
96 Aesculapius war der Gott der Heilkunst; mit »Äskulape« sind hier die Ärzte gemeint.
97 Solon (um 640–560 v. Chr.), griechischer Staatsmann und Dichter. Stiftete die erste wirkliche Verfassung Athens.
98 Lykurg, Politiker in Athen, dessen Finanzverwaltung (338–327 v. Chr.) berühmt wurde.
99 *zwölf Tafeln:* Gesetzestext, der im 5. Jh. v. Chr. das Staats-, Landes-, Kriminal- und Zivilrecht in Rom enthielt.
100 *Justinianischen Kodex:* Gesetzgebung des byzantinischen Kaisers Iustinianus I. (482–565).
101 Bartolus (1314–57), italienischer Jurist, Lehrer des römischen Rechts.
102 Jacques Cujacius (1522–90), französischer Rechtsgelehrter, Hauptvertreter der sog. eleganten Jurisprudenz.
103 (lat.) gerichtlich verfügte Zwangsverwaltung.
104 *peinlichen Gesetze:* Strafgesetze.
105 Hugo Grotius (1583–1645), niederländischer Humanist und Rechtsphilosoph. Schuf in seinem *De iure belli ac pacis* (1625) die Grundlagen des Völkerrechts.

106 Samuel Freiherr von Pufendorf (1632–94), deutscher Historiker und Staatsrechtler. Begründer des Naturrechts.

107 Von frz. *chicane* ›(unzulässige) Anwendung des Rechts zum Schaden des anderen‹.

108 Christian Thomasius (1655–1728), deutscher Rechtsgelehrter. Führer der deutschen Frühaufklärung. Hielt als erster Hochschullehrer Vorlesungen in deutscher Sprache. Kämpfte in seinen Schriften gegen Vorurteile und Intoleranz.

109 Chinesen.

110 Epochen. *Epoche* (griech.) bedeutete ursprünglich ›Wendepunkt‹.

111 Das *Theatrum Europaeum* war eine 21bändige Chronik der Jahre 1618–1718, die 1633–1738 in Frankfurt in deutscher Sprache erschien (mit Kupferstichen von Matthäus Merian d. Ä.).

112 Vgl. Anm. 3,10.

113 (griech.) Lobredner.

114 Pietro delle Vigne (Petrus de Vinea, um 1190–1249), Kanzler des römisch-deutschen Kaisers Friedrich II., dessen Manifeste und Gesetze er verfaßte; war auch als Schriftsteller angesehen.

115 Die *Epistolae obscurorum virorum* (*Dunkelmännerbriefe*) waren eine Sammlung satirischer Briefe einer Gruppe von Humanisten (von Hutten, Rubianus u. a.) gegen den spätscholastischen Theologen Johannes Pfefferkorn. Sie erschienen 1515 anonym.

116 Die Satire *Lob der Torheit* von Erasmus von Rotterdam erschien 1509.

117 Philipp Melanchthon (1496–1560), Humanist, Mitarbeiter Luthers, dessen Lehre er systematisierte. Verfaßte Grammatiken und philosophische Schriften. Organisator des protestantischen Schulwesens.

118 Es kann sich hier nicht um Ptolemäus handeln; möglicherweise dachte Friedrich an Aristarchos von Samos (3. Jh. v. Chr.), der die Lehre vertrat, die Erde kreise um die im Mittelpunkt des Weltalls stehende Sonne. – Die Undeutlichkeit dieser Stelle wird noch dadurch vergrößert, daß Dohms Übersetzung von Friedrichs Satz »Je compte hardiment au nombre des nôtres, Copernic, qui par ses calculs rectifia le système planétaire, et prouva ce que Ptolomée a osé avancer quelques milliers d'années avant lui« das »prouva« praktisch unterschlägt und nur das »rectifia« wiedergibt, das sich jedoch nur auf das Planetensystem bezieht. (Richtig hingegen übersetzt die Rezension in der *Hamburgischen Neuen Zeitung*; vgl. S. 152.)

119 chemischen.

120 Gemeint ist Berthold Schwarz, der um 1380 das Schießpulver erfand.

121 Gemeint ist Johannes Gutenberg (um 1400–68), der den Buchdruck mit gegossenen beweglichen Lettern erfand.

122 Otto von Guericke (1602–86), Physiker und Bürgermeister von Magdeburg. Die von ihm erfundene Luftpumpe führte er 1654 auf dem Reichstag zu Regensburg vor.

123 Georg Bernhard Bilfinger (1693–1750), Philosoph und Mathematiker.

124 Albrecht von Haller (1708–77), Schweizer Arzt, Naturforscher und Dichter. Professor der Anatomie, Botanik und Chirurgie in Göttingen, Leiter der *Göttinger Gelehrten Anzeigen*. Schlug eine von Friedrich angebotene Mitgliedschaft der Akademie aus. Seinen literarischen Ruhm begründete er mit dem Lyrikband *Versuch schweizerischer Gedichte* (1732). Vertrat in seinen Gedichten eine rationalistisch-vernünftige Weltanschauung, in der auch die Natur einen systemgetreuen Platz einnimmt. Schrieb im Alter staatspolitische Romane: *Usong* (1771), *Alfred* (1773), *Fabius und Cato* (1774).

125 Giovanni Pico della Mirandola (1463–94), italienischer Humanist.

126 Gemeint ist John Toland, der jedoch keinen *Leviathan* geschrieben hat. Die Anspielung bezieht sich wahrscheinlich auf den *Leviathan* (1651) von Thomas Hobbes. Der Leviathan ist darin das Sinnbild des allmächtigen Staates.

127 Francis Bacon (1561–1626), englischer Philosoph und Schriftsteller, Lordkanzler unter Jakob I. Begründer des englischen Empirismus. Entwarf u. a. (utopische) Zukunftsbilder.

128 (hebr.) das große Tier. Vermutlich ist wiederum Hobbes' *Leviathan* gemeint (vgl. Anm. 126).

129 Die Fronde, eine französische Adelspartei, kämpfte 1648–53 gegen den absolutistischen Staat.

130 Justus Lipsius (1547–1606), niederländischer Jurist und Philologe.

131 Johannes Freinshemius (1608–60), deutscher Philologe, der verschiedene klassische Schriftsteller neu herausgab.

132 Johann Friedrich Gronovius (1611–71), deutscher Altertumsforscher, der zahlreiche klassische Schriftsteller edierte.

133 Johann Georg Grävius (1632–1703), deutscher Philologe und

Historiker, zeitweilig Historiograph Wilhelms III. von England. Besorgte viele Klassikerausgaben.

134 Gemeint ist wahrscheinlich Johann Christoph Adelungs (1732–1806) *Versuch eines vollständigen grammatisch-kritischen Wörterbuchs der hochdeutschen Mundart*, der in erster Ausgabe 1774–86 erschien.

135 Anspielung auf das Wort Boileaus (vgl. Anm. 60): »Un Auguste aisément peut faire des Virgiles« (»Ein Augustus kann leicht Virgile machen«; *Epîtres* I, 174).

136 Hochland an der Südspitze des Toten Meeres.

11

CORNELIUS HERMANN VON AYRENHOFF

Schreiben an den Herrn Grafen Max von Lamberg über das Werk »De la littérature allemande« von Friedrich II. (1780; anonym) 100

Schreiben an den Herrn Grafen Max von Lamberg, kaiserl. königl. Kammerherrn, über das Werk »De la littérature allemande, des défauts qu'on peut lui reprocher; quelles en sont les causes; et par quels moyens on peut les corriger« von Friedrich II., welches der Verfasser im Jahre 1780, ohne sich zu nennen, herausgab. In: C. v. A.: Sämtliche Werke. Bd. 5. Wien: Anton Pichler, 1803. S. 113–142.

Ayrenhoff (1733–1819) war österreichischer Offizier und Schriftsteller. Er war in seinen Werken – Tragödien, Komödien, Gedichte und Reisebeschreibungen, einzelne ästhetische und historische Aufsätze – ein deutlicher Vertreter der rationalistischen, an Gottsched und den von diesem verehrten Franzosen orientierten Literaturauffassung; ein Gegner Shakespeares und der Stürmer und Dränger. Seine zweiaktige Komödie *Der Postzug oder die nobeln Passionen* war 1769 in Wien erschienen und auf allen deutschen Bühnen mit Erfolg gespielt worden. Warum Friedrich gerade diese Komödie aus unzähligen gleichartigen hervorgehoben hat, ist noch keinem Leser seiner Schrift verständlich gewesen. Das Stück behandelt im Stile des frühaufklärerischen Lustspiels eine Liebesgeschichte, in der ein vierspänniger Postzug das glückliche Ende möglich macht, weil sein von der Baronstochter geliebter Besitzer ihn seinem Konkurrenten überläßt, so daß dieser seine vom Vater der weiblichen Hauptgestalt unterstützten Ansprüche auf die Tochter aufgibt. Die Handlung ist auf konventionelle Weise konstruiert: Intrigen, Übertreibungen, großer Handlungsanteil der Bedienten usw.

1 Maximilian Joseph Graf von Lamberg (1729–92), österreichischer Schriftsteller. Reisebegleiter des Herzogs Karl Eugen von Württemberg, Geheimer Rat am Darmstädter Hof. Pflegte einen ausgedehnten Briefwechsel mit Gelehrten seiner Zeit. Veröffentlichte zahlreiche französisch geschriebene Schriften, darunter Reisebeschreibungen und Werke über Literatur und Ästhetik, in denen die Existenz einer deutschen Literatur de facto geleugnet wird.
2 Vgl. S. 25.
3 William Pitt, Earl of Chatham (1708–78), Pitt d. Ä., englischer Staatsmann und Redner, unterstützte im Siebenjährigen Krieg als Mitglied des englischen Kabinetts Friedrich II. Er hat später als Führer der Opposition die Regierungspolitik Englands gegenüber den amerikanischen Kolonien stark und erfolgreich angegriffen.
4 Kranken.
5 Vgl. Anm. 10,124.
6 Vgl. S. 62.
7 Vgl. ebd.
8 Zu Medici vgl. Anm. 10,28.
9 Die Académie française wurde 1635 von Richelieu (vgl. Anm. 10,33) gegründet. Ihre Aufgabe bestand in der Sorge für die Reinheit der französischen Sprache und in der Herausgabe eines französischen Wörterbuchs.
10 Vgl. Anm. 10,55.
11 Friedrich Wilhelm Zachariae (1726–77), deutscher Epiker und Lyriker. Sein Hauptwerk ist das Epos *Der Renommist* (1744).
12 Gemeint ist Johann Elias Schlegel (1719–49), Dramatiker und Ästhetiker aus der Gottschedschule, der sich schnell von den Auffassungen seines Lehrers befreite. Seine Komödien (*Der geschäftige Müßiggänger*, 1743; *Die stumme Schönheit*, 1747) und Tragödien (*Canut*, 1746) sowie seine theoretischen Abhandlungen (*Gedanken zur Aufnahme des dänischen Theaters*, 1747) gehören zu den bedeutendsten der Frühaufklärung. Er setzte sich als einer der ersten für Shakespeare ein.
13 Zu Cramer vgl. Anm. 6,9.
14 Abraham Gotthelf Kästner (1719–1800), deutscher Mathematiker und Epigrammatiker.

15 Zu Rabener vgl. Anm. 6,1.
16 Christian Felix Weiße (1726–1804), vielseitiger Autor, vor allem Dramatiker, der auch als Kinder- und Jugendbuchverfasser hervortrat. Seine zahlreichen Werke umfassen Tragödien, Komödien, Singspiele, Lieder, Zeitschriften u. a. Jugendfreund Lessings.
17 Gemeint ist Gottscheds *Grundlegung einer deutschen Sprachkunst*, die unter diesem Titel zuerst 1748 erschien.
18 Vgl. S. 68.
19 Ödipus hatte das Rätsel der Sphinx von Theben gelöst (vgl. Anm. 10,39).
20 Vgl. Anm. 6,13.
21 Vgl. Anm. 10,134.
22 Vgl. S. 62.
23 Vgl. Anm. 17.
24 (it.) Dichter des 16. Jh.s.
25 Vgl. Anm. 10,63.
26 Louis Bourdaloue (1632–1704), französischer Kanzelredner.
27 Vgl. Anm. 6,12.
28 Jean de La Bruyère (1645–96), französischer Schriftsteller, der durch seine Übersetzung der *Charaktere* von Theophrast (1688), die er mit zahlreichen selbst entworfenen Porträts ständig ergänzte, sehr berühmt wurde.
29 Vgl. Anm. 10,60.
30 Alexander Pope (1688–1744), englischer Dichter, Vertreter einer klassizistischen Dichtung in Theorie und Praxis. Berühmt wurde u. a. sein *Essay on Man* (1733), in dem ein optimistisch-fortschrittsgläubiges Menschenbild entworfen wird. In Deutschland ebenfalls sehr einflußreich war sein scherzhaftes Kleinepos *The Rape of the Lock* (1714).
31 Joseph Addison (1672–1719), englischer Schriftsteller und Staatsmann; zusammen mit Richard Steele Herausgeber der ersten englischen Moralischen Wochenschriften. Außerdem Verfasser mehrerer Tragödien und Komödien.
32 Das *Dictionary of the English Language* von Samuel Johnson (1709–84) erschien 1747–55.
33 Die Académie française zählt stets vierzig Mitglieder.
34 Vgl. S. 77.
35 Vgl. S. 63.
36 Guilleaume Amfrye de Chaulieu (1693–1720), französischer Dichter, der den Beinamen *Anacréon du Temple*, nach der Resi-

denz des Großpriors von Paris, erhielt; zu Anakreon vgl. Anm. 2,14.

37 Vgl. Anm. zu Text 3.

38 Vgl. Anm. 4,13.

39 Georg Joachim Zollikhofer (1730–88), deutscher Kanzelredner, veröffentlichte mehrere Sammlungen Predigten und ein *Neues Gesangbuch* (1766).

40 Johann Joachim Spalding (1714–1804), protestantischer Theologe, der mit seinen Predigten und Schriften zur Kirchengeschichte im 18. Jh. große Popularität errang.

41 Zu Demosthenes vgl. Anm. 4,20.

42 Christian Gottlieb Heinrich (1748–1810), deutscher Historiker, der u. a. eine *Deutsche Reichsgeschichte* (9 Bde., 1787–1805) verfaßte.

43 Michael Ignaz Schmidt (1736–94), Historiker in Würzburg; veröffentlichte seit 1778 eine *Geschichte der Teutschen*.

44 Germanicus (15 v. – 19 n. Chr.), römischer Feldherr, der mehrere Feldzüge gegen die Germanen leitete.

45 Tiberius, römischer Kaiser (reg. 14–37), erfolgreich in seinen Kämpfen gegen die Germanen.

46 Claudius (10 v. – 54 n. Chr.), römischer Kaiser, siegreicher Feldherr; Willkürherrscher, der die Regierungsgeschäfte zeitweilig seiner Frau, der berüchtigten Messalina, überließ.

47 Vermutlich ist Klopstocks Schrift *Über die deutsche Rechtschreibung* (1778) gemeint, in der u. a. für jeden Laut ein Zeichen gefordert wird.

48 Friedrich von Hagedorn (1708–54), deutscher Fabeldichter und Lyriker, Wegbereiter der Anakreontik (vgl. Anm. 2,14).

49 Vgl. Anm. zu Text 1.

50 Johann Peter Uz (1720–96), einer der Dichter der Anakreontik.

51 Vgl. Anm. 10,108.

52 Vgl. Anm. 10,76.

53 Gemeint ist der *Messias*.

54 Philip Dormer Stanhope, Earl of Chesterfield (1694–1773), englischer Staatsmann und Politiker. Berühmt wurden seine *Letters to his Son* (1774).

55 Versepos von Voltaire, in dem er den Kampf Heinrichs IV. gegen die katholische Liga schildert; erschienen 1723/24.

56 Pierre François Guyot Desfontaines (1685–1745), französischer Literat und Kritiker, der mit Voltaire in heftige Polemiken geriet: *Observations sur les écrits modernes* (1735).

57 Philippe Néricault Destouches (1680–1754), französischer Komödienautor, vielfach ins Deutsche übersetzt; Wegbereiter des sog. rührenden Lustspiels.
58 Pierre de Marivaux (1688–1763), französischer Lustspiel- und Romanautor, der durch seine anmutigen Lustspielintrigen (»marivaudages«) berühmt wurde.
59 Vgl. Anm. zu Text 5.
60 Vgl. Anm. 4,36.
61 Vgl. Anm. 4,27.
62 Gemeint ist Alexander Pope (vgl. Anm. 30).
63 Vgl. Anm. 4,61.
64 Gemeint sind die *Preußischen Kriegslieder in den Feldzügen 1756 und 1757 von einem Grenadier* von Gleim (vgl. Text 3).
65 Christian Felix Weißes *Amazonenlieder* (1760) sind inhaltlich mit dem Siebenjährigen Krieg verbunden. In tränenreichen Liedern besingt die Amazone Abschied, Sieg, Niederlage und Tod des Geliebten. (Zu Weiße vgl. Anm. 16.)
66 Vgl. Anm. 4,17.
67 Vgl. Anm. 10,17.
68 Vgl. Anm. 4,35.
69 Vgl. Anm. 4,31.
70 Vgl. Anm. 10,20.
71 Theokritos (1. Hälfte des 3. Jh.s v. Chr.), Begründer und bedeutendster Vertreter der griechischen Hirtenpoesie. Von ihm sind dreißig Gedichte erhalten.
72 Moschus (um 150 v. Chr.), griechischer bukolischer Dichter. Erhalten ist das Kleinepos *Europa*.
73 *Verfasser des ... »Agathon«: Musarion oder Die Philosophie der Grazien. Ein Gedicht in drei Büchern* (1768), *Die Grazien. Ein Gedicht in sechs Büchern* (1770) und *Geschichte des Agathon* (Roman, 1766/67) sind Werke von Christoph Martin Wieland.
74 Der Polichinelle oder Pulcinella ist in der Commedia dell'arte die Figur des unverschämten, vorlauten Dieners.
75 (lat.) die Stimme des Rufers in der Wüste.
76 Die *Briefe, die neueste Literatur betreffend* (1759–65) waren eine kritische Zeitschrift, herausgegeben von Friedrich Nicolai, an der Lessing, Mendelssohn, Thomas Abbt u. a. mitarbeiteten. Vor allem Lessings Beiträge wurden berühmt, z. B. der 17. Brief: Abrechnung mit Gottsched, Eintreten für Shakespeare, Veröffentlichung des Faust-Fragments.
77 Johann Jacob Dusch (1725–87), Verfasser zahlreicher, meist nicht

sehr gehaltvoller poetischer und ästhetisch-kritischer Werke. Als Kritiker hatte er zunächst großen Erfolg, bis Lessing ihn in den *Literatur-Briefen* scharf angriff.

78 (griech.) nur einen Tag dauernder, kurzfristiger.

79 (lat.) sklavischen Vieh.

80 Pasquill: (it.) Schmähschrift.

81 (lat.) »Aus dem Streit von Privatleuten erwächst das Gemeinwesen.«

82 Longinus, griechischer Rhetor des 1. Jh.s. Ihm wird (zu Unrecht) das Werk *Über das Erhabene* zugeschrieben.

83 Vgl. Anm. 10,77.

84 Henry Lord Kames Home (1696–1782), englischer Moralphilosoph und Ästhetiker: *Elements of Criticism* (1762–65).

85 Vgl. Anm. 4,34.

86 (lat.) »spotten, aber nicht verletzen«.

87 Die Thukydides-Übersetzung des Göttinger Theologen Johann David Heilmann erschien 1760.

88 Johann Samuel Patzke (1727–87), protestantischer Theologe und Autor verschiedener poetischer Werke und Übersetzungen.

89 Gottlieb Benedikt von Schirach (1743–1804), deutscher Geschichtsschreiber, übersetzte die *Biographien* von Plutarch (1776 bis 1780).

90 Johann Joachim Eschenburg (1743–1820), deutscher Literaturhistoriker, der sich um die Vermittlung englischer Ästhetiker in Deutschland bemühte. Seine Shakespeare-Übersetzung erschien 1775–82. Vorher hatte Wieland 1762–66 eine Übersetzung des englischen Dichters veröffentlicht.

91 Lessing hatte 1760 *Das Theater des Herrn Diderot* veröffentlicht, das zwei von ihm übersetzte Komödien von Diderot enthielt: *Der natürliche Sohn* und *Der Hausvater*. Diese beiden Werke repräsentierten nicht mehr die gängige satirische Verlachkomödie in der Tradition Molières, sondern eine ernste Komödie, die die Schilderung »bürgerlichen« Lebens zum Ziel hatte.

92 Johann Friedrich Cronegk (1731–57), deutscher Dramatiker; mit seinem nach klassizistischen Regeln entworfenen Trauerspiel *Codrus* hatte er 1757 einen von Friedrich Nicolai (vgl. Anm. 16,23) ausgeschriebenen Preis gewonnen.

93 Gemeint sind die Dichter des Sturm und Drang.

94 Gemeint sind Verleger und Theaterdirektoren.

95 (lat.) die Gattung bezeichnende.

96 Autor und genauer Titel des Werkes waren nicht zu ermitteln.

97 Bühnenschuh mit hohem Absatz, den die Schauspieler im antiken Trauerspiel trugen.
98 Fratzenschneiden.
99 Vgl. Pred. 7,3–6.
100 In der Mitte des 18. Jh.s waren in Wien erste Versuche unternommen worden, das Theater (nach dem Vorbilde Gottscheds) zu reformieren. Joseph II. unterstützte die Reformbestrebungen, u. a. durch die Gründung des Deutschen Nationaltheaters im Jahre 1776.
101 Bernardon war eine von dem Wiener Schauspieler Josef von Kurz (1717–83) geschaffene komische Theaterfigur, mit welcher er mit dem Hanswurst des Schauspielers Gottfried Prehauser (1699–1769) konkurrierte.
102 Lucius Cornelius Sulla (138–78 v. Chr.), römischer Konsul.
103 *Marii:* Gaius Marius (156–86 v. Chr.), römischer Konsul und Feldherr; Onkel Caesars.
104 Johann Caspar Lavater (1741–1801), Schweizer Theologe, Philosoph und Autor geistlicher Lieder sowie biblischer Dramen. In seinen *Physiognomischen Fragmenten zur Beförderung der Menschenkenntnis und Menschenliebe* (4 Bde, 1775–78) entwickelte er eine Methode, aus Bildnissen (Kupferstichen, Gemäldeausschnitten, Zeichnungen, Silhouetten) Charakterdeutungen zu geben.
105 Der Areopag war ein unabhängiges, aus Politikern zusammengesetztes Gericht im alten Athen. – Mit dem Ostrazismus, dem Scherbengericht, konnten politische Gegner zur Verbannung verurteilt werden.
106 Anton Rafael Mengs (1728–79), bedeutender bildender Künstler und Kunstästhetiker.
107 Vermutlich ist Johann von Pichler (1734–91), Graveur und Pastellmaler, gemeint; möglicherweise aber auch sein Vater Johann Anton von Pichler (1697–1779), der der berühmteste Steinschneider des 18. Jh.s war.
108 Johann Georg Wille (1715–1808), berühmter Kupferstecher.
109 Johann Adolf Hasse (1699–1783), Opernkomponist, dessen Werke in ganz Europa gespielt wurden.

12

JUSTUS MÖSER

J. M.: Über die deutsche Sprache und Literatur (1781). Hrsg. von Carl Schüddekopf. In: Friedrich der Große: De la littérature allemande. Ergänzt durch: Justus Möser: Über die deutsche Sprache und Literatur; Christian Thomasius: Von Nachahmung der Franzosen. Hrsg. von Ludwig Geiger. 2. Aufl. Berlin: Behr, 1902. (Deutsche Literaturdenkmale des 18. und 19. Jahrhunderts. 16. – Neudr. Darmstadt: Wissenschaftliche Buchgesellschaft, 1969.) S. 175–194.

Justus Möser (1720–94), Justizrat in Osnabrück, Schriftsteller (Tragödie *Arminius*, 1749) und Historiker (konzentriert vor allem auf die Osnabrücker Lokalgeschichte: *Osnabrückische Geschichte*, 1768 ff.). Seine Volks- und Geschichtsauffassung berührte sich mit derjenigen der Stürmer und Dränger.

1 *Werke über die Vaterlandsliebe:* Gemeint ist Friedrichs Werk *Lettres sur l'amour de la patrie* (1779).
2 welken, verdorren.
3 Johann Friedrich Wilhelm Jerusalem (1709–89), Geistlicher und Redner, hatte ebenfalls im Jahre 1781 eine Schrift gegen Friedrichs Abhandlung (*Über die deutsche Sprache und Literatur*) veröffentlicht, in der er auf deutsche Eigenart in Kunst und Literatur verwies und sich gegen alle Frankophilie aussprach.
4 Die 1779 erhobene Klage des Wassermüllers Arnold gegen die Versteigerung seiner Mühle war von der neumärkischen Regierung und vom Kammergericht abgewiesen worden. Friedrich wollte »ein Exempel statuieren«, kassierte das Urteil, setzte den Großkanzler Freiherr von Fürst ab und ließ drei Kammergerichtsräte ins Gefängnis führen.
5 Der Römer Marcus Curtius soll sich 362 v. Chr. auf Grund eines Orakelspruchs zur Versöhnung der Götter in einen auf dem Forum sich öffnenden Erdspalt gestürzt haben, der sich über dem Opfer sofort wieder schloß.
6 Vgl. Anm. 11,106.
7 (it.) Gedanken, Einfälle; meist in der Bedeutung des Geschmacklosen oder Erkünstelten.
8 Barden nannten die Gallier und andere keltische Völker ihre Sän-

ger. Klopstock und seine Anhänger brachten den Namen in Zusammenhang mit den Germanen. Von dieser Fiktion aus unternahmen sie sogar bestimmte Reformbestrebungen in Richtung auf die Literatur. Ein kriegerisches und religiöses Lied, ein Schlachtgesang, gedichtet im fingierten Charakter sog. Bardengesänge, wurde Bardiet genannt. Auch Klopstocks drei Hermannsdramen erhielten diesen Namen.

9 Vermutlich aus der Terminologie des Schachspiels übernommene Metapher: eine auf den feindlichen König ausgerichtete Figurengruppe. Möglicherweise auch in der speziellen Bedeutung gebraucht, in der das Wort den Ort bezeichnet, von wo aus ein Angriff erfolgt.

10 Johann Georg Sulzer (1720–90), Schweizer Ästhetiker, 1750 zum Mitglied der Preußischen Akademie ernannt, unterstützte aktiv alle Reformpläne in Preußen. Einflußreich war sein Hauptwerk, die *Allgemeine Theorie der schönen Künste und Wissenschaften* (1771–74), in dem er eine enzyklopädische Übersicht bot. – 1758 hat er eine lange *Lobrede auf den König* gehalten.

11 Vgl. Anm. zu Text 3.

12 Vgl. Anm. zu Text 10.

13 Zu Geßner vgl. Anm. 10,17.

14 *Lazzaroni* hießen in Neapel die Armen und Bettler.

15 Gemeint sind vermutlich die zahlreichen Ritter- und Historiendramen, die in der Nachfolge des *Götz* entstanden.

16 Vgl. Voltaires 1776 auch ins Deutsche übersetzten *Warnungsbrief an die Französische Akademie betreffend Shakespeare* (1775).

17 Voltaires *La mort de César* entstand 1731.

18 Von frz. *berceau* ›Gewölbebogen, Bogenlaube, Laubengang‹ und *charmille* ›Hagebuchenlaube‹.

19 Gemeint ist vermutlich Johann Sebastian Bachs »Sanctus« in D-Dur.

20 Jean-François Marmontel (1723–99), französischer Schriftsteller. Seine *Contes moraux* (2 Bde., 1761) wurden in fast alle europäischen Sprachen übersetzt. Er veröffentlichte auch ästhetische Schriften.

21 Vgl. Anm. 10,71.

22 Christian Gottlieb Heyne (1729–1812), berühmter klassischer Philologe des 18. Jh.s, Professor und Leiter der Universitätsbibliothek in Göttingen. Seine zahlreichen Abhandlungen sind in der Sammlung *Opuscula academica* (6 Bde., 1785–1812) zusammengefaßt.

23 Kurfürst Wilhelm I. von Hessen hatte 1779 noch als Erbprinz bei den 1709 zufällig entdeckten Quellen Gebäude und einen 30 ha großen Park anlegen lassen.
24 Gemeint ist die Schloß- und Parkanlage der Wilhelmshöhe bei Kassel, die während der Regierung des Landgrafen Friedrich II. (1760–85) eine exotisch-romantische Neugestaltung erfuhr.
25 Vgl. Anm. 6,13.
26 Gemeint ist Matthias Claudius (1740–1815), der volkstümliche Lyriker und Publizist, der »Wandsbeker Bote«.
27 Zu Fléchier vgl. Anm. 4,4.
28 Zu Massillon vgl. Anm. 10,83.
29 *die Harfe Davids:* Vgl. 1. Sam. 16,14–23.
30 Vincenzo da Filicaja (1642–1707), italienischer Dichter.
31 Samuel Richardson (1689–1761), englischer Romanautor. Seine bürgerlichen Sittenromane in Briefform hatten großen Einfluß auf die Literatur in England und Deutschland: *Pamela* (1740), *Clarissa Harlowe* (1747/48), *Sir Charles Grandison* (1753).
32 (griech.) bildhaften Wendungen.
33 (frz.) »Wie das entmutigt!«
34 (frz.) »Jetzt müssen wir unsere Anstrengungen verdoppeln.«
35 (frz.) »Der Vorabend eines Sieges ist auch ein schöner Tag.« – Gabriel-François Coyer (1707–82), Literator und Erzieher des Prinzen von Turenne. Seine *Histoire de Jean Sobieski*, aus der das Zitat stammt, erschien 1761. – Am 12. September 1683 entsetzte Johann III. Sobieski (1624–96), König von Polen, mit 20000 Polen und anderen Hilfstruppen das von den Türken belagerte Wien.
36 Vgl. Anm. 11,48.
37 Vgl. Anm. zu Text 5.
38 Anna Luise Durbach, gen. die Karschin (1722–91), volkstümliche deutsche Lyrikerin, als »deutsche Sappho« bezeichnet. Sie wurde 1763 von Friedrich empfangen, der sich verwunderte, wie jemand Dichter werden könne, ohne die »Regeln« zu kennen. Für ihre während des Siebenjährigen Krieges entstandenen Heldengedichte auf den König, die sie ihm persönlich überreichte, erhielt sie fünfzig Taler.
39 Vgl. Anm. 10,58.
40 Charles de Marguetel de Saint-Denis de Saint-Evremond (1615 bis 1703), französischer Schriftsteller, der seit 1760 im Exil in England lebte. Er verfaßte u. a. eine satirische Komödie über die Académie française.

41 (lat.) »den alten, feinen Witz der Römer« und »die Spuren früherer Anmut«; Zitate aus Ciceros *Briefen*.
42 Friedrich Heinrich Jacobis (1743–1819) philosophischer Briefroman *Woldemar* erschien zuerst 1779.
43 Johann Martin Millers (1750–1814) empfindsamer Briefroman *Siegwart, eine Klostergeschichte* erschien 1776.
44 Zu Wolff vgl. Anm. 10,76.
45 (lat.) Eingaben, Denkschriften.
46 Francesco Algarotti (1712–64), italienischer Kunstschriftsteller, von Friedrich 1747 zum Kammerherrn ernannt.
47 Karl Theodor Reichsfreiherr von Dalberg (1744–1817), Bischof und Politiker, der auch als Gelehrter Ansehen genoß.
48 Franz Friedrich Wilhelm Freiherr von Fürstenberg (1729–1810), deutscher Politiker, Minister in Münster.
49 Friedrichs *Instructions militaires du Roi de Prusse pour ses généraux* wurden 1747 verfaßt.
50 Isaac Pinto (1715–87), portugiesischer Moralphilosoph; das Zitat stammt aus seinem *Traité de la circulation et du crédit* (1771–81).
51 Wörtl. ›Mitliebhaber‹; Rivale. Möser verweist in einer Anmerkung auf das niederländische *medeminnaar*.

13

JOHANN WOLFGANG VON GOETHE

Reaktion auf Friedrichs II. Schrift über die deutsche Literatur

Brief Johann Gottfried Herders an Johann Georg Hamann, Anfang März, 11., 14. und 21. Mai 1781 141

Johann Gottfried Herder: Briefe. Hrsg. von den Nationalen Forschungs- und Gedenkstätten der klassischen deutschen Literatur in Weimar. Bd. 4. Weimar: Böhlau, 1979. S. 180.

Brief von Jenny von Voigts, geb. Möser, an Goethe, [Mai] 1781 142

Briefe an Goethe. Hamburger Ausgabe. Hrsg. von Karl Robert Mandelkow. Bd. 1. Hamburg: Wegner, 1965. S. 71.

Brief an Jenny von Voigts vom 21. Juni 1781 143

Goethes Briefe. Hamburger Ausgabe. Hrsg. von Karl Robert Mandelkow. Bd. 1. Hamburg: Wegner, 1968. S. 361–363.

Brief an Johann Heinrich Merck vom 14. November 1781 . . . 145

Ebd. S. 375.

1 (frz.) Gemeinschaftstafel im Gasthaus.
2 Die hiermit gemeinte Erwiderung Goethes auf Friedrichs Schrift ist nicht erhalten.
3 Von diesem Brief Jenny von Voigts', der Tochter Justus Mösers, existiert ein Konzept von Mösers Hand.
4 Jenny von Voigts hatte 1774 eine Sammlung von Aufsätzen ihres Vaters unter dem Titel *Patriotische Phantasien* herausgegeben.
5 Veraltete Bezeichnung für das Fernrohr.
6 Johann Heinrich Merck (1741–91), Literaturkritiker, Kunstschriftsteller und Naturforscher, 1772 Leiter der *Frankfurter Gelehrten Anzeigen*; langjähriger Freund Goethes.

14

Zwei Rezensionen über Friedrichs Schrift

Hamburgische Neue Zeitung (1781; anonym) 146

De la Littérature allemande; des défauts qu'on peut lui reprocher; quelles en sont les causes et par quels moyens on peut les corriger. Berlin, chez Decker. 1780. 5 Bogen. Dasselbe ins Deutsche übersetzt: Über die deutsche Literatur usw. In: Beiträge von gelehrten Sachen zu der Hamburgischen Neuen Zeitung. 1781. Erstes Stück. S. 1–4.

Christoph Martin Wieland: »De la littérature allemande etc.« (1781) 154

Chr. M. W.: Gesammelte Schriften. Hrsg. von der Deutschen Akademie der Wissenschaften zu Berlin. Bd. 22. Hrsg. von Wilhelm Kurrelmeyer. Berlin: Akademie-Verlag, 1954. S. 551.

Die kurze Besprechung erschien 1781 anonym im *Teutschen Merkur* und wird Wieland zugeschrieben.

1 Es handelt sich hier um die Vorfassung von Aurelio de Giorgi Bertolas (1753–98) literaturkritischer Schrift *Idea della bella letteratura alemanna*, die 1784 erschien.
2 Seit dem Erscheinen von Friedrichs Schrift ist immer wieder

behauptet worden, daß sie bereits zwischen 1740 und 1750 entstanden und 1780 nur durch einige Zusätze (z. B. über Goethes *Götz*) aktualisiert worden sei.

3 (frz.) »rohe Sprache«.
4 Zu Anakreon vgl. Anm. 2,14.
5 Vgl. Anm. 4,17.
6 Zu Geßner vgl. Anm. 10,17.
7 Vgl. Anm. 10,20.
8 Zu Mascov vgl. Anm. 4,12.
9 Vgl. S. 63 und Anm. 4,15.
10 An wen hier gedacht ist, war nicht zu ermitteln.
11 Vgl. S. 64.
12 Vgl. Anm. zu Text 1.
13 Vgl. Anm. zu Text 11.
14 Vgl. Anm. 10,69.
15 Vgl. Anm. 10,70.
16 Vgl. Anm. 10,71.
17 Vgl. Anm. 10,76.
18 Vgl. Anm. 10,77.
19 Vgl. Anm. 6,13.
20 Vgl. Anm. 10,80.
21 Zu Bossuet vgl. Anm. 6,12.
22 Zu Fléchier vgl. Anm. 4,4.
23 Zu Massillon vgl. Anm. 10,83.
24 Zu Robertson vgl. Anm. 10,85.
25 Vgl. S. 81.
26 Vgl. S. 82.
27 Vgl. S. 87.
28 Vgl. Anm. 10,108.
29 Vgl. Anm. 10,111.
30 Zu Bünau vgl. Anm. 4,10.
31 Vgl. Anm. 10,117.
32 Vgl. Anm. 10,122.
33 Vgl. Anm. 10,123.
34 Vgl. Anm. 10,124.
35 Vgl. Anm. 10,130.
36 Vgl. Anm. 10,131.
37 Vgl. Anm. 10,132.
38 Vgl. Anm. 10,133.
39 Vgl. Anm. 10,134.
40 (frz.) »Die Auguste werden Virgile machen« (vgl. S. 99).

15

JOHANN JAKOB ENGEL

Lobrede auf den König, gehalten den 24. Jänner 1781 155

J. J. E.: Schriften. Bd. 4. Berlin: Myliussche Buchhandlung, 1802. S. 1–44.

Johann Jakob Engel (1741–1802), Dramatiker, Romanautor, Ästhetiker, seit 1776 Professor in Berlin, 1787–94 Leiter des Berliner Theaters, Lehrer Friedrich Wilhelms III. Engels zahlreiche Schriften repräsentieren typische Züge der bürgerlichen Aufklärung. Die Abhandlung *Über Handlung, Gespräch und Erzählung* (1774) stellt einen der ersten Versuche einer Romanpoetik dar. Seine *Ideen zu einer Mimik* (1785/86) enthalten Ansätze einer psychologisch begründeten Schauspielkunst. Sein Roman *Herr Lorenz Stark* wurde 1795 von Schiller in den *Horen* veröffentlicht. Auch als Autor bürgerlicher Dramen ist Engel hervorgetreten: *Der dankbare Sohn* (1771), *Der Edelknabe* (1774).
In seiner Jugend war Engel nicht preußenfreundlich gesinnt. In seinem Schauspiel *Der Geisel* (1766), das Vorgänge während des Siebenjährigen Krieges in Sachsen zum Thema hat, sind sogar ausgesprochen preußenfeindliche Tendenzen zu erkennen. Die Einstellung Engels änderte sich jedoch mit seiner Berufung als Professor an das Joachimsthaler Gymnasium und der bald darauf folgenden Aufnahme in die Akademie der Wissenschaften. – Die im Joachimsthaler Gymnasium gehaltene Rede galt bei den Zeitgenossen als ein Muster ihrer Gattung. Ähnlich positiv wie hier hat Engel sich über Friedrich II. in seiner *Rede zur Aufnahme in die Königliche Akademie der Künste* (1786) geäußert.

1 Gemeint ist Johann Joachim Quantz (1697–1773), Komponist und Flötenvirtuose, Lehrer Friedrichs, für den er zahlreiche Sonaten und Konzerte für Flöte komponierte.
2 Lehrer und Schüler des Joachimsthaler Gymnasiums.
3 Friedrich hatte 1780, u. a. auf Grund von Vorschlägen von Engel, Lehrplanänderungen des Gymnasiums zugestimmt.

16

JOHANN KASPAR RIESBECK

Briefe eines reisenden Franzosen über Deutschland. An seinen Bruder zu Paris. Übersetzt von K. R. Zweiter Band. [o. O. u. V.] 1783. 53. Brief. S. 216–234.

Johann Kaspar Riesbeck (1754–86), Theologe, Jurist, zeitweilig Schauspieler. Seine *Briefe* erregten nicht geringes Aufsehen.

1 Gemeint ist vermutlich Maria Theresia (1717–80), die seit 1745 deutsche Kaiserin war.
2 Vgl. Anm. 10,76.
3 Die kameralische Wissenschaft befaßte sich mit der Erhebung der Staatseinkünfte, die von der fürstlichen Kammer (Camera), der Finanz- und Domänen-Verwaltung, ausging.
4 (frz.) Urteilsverkündung und -vollstreckung (Verbrennung) in Ketzerprozessen.
5 Carlantonio Pilati (1733–1802), italienischer Publizist, von Friedrich II. mehrfach als Berater bei Staatsreformen herangezogen. Er veröffentlichte zahlreiche Werke, unter ihnen mehrere Reisebeschreibungen europäischer Länder.
6 die Spitze, Pointe.
7 Vgl. S. 78 und 70.
8 Gemeint ist Cicero (vgl. Anm. 10,10).
9 Seit 1663 tagte der Reichstag als Gesandtenkongreß regelmäßig in Regensburg.
10 Zu Demosthenes vgl. Anm. 4,20.
11 Edmund Burke (1730–97), englischer Staatsmann und Schriftsteller.
12 Charles James Fox (1749–1806), bedeutender englischer Politiker und Redner.
13 (lat.) spitzfindigen Wortverdreherei.
14 Seit 1693 war Wetzlar der Sitz des Reichskammergerichts.
15 Goethe wurde in Weimar 1776 Geheimer Legationsrat, 1779 Geheimer Rat; Herder wurde, auf Veranlassung Goethes, 1776 zum Generalsuperintendenten in Weimar ernannt.
16 Klopstock erhielt von 1751 an vom dänischen König Friedrich V.

über zwanzig Jahre ein Jahresgehalt, um ihm die nötige Unabhängigkeit zur Vollendung des *Messias* zu verschaffen. 1774 wurde ihm vom Markgrafen von Baden eine Pension gewährt.

17 (frz.) »die nichts sind, nicht einmal Akademiemitglieder«.

18 Moses Mendelssohn (1729–86), deutscher Popularphilosoph und Schriftsteller, enger Freund Lessings. Vor allem sein *Phädon oder über die Unsterblichkeit der Seele* (1767) trug ihm europäischen Ruhm ein. Er setzte sich aktiv für die Emanzipierung der Juden in Berlin ein. (Vgl. auch Anm. 7,3.)

19 Anton Friedrich Büsching (1724–93), Begründer der modernen Geographie: *Erdbeschreibung* (11 Tle., 1754–92).

20 Wilhelm Abraham Teller (1734–1804), Theologe, der zeitweilig als Oberkonsistorialrat in Berlin wirkte, nachdem er eine Professur der Theologie in Helmstedt wegen seiner freien Auffassungen aufgeben mußte.

21 Vgl. Anm. 11,40.

22 Vgl. Anm. zu Text 5.

23 Christoph Friedrich Nicolai (1733–1811), Verleger, Kritiker, Schriftsteller, Freund Lessings. Er gründete die erste deutsche Zeitschrift, die nicht von Gottsched und seiner Schule beeinflußt war; er war zusammen mit Lessing und Mendelssohn Herausgeber der *Briefe, die neueste Literatur betreffend* (vgl. Anm. 11,76). Großen Einfluß gewann die *Allgemeine Deutsche Bibliothek* (107 Bde., 1765–1806). Sein satirischer, viele Elemente des Gedankenguts der Aufklärung enthaltender Roman *Das Leben und die Meinungen des Herrn Magister Sebaldus Nothanker* erschien 1773–76. – 1788–92 veröffentlichte er eine aus 6 Teilen bestehende Sammlung *Anekdoten von König Friedrich dem Zweiten von Preußen, und von einigen Personen, die um ihn waren.*

24 Vgl. Anm. 12,38.

25 Franz Ludwig Pfyffer (1725–1802), französischer Generalleutnant, hatte ein Relief der inneren Schweiz angefertigt.

26 Nachdem Wieland Nicolais Parodie auf Goethes *Werther* scharf angegriffen hatte, bekämpften sich der Berliner Aufklärer und der Herausgeber des *Teutschen Merkur* regelmäßig in Kampf- und Streitschriften.

27 (frz.) auszurüsten.

28 Gemeint ist die *Allgemeine Deutsche Bibliothek* (vgl. Anm. 23).

29 Maria Henrietta Charlotte Reclam (1739–99), deutsche Dichterin, Ehefrau des französischen Predigers Peter Christian Friedrich Reclam.

30 Gemeint ist der Justizminister Johann Heinrich Kasimir Graf von Carmer (1721–1801). Er war maßgeblich an der Vorbereitung des Allgemeinen Landrechts beteiligt, setzte sich außerdem für Verbesserungen des Zivilrechts und des Gerichtswesens ein. – Der Fiskal war der für die Staatskasse (den Fiskus) zuständige Beamte; auch der Vertreter der öffentlichen Anklage wurde so bezeichnet.

31 Cesare Bonesano de Beccaria (1738–94), italienischer philanthropischer Schriftsteller, der sich für die Abschaffung der Todesstrafe einsetzte. Er verfaßte mehrere Werke über eine philosophische Sprachlehre und eine Theorie des Stils.

32 Vgl. Anm. zu Text 10.

33 Der Friede von Teschen beendete 1779 den Bayerischen Erbfolgekrieg.

34 Karl Abraham von Zedlitz (1731–93), stand als Justizminister auch an der Spitze der Kirchen- und Schulverwaltung. Er setzte sich für eine umgreifende Bildungsreform ein, die er mit Hilfe von Modellschulen zu verwirklichen suchte. Er gründete eine von der Kirche unabhängige oberste Unterrichtsbehörde. Im Prozeß um den Müller Arnold (vgl. Anm. 12,4) weigerte er sich, den Urteilsspruch des Königs zu kontrasignieren.

17

CHRISTIAN FRIEDRICH DANIEL SCHUBART

Friedrich der Einzige. Ein Obelisk (1786) 182

Friedrich der Einzige. Ein Obelisk von Schubart. Stuttgart: Buchdruckerei der Herzoglichen Hohen Carlsschule, 1786.

Christian Friedrich Daniel Schubart (1739–91), Musiker, Journalist, Gelegenheitsdichter. Er stritt als Journalist für die Ideen der Französischen Revolution, für Toleranz und Humanität. Freimütiger Ton herrscht auch in seiner *Deutschen Chronik* (1774–78, Fortsetzung als *Vaterländische Chronik*, 1787, und *Vaterlandschronik*, 1788). Schubart wurde auf Geheiß des württembergischen Herzogs Karl Eugen 1777 für über zehn Jahre auf dem Hohenasperg eingekerkert. Erst nachdem Friedrich II. sich für seine Freilassung eingesetzt hatte, wurde er aus der Gefangenschaft entlassen. – Ebenfalls im Jahre 1786 hatte Schubart ein pathetisches Gedicht auf den Preußenkönig veröffentlicht: *Friedrich der Große. Ein Hymnus.* Die vorbehaltlose, beinahe rührende Verehrung für den preußischen König steht in merkwürdigem Kontrast mit Schubarts sonstigen politischen Auffassungen.

1 Der keltische Sagenheld Ossian wurde von James Macpherson 1762 als Autor einer Reihe angeblich gälischer Werke ausgegeben, die Macpherson übersetzt haben wollte. Der Erfolg dieser Dichtungen war besonders in Deutschland groß, wo die Dichter des Sturm und Drang sich durch die nordischen Stimmungs- und Landschaftsbilder angezogen fühlten. – Die von Schubart zitierte Stelle stammt aus dem Gedicht *Carthon.* – Fingal ist der Titelheld eines der Epen Ossians (1762), König der Kaledonier an der Nordwestküste Schottlands.
2 Gemeint ist Schubarts Gedicht *Friedrich der Große. Ein Hymnus* (1786).
3 Name, genauer: Titel mehrerer gallischer Fürsten mit der Bedeutung ›König‹.
4 Vgl. Anm. 12,8.
5 Vgl. Anm. zu Text 3.
6 Vgl. Anm. zu Text 5.
7 Vgl. Anm. 12,38.
8 Der römische Kaiser Titus Flavius Vespasianus (41–81) betrachtete während seiner Regierung jeden Tag, an dem er keine gute Tat verrichtete, als verloren.
9 Zu Hertzberg vgl. Anm. zu Text 10.
10 Bei Mollwitz in Niederschlesien und bei Časlau in Böhmen siegten die preußischen Truppen 1742 im Ersten Schlesischen Krieg über die Österreicher. In der Nähe von Striegau in Mittelschlesien errangen sie 1745 während des Zweiten Schlesischen Krieges den großen und unerwarteten Sieg bei Hohenfriedberg über die österreichischen und sächsischen Truppen; bei Soor in Böhmen schlugen sie deren Gegenangriff im selben Jahr erfolgreich zurück.
11 Zu Roßbach vgl. Anm. 4,8.
12 *Moskoviens Erwürgten:* Bei Zorndorf in Brandenburg besiegten Friedrichs Truppen 1758 in der blutigsten Schlacht des Siebenjährigen Krieges die russische Armee.
13 *Wasas entartete Enkel:* Gemeint sind die Schweden. Wasa ist ein altes schwedisches Königsgeschlecht. Hier vermutlich mit Anspielung auf Gustav II. Adolf (1594–1632).
14 Friedrich II.

15 Fehrbellin; Stadt in Brandenburg, wo der Große Kurfürst 1675 die Schweden besiegte.
16 Gemeint ist der preußische König Friedrich Wilhelm I. (1688 bis 1740), der vor allem die militärische Stärke Preußens vergrößerte (u. a. hielt er sich die Leibgarde der sog. Langen Kerls).
17 Gemeint ist Friedrich Wilhelm II. (1744–97), der Nachfolger Friedrichs II.
18 Zion, vorisraelitischer Name des ältesten Teils von Jerusalem.
19 Tuiskon: nach Tacitus ein germanischer Gott.

18

FRIEDRICH SCHILLER

Plan einer Frideriziade

Briefwechsel zwischen Schiller und Körner. Von 1784 bis zum Tode Schillers. Mit Einleitung von Ludwig Geiger. Bd. 1. Stuttgart/Berlin: Cotta, [um 1895]. S. 261.

Ebd. S. 263 f.

Ebd. Bd. 2, S. 39–41.

Ebd. S. 208 f.

F. S.: Sämtliche Werke. Hrsg. von Gerhard Fricke und Herbert G. Göpfert [u. a.]. Bd. 1. München: Hanser, 1958. S. 214.

1 James Thomson (1700–48), englischer Dichter. Seine *Seasons*, eine erste »sinnliche« Naturdichtung, erschien zuerst 1726–30. Thomson ist der Autor der englischen Nationalhymne.
2 (it.) Stanzen.

3 Torquato Tassos (1544–95) Epos in Stanzen *Gerusalemme liberata* erschien 1575.
4 Im Juni 1757 wurde die Armee Friedrichs bei Kolin von den Österreichern geschlagen, nachdem der König im Mai die Österreicher bei Prag besiegt hatte (Siebenjähriger Krieg).
5 1762 war Friedrich militärisch in eine aussichtslose Lage geraten. Der plötzliche Tod der Zarin Elisabeth veränderte die Situation jedoch eingreifend: Ihr Nachfolger Peter III., ein großer Verehrer des preußischen Königs, schloß noch im selben Jahr mit Preußen Frieden.
6 (lat.) Aufzählung.
7 Gemeint sind Teile von Schillers Übersetzung der *Aeneis* von Virgil.
8 Vgl. Anm. 10,28.
9 Vgl. Anm. 12,8.

19

ULRICH BRÄKER

Aus: *Der arme Mann im Tockenburg* (1789) 197

U. B.: Lebensgeschichte und natürliche Ebenteuer des Armen Mannes im Tockenburg. Mit einem Nachw. hrsg. von Werner Günther. Stuttgart: Reclam, 1965. (Universal-Bibliothek. 2601 [3].) XLV. S. 102–105. – XLVIII. S. 111–114. – L. S. 120 f. – LI. S. 112 f. – LII. S. 123–125. – LIII. S. 125–127. – LIV. S. 127 f. – LV. S. 129–132.

Die Autobiographie des Schweizer Kleinbauern Ulrich Bräker (1735–98), stammend aus der Gemeinde Wattwil, Toggenburg, stellt einen der ersten volkstümlichen Prosatexte des 18. Jh.s dar. Das Werk schildert die Erlebnisse eines einfachen Mannes, in denen der unter falschem Vorwand zustande gekommene Dienst im preußischen Heer eine sprechende Rolle spielt.

1 Landsmann und Gefährte Bräkers.
2 Soldaten, Söhne des Kriegsgottes Mars.
3 Lieutenant Markoni war der preußische Werbeoffizier, der Bräker unter falschen Vorwänden (er stelle ihn als Bedienten an) für die preußische Armee verpflichtet hatte.

4 Vertrag über Verlängerung der Dienstzeit; hier überhaupt Vertrag über Dienstverpflichtung.
5 Kölln.
6 *Brücke ... steht:* Gemeint ist die Kurfürstenbrücke, auf der 1703 ein Reiterstandbild des Großen Kurfürsten (von Andreas Schlüter) aufgestellt worden war.
7 Söhne des Anak; alttestamentliche Bezeichnung für ein Riesenvolk aus der Gegend um Hebron.
8 Befreiung, Desertion.
9 Peitschens (die Karbatsche war eine aus Lederriemen geflochtene Peitsche).
10 Kohlköpfe.
11 Juli.
12 (frz.) (Vieh-)Futter; Nahrungsmittel.
13 Schlimmsten.
14 bereit.
15 schnitzte.
16 Gemeint ist der »Gefreite«, der Soldat, der vom Wachdienst befreit ist.
17 Schatzmeister.
18 (frz.) Pflicht, Schuldigkeit.
19 Hügel.
20 Vgl. Anm. 3,1.
21 (frz.) Ebene.
22 in der mittleren Linie.
23 heuchelten.
24 Geschütze.
25 steilen.
26 Ungestüm.

20

JOHANN GOTTFRIED HERDER

J. G. H.: Sämtliche Werke. Hrsg. von Bernhard Suphan. Bd. 17. Berlin: Weidmann, 1881. 7. (König Friedrichs nachgelaßne Werke) S. 28–34. – 8. (Einige Gedanken und Maximen desselben) S. 40 f. – 9. (Fortsetzung) S. 45 f.

1 Frédéric II, Roi de Prusse, *Œuvres posthumes*, 16 Bde., 6 Erg.-Bde., Berlin: Voß und Decker 1788–89; die deutsche Übersetzung (*Hinterlassene Werke Friedrichs des Zweiten, Königs von Preußen*, 15 Bde.) erschien 1788 im selben Verlag.
2 Vgl. Anm. 10,76.
3 Bei dem folgenden Gedicht handelt es sich um eine von Johann Nikolaus Götz (1721–81) vorgenommene sehr freie Bearbeitung der letzten Strophe von Friedrichs Ode »Le rétablissement de l'académie« aus dem Jahre 1748.
4 Fluß in Lydien, der Goldsand enthalten haben soll.
5 Die Muse Polyhymnia (›die Gesangreiche‹) galt als die Erfinderin der Lyra, die in ihren Gesängen Götter und Heroen verherrlichte. – Urania war die Muse der Astronomie.
6 Gemeint ist Friedrichs nicht edierter »Epitre sur l'humanité« aus dem Jahre 1738.
7 Der sagenhafte Römer Mucius Scaevola soll 508 v. Chr. vor dem die Stadt belagernden Etruskerkönig Porsenna zum Beweise römischer Entschlossenheit seine Hand ins Feuer gehalten haben.

21

CHRISTIAN GARVE

Aus: *Fragmente zur Schilderung des Geistes, des Charakters und der Regierung Friedrichs des Zweiten* (1798) 223

Chr. G.: Fragmente zur Schilderung des Geistes, des Charakters und der Regierung Friedrichs des Zweiten. Tl. 2. Breslau: Wilhelm Gottlieb Korn, 1798. Abt. 5: Über den literarischen Charakter Friedrichs des Zweiten. 8. (Deutschlands Kriege, in Bezug auf seine Literatur) S. 53–57. – 9. (Die Deutschen stehen in der Dichtkunst und schönen Literatur hinter den Ausländern zurück. Ursache dieser Erscheinung) S. 57–67. – 10. (Was der König lobt, ist in *der* Rücksicht, in der er es lobt, gewiß gut; was er tadelt, ist nicht immer schlecht) S. 67–71.

Christian Garve (1742–98), seit 1772 freier Schriftsteller. Dem Denken der Aufklärung zeit seines Lebens fest verbundener Autor, der vor allem in den letzten Jahrzehnten des 18. Jh.s auf Grund seiner populär-philosophischen Schriften großes Ansehen genoß. Seine zahlreichen Schriften behandeln regelmäßig Fragen der Moral und der Lebensphilosophie: *Über die Verbindung der Moral mit der Politik* (1788), *Versuche über verschiedene Gegenstände aus der Moral, Literatur und dem gesellschaftlichen Leben* (5 Bde., 1792–1802). Im Jahre 1779 übersetzte er im Auftrage Friedrichs II. Ciceros Schrift *Von den Pflichten*, was ihm nach der Vollendung des Werkes 1783 eine Pension von 200 Talern eintrug.

1 Vgl. Anm. 10,32.
2 Vgl. Anm. 10,129.
3 *Kriege ... Parlemente:* Gemeint sind die Auseinandersetzungen zwischen dem sog. Langen Parlament und dem englischen Königshaus in der Mitte des 17. Jh.s.
4 Georges-Louis Leclerc, comte de Buffon (1707–88), französischer Naturforscher und Schriftsteller, der besonders durch seinen *Discours sur le style* (1753) berühmt wurde. Darin verteidigt er denjenigen Stil als Ideal, den er selbst in seinen naturkundlichen Schriften verwendete. Aus dieser Abhandlung stammt das bekannte Wort »Le style est l'homme même«.
5 Vgl. Anm. 10,64.
6 schwer lesbaren, rätselhaften.
7 Claude-Adrien Helvetius (1715–71), französischer Philosoph. Sein bekanntestes Werk ist *De l'esprit* (1758). Seine Angriffe auf Politik und Religion zwangen ihn zur Emigration nach England und Deutschland, wo Friedrich II. ihn 1765 in Potsdam mit Ehren aufnahm.
8 Vgl. Anm. zu Text 11.
9 Vgl. Anm. 4,15.
10 Vgl. Text 6.

22

DANIEL JENISCH

D. J.: Denkschrift auf Friedrich den Zweiten mit besonderer Hinsicht auf seine Einwirkung auf die Kultur und Aufklärung des achtzehnten Jahrhunderts. (Ein Nachtrag zu dem Werk: Geist und Charakter des achtzehnten Jahrhunderts). Berlin: Königl.-akad. Kunst- und Buchhandlung, 1801. S. 121–162.

Daniel Jenisch (1762–1804), Prediger in Berlin. Er veröffentlichte u. a. 1794 ein zweibändiges Hexameter-Heldenepos *Borussias*, in dem Friedrich II. die Hauptgestalt ist. Sein *Geist und Charakter des achtzehnten Jahrhunderts* stellt eine Gesamtwürdigung des moralischen, gesellschaftlichen und politischen Zustandes des Jahrhunderts dar.

1 Gemeint sind Verhältnisse, die Verfassung, Bevölkerung, militärische und sonstige staatliche Einrichtungen betreffen.
2 Friedrichs *Anti-Macchiavel, ou essai critique sur le prince de Macchiavel* erschien 1740; seine *Poésies diverses* 1760 und die *Mémoires pour servir à l'histoire de Brandenbourg* in zwei Bänden 1751.
3 Vesta, griechisch-italische Göttin des Herd- und Opferfeuers, hatte in Rom einen Tempel, in dem ein ewiges Feuer unterhalten wurde.
4 1780 war unter den protestantischen Berliner Geistlichen ein Streit über die Einführung eines neuen Gesangbuches ausgebrochen. Friedrich entschied den Streit im Januar 1781 mit einer Verfügung, in der es heißt: »Ein jeder kann bei mir glauben, was er will, wenn er nur ehrlich ist. Was die Gesangbücher angeht, so steht einem jeden frei zu singen: ›Nun ruhen alle Wälder‹ oder dergleichen dummes und törichtes Zeug mehr. Aber die Priester müssen die Toleranz nicht vergessen, denn ihnen wird keine Verfolgung gestattet werden.«
5 Vgl. Anm. 16,34.
6 Gemeint ist Friedrichs *Histoire de mon temps* (1746). – Johann Wilhelm Baron von Archenholz (1741–1812), berühmter Historiker, veröffentlichte 1793 die *Geschichte des Siebenjährigen Kriegs* (2 Bde).
7 Bei Kunersdorf wurde die preußische Armee 1759 von den Russen und Österreichern vernichtend geschlagen.
8 Näheres zur Person war nicht zu ermitteln.
9 Näheres zur Person war nicht zu ermitteln.
10 Bei Leuthen besiegte Friedrichs Heer die Österreicher.
11 Vgl. Anm. 12,4.
12 Vgl. Anm. 11,104.
13 *Praetura* wurde in Rom das Amt der Prätoren genannt, die für die Rechtspflege verantwortlich waren. Vor allem Marcus Porcius Cato (234–149 v. Chr.) hat sich als Prätor und Konsul für eine gerechte und sittenstrenge Rechtsordnung eingesetzt.

14 Die Dynastie der Sofis oder Saffis herrschte 1501–1727 über Persien.

15 Herzog Karl Eugen von Württemberg hatte 1744, nachdem er 16jährig für mündig erklärt worden war, Berlin nach einem Aufenthalt von zwei Jahren verlassen. Zum Abschied erhielt er von Friedrich einen Brief (6. Febr. 1744), in dem es u. a. heißt: »Denken Sie nicht, das Land Wirtenberg sei für Sie geschaffen, sondern glauben Sie, daß die Vorsehung Sie hat geboren werden lassen, um das Volk darin glücklich zu machen. Ziehen Sie immer den Wohlstand desselben Ihren Vergnügungen vor. Wenn Sie schon in Ihrem zarten Alter Ihre Wünsche dem Wohl Ihrer Untertanen aufzuopfern wissen, so werden Sie nicht nur die Freude Ihres Landes, sondern auch die Bewunderung der Welt sein. – Sie sind das Oberhaupt der *bürgerlichen* Religion in Ihrem Lande, die in Rechtschaffenheit und allen sittlichen Tugenden besteht. Es ist Ihre Pflicht, die Ausübung derselben, besonders der Menschlichkeit, zu befördern, welche die Haupttugend jedes denkenden Geschöpfes ist. Die *geistliche* Religion überlassen Sie dem höchsten Wesen. In diesem Stück sind wir alle blind und irren auf verschiedenen Wegen. Wer unter uns wäre so kühn, daß er den rechten bestimmen wollte! Hüten Sie sich also vor dem Fanatismus in der Religion, der Verfolgungen bewirkt.«

16 *Émile oder Über die Erziehung* (1762), Erziehungsroman von Rousseau.

17 Gemeint ist Honoré-Gabriel de Riqueti, comte de Mirabeaus *De la monarchie prussienne sous Frédéric le Grand* (7 Bde., London 1788). Eine deutsche Übersetzung erschien in 4 Bdn. 1793–95.

18 Vgl. Anm. 4,19.

19 Apophthegma: (griech.) witziger, prägnanter Ausspruch, Sentenz.

20 *an Horazen verschenkte Tiburs:* Das Landgut, das Maecenas (vgl. Anm. 2,12) dem Horaz zum Geschenk machte, lag nicht in Tibur, sondern in den Sabinerbergen (Horazens Sabinium). – Bei Tibur (heute Tivoli) ließ Kaiser Hadrian (reg. 117–138) eine große Anlage mit Palästen, Bädern und Nachbildungen von Bauten aus allen Gegenden seines Reichs errichten.

21 *neununddreißig Artikel:* Bezeichnung für das in einem symbolischen Buch zusammengefaßte Glaubensbekenntnis des englischen Königs Edward VI. (1537–53), das der anglikanischen Kirche ein festes Fundament gab.

22 Gemeint ist Frankreich.
23 Gemeint ist vermutlich Leonhard Cochius (1718–79), Hofprediger in Berlin, der bereits 1747 einen *Panegyricus Frederico II.* veröffentlichte.
24 Christoph Meiners (1747–1810), philosophischer und historischer Schriftsteller, Professor der Philosophie in Göttingen.
25 Vgl. Anm. zu Text 21.
26 Vgl. Anm. 16,18.
27 Johann August Eberhard (1739–1809), Professor der Philosophie, Gegner Kants. *Amyntor* (1782), philosophischer Roman in Briefen; *Handbuch der Ästhetik* (1803).
28 (griech.) freimütiges Reden.
29 Die Schrift des Privatgelehrten Johann Dietrich Otto Zylius (1764–1820) *Prüfung der neuen Theorie des Herrn de Luc vom Regen und seiner daraus abgeleiteten Einwürfe gegen die Auflösungstheorie* wurde 1795 preisgekrönt. Über eine Gegenschrift von Georg Christoph Lichtenberg war nichts Näheres zu ermitteln.
30 Gemeint ist die Berliner Akademie der Künste, die 1699 gegründet wurde. Nachdem sie unter Friedrich Wilhelm I. verfallen war, retablierte Friedrich II. sie am 25. Januar 1786.
31 Vgl. Anm. 4,23.
32 Vgl. Anm. zu Text 5.
33 Vgl. Anm. zu Text 3.
34 *Sängers von August und Mäzen:* Gemeint ist Horaz.
35 Vgl. Anm. 17,4.
36 Tyrtaios war ein griechischer elegischer Dichter des 7. Jh.s, der mit seinen Gesängen die Spartaner im Kampf befeuerte.
37 Von griech. *phalanx* ›geschlossene Schlachtreihe‹.
38 Als Proskriptionen wurde im alten Rom die öffentliche Bekanntmachung der Namen von Geächteten und zum Tode Verurteilten bezeichnet.
39 Epitheton: (griech.) als Beifügung gebrauchtes Eigenschaftswort.
40 Maximilien de Béthune, baron de Rosny, duc de Sully (1560 bis 1641), Minister und Freund Heinrichs IV. von Frankreich. Er unterstützte des Königs großes Reformwerk vor allem im Bereich der Finanzverwaltung.
41 Heinrich IV. wurde am 14. Mai 1610 von François Ravaillac durch Messerstiche getötet.

42 Gemeint ist Kardinal Jules Mazarin (1602–61), Nachfolger Richelieus (vgl. Anm. 10,33), der durch seine Politik u. a. den Aufstand des Adels (Fronde) hervorrief (vgl. Anm. 10,129).
43 Im Jahre 1638 wurde in Nordamerika eine schwedische Kolonie am Delaware gegründet, die bis 1655 bestand.
44 Vgl. Anm. 2,9.
45 Der Westfälische Friede beendete 1648 den Dreißigjährigen Krieg.
46 (lat.) Nach langer Zwischenzeit, aber die nächstfolgenden.
47 (griech.) vorübergehend, kurzfristig existierende Wesen.

23

ERNST MORITZ ARNDT

Aus: *Geist der Zeit* (1806) 262

E. M. A.: Geist der Zeit. 2. Aufl., [o. O. u. V.] 1807. S. 310–325.

In diesem ersten Bande des insgesamt fünf Teile (Bd. 5 ersch. 1854) umfassenden Werkes ist u. a. die Wandlung Arndts vom glühenden Bewunderer Napoleons zum deutsch-patriotischen Gegner des französischen Kaisers dargestellt.

1 frischen, wackeren, stattlichen.
2 Vgl. Anm. 10,33.
3 François-Michel Letellier, marquis de Louvois (1639–91), Kriegsminister Ludwigs XIV.
4 *teutschen Kurfürsten, seine Knechte:* Anspielung auf den 1806 unter Napoleon gegründeten Rheinbund, der u. a. zum Verlust der Funktion der Kurfürstenwürde führte.
5 Gemeint ist die erste Teilung Polens 1772.
6 Der Fürstenbund kam 1785 auf Initiative Friedrichs II. zustande. Ihm gehörten Preußen, Sachsen und der König von England als Kurfürst von Hannover an. Die Mitglieder verpflichteten sich, den bestehenden Zustand des Reiches zu erhalten. Bis 1787 schlossen sich dem Bund eine Reihe weiterer Fürsten an.
7 1701 erreichte der Kurfürst Friedrich III. von Brandenburg im Kronkontrakt von Wien die kaiserliche Zustimmung zur Erhebung des außerhalb der Reichsgrenzen gelegenen Herzogtums

Preußen zum Königtum. Friedrich wurde zum König *in* Preußen gekrönt.
8 Die Gascogner standen in dem Ruf, Aufschneider zu sein.
9 Vgl. Anm. 4,8.

24

JOHANN WOLFGANG VON GOETHE

Aus: *Dichtung und Wahrheit* (1812) 271

J. W. v. G.: Werke. Hamburger Ausgabe. Hrsg. von Erich Trunz. Bd. 9. Hamburg: Wegner, 1955. Zweiter Teil. Siebentes Buch. S. 279–281; 296 f.

1 Vgl. Anm. zu Text 3.
2 Vgl. Anm. zu Text 5.

25

FRIEDRICH SCHLEGEL

Aus: *Geschichte der alten und neuen Literatur* (1815) 274

F. S.: Geschichte der alten und neuen Literatur. Vorlesungen gehalten zu Wien im Jahre 1812. Zweiter Teil. Wien: Karl Schaumburg und Co., 1815. 15. Vorlesung. S. 258–262.

1 Der Westfälische Friede beendete 1648 den Dreißigjährigen Krieg.
2 Vgl. Anm. 23,7.
3 Vgl. Anm. 11,48.
4 Vgl. Anm. 11,50.
5 Vgl. Anm. 10,124.
6 Vgl. Anm. zu Text 3.
7 Vgl. Anm. zu Text 1.
8 Vgl. Anm. 11,91.
9 Vgl. Anm. 11,12.
10 Pierre Louis Moreau de Maupertuis (1698–1759), französischer

Physiker, Mathematiker, Jurist, wurde 1741 von Friedrich zum Präsidenten der Akademie der Wissenschaften berufen.

11 Julien Offray de Lamettrie (1709–51), französischer Mediziner und Philosoph, Vertreter des mechanischen Materialismus. Als er in Frankreich und Holland wegen seiner Schriften verfolgt wurde, gewährte ihm Friedrich Asyl in Berlin. Er erhielt eine Stelle in der Akademie und wurde des Königs Vorleser und Gesellschafter.

12 Vgl. S. 58 f.

Literaturhinweise

Œuvres de Frédéric le Grand. Hrsg. von Johann David Erdmann Preuß. 30 Bde. 1 Erg.-Bd. Berlin: Decker, 1846–57.

Die Werke Friedrichs des Großen. In deutscher Übersetzung. Mit Illustrationen von Adolph von Menzel. Hrsg. von Gustav Berthold Volz. 10 Bde. Berlin: Hobbing, 1912–14.

Ausgewählte Werke Friedrichs des Großen in deutscher Übersetzung. Mit Illustrationen von Adolph von Menzel. Hrsg. von Gustav Berthold Volz. 2 Bde. Berlin: Hobbing, 1916.

Aretin, Karl Otmar Freiherr von (Hrsg.): Der aufgeklärte Absolutismus. Köln 1974.

Balet, Leo / Gerhard, E.: Die Verbürgerlichung der deutschen Kunst, Literatur und Musik im 18. Jahrhundert. Hrsg. und eingel. von Gert Mattenklott. Frankfurt a. M. / Berlin / Wien 1973. (Ullstein-Buch. 2995).

Biedermann, Karl: Deutschland im 18. Jahrhundert. Hrsg. und eingel. von Wolfgang Emmerich. Berlin/Wien 1979. (Ullstein-Buch. 35013).

Consentius, Ernst: Friedrich der Große und die Zeitungs-Zensur. In: Preußische Jahrbücher 51 (1904) S. 220–249.

Hubatsch, Walther: Das Zeitalter des Absolutismus 1600–1789. Braunschweig ³1970.

Kopitzsch, Franklin (Hrsg.): Aufklärung, Absolutismus und Bürgertum in Deutschland. München 1976.

Minna von Barnhelm oder Die Kosten des Glücks. Mit einem Dossier von Joachim Dyck. Berlin 1981. (Wagenbachs Taschenbücherei. 72).

Augstein, Rudolf: Preußens Friedrich und die Deutschen. Erw. Neuausg. Frankfurt a. M. 1981. (Fischer Taschenbuch. 5088).

Gaxotte, Pierre: Friedrich der Große. Erw. und bearb. Fass. der Übers. von Hans Dühring. Berlin/Wien 1977. (Ullstein-Buch. 3372).

Holmsten, Georg: Friedrich II. in Selbstzeugnissen und Bilddokumenten. Reinbek bei Hamburg 1969. (rowohlts monographien. 159).

Koser, Reinhold: Geschichte Friedrichs des Großen. 4 Bde. Berlin ⁶/⁷1921–26.

Mitford, Nancy: Friedrich der Große. Übers. von E. W. Graf Lynar. Frankfurt 1976. (Fischer Taschenbuch. 1804).

Mitscherlich, Alexander: »Könige sind archetypische Groß-Väter«. Zur Psychologie des Preußen Friedrich II. In: Der Spiegel, 27. Januar 1969, S. 100–110.

Mittenzwei, Ingrid: Friedrich II. von Preußen. Eine Biographie. Köln 1980.

Preuß, Johann David Erdmann: Friedrich der Große. Eine Lebensgeschichte. Mit einem Urkundenbuche. 4 Bde. Berlin 1832–34.

Becker, Wolfgang: Geben Sie uns Frieden, Sire! Gellerts Unterredung mit Friedrich II. von Preußen. In: Goethe-Almanach 1968. S. 135–154.

Born, Karl Erich: Der Wandel des Friedrich-Bildes in Deutschland während des 19. Jahrhunderts. Diss. Köln 1953.

Brüggemann, Fritz (Hrsg.): Der Siebenjährige Krieg im Spiegel der zeitgenössischen Literatur. Leipzig 1935. (Deutsche Literatur in Entwicklungsreihen. Reihe Aufklärung. 9.)

Cauer, Eduard: Zur Literatur der Polemik gegen Friedrich den Großen. In: Preußische Jahrbücher 12 (1863) S. 1–18.

Dilthey, Wilhelm: Friedrich der Große und die deutsche Aufklärung. In: W. D.: Gesammelte Schriften. Bd. 3. 2. Aufl. Göttingen [o. J.]. S. 81–205.

Geiger, Ludwig (Hrsg.): Friedrich der Große, De la littérature allemande. Berlin ^{2}1902. (Deutsche Literaturdenkmale des 18. und 19. Jahrhunderts. 1. Folge. 16. – Neudr. Darmstadt 1969.)

Gundolf, Friedrich: Friedrich des Großen Schrift über die deutsche Literatur. Hrsg. von Elisabeth Gundolf. Zürich 1947.

Gutknecht, Christoph / Kerner, Peter (Hrsg.): Friedrich der Große. De la littérature allemande. Französisch / Deutsch. Mit der Möserschen Gegenschrift. Hamburg 1969.

Kästner, Erich: Friedrich der Große und die deutsche Literatur. Die Erwiderungen auf seine Schrift »De la littérature allemande«. Stuttgart/Berlin/Köln/Mainz 1972.

Köppen, Karl Friedrich: Friedrich der Große und seine Widersacher. Leipzig 1840.

Krause, Gottlieb: Friedrich der Große und die deutsche Poesie. Halle 1884.

Magon, Leopold: Friedrichs II. »De la littérature allemande« und die Gegenschriften. Zur Geschichte des literarischen Publikums im

Deutschland des 18. Jahrhunderts. In: Acta Litteraria Academiae Scientiarum Hungaricae 2 (1959) S. 317–349.
Neubert, Werner: Friedrich II. und die Literatur der Deutschen. In: Neue Deutsche Literatur 27 (1979) H. 11. S. 84–94.
Rieck, Werner: Gottsched und Friedrich II. In: Wissenschaftliche Zeitschrift der Pädagogischen Hochschule Potsdam. Gesellschafts- und sprachwissenschaftliche Reihe 10 (1966) H. 2. S. 221–236.
Schwarz, Richard: Friedrich der Große im Spiegel des literarischen Deutschland von der Aufklärung bis zur Gegenwart. Diss. Leipzig 1934.
Schwarze, Karl: Der Siebenjährige Krieg in der zeitgenössischen deutschen Literatur. Berlin 1936.
Suphan, Bernhard: Friedrichs des Großen Schrift über die deutsche Literatur. Berlin 1888.
Volz, Gustav Berthold: Friedrich der Große im Spiegel seiner Zeit. 3 Bde. Berlin 1926–27.
Weydt, Günter: Friedrich der Große und Möser. Zum Problem einer nationalen Kultur. Brüssel 1944.
Wilmans, Gerda (Hrsg.): Friedrich der Große im Urteil der Mit- und Nachwelt. Stuttgart 1952. (Quellen- und Arbeitshefte für den Geschichtsunterricht auf der Oberstufe der Höheren Schulen.)

Nachwort

»Votre Humanité«, redete der bekannteste Schriftsteller der europäischen Aufklärung, Voltaire, ihn wiederholt in seinen Briefen an;[1] das »Jahrhundert Friedrichs« nannte der repräsentativste Philosoph des Zeitalters der Vernunft, Kant, das 18. Jahrhundert nach ihm.[2] Größere Komplimente an einen absoluten Fürsten sind kaum denkbar, von höher angesehenen Zeugen kaum möglich. Er selbst sah sich gern in der Rolle des »Philosophen von Sanssouci«, bezeichnete sich als erster Diener seines Staates, dem Pflichterfüllung über alles gehe, dem die Königswürde eher eine Last als eine Lust sei. Er schaffte die Folter in seinen Landen ab, initiierte eingreifende Rechtsreformen, ließ immer wieder wissen, daß ihm das Wohl seiner Untertanen Herzenssache sei, wollte jeden »nach seiner Façon« glücklich werden lassen. Er interessierte sich nachhaltig für Literatur, bildende Kunst, Musik, übte einige der Künste – Literatur und Musik – sogar selbst aus. Weit über die Grenzen des eigenen Staates hinaus leuchtete das Licht dieses aufgeklärten Herrschers, Friedrichs II., Königs von Preußen. Schon wenige Jahre nach seinem Regierungsantritt nannte man ihn den »Großen«, den »Einzigen«. Unzählige panegyrische Schriften, nicht selten in Versen, sind bereits in den ersten Jahren seiner Herrschaft erschienen, mit Namen gezeichnete und anonyme.[3] Er war einer der letzten Könige, der seine Schlachten im Felde selbst leitete. Diese Schlachten, an deren Vorabenden er lange Gedichte oder Briefe in Versen zu schreiben pflegte, versetzten auch gelassene Gelehrte und Gebildete in Begeisterung und inspirierten

1 Zum Beispiel in den Briefen vom August und vom 28. November 1740 (*Œuvres complètes de Voltaire*, Bd. 69, Paris 1827, S. 25, 56).

2 In seiner Abhandlung »Beantwortung der Frage: Was ist Aufklärung?«, die zuerst 1784 in der *Berlinischen Monatsschrift* erschienen ist.

3 In der Göttinger Universitätsbibliothek finden sich ganze Katalogbände, die solche Veröffentlichungen registrieren.

Dichter zu einer Flut von Jubelrufen, Kriegsliedern und Schlachtgesängen.

Nur ein einziger dunkler Fleck beeinträchtigte das strahlende Bild dieses Königs, das die deutsch-preußische Geschichtsschreibung stets aufs neue bestätigte: sein beinahe feindliches Verhältnis zur deutschen Literatur seiner Zeit. Da ist die merkwürdige Schrift aus dem Jahre 1780, die den Deutschen einen kulturellen Entwicklungsstand zu bescheinigen scheint, der gleichsam gerade eben das Barbarentum hinter sich gelassen habe; da ist sein bekannter, aber unverständlicher Widerstand gegen eine Ernennung Lessings zum königlichen Bibliothekar oder zum Mitglied seiner doch von ihm mit soviel Energie geförderten Akademie der Wissenschaften; da ist überhaupt seine beinahe störrische Abneigung, auch nur Kenntnis zu nehmen von dem, was von Klopstock, Lessing, Wieland, Goethe in deutscher Sprache gedichtet wurde.

Allerdings war die spröde Distanz wechselseitig: die bedeutendsten Autoren des deutschen 18. Jahrhunderts haben sich nicht oder nicht lobend über Friedrich geäußert. Der »deutsche Parnaß« fehlt, stellte Gustav Bernhard Volz in seiner Sammlung von Zeugnissen europäischer Dichter über den preußischen König bedauernd, ja vorwurfsvoll fest.[4] Und nicht nur die preisenden Stimmen der deutschen Dichter fehlten im europäischen Chor des Lobes, der König wurde trotz seiner kriegerischen wie politischen Erfolge, trotz seines im Namen der Humanität betriebenen Philosophentums auch nie zum Helden einer bedeutenderen zeitgenössischen Dichtung.

Die zahllosen Gedichte während und kurz nach dem Ende des Siebenjährigen Krieges können hier nicht zählen. Von Schiller, der ihn einmal den »größten Mann seines Jahrhunderts« genannt hat[5], wissen wir, daß der Plan seiner Frideri-

4 Gustav Berthold Volz (Hrsg.), *Friedrich der Große im Spiegel seiner Zeit*, Bd. 1, Berlin 1926, S. IX.

5 In der Rezension von: Friedrich Schulz, Friedrich der Große. Versuch eines

ziade scheiterte, weil er »diesen Charakter nicht liebgewinnen« konnte, weil dieser ihn nicht genug begeisterte, »die Riesenarbeit der Idealisierung an ihm vorzunehmen« (vgl. Text 18). Nicht erst Volz ist die Enthaltsamkeit der deutschen Poeten aufgefallen. Lessings *Minna von Barnhelm*, in deren dramatische Handlung der preußische König als großer Schatten hineinragt, reichte auch in den Augen der Zeitgenossen nicht aus, das Fehlen einer ›nationalen‹ Friedrich-Dichtung zu kompensieren. Sie suchten Gründe für diese ihnen selbst nicht völlig verständliche Enthaltsamkeit. Die in Schillers Worten anklingende Kühle des Charakters, die Distanziertheit dieses Herrschers von seinen Untertanen, trotz all seiner Versicherungen, er fühle wie sie, wiederholt sich dabei als Motiv. Wirkliche Anhänglichkeit, wirkliche Sympathien wollten sich offenbar auch bei denjenigen nicht einstellen, die diesen König bewunderten und seine Größe feierten. Die Lobreden (vgl. z. B. Engel, Text 15), aber auch alle sonstigen Analysen seines Charakters blieben steif, betonten direkt oder indirekt seine Einsamkeit, seine Entfernung von üblicher menschlicher Verbindlichkeit. Rund fünfundzwanzig Jahre nach seinem Tode meinte man den Grund endgültig gefunden zu haben, und zwar in Friedrichs Unfähigkeit, seine Regierungsklugheit, sein politisches Geschick für die Schaffung eines Staatsgebildes einzusetzen, dem die Einwohner sich zugehörig fühlten. Der in völkischen und nationalen Kategorien denkende Romantiker Friedrich Ludwig Jahn formulierte es 1810 folgendermaßen:

> »Friedrich den Einzigen lassen seine Tadler und Gegner, die Feuerbrander sogar (die Staaten für Tressen zu halten scheinen, die ausgebrannt werden müssen), selbst des neuen Leviathans allverschlingender Rachen, für einen Großgeist gelten. Warum verewigte sich nicht sein Thatenleben? Wo liegt der Hauptfehler? So groß er auch für sich

historischen Gemäldes (1787), in: *Schillers Sämtliche Werke*, Säkular-Ausg., hrsg. von Eduard von der Hellen, Bd. 13, Stuttgart/Berlin 1904, S. 290.

> selber war, er ahnete nicht die Hehrheit eines Volksthums. Trefflich verstand er seinen Staat zu bauen, aber er stiftete kein Volk in ihm, weil er das Bedürfniß verkannte. Wie ganz anders würde es geworden sein, wäre er zu den Britten gekommen, und hätte er sich mit einer Englischen Königstochter vermählen dürfen! Garrik allein hätte mit einem Mahle ihm den ganzen Voltaire verleidet, und Eine Rede im Parlament Ludwigs Blendwerk entzaubert. Nichts ist ein Staat ohne ein Volk, ein seelenloses Kunstwerk; nichts ist ein Volk ohne Staat, ein leibloser luftiger Schemen, wie die weltflüchtigen Zigeuner und Juden.«[6]

Es ist hier nicht der Ort, der Frage nachzugehen, ob das zwiespältige Verhältnis der deutschen Schriftsteller zu Friedrich nicht mehr über den aufgeklärten Herrscher und seinen Staat aussagen könnte als die vielen historischen und literaturgeschichtlichen Darstellungen, die sie immer wieder preisend zum Vorbild erhoben. Es könnte jedoch immerhin sein, daß die Literaten und ihre Werke ein empfindlicheres Meßinstrument sind als die im Dienste der nationalen Geschichtsschreibung stehende verklärende Historiographie des 19. Jahrhunderts, und auch noch des 20., oder die von Bewunderung für den Gegner und Konkurrenten gespeiste Anerkennung der staatsmännischen Leistung dieses Königs, die nicht deutschpreußischer Herkunft ist.

Eines allerdings gilt für seine Gegner wie für seine Anhänger: beeindruckt waren alle von der Persönlichkeit Friedrichs, von seinen vielzitierten »Taten«, von seinem Mut und auch wohl von manchen seiner Reformen. Auch diejenigen deutschen Schriftsteller, die ihm nicht wohlgesonnen waren, scheuten sich nicht, ihn »groß«, »einzig« oder »außerordentlich« zu nennen. Negieren konnte ihn niemand. Sein Handeln provozierte zur Stellungnahme, zwang zur Klärung eigener Standpunkte. Goethe konstatierte in den *Maximen und Reflexionen* zu Recht:

6 Friedrich Ludwig Jahn, *Deutsches Volkstum*, Lübeck 1810, S. 17 f.

»Daß Friedrich der Große aber gar nichts von ihnen wissen wollte, das verdroß die Deutschen doch, und sie taten das möglichste, als Etwas vor ihm zu erscheinen.«[7]

Mit aller gebotenen Vorsicht läßt sich auch fragen, inwieweit die teilweise scharfe Kritik an Friedrich und seinem Staat, die manche Dichter und Gelehrte formuliert haben, objektiven Urteilen entstammt, inwieweit sie nicht primär Reaktion auf das Verhalten des Königs ihnen gegenüber gewesen sein könnte. Viele fühlten sich, zum Teil persönlich, durch die abweisende Haltung Friedrichs gegenüber allem, was deutsche Literatur und deutsche Wissenschaft hieß, gekränkt. Klopstocks bissige Verärgerung (vgl. Text 9) war zweifellos durch die Enttäuschung über Friedrichs allgemeine Gleichgültigkeit gegenüber der deutschen Literatur verursacht, die durch die 1780 erschienene Schrift noch gesteigert wurde. Lessing, der sehr kritische Worte über die gerühmten preußischen Freiheiten gefunden hat, hätte die Ernennung zum Vorsteher der königlichen Bibliothek wahrscheinlich doch angenommen, wenn Friedrich ihr zugestimmt hätte; wie er überdies bis nach 1750 zusammen mit fast allen anderen Dichtern große Erwartungen in den König gesetzt hatte (vgl. Text 2). Und Winckelmann war trotz all seiner sächsischen Abneigung gegen Preußen und seinen Herrscher wenigstens zeitweilig bereit, die Berufung zum Vorsteher der Bibliothek und des Münz- und Altertümer-Kabinetts anzunehmen. (Wenn er vom »preußischen Despotismus« und vom »Schinder der Völker« spricht, dann ist das weniger radikal zu verstehen, als in manchen Veröffentlichungen über ihn vorgegeben wird. Winckelmann selbst gibt die relativierende Erklärung: »Mein Haß ist nur persönlich und wider den König, und dieses aus Menschlichkeit und aus Liebe zu Sachsen.«[8])

7 *Goethes Werke*, Hamburger Ausg., hrsg. von Erich Trunz, Bd. 12, Hamburg 1953, S. 505.

8 Brief an Leonhard Usteri vom 20. Februar 1763; zit. nach: Volz (Anm. 4), Bd. 3, S. 34.

Allgemein verbreitet war der Ärger über die Franzosen, die in Berlin überall eine große Rolle spielten, während deutsche Autoren und Gelehrte auf Friedrichs Unwillen, sie ernst zu nehmen, oder auf die Barrieren seiner Bürokratie stießen. Noch 1782 war zum Beispiel auch eine Anstellung Gottfried August Bürgers gescheitert, obwohl der König ihr bereits zugestimmt hatte. Seine Beamten verhinderten sie, weil Bürger seine Examen im nichtpreußischen Göttingen abgelegt hatte. Noch viele Jahre später klingt der Vorfall in einem kurzen Gedicht Bürgers nach:

Auf den König v. Preußen

Mein Friedrich braucht zu seinem ganzen
Regierungswesen lauter Franzen.
Nur ein Geschäft ist noch, das er durch Deutsche thut,
Zum Überwinden braucht er deutschen Heldenmut.[9]

Was die Zeitgenossen, und nicht nur die Schriftsteller unter ihnen, an diesem König immer aufs neue irritierte und wenigstens nach außen als Widersprüchlichkeit des Charakters und des Handelns erscheinen mußte, war die befremdliche Mischung aus fortschrittlicher, beinahe programmatisch moderner Staatsführung und gleichzeitigem selbstherrlichen Gebaren im Stile eines Barockherrschers. Da gab es auf der einen Seite eine durchaus zeitgemäße Bevölkerungs- und Wirtschaftspolitik, auf der anderen eine skrupellose Machtpolitik, die bis ins Abenteuerliche reichte, so daß der Siebenjährige Krieg nur auf Grund zufälliger Glücksumstände nicht zu einer Katastrophe des Königreichs wurde. Da gab es einerseits die für einen modernen Staat notwendige und systematisch betriebene Stärkung des Beamten- und Verwaltungsapparats, Reformen des Rechts- und Gerichtswesens, die Neuordnung des Schul- und Unterrichtswesens, während das

9 *Bürgers Gedichte*, hrsg. von Ernst Consentius, Berlin/Leipzig/Wien/Stuttgart 1909, Tl. 2, S. 144.

alles jederzeit durch eigenwillige, ja willkürliche Beschlüsse und Entscheidungen des sich selbst zum alleinigen Maßstab erhebenden Fürsten von Gottes Gnaden rücksichtslos durchkreuzt werden konnte und wurde, getreu der unmißverständlichen Ordre an Minister und Beamte: »Sie Müssen mihr Nichts im Wege legen da verstehe ich kein Schertz nit die Herren Seindt bestellet Meine arbeit zu Exsecutiren, aber nicht zu Intervertiren, oder die genigen die Sich nicht in Ihre Schranken halten werde ohne façon Cassiren, Sie Müsen Gehorsam Sich regiren lassen und nicht regiren.«[10]

Da gab es auf der einen Seite die über Jahrzehnte gepflegte Freundschaft mit Voltaire, der trotz seiner Verbundenheit mit den Geschmacksidealen des 17. Jahrhunderts ein leidenschaftlicher Streiter gegen Ignoranz, Unduldsamkeit und Vorurteile war, da gab es die Rückberufung Christian Wolffs nach Halle (dessen Werke Friedrich sich übrigens ins Französische übersetzen ließ), da gab es eine im ganzen großzügige Asylpolitik gegenüber Verfolgten aus anderen Ländern; auf der anderen Seite kannte Berlin eine Hofhaltung, die in ihrer Exklusivität und gleichzeitigen Beschränktheit nicht ins Zeitalter der aufgeklärten Vernunft zu gehören schien. So war es eine der ersten Taten des gerade gekrönten Friedrich gewesen, in Berlin mit viel Aufwand eine neue Oper bauen zu lassen, die dann für den Durchschnittsbürger nicht zugänglich war, da man sie nur als Gast des Königs betreten konnte. Bis 1778 hielt Friedrich sich ein französisches Theater. Mochte die Freundschaft mit Voltaire als Ausdruck einer Verbindung mit dem Zeitgeist des 18. Jahrhunderts verstanden werden, die unbedingte Vorliebe für alles Französische relativierte diesen Eindruck, denn sie ließ allerlei Franzosen

10 Zitiert nach: Hans Rosenberg, »Die Überwindung der monarchischen Autokratie (Preußen)«, in: *Der Aufgeklärte Absolutismus*, hrsg. v. Karl Otmar Freiherr von Aretin, Köln 1974, S. 196 f. – Daß und wie sich trotzdem die Verwaltungshierarchie im Laufe der Jahre als eigenverantwortliche Macht gegen die Willkür der »launenhaften monokratischen Herrschaft aus dem Kabinett« (ebd. S. 196) behaupten und durchsetzen konnte, zeigt Rosenberg in seinem Aufsatz.

zweifelhafter Couleur nach Berlin kommen, bewirkte sogar verschiedentlich unverzeihliche Fehlentscheidungen, so, als der König Antoine Joseph Pernety zu seinem Bibliothekar machte, den er dummerweise mit dem philosophischen Schriftsteller Jacques Pernety verwechselt hatte, einem Oheim seines Kandidaten. Während Friedrich in seiner Schrift über die deutsche Literatur die literarische Tradition anderer Nationen zu würdigen wußte, beschied er die ihm 1784 gewidmete Sammlung deutscher Dichtungen des Mittelalters (darin u. a. das *Nibelungenlied*, *Parzival*, *Tristan*) mit den Worten, sie sei »nicht einen Schuss Pulver wert«[11]. Alle literarisch-künstlerische Kultur des Hofes und seines Königs kontrastierte mit dem absoluten Vorrang der Armee, überhaupt alles Soldatischen, sichtbar nicht nur in der persönlichen Kleidung des Königs, sondern auch in der Tatsache, daß alle Termine verschoben werden konnten, nur nicht die der regelmäßigen Truppeninspektionen. Und daß die preußische Disziplin des Heeres alles andere als human war, bildete wahrlich kein Geheimnis. Für die Armee wurde überdies in ganz Europa rücksichtslos und mit durchaus zweifelhaften Methoden geworben, deren unschuldiges Opfer u. a. der Schweizer Bauer Ulrich Bräker wurde (vgl. Text 19), die aber auch den Weimarer Minister Johann Wolfgang von Goethe in nicht geringe amtliche Verlegenheit brachten (vgl. Text 8). Selbstverständlich bestand weder innerhalb noch außerhalb Preußens Zweifel darüber, daß die Zensur zu keinem Zeitpunkt aufgehoben worden war, auch wenn beim Regierungsantritt Friedrichs im Juni 1740 verkündet wurde, den Berlinischen Zeitungen solle »eine unumschränkte Freyheit gelassen werden«[12]. Lessing urteilte nicht falsch, als er Nicolai schrieb, die »Berlinische Freiheit« reduziere »sich einzig und allein auf die Freiheit, gegen die Religion soviel Sottisen zu

11 *Briefe Friedrichs des Großen*, übers. von Friedrich von Oppeln-Bronikowski und Eberhard König, hrsg. von Max Hein, Bd. 2, Berlin 1914, S. 257.

12 Vgl. Ernst Consentius, »Friedrich der Große und die Zeitungs-Zensur«, in: *Preußische Jahrbücher* 51 (1904) S. 220.

Markte zu bringen, als man will« (vgl. Text 7). Herder nahm übrigens gerade an dieser Freiheit Anstoß.[13]
Andererseits war es im Vergleich zu anderen deutschen Staaten nicht wenig, daß literarische und andere Publikationen in Preußen von der Geistlichkeit nicht zensiert wurden. Wieviel diese Freiheit wert war, sollte gerade Lessing später nach der Veröffentlichung seiner Reimarus-Fragmente in Wolfenbüttel am eigenen Leibe erfahren. Die religiöse Freiheit garantierte allerdings auch in Preußen keine größere gesellschaftliche und politische Freizügigkeit als anderswo. Den Berliner Juden war zwar freie Ausübung ihrer Religion eingeräumt, aber ansonsten war ihr Leben wie überall vielen Beschränkungen und Verpflichtungen unterworfen.[14] Ob Preußen dadurch 1769 tatsächlich das »sklavischste Land in Europa« war, wie Lessing meinte (vgl. Text 7), mag unentschieden bleiben.[15] Friedrich Nicolai, einer der aktivsten Schriftsteller und Verleger im Preußen des 18. Jahrhunderts, vielleicht nicht ein Zeuge gänzlich ohne Vorurteile, andererseits jedoch erfahren im Umgang mit staatlichen Behörden, gerade auch denen Friedrichs, schrieb 1788:

> »In *Friedrichs des Großen* Regierung fielen die glücklichen Jahre meiner Jugend und die Blüte meines männlichen Alters. Was ich an Bildung des Geistes und an Weltkenntnis besitzen mag, erhielt ich in dieser Zeit, durch den Einfluß der freimütigen unbefangenen Denkungsart, welche dieser große König begünstigte und die sich hauptsächlich von

13 Vgl. Johann Gottfried Herder, *Sämtliche Werke*, hrsg. v. Bernhard Suphan, Bd. 6, Berlin 1883, S. 522.

14 Vgl. u. a. Waldemar Oehlke, *Lessing und seine Zeit*, Bd. 1, München ^{2}1929, S. 121 ff.

15 Lessings Wort vom »sklavischsten Land« wird ergänzt durch eine Notiz in den *Selbstbetrachtungen und Einfällen*: »Wenn ich mich recht untersuche, so beneide ich alle itzt regierende Könige in Europa, den einzigen König von Preussen ausgenommen, der es einzig mit der That beweist, Königswürde sey eine glorreiche Sklaverey« (Gotthold Ephraim Lessing, *Sämtliche Schriften*, hrsg. von Karl Lachmann, 3. Aufl. bes. durch Franz Muncker, Bd. 16, Leipzig 1902, S. 537).

> Seinen Landen aus (nachdem diese lange wegen eben dieser wohltätigen Freimütigkeit von Kurzsichtigen waren übel beschrieen gewesen), in das übrige Deutschland ausbreitete, wo ihr seitdem so herrliche Früchte zu danken sind.«[16]

Daß Nicolai mit den Gepflogenheiten der preußischen Zensur nicht unvertraut war, zeigt sein Brief an Hamann, in dem er ihm abrät, eine abweisende Gegenschrift zu Friedrichs Abhandlung über die deutsche Literatur zu veröffentlichen.[17] Nicolai wußte, daß sich des preußischen Königs Großzügigkeit und Toleranz gegenüber an ihm geübter Kritik nur an minderwertigen Produkten wie unbeholfenen Schmäh- und Flugschriften bewährte, die sich durch Ton und Stil schon selbst halb disqualifizierten. Nicolai kannte schließlich auch das Zensuredikt Friedrichs vom Mai 1749, das keine einzige Publikation von der Zensur ausschloß.[18] Wie ernst und genau preußische Beamte im übrigen die Zensurbestimmungen nahmen, demonstriert das Verhalten des preußischen Gesandten in Hamburg, der 1767 die Aufführung von Lessings *Minna von Barnhelm* zu verzögern wußte, ohne dazu irgendwelche Instruktionen aus Berlin empfangen zu haben.[19]

Nicolai fühlte sich als Berliner und als Preuße, war zeitlebens bereit, die Stadt, den Staat, in denen er lebte, samt ihrem Herrscher zu verteidigen. Sein in heutigen Augen sehr begrenzter ›Nationalismus‹ oder ›Patriotismus‹, der preußisch, aber nicht deutsch war, ist durchaus repräsentativ für die Zeit. Ein »deutscher«, das heißt über die Grenzen der vielen deutschen Einzelstaaten hinausreichender Patriotis-

16 *Anekdoten von König Friedrich dem Zweiten von Preußen, und von einigen Personen, die um ihn waren*, H. 1, Berlin/Stettin 1788, S. X.

17 Vgl. Rudolf Augstein, *Preußens Friedrich und die Deutschen*. Erw. Neuausg. Frankfurt a. M. 1981 (Fischer Taschenbuch, 5088), S. 81.

18 Abgedr. u. a. in: H. H. Houben, *Der ewige Zensor*, Kronberg i. Ts. 1978 (Nachdr. der 1926 u. d. T. *Polizei und Zensur* ersch. Ausg.), S. 148 f.

19 Vgl. Lotte Labus, *»Minna von Barnhelm« auf der deutschen Bühne*, Diss. Berlin 1936, S. 13 ff.

mus existierte allenfalls als kultureller Begriff, als Appell in der Literaten- und Gelehrtenrepublik, nicht jedoch als praktische Wirklichkeit einer nationalen Zusammengehörigkeit. Man war Preuße, Sachse oder Württemberger. Höchstens im Vergleich zu Franzosen, Engländern, Italienern (aber auch gegenüber Österreichern) profilierte sich so etwas wie ein gemeinsames Nationalgefühl, das nicht an den Grenzen der Einzelstaaten aufhörte zu existieren.[20] Die tägliche politische Realität aber blieb davon meist unberührt. Friedrich II. wurde darum von den Zeitgenossen auch keineswegs als ein König der Deutschen gesehen, als Vorkämpfer etwa eines vereinigten Deutschlands. Diese Auffassung entstand erst in der romantischen Rückschau des 19. Jahrhunderts. Winckelmann war, weil er ein Sachse war, gegen den preußischen König; Gellert, der in seinem Gespräch mit Friedrich von dem Eroberer Sachsens tapfer gefordert hatte, den Frieden wiederherzustellen (vgl. Text 6),[21] mußte um seine Reputa-

20 So etwa in Rabeners Bericht über seine Weigerung, sich bei Friedrich von einem Franzosen vorstellen zu lassen: »Seit vierzehn Tagen stehe ich mit dem Könige in Tractaten, wer ihm mich vorstellen soll. Der Marquis d'Argens verlangt es zu thun, und hat mich darum ansprechen lassen. Muß es denn eben ein Franzose seyn, der mitten in Deutschland einen deutschen Autor mit einem deutschen Könige bekannt macht? Wahrhaftig mein lieber Gellert das tut mir weh! Ich habe mich bey dem Marquis entschuldigen lassen, daß ich durch seine Vermittlung nicht würde den König sehen können, da ich nicht geübt sey, Französisch mit ihm, um noch weniger mit dem König zu sprechen. [...] Der Marquis d'Argens soll es also nicht seyn, welcher mich zu den Füssen des Königs legt. Der König ist so gnädig, sich meine Weigerung gefallen zu lassen. Er will (wird das wohl die Nachwelt glauben?) deutsch, deutsch will der große Friedrich mit mir reden. Hat wohl jemals August mit dem Horaz in seiner harten Muttersprache geredet? Wohl niemals; denn das Griechische war die allgemeine Sprache der Welt und des Hofes. Nur der Pöbel und die traurigen Pedanten in Rom sprachen Latein. ... Ich bin durchaus muthig, wenn es mir einfällt daß ich zum Besten meiner Muttersprache dem tapfersten und noch nicht überwundenen Könige dieser Zeit, (ach wäre dieser König nur nicht unser Feind!) den deutschen Witz predigen soll. (Aber ich weiß es schon ich predige den Brandenburgern ein Aergerniß und den Franzosen eine Thorheit.)« (Brief an Gellert vom 18. Januar 1757, in: Christian Fürchtegott Gellert, *Sämtliche Schriften*, neue rechtmäßige Ausg., hrsg. von Julius Ludwig Klee, Tl. 8, Leipzig 1839, S. 200 f.)
21 Das blieb nicht unbemerkt. So schrieb Haller 1775 in einer Rezension über

tion als Bürger Sachsens fürchten, als er die Aufforderung zur Unterredung mit dem preußischen königlichen Feldherrn befolgte. Rabener, dessen Haus und Bibliothek im Juli 1760 beim preußischen Bombardement Dresdens in Flammen aufgegangen waren, drohte Gellert scherzhaft mit der Verbreitung falscher Nachrichten über das Gespräch, wenn Gellert ihn nicht schnell über den Inhalt informiere. Hinter dem Scherz wird jedoch etwas von der sächsischen Verbitterung über den preußischen König und seine Eroberung des kulturell und wirtschaftlich besser als Preußen gestellten Sachsen spürbar:

»Kurz, ich erwarte mit der nächsten Post einen Brief von Ihnen. Man erzählt hier so ungereimte Sachen von Ihrer Unterredung mit dem Könige, daß ich große Lust habe, die Leute zu versichern, es sey alles wahr, was man davon erzählt, wenn Sie mir nicht bald, bald antworten und alles aufs umständlichste melden, was der König zu Ihnen gesagt hat. Noch einmal warne ich Sie, säumen Sie nicht, oder ich werde dem Publico ins Ohr sagen, daß dieser *Gellert*, der von nichts als Vaterland und Menschenliebe spricht, ja wie gesagt, daß eben dieser stille und friedliebende *Gellert* dem König bey seiner Unterredung mit ihm einen weitläuftigen und finanzmäßig ausgearbeiteten Plan mit aller Demuth eines Poeten überreicht habe, worinnen er gezeiget, wie der Krieg wenigstens noch zwey Jahre fortgeführet werden könne, ohne die Brandenburgischen Unterthanen im Mindesten zu belästigen. –
Ja, ja, mein Herr, das ist mein ganzer Ernst, und haben wir

Gellerts Werke in den *Göttingischen Gelehrten Anzeigen*: »[...] die Unterredung mit dem Könige für den freymüthigen Vertheidiger des Vaterlandes, Gellert, [ist] recht rühmlich. Man sieht, daß der Glanz eines mächtigen, und eben in Leipzig feindselig herrschenden Königes ihn weder geschreckt noch geblendet hat« (zit. nach: *Hallers Literaturkritik*, hrsg. von Karl S. Guthke, Tübingen 1970, S. 167).

einmal Friede, so sollen Sie – Zittern sollen Sie, mehr sage ich nicht!«[22]

Wie man in Sachsen und vor allem in Leipzig von Friedrich und seinen ringsum gepriesenen Großtaten dachte, beschreibt auch Goethe in *Dichtung und Wahrheit* deutlich und ausführlich (vgl. Text 24); eine Stelle in Goethes Werk, die, wie Rudolf Augstein zu Recht bemerkt[23], in »deutschen Historienbüchern« nicht zitiert wurde. Desto häufiger wurde eine andere Passage aus *Dichtung und Wahrheit* zitiert, mit der die enge Verbindung zwischen Friedrich II. und der deutschen Literatur bewiesen werden sollte:

»Der erste wahre und höhere eigentliche Lebensgehalt kam durch Friedrich den Großen und die Taten des Siebenjährigen Kriegs in die deutsche Poesie. Jede Nationaldichtung muß schal sein oder schal werden, die nicht auf dem Menschlich-Ersten ruht, auf den Ereignissen der Völker und ihrer Hirten, wenn beide für *einen* Mann stehn.« (Vgl. Text 24)

Goethe exemplifiziert seine These an Gleims und Ramlers Werken sowie an Lessings *Minna von Barnhelm*, der »wahrsten Ausgeburt des Siebenjährigen Krieges«. Auf den ersten Blick eine These, die einleuchten will, auf den zweiten allerdings schon nicht mehr. Denn die deutsche Literatur des 18. Jahrhunderts ist nicht durch Friedrich und seine Taten inspiriert oder auch nur indirekt geformt worden. Wegweisend für die literarische Entwicklung waren nicht die Kriegslieder der Gleim, Ramler, Kleist, oder etwa die auf Friedrich gemünzte Abhandlung *Vom Tode fürs Vaterland* des Thomas Abbt, in denen die falschen Töne Legion waren, auch wenn in den Schlachtgesängen andere als anakreontische Töne zu hören waren, auch wenn sie zeitgenössische Stoffe und The-

22 Gellert, *Sämtliche Schriften*, (Anm. 20), Tl. 8, S. 12.
23 Rudolf Augstein, *Preußens Friedrich und die Deutschen*, erw. Neuausg. Frankfurt a. M. 1981, S. 85.

men aufgriffen (was Goethe vermutlich mit dem »höheren Lebensgehalt« auch gemeint hat). Und der Stoff der *Minna von Barnhelm* hat mehr und andere Quellen als Friedrich und seinen Krieg. Und wenn es doch so gewesen sein sollte, wie Goethe es gemeint haben könnte, nämlich daß die Komödie tatsächlich eine »Ausgeburt« des Siebenjährigen Krieges war, dann war es ein Werk, das nicht schmeichelhaft für den preußischen Herrscher war, das die politischen Gegensätze zwischen Preußen und Sachsen gewiß nicht verniedlichen wollte, indem es die »Liebenswürdigkeit der Sächsinnen« den »Starrsinn der Preußen« (quasi eine Umkehrung des Verlaufs des Siebenjährigen Krieges) überwinden läßt, wie Goethe die Handlung des Lustspiels zusammenfaßte.
Es ist im Gegenteil überaus auffällig, wie wenig Einfluß Friedrich II. als Persönlichkeit und als Herrscher, wie wenig Einfluß sein Preußen auf den Gang der deutschen Literatur gehabt haben. Man ist versucht zu sagen, daß beide eigentlich gar nichts miteinander zu tun hatten, eher beziehungslos nebeneinander standen. Gewiß war Berlin seit Friedrichs Thronbesteigung ein weiteres kulturelles Zentrum neben Leipzig, Halle, Hamburg und Wien geworden, aber das besagt nichts über den Lebensgehalt der deutschen Dichtung, auf den Goethe anspielt. Preußen hat weder als zukunftweisendes Staatsgebilde noch mit seinen Sozialstrukturen, noch durch seinen Herrscher irgendeinen poetischen Gehalt vermittelt, es war eher das ›unpoetischste‹ Land unter allen deutschsprachigen. Die großen Themen der deutschen Literatur des 18. Jahrhunderts, von der Leipziger Aufklärung bis zur Weimarer Klassik (bürgerliche Selbstfindung, Sozialkritik, Subjektivismus, Humanität), entstanden und lebten unabhängig von Friedrich und seinem Staat, waren gewiß eher europäisch als preußisch. Der Einfluß Klopstocks oder Wielands auf die Literatur war ganz ohne Zweifel erheblich größer als alles, was mit dem Siebenjährigen Krieg zusammenhing, mit dem die Werke dieser beiden Autoren so gut wie keine Berührung hatten. Goethes eigene Straßburger

Lyrik, sein *Werther* haben mehr für die Geschichte der deutschen Literatur bedeutet als die über vierzig Jahre dauernde Regierung Friedrichs II. Es gab nicht einmal Bruchstücke eines literarischen Echos des herausragenden historischen Prozesses im 18. Jahrhundert, des Aufstiegs einer neuen politischen Großmacht, die sich Preußen nannte. Die Dichtung folgte anderen Bahnen, die zum überwiegenden Teil nicht die des Zeitstücks in der Nachfolge der *Minna von Barnhelm* waren. Und der Siebenjährige Krieg schrumpfte mehr und mehr zum poetischen Dekor, wie in Bürgers *Lenore*:

Lenore fuhr ums Morgenrot
Empor aus schweren Träumen:
»Bist untreu, Wilhelm, oder tot?
Wie lange willst du säumen?« –
Er war mit König Friedrichs Macht
Gezogen in die Prager Schlacht,
Und hatte nicht geschrieben:
Ob er gesund geblieben.

Der König und die Kaiserin,
Des langen Haders müde,
Erweichten ihren harten Sinn,
Und machten endlich Friede;
Und jedes Heer, mit Sing und Sang,
Mit Paukenschlag und Kling und Klang,
Geschmückt mit grünen Reisern,
Zog heim zu seinen Häusern.[24]

Daß, in mehr konkreter Bedeutung, von Friedrich, aus seinem persönlichen und geistigen Umkreis, überhaupt aus der preußischen Gesinnung und Geisteshaltung, wie sie vom König gepflegt und begünstigt wurde, nichts Stimulierendes für die deutsche Literatur erwartet werden konnte, belegt wie zum Überfluß nochmals Friedrichs Schrift über die deutsche

24 Bürgers Gedichte. (Anm. 9), Tl. 1, S. 139.

Literatur aus dem Jahre 1780. Schon unmittelbar nach ihrem Erscheinen rief sie Widerspruch hervor; und seitdem sind ihre Einseitigkeit, die aus ihr sprechende Unkenntnis, das Fehlen bedeutender Dichternamen, der Dilettantismus des Verfassers und anderes mehr häufig festgestellt und gerügt worden; sogar von denen, die mit dem allgemeinen Ausgangspunkt einverstanden waren, daß nämlich die deutsche Literatur gegen Ende des 18. Jahrhunderts noch nicht das Niveau der französischen oder italienischen erreicht habe. Es gab andererseits nicht wenige Versuche, die Schrift und ihren Inhalt positiv zu würdigen, ja sie als ein Dokument auszugeben, das unsere Nationalliteratur entscheidend gefördert habe. In diesem Falle wurde meist verwiesen auf die Tatsache, daß ihr Ursprung und ihre erste Konzeption vermutlich dreißig Jahre vor ihrem Erscheinen zu suchen seien. Man müsse sie daher vor allem in ihrer immanenten Tendenz verstehen, in der Perspektive der am Schluß so eindrucksvoll formulierten Zukunftsvision, die zum Teil eben schon bei der Publikation der Abhandlung Realität geworden sei, was der König bedauerlicherweise nicht bemerkt habe, was ihm aber doch indirekt recht hinsichtlich seiner Schlußfolgerungen gebe. Man hat sogar versucht, Friedrichs Urteile über die deutsche Literatur, überhaupt über deutsche Bildung und Kultur, aus seiner charakterlichen und geistigen Disposition abzuleiten und den wunderlichen Fehlurteilen auf diese Weise das nur Falsche zu nehmen. Auch Wilhelm Dilthey wollte so Friedrichs für die Deutschen wenig schmeichelhafte Feststellung retten:

»Gleichwohl hätte sich Friedrich über unsere Schriftsteller und ihre Werke nicht viel milder geäußert, wenn er besser mit ihnen vertraut gewesen wäre. Denn sein Urteil entsprang aus seiner ganzen, früh in ihm angelegten Lebensauffassung und der darin gegründeten Überzeugung, daß es die Funktion der Literatur sein müsse, unser Handeln auf klare, feste Prinzipien zu stellen, indem sie den Dingen souverän, in Scherz und Ernst entgegentritt und alles, was um uns und in uns vorgeht, dem Räsonnement unterwirft. Unsere deutsche Dichtung entsprach nicht diesem Begriff. Dagegen fand Friedrich sein Ideal verwirklicht in der französischen Literatur, die er kannte, in der er sich selbst versuchte.«[25]

Es ist heute eher müßig, über derlei Fragen, Vorwürfe, Verteidigungen des königlichen Autors erneut zu diskutieren. Aus welcher Perspektive wir die Schrift heute auch lesen, sie kann nicht anders als uns fremd erscheinen, auf unser ungläubiges Erstaunen stoßen. Nicht weil darin eine Reihe von bekannten Namen fehlte (man könnte im Gegenteil sogar im Sinne Friedrichs fragen, ob Wieland oder Klopstock tatsächlich den Rang eines Dante, eines Racine oder eines Voltaire besaßen), nicht weil der Kenntnisstand des Verfassers ein paar Jahrzehnte veraltet wäre, nicht weil seine einseitigen Urteile durch eine rational-französisch fundierte Denkungsart eingegeben wären (was übrigens die krasse Entgleisung über Ayrenhoffs *Postzug* keineswegs erträglicher machte), nicht weil ein linguistischer Amateur sich anmaßte, mit ein paar bündigen Vorschlägen die deutsche Sprache »verbessern« zu können. Unser Erstaunen, unser Befremden, unser Unverständnis wird durch anderes verursacht. In erster Linie durch die unbekümmerte Selbstsicherheit, mit der hier jemand ein straffes Rezept vorlegt, das eine künftige fruchtbare Entwicklung von Bildung, Wissenschaft, Literatur, überhaupt die Entstehung und Entwicklung einer nationalen Kultur garantieren soll. Der preußische König scheut sich nicht im geringsten, kulturelle Erscheinungen in derselben Weise zu beurteilen, zu rubrizieren, mit Vorschlägen zu überziehen, wie er es bei Reorganisationen seines Heeres gewohnt war. Den Professoren wird mit der gleichen kategorischen Entschiedenheit vorgeschrieben, was sie zu tun hät-

25 Wilhelm Dilthey, »Friedrich der Große und die deutsche Aufklärung«, in: W. D., *Gesammelte Schriften*, Bd. 3, 2. Aufl. Göttingen, [o. J.], S. 107.

ten, wie den Ärzten, Juristen, Historikern, den Schriftstellern. Sieht man genau hin, so wird letztlich alles mit herrscherlicher Attitüde auf das rigide Verhältnis von wissendem Befehlshaber und treuen Befehlsempfängern reduziert. Literarische wie kulturelle Phänomene im weitesten Sinne werden als tote Gegenstände behandelt, die auf ihre rechte Bearbeitung warten. Das von vielen Kritikern Friedrichs seinem Staate und seiner Regierungsform immer wieder vorgeworfene Prinzip des Mechanischen, des Automatischen, des »bloß Maschinenmäßigen« dokumentiert sich hier in all seiner unnuancierten Geradlinigkeit, allenfalls durch den Topos vom Genie, das man nicht planen könne, unwesentlich abgeschwächt.

Die fehlende Affinität Friedrichs zur Literatur, zur deutschen Literatur und Literaturgeschichte im besonderen, wird auch dann kaum gemildert und uns eher verständlich, wenn man in Rechnung stellt, daß der König – gewiß um 1750 – mit seiner Ansicht nicht allein stand, eine deutsche Literatur existiere nicht. Noch 1771 veröffentlichten Jakob Mauvillon und Ludwig Unzer ihre Schrift *Über den Wert einiger deutschen Dichter*, in der sie für keinen deutschen Autor des 18. Jahrhunderts ein gutes Wort übrig hatten. Auch Lessings *17. Literaturbrief* aus dem Jahre 1759 geht im Grunde ja aus der Überzeugung hervor, daß eine eigenständige, eine Literatur, die sich als eine (moderne) deutsche ausweisen könne, erst noch entstehen müsse. Nicht zufällig auch ist es, daß sich dieser *Literaturbrief* unter anderem scharf gegen Gottsched richtet, der eine im ganzen widersprüchliche Rolle im Hinblick auf die Geschichte der deutschen Literatur bis 1750 gespielt hat. Einerseits war er leidenschaftlich darum bemüht, eine bereits vorhandene Geschichte der deutschen Literatur zu beweisen; das bezeugt nicht nur zum Beispiel seine programmatische *Lob- und Gedächtnisrede auf Martin Opitz* (1739), in der er Opitz als den »Vater der deutschen Dichtkunst« feiert, sondern auch sein beinahe fanatisch anmutender Versuch, den König persönlich vom Wert und von der Vielfalt deutscher

Dichtung zu überzeugen (vgl. Text 4). Allerdings muß hier sofort hinzugefügt werden, daß gerade das Gedicht an Friedrich mit all seiner stilistischen Unbeholfenheit und der Häufung unbekannter Namen auch weniger unwillige Empfänger als den König eher abgeschreckt als überzeugt hätte. Andererseits war es ebenderselbe Gottsched, der durch sein Pochen auf einen durch ihn selbst initiierten (Neu-)Anfang der deutschen Literatur eine historische Kontinuität entschieden leugnete, was durch seine fast militante Gegnerschaft zur Dichtung des 17. Jahrhunderts noch verstärkt wurde. Diese Gegnerschaft zu allem, was in seinen Augen »barock« war, hatte Folgen, die erst im 20. Jahrhundert endgültig überwunden wurden, trotz etwa der *Rettungen*, die Lessing einigen Autoren des 17. Jahrhunderts widmete. Der König war darum nicht der einzige, der wie selbstverständlich davon ausging, bis zu seinem Regierungsantritt, und auch noch danach, hätten sich nicht einmal die Ansätze zu einer Geschichte der deutschen Literatur geformt.

Und doch vermag, wie gesagt, selbst diese Konstellation des Zeitgeistes, als deren Opfer man den König sehen könnte, die Denkstrukturen seiner Schrift über die deutsche Literatur nicht zu entschuldigen. Mag Gottsched das Opfer seines Reformeifers und der daraus resultierenden Widersprüche geworden sein, er wurde auch relativ schnell zu einer anachronistischen Erscheinung in einem Jahrhundert, in dem das Verständnis für Geschichte, für die Unverwechselbarkeit historischer Entwicklungen sprunghaft stieg. Es wäre gewiß unsinnig, von Friedrich im nachhinein ein Geschichtsverständnis zu fordern, wie es nach 1760 etwa von Herder formuliert wurde. Doch des Königs Schrift enthüllt ein ahistorisches Denken von so starrer Dogmatik, daß es uns erschrekken muß. Erschrecken, weil dieser Autor, der selbst Initiator und Teil eines außergewöhnlichen historischen Prozesses war, von seiner Rolle in diesem Prozeß sowie von dessen Voraussetzungen und Grundlagen nichts verstanden zu haben scheint. Preußen war anders entstanden und zur Großmacht geworden als das alte Rom, der Dreißigjährige Krieg war ein anderer Krieg als die römischen Eroberungskriege, denen der Antike darum unvergleichbar. Das Handeln des preußischen Königs als Politiker und Feldherr stand häufig genug in Übereinstimmung mit den einmaligen historischen Konstellationen des 18. Jahrhunderts, von denen er überdies mehr als einmal geschickt Gebrauch zu machen wußte. Doch man zweifelt, ob er sich seines historischen Ortes je bewußt gewesen ist, ob nicht sein Erfolg trotz anachronistischer Grundüberzeugungen zustandegekommen ist. Im Hinblick auf die Literatur jedenfalls fällt ihm nichts anderes ein als eine simple Analogie: so wie die Römer zuerst Kriege erleben mußten, einen folgenden Prozeß der Sprachreinigung hinter sich bringen usw., so werde auch die deutsche Literatur erst dann ihre Blüte erreichen können, wenn sie dergleichen historische Stationen durchlaufen habe. Gänzlich fremd ist diesem an keinerlei Kompetenzzweifeln leidenden Autor der Gedanke, in Deutschland könnte die literarische Entwicklung möglicherweise anders verlaufen als in Griechenland, Rom oder Frankreich; fremd vor allem auch der Gedanke, daß sie im 18. Jahrhundert anders verlaufen könnte als 2000 oder auch nur 150 Jahre vorher, daß Denken und Empfinden, Politik, Wirtschaft und Naturwissenschaft seiner Zeit dazu beitragen könnten, andere literarische Formen und Inhalte entstehen zu lassen als die von ihm so bewunderten früherer Zeiten. Justus Möser kritisierte in seiner Gegenschrift genau diese ahistorische Haltung (vgl. Text 12). Darum bleibt seine Entgegnung auch heute noch eine der besten und treffendsten, auch wenn man manchen seiner ›volkscharakterlichen‹ Prämissen nur noch halb zustimmen mag. Friedrichs Konzept aber muß uns erschrecken, weil der »größte Mann seines Jahrhunderts« zumindest in seiner Schrift über die deutsche Literatur bezeugt, von seinem eigenen Jahrhundert, das er wahrlich nicht unerheblich mitgeformt hat, offenbar nichts begriffen zu haben. Selbst wenn er es gewollt hätte, der deutschen Literatur hatte er nichts zu sagen.